CONSULTA FISCAL FEDERAL

CONSULTA FISCAL FEDERAL

ANÁLISE COMPARADA

2021

Renata Andréa Joner Parry

ALMEDINA

CONSULTA FISCAL FEDERAL
ANÁLISE COMPARADA

AUTORA: Renata Andréa Joner Parry

DIRETOR ALMEDINA BRASIL: Rodrigo Mentz
EDITORA JURÍDICA: Manuella Santos de Castro
EDITOR DE DESENVOLVIMENTO: Aurélio Cesar Nogueira
ASSISTENTES EDITORIAIS: Isabela Leite e Larissa Nogueira

DIAGRAMAÇÃO: Almedina
DESIGN DE CAPA: Roberta Bassanetto
ISBN: 9786556271880
Março, 2021

Dados Internacionais de Catalogação na Publicação (CIP)
(Câmara Brasileira do Livro, SP, Brasil)

Parry, Renata Andréa Joner
Consulta fiscal federal : análise comparada /
Renata Andréa Joner Parry. – 1. ed. – São Paulo :
Almedina, 2021.

ISBN 978-65-5627-188-0

1. Direito 2. Direito tributário I. Título.

21-55084 CDU-34:336.2(81)

Índices para catálogo sistemático:

1. Brasil : Direito tributário 34:336.2(81)
Aline Graziele Benitez – Bibliotecária – CRB-1/3129

Este livro segue as regras do novo Acordo Ortográfico da Língua Portuguesa (1990).

EDITORA: Almedina Brasil
Rua José Maria Lisboa, 860, Conj.131 e 132, Jardim Paulista | 01423-001 São Paulo | Brasil
editora@almedina.com.br
www.almedina.com.br

Aos meus pais, pelos valorosos ensinamentos e palavras de incentivo,
que me abastecem com a coragem e a força de que preciso
para superar as adversidades.

Ao Thiago, por todo o amor, compreensão, auxílio
e singular paciência, que tiveram contribuição inestimável
para a realização deste estudo.

AGRADECIMENTOS

Ao Professor Marcos Aurélio Pereira Valadão, por ter aceitado a orientação deste trabalho, pelas valiosas contribuições e diretrizes que enriqueceram a pesquisa, pela corriqueira prontidão em todas as respostas, pela disponibilidade, cordialidade e flexibilidade nas interlocuções. Foi um grande privilégio ser sua orientanda. Ao Professor Sérgio André Rocha, por ter contribuído diretamente na escolha do tema desta pesquisa e por ter aceitado o convite para participar da banca de defesa como avaliador externo. Ao Professor Celso de Barros Correia Neto, pelo incentivo inicial e pelas valorosas conversas sobre os contornos do assunto que seria abordado neste trabalho. Aos meus familiares e amigos, o meu sincero e carinhoso agradecimento por todas as palavras de estímulo e pela compreensão nas minhas sucessivas ausências. A todos os meus professores e colegas de profissão e os muitos amigos que, de alguma maneira, contribuíram para a minha formação pessoal e profissional. Agradeço, em particular, ao meu esposo Thiago, a quem também dediquei este trabalho, pela parceria e incentivo de sempre, pela imensa disposição em colaborar, por respeitar e apoiar algumas escolhas que comprometeram a nossa convivência, mas que em nada interferiram na nossa união.

LISTA DE SIGLAS E ABREVIATURAS

AEAO – *Anwendungserlass Zur Abgabenordnung*
AgR – Agravo regimental
AO – *Abgabenordnung*
APA – *Advance Pricing Arrangements*
AT – Autoridade Tributária
BEPS – *Base Erosion and Profit Shifting*
BFH – *Bundesfinanzhof*
BMF – *Bundesministerium der Finanzen*
BVerfG – *Bundesverfassungsgericht*
BZSt – *Bundeszentralamt für Steuern*
CFR – *Code of Federal Regulations*
Cosit – Coordenação-Geral de Tributação
CBP – *U.S. Customs and Border Protection*
CPIs – Sociedades nacionais de vendas internacionais
CRF – Código de Regulamentações Federais
CTN – Código Tributário Nacional
Disit – Divisões de Tributação
DRJ – Delegacias da Receita Federal de Julgamento do Brasil
EGAO – *Einführungsgesetz zur Abgabenordnung*
EStGV – *Einkommensteuergesetz*
ETI – Renda extraterritorial
FG – *Finanzgericht Finanzgerichts*
FOIA – Biblioteca da Lei da Liberdade de Informação
FSCs – Empresas exportadoras
GG – *Grundgesetz*
GKG – *Gerichtskostengesetzes*

IBPT – Instituto Brasileiro de Planejamento e Tributação
ICMS – Imposto sobre Circulação de Mercadorias e Serviços
IN RFB – Instrução Normativa da Receita Federal do Brasil
IPI – Imposto sobre Produtos Industrializados
IRB – *Internal Revenue Bulletin*
IRM – *Internal Revenue Manual*
IRS – *Internal Revenue Service*
ISS – Imposto Sobre Serviços
NTA – *National Taxpayer Advocate*
OCDE – Organização para a Cooperação e Desenvolvimento Econômico
PLR – *Private Letter Ruling*
REITs – Associações de Mutuários, fundos de investimentos imobiliários
REMICs – Investimentos em hipotecas imobiliárias
RFB – Receita Federal do Brasil
RICs – Empresas de investimentos regulados
STF – Supremo Tribunal Federal
TADAT – *Tax administration Diagnostic Assessment Tool*
TAS – *Taxpayer Advocate Service*
TCE – *Tax Counseling for the Elderly*
TTB – Departamento de Comércio e Imposto sobre Álcool e Tabaco
U.S.C – *United States Code*
UZK – *Zollkodex der Union*
VITA – *The Volunteer Income Tax Assistance*
ZK – *Zollkodex*

SUMÁRIO

INTRODUÇÃO

Existe um consenso na literatura nacional e internacional[1] a respeito da complexidade das normas e sistemas de arrecadação de tributos, decorrente de fatores inerentes ao Direito Tributário,[2] como a grande quantidade de espécies de exações, regras de apuração intrincadas e mudanças constantes na legislação e na jurisprudência.[3] Nessa perspectiva, tão importante quanto

[1] Nesse sentido, vale citar: "O que precisa ser mencionado antes de tudo é a crescente complexidade do direito tributário. [...] Em vez disso, as leis tributárias são alteradas até dez vezes por ano, e o processo legislativo rápido geralmente produz regras mal elaboradas e abertas à interpretação" (tradução nossa). Do original: "What needs to be mentioned first of all is the ever-increasing complexity of tax law. [...] Instead, tax laws are amended up to ten times per annum, and the rapid legislative process often produces poorly crafted rules wide open to interpretation".
ENGLISCH, Joachim. German experience on alternative modalities of tax conflicts solution and the application of mutual tax agreements. In: TÔRRES, Heleno Taveira (Coord.); TAVOLARO, Agostinho Toffoli; XAVIER, Alberto. **Direito tributário internacional aplicado v. 5**. São Paulo: Quartier Latin, 2008, p. 562.
"Os sistemas tributários e a aplicação das leis fiscais frequentemente são complexos e a aplicação das normas tributárias a uma situação particular pode não ser clara". Do original: Tax systems are often complex and the application of tax law to the facts of a particular case may be unclear". LUJA, Raymond. **EU State Aid Law And National Tax Rulings**. European Union: Directorate-general For Internal Policies of The Union (european Parliament), 2015, p. 06. Disponível em: <https://op.europa.eu/en/publication-detail/-/publication/b6bcd479-8387-11e5-b8b7-01aa75ed71a1>. Acesso em: 01 mar. 2020.

[2] GIVATI, Yehonatan. **Resolving Legal Uncertainty: The Unfulfilled Promise of Advance Tax Rulings**. Virginia Tax Review, 2009, p. 19-20. Disponível em: <http://nrs.harvard.edu/urn-3:HUL.InstRepos:3333571>. Acesso em: 23 dez. 2019.

[3] "Além do mundo econômico globalizado cada vez mais complexo, legisladores, jurisprudência e gestão financeira são responsáveis por isso. Os legisladores estabelecem as causas para essa condição, entre outras coisas, através de baixa qualidade legal, as incertezas na aplicação da lei. [...] A administração financeira contribui para a situação jurídica incerta, promulgando um número incontrolável de regulamentos administrativos que mudam constantemente, muitas vezes mesmo com efeitos no passado [...]. A jurisprudência também contribui para essa situação quando as orientações de tribunais superiores alteram inesperadamente uma prática adotada

buscar a simplificação[4] é fornecer aos contribuintes mecanismos que lhes permitam compreender claramente as consequências fiscais de suas ações e cumprir com segurança suas obrigações.

No Brasil, a numerosa quantidade de leis, decretos e atos normativos regulamentares confirmam o consenso em torno da complexidade da tributação,[5] realidade essa que foi medida em um levantamento realizado pelo Instituto Brasileiro de Planejamento e Tributação - IBPT, por meio do qual demonstrou-se que, desde a promulgação da Constituição Federal de 1988 até o dia 30.09.2016, foram editadas 363.779 mil normas tributárias.[6]

A complexidade de nosso sistema tributário também foi exposta no estudo realizado pelo Banco Mundial no início de 2019, que comparou dados de 190 países coletados em 2017, envolvendo vários critérios para aferir a facilidade

por muitos anos em outros órgãos ou quando demoram para solucionar questões submetidas em processos judiciais". Tradução nossa do original: "Verantwortlich dafür sind, neben der immer komplexeren globalisierten Wirtschaftswelt, der Gesetzgeber, die Rechtsprechung und die Finanzverwaltung. Der Gesetzgeber setzt die Ursachen für diesen Zustand unter anderem durch mangelhafte Gesetzesqualität, 6 die Unsicherheiten bei der Rechtsanwendung bedingt. [...] Die Finanzverwaltung leistet ihren Beitrag zu der unsicheren Rechtslage durch den Erlass einer unüberschaubaren Zahl an Verwaltungsvorschriften, die ständig geändert werden, oftmals sogar mit Wirkung für die Vergangenheit [...]. Auch die Rechtsprechung trägt zu dieser Situation bei, wenn sich die höchstrichterliche Rechtsprechung überraschend oder ohne erkennbaren Plan ändert, die Entscheidungspraxis von zwei Senaten divergiert oder die Gerichtsverfahren über die Maße lange dauern". WÖHLECKE, Friedrich. **Die verbindliche Auskunft im deutsch-französischen Vergleich.** 2019. Tese (Doutorado) - Faculty of Law, Öffentliches Recht. Professur Für Steuerrecht, Universität Zu Köln, Köln, 2019, p. 01- 02. Disponível em: <http://kups.ub.uni-koeln.de/id/eprint/10438>. Acesso em: 09 jan. 2020.

[4] No Brasil, é o que tem sido buscado no Congresso com as propostas de Reforma Tributária. "O Poder Legislativo analisa mais de 100 propostas de emenda à Constituição (PECs) para reformar o Sistema Tributário Nacional, mas o esforço recente gira em torno de duas matérias. A PEC 45/2019, apresentada em abril pelo deputado Baleia Rossi (MDB-SP), que aguarda parecer na comissão especial da Câmara. A PEC 110/2019, sugerida em julho pelo presidente do Senado, Davi Alcolumbre, está pronta para votação na Comissão de Constituição e Justiça (CCJ) da Casa". SENADO, Agência. **Reforma tributária é prioridade deste ano no Congresso.** 2020. Disponível em: <https://www12.senado.leg.br/noticias/materias/2020/01/27/reforma-tributaria-e-prioridade-deste-ano-no-congresso>. Acesso em: 27 maio 2020.

[5] Nesse sentido: NEDER, Marcos Vinícius; LÓPEZ, Maria Teresa Martínez. **Processo Administrativo Fiscal Federal Comentado.** 3 ed. São Paulo: Dialética, 2010, p. 514-515; SEPÚLVEDA, Antônio Guimarães. LAZARI, Igor de. **Consulta Fiscal**. Comentários à IN RFB 1.396/2013. Rio de Janeiro. 2018, p. 2-3.

[6] AMARAL, Gilberto Luiz et al. **Quantidade de Normas Editadas no Brasil: 28 anos da Constituição Federal de 1988**. Disponível em: <https://ibpt.com.br/noticia/2603/Brasil-edita-cerca-de-800-normas-por-dia-somando-5-4-milhoes-desde-a-Constituicao-de-1988> Acesso em: 24 nov. 2019.

para pagamento de impostos. Ao final, a pesquisa revelou que Brasil apresentou indicadores piores do que quase todos os países pesquisados, tendo ficado na 184ª posição. A colocação do Brasil nesse levantamento é pior do que a maioria dos países da América Latina, como Argentina (169ª posição), Chile (76ª posição), Colômbia (146ª posição), Paraguai (127ª posição) e Uruguai (101ª posição). O Brasil também apresentou desempenho pior do que economias semelhantes, como Índia (121ª posição), China (114ª posição), México (116ª posição) e África do Sul (46ª posição).[7]

O cenário é ainda mais preocupante se considerarmos os dados divulgados por esse mesmo estudo sobre da quantidade de horas que normalmente uma empresa de médio porte leva para cumprir as suas obrigações fiscais. No Brasil, são necessárias, em média, 1.958 horas por ano. Esse volume de horas está muito acima de países como Índia (275,5 horas) e China (142 horas), que são economias semelhantes. A comparação do Brasil com os países do Mercosul – Argentina (311,5 horas), Paraguai (378 horas) e Uruguai (163 horas) – corrobora essa realidade. Nesse critério, o Brasil também apresentou indicadores piores do que países como Bolívia (1.025 horas) e Venezuela (792 horas) os quais, no ranking geral, ficaram em posições abaixo do Brasil (classificados na 186ª e 189ª posições respectivamente).[8]

Em países europeus, a média de horas gastas para o cumprimento de obrigações tributárias é ainda menor. Em Luxemburgo (22º posição), são necessárias apenas 55 horas por ano. Na Dinamarca (9ª posição) e na Holanda (21º posição), são necessárias 132 e 119 horas anuais respectivamente.[9] A Alemanha (43ª posição) e os Estados Unidos (37ª posição) são os dois países que apresentaram melhor desempenho entre as 5 maiores economias do mundo.

Embora esse estudo do Banco Mundial contenha algumas oscilações quanto aos critérios de solicitação de informações, é um dos poucos que

[7] THE WORLD BANK. **Doing Business 2019: Training for Reform. Comparing Business Regulation for Domestic Firms in 190 Economies.** 16th Edition. Disponível em: <http://www.worldbank.org/content/dam/doingBusiness/media/Annual-Reports/English/DB2019-report_web-version.pdf>. Acesso em: 10 abr.2019.

[8] THE WORLD BANK. **Doing Business 2019: Training for Reform. Comparing Business Regulation for Domestic Firms in 190 Economies.** 16th Edition. Disponível em: <http://www.worldbank.org/content/dam/doingBusiness/media/Annual-Reports/English/DB2019-report_web-version.pdf>. Acesso em: 10 abr.2019.

[9] THE WORLD BANK. **Doing Business 2019: Training for Reform. Comparing Business Regulation for Domestic Firms in 190 Economies.** 16th Edition. Disponível em: <http://www.worldbank.org/content/dam/doingBusiness/media/Annual-Reports/English/DB2019-report_web-version.pdf>. Acesso em: 10 abr.2019.

apresentam esses indicadores e estabelecem esse tipo de comparação entre dados singulares de diversos sistemas jurídicos.

Nessa linha, visando estabelecer um conjunto de padrões de boas práticas internacionais a serem seguidas por parte das administrações tributárias, a União Europeia, o Fundo Monetário Internacional e o Banco Mundial, em parceria com a Alemanha, Japão, Holanda, Noruega, Suíça e Reino Unido, desenvolveram uma ferramenta batizada de Avaliação e Diagnóstico da Administração Tributária (*Tax Administration Diagnostic Assessment Tool* – TADAT), com *benchmarks* que possibilitam aferir o desempenho das práticas tributárias das Autoridades Fiscais dos países por meio a aferição de nove áreas de resultados,[10] entre as quais está a área de apoio ao cumprimento voluntário de obrigações fiscais. Nesse quesito, a avaliação aplicada em cada país visará observar o atendimento aos seguintes critérios: (i) Escopo, atualidade e acessibilidade da informação; (ii) Tempo utilizado para responder aos pedidos de informações; (iii) Abrangência das iniciativas para reduzir os custos de cumprimento para o contribuinte; (iv) Métodos para obter *feedback* do contribuinte sobre produtos e serviços.[11]

Ao salientar a importância de serem disponibilizados aos contribuintes meios eficazes de comprimento voluntário de suas obrigações fiscais, o Guia Prático de implementação do TADAT especifica ainda que:

> Para promover o cumprimento voluntário e confiança da população no sistema tributário, as administrações tributárias devem adotar uma atitude orientada para a prestação de serviços aos contribuintes, garantindo que estes disponham das informações e do apoio de que necessitam para cumprir com suas obrigações e reivindicar seus direitos de acordo com a lei.
>
> Uma vez que poucos contribuintes usam a própria lei como fonte primária de informações, a assistência da administração tributária representa um papel crucial para suprir as lacunas de conhecimento. Os contribuintes

[10] FERRAMENTA DE AVALIAÇÃO DIAGNÓSTICA DA ADMINISTRAÇÃO TRIBUTÁRIA (TADAT). **Guia Prático (Field Guide).** On Line: Secretariado do TADAT, 2019. p. 08-09. Disponível em: <https://www.tadat.org/assets/files/TADAT%20Field%20Guide%202019%20-%20Portuguese.pdf>. Acesso em: 01 jun. 2020.

[11] FERRAMENTA DE AVALIAÇÃO DIAGNÓSTICA DA ADMINISTRAÇÃO TRIBUTÁRIA (TADAT). **Guia Prático (Field Guide).** On Line: Secretariado do TADAT, 2019. p. 10. Disponível em: <https://www.tadat.org/assets/files/TADAT%20Field%20Guide%202019%20-%20Portuguese.pdf>. Acesso em: 01 jun. 2020.

> esperam que a administração tributária forneça informações resumidas e fáceis de entender, nas quais possam confiar.[12]

Daí a importância do estudo da consulta fiscal e seu aprimoramento como forma de revigorar os mecanismos à disposição dos contribuintes para obtenção de orientações oficiais a respeito da interpretação de uma determinada incidência fiscal, auxiliando-os a superar eventuais ambiguidades, imprecisões terminológicas, bem como esclarecer obscuridades.[13]

Embora esse devesse ser um instrumento com protagonismo na redução de disputas e aumento da eficiência na arrecadação, ainda mais em um sistema que adota com abundância a sistemática do lançamento por homologação (no qual eventual erro cometido fica sujeito a aplicação de elevadas multas),[14] a consulta fiscal não tem sido objeto de muitos comentários na doutrina,[15] além de pouca utilização na prática.[16]

Nesse contexto, como forma de medir se o desinteresse pelo emprego da consulta fiscal é decorrente da ausência de algum atributo que possa potencializar a sua eficácia e, em especial, em virtude do sincero interesse pelo desenvolvimento de mecanismos que sejam aptos ao desempenho da incumbência de minimizar os equívocos na interpretação e aplicação das normas tributárias que favoreçam a incidência de exigências fiscais dentro dos limites legalmente estabelecidos, o presente estudo buscou analisar no direito comparado ferramentas com funções equivalentes para avaliar se as experiências de outros países seriam capazes de proporcionar sugestões para o aprimoramento do instituto em vigor no Brasil.

[12] FERRAMENTA DE AVALIAÇÃO DIAGNÓSTICA DA ADMINISTRAÇÃO TRIBUTÁRIA (TADAT). **Guia Prático (Field Guide).** On Line: Secretariado do TADAT, 2019. p. 52. Disponível em: <https://www.tadat.org/assets/files/TADAT%20Field%20Guide%202019%20-%20Portuguese.pdf>. Acesso em: 01 jun. 2020.

[13] SEPÚLVEDA, Antônio Guimarães. LAZARI, Igor de. **Consulta Fiscal**. Comentários à IN RFB 1.396/2013. Rio de Janeiro. 2018, p. 03.

[14] NUNES, Cleucio Santos. **Curso completo de direito processual tributário**. 3. ed. São Paulo: SaraivaJur, 2019, p. 241.

[15] Nesse sentido: FALEIRO, Kelly Magalhães. **Procedimento de Consulta Fiscal**. São Paulo: Noeses, 2005, p. XVI; MACHADO, Hugo de Brito. **Consulta Fiscal**. São Paulo: Malheiros, 2018, p. 09.

[16] Nesse sentido: BARBOSA, Henrique Cunha. A Consulta Fiscal e a Segurança Jurídica: Uma Nova Perspectiva Diante dos Conceitos Indeterminados. **In: PROCESSO administrativo tributário: estudos em homenagem ao professor Aurélio Pitanga Seixas Filho**. São Paulo/SP: Quartier-Latin, 2007. p. 301; ROCHA, Sergio André. Meios alternativos de solução de conflitos no direito tributário brasileiro. **Revista Dialética de Direito Tributário,** São Paulo, n. 122, nov. 2005, p. 105.

Verificou-se, na literatura internacional, a referência aos *private tax rulings, advance tax rulings*, ou simplesmente *tax rulings*, e que, ao menos em tese, os países que adotam *private tax rulings* buscam oferecer aos contribuintes mecanismos para redução do risco de equívocos na interpretação das normas tributárias.[17]

A tradução literal de *tax ruling* significa "decisão fiscal privada" e pode ter múltiplos significados. Essa locução é empregada para descrever todo e qualquer tipo de informação ou orientação prestada por parte das Autoridades Fiscais de um país e permite abarcar qualquer espécie de acordo ou arranjo fiscal envolvendo o pagamento de tributos.[18] O gênero *tax ruling* abrange diversas espécies de orientações e acordos fiscais, tais como: (i) *Private tax rulings*, assim entendidas como orientações fiscais emitidas para particulares em situações previamente delimitadas; (ii) *Advance pricing arrangements*, que são os acordos sobre preços de transferência; (iii) *General rulings*, que apresentam regras gerais e abstratas; e (iv) *Taxpayer-specific rulings related to preferential regimes*, relacionados ao regramento de regimes preferencias e concessão de benefícios fiscais.[19]

Considerando-se, dessa forma, as diversas acepções da expressão *tax ruling*, será objeto do presente estudo a que envolve o instituto chamado pela OCDE de *taxpayer-specific rulings*, instrumento também chamado de *private tax ruling* ou a*dvance tax ruling*.[20] Essa espécie (*private tax ruling*), do gênero *tax ruling*,

[17] Nesse sentido: GIVATI, Yehonatan. **Resolving Legal Uncertainty: The Unfulfilled Promise of Advance Tax Rulings**. Virginia Tax Review, 2009, p. 19-20. Disponível em: <http://nrs.harvard.edu/urn-3:HUL.InstRepos:3333571>. Acesso em: 23 dez. 2019.
SCOLARO, Diana (2006). **Tax Rulings: Opinion or Law? The Need for an Independent 'Rule-Maker'**, *Revenue Law Journal*: Vol. 16: Iss. 1, Article 7, p. 113. Disponível em: <https://www.researchgate.net/publication/27829203_Tax_Rulings_Opinion_or_Law_The_Need_for_an_Independent_%27Rule-Maker%27>. Acesso em: 06 abr 2019.
VAN DE VELDE, Elly. **'Tax rulings' in the EU Member States**. European Parliament. Directorate-General for Internal Policies. Policy department A., 2015, p. 9-10. WAERZEGGERS, Christophe; HILLIER, Cory. Introducing an Advance Tax Ruling (ATR) Regime. IMF Tax Law Technical Note 16/2, International Monetary Fund, 2016, p. 02.

[18] VAN DE VELDE, Elly. **'Tax rulings' in the EU Member States**. European Parliament. Directorate-General for Internal Policies. Policydepartment A., 2015, p. 26.

[19] ORGANIZATION FOR ECONOMIC CO-OPERARION AND DEVELOPMENT - OCDE, **Countering Harmful Tax Practices More Effectively, Taking into Account Transparency and Substance, Action 5 - 2015 Final Report**, OECD/G20 Base Erosion and Profit Shifting Project, OECD Publishing, Paris, 2015, p. 46. Disponível em: <http://dx.doi.org/10.1787/9789264241190-en>. Acesso em: 06 abr.2019.

[20] ORGANIZATION FOR ECONOMIC CO-OPERARION AND DEVELOPMENT - OCDE, **Countering Harmful Tax Practices More Effectively, Taking into Account Transparency and Substance, Action 5 - 2015 Final Report**, OECD/G20 Base Erosion and Profit Shifting Project, OECD Publishing, Paris, 2015, p. 46. Disponível em: <http://dx.doi.org/10.1787/9789264241190-en>. Acesso em: 06 abr.2019.

é conhecida nos Estados Unidos pela expressão *letter ruling ou private letter ruling* (PLR) e na Alemanha estão abarcados pela espécie *private tax ruling* os intitudos denominados *verbindliche Auskünft* e *verbindliche Zusage*.

Considerando a prática implementada em diversos países em relação aos modelos de *private tax ruling*, em especial dos institutos adotados pela Alemanha e pelos Estados Unidos, e a falta de notoriedade do instituto equivalente no Brasil (consulta fiscal), a hipótese de pesquisa é de que os aludidos sistemas apresentam mecanismos para orientação sobre a aplicação da norma tributária que permitem uma análise mais aprofundada, detalhada e mais personalizada sobre as questões levadas por seus contribuintes do que Processo de Consulta Fiscal brasileiro. Assim, a análise dos sistemas vigentes nos aludidos países viabilizará a proposição de sugestões para sofisticar a consulta fiscal e que tais recomendações imprimam avanços nos mecanismos de diálogo, agreguem segurança jurídica e facilitem a cobrança de tributos de forma justa e eficiente.

O primeiro passo desse percurso foi examinar a legislação, doutrina e jurisprudência nacional, para compreender as características e a abrangência do processo de consulta fiscal Federal brasileiro, o que foi realizado no Capítulo 1. Ressalte-se que o estudo não abarcou a análise da legislação estadual ou municipal sobre o tema, porquanto o recorte proposto visou estabelecer as balizas necessárias a partir da disciplina normativa federal.

Na sequência, delimitou-se no Capítulo 2 que a análise de direito comparado seria implementada utilizando a microcomparação funcional, método de comparação entre os institutos jurídicos por meio do qual são estabelecidas sistematicamente semelhanças e diferenças entre ferramentas que desempenham as mesmas funcionalidades,[21] e que o critério para a escolha dos países seria implementado sob a perspectiva de sistemas jurídicos semelhantes ao brasileiro (*civil law*), bem como de sistemas jurídicos consuetudinários (*common law*), inclusive para mensurar se essas configurações dogmáticas acarretam alguma consequência prática na abrangência e eficiência do instituto em cada um dos ordenamentos.

Após a definição desse primeiro recorte, subsistiram uma infinidade de países que adotam mecanismos enquadrados no conceito de *private tax rulings*, tendo sido necessária a fixação de um segundo critério, que resultou na seleção,

[21] ALMEIDA, Carlos Ferreira; CARVALHO, Jorge Morais. **Introdução ao Direito Comparado.** 3º ed. Coimbra: Almedina, 2017, p. 27.

entre os 5 países com maior Produto Interno Bruto – PIB[22] em 2019, dos dois mais bem colocados no *Doing Business* 2019 (estudo elaborado pelo Banco Mundial citado anteriormente) no critério de facilidade para pagamento de impostos, quais sejam: Alemanha e Estados Unidos. A análise dos sistemas implementados nos referidos países foi desenvolvida dentro do Capítulo 2.

No Direito alemão, foi possível observar que a *verbindliche Auskunft* (informação vinculante), implementada com amparo na Seção 89 (2) do Código Tributário (AO) alemão, e, em certa medida, a *verbindliche Zusage* (confirmação vinculante), prevista entre as Seções 204 e 205 do mesmo diploma, são os institutos daquele ordenamento equiparáveis à consulta fiscal brasileira. A análise dos institutos se deu principalmente a partir das características expostas na legislação alemã, pelo exame dos seguintes diplomas: i) o Código Tributário (*Abgabenordnung* - AO), mais especificamente na Seção 89; ii) a Portaria de Implementação da Seção 89 (2) do Código Tributário (AO), denominada *Verordnung zur Durchführung von § 89 Abs. 2 der AO - Stauskv*, de 30 novembro de 2007;[23] iii) e o Decreto de Regulamentação do Código Tributário (AO), denominado *Anwendungserlass Zur Abgabenordnung* (AEAO), de 31 de janeiro de 2014.[24] Como se percebe, na Alemanha, as normas consultadas, tais como a Portaria (*Stauskv*), o Decreto (AEAO) e o próprio Código Tributário (AO), não são numerados, motivo pelo qual são referenciados pelos respectivos nomes ou siglas.

Adiante, ainda no Capítulo 2, cuidou-se da análise da *letter ruling*, que pode ser traduzida como consulta fiscal sobre a interpretação da legislação e representa o pronunciamento emitido pelas autoridades fiscais dos Estados Unidos com a mesma funcionalidade da nossa consulta fiscal naquele ordenamento. O exame das principais características da *letter ruling* dos Estados Unidos foi realizado com base no estudo do que podemos considerar os quatro pilares normativos centrais da administração tributária americana, representados

[22] INERNATIONAL MONETARY FUND. **Gross domestic product (GDP)**, Total, US dollars, 2019. Disponível em: <https://www.imf.org/external/datamapper/NGDPD@WEO/OEMDC/ADVEC/WEOWORLD>. Acesso em: 18 jun.2019.

[23] DEUTSCHLAND. **Steuer-auskunftsverordnung - Stauskv**, 30 november 2007. **Bgbl. I S. 2783.** Deutschland, 2007. Disponível em: <http://www.gesetze-im-internet.de/stauskv/>. Acesso em: 05 jan. 2020.

[24] DEUTSCHLAND. Anwendungserlass Zur Abgabenordnung (AEAO), 31. Januar 2014, zuletzt geändert durch BMF-Schreiben v. 27. 9. 2019 – IV A 3 - S 0062/19/10009 :001. **Nwb.** Deutschland, Disponível em: <https://datenbank.nwb.de/Dokument/Anzeigen/500001/?shigh=Anwendungserlass&listPos=1&listId=1464843>. Acesso em: 09 jan. 2020.

pelos Código Tributário Federal (*Internal Revenue Code* – IRC[25]) e Código de Regulamentações Federais (*Code of Federal Regulations* – CFR[26]), bem como pelo Manual Interno da Receita (*Internal Revenue Manual* – IRM[27]) e no regramento do Boletim Interno da Receita (*Internal Revenue Bulletin* – IRB[28]).

Em relação à *letter ruling*, observou-se que as normas oficiais disponibilizadas no *site* do IRS são tão completas e tão detalhadas que todas as informações necessárias para a compreensão e descrição do instituto puderam ser identificadas a partir dos quatro pilares normativos acima citados.

Nesse sentido, a partir da análise da legislação, doutrina e jurisprudência, isto é, por meio de pesquisa bibliográfica e documental, foram expostos neste estudo os contornos da consulta fiscal brasileira e dos institutos assemelhados implementados na Alemanha (*verbindliche Auskünft* e *verbindliche Zusage*) e nos Estados Unidos (*letter ruling*), com o objetivo de comparar as semelhanças e diferenças em suas características e funcionalidades, assim como ponderar se as práticas adotadas em tais países poderiam contribuir em alguma medida com o aperfeiçoamento da legislação brasileira.

A análise comparativa dos institutos pesquisados neste trabalho foi objeto do Capítulo 3, no qual foram expostas as semelhanças e diferenças dos institutos, com o propósito de mensurar se esses instrumentos promovem clareza e coerência na aplicação das leis tributárias em seus respectivos ordenamentos e se cumprem a desafiadora missão de estabelecer uma relação horizontal entre o interesse público e o particular.

Ao final verificou-se que a consulta fiscal federal brasileira apresenta traços comuns com os institutos similares em vigor na Alemanha e nos Estados Unidos, tais como o efeito vinculante entre Fisco e contribuinte e a possibilidade de alteração da orientação fornecida. Identificou-se também características da legislação brasileira inexistentes nos Estados Unidos e Alemanha, como por exemplo a inexigibilidade do pagamento de taxas e o efeito vinculante para terceiros.

[25] UNITED STATES CODE. **Title 26. Internal Revenue Code.** Disponível em: <https://www.law.cornell.edu/uscode/text/26>. Acesso em 27 dez.2019.

[26] CODE OF FEDERAL REGULATIONS. **Title 26. Internal Revenue.** Disponível em: <https://www.law.cornell.edu/cfr/text/26/chapter-I> Acesso em 27 dez.2019.

[27] US INTERNAL REVENUE SERVICE. **Internal Revenue Manuals.** Disponível em: <https://www.irs.gov/irm>. Acesso em: 23 dez.2019.

[28] US INTERNAL REVENUE SERVICE. **Internal Revenue Bulletin.** Disponível em: <https://www.irs.gov/irb/2020-01_IRB#HI1>. Acesso em: 02 jan.2020.

Concluiu-se, apesar das diferenças formais e materiais, que a disparidade central entre os modelos é ontológica e diz respeito às escolhas políticas da administração tributária sobre a função dos institutos em cada ordenamento. Isto é, as predileções da administração são fatores determinantes na definição dos contornos e desempenho de tais ferramentas na prática.

Além disso, após a identificação das principais virtudes e deficiências da consulta fiscal em relação aos sistemas implementados Alemanha e nos Estados Unidos foram apresentadas sugestões no aperfeiçoamento do instituto nacional, mormente para refinar a disciplina acerca: (i) do tempo previsto para a emissão das respostas; (ii) dos mecanismos que possibilitam o diálogo entre contribuinte e autoridades fiscais; (iii) dos impactos na revogação/modificação das respostas (iv) e para adoção de sistemática assemelhada à *verbindlich Zusage* do Direito alemão.

1
A CONSULTA ADMINISTRATIVA FISCAL NO BRASIL

1.1 A consulta fiscal no ordenamento jurídico brasileiro

A consulta fiscal é o instrumento por meio do qual a administração tributária federal do Brasil oferece ao contribuinte a possibilidade de solicitar esclarecimentos sobre a aplicação e interpretação de normas tributárias e de receber instruções formais sobre critérios e diretrizes para o cumprimento de suas obrigações fiscais.

Valdir de Oliveira Rocha, em sua obra sobre consulta fiscal, enquadra o instituto como espécie do gênero consulta, cujo exercício está amparado constitucionalmente no direito de petição, previsto no artigo 5º, inciso XXXIV, da Constituição Federal de 1988.[29] Seguindo nesse raciocínio, o respeitado jurista aponta, ainda, que se o consulente possui o direito constitucional de consultar a administração tributária, esta, por sua vez, tem o dever de responder. Quer dizer, o direito de consultar está diretamente relacionado com o dever de a Administração responder.[30]

Avançando nessa lógica, Valdir de Oliveira Rocha afirma, em diversas passagens de sua obra, que a consulta fiscal é um relevante instrumento para a defesa de direitos, o que justifica a sua origem e o seu tratamento como um direito amparado constitucionalmente e decorrente do direito de petição, motivo pelo qual não pode ser tratada com uma mera obtenção de uma informação.[31]

Essa também é a opinião de Hugo de Brito Machado Segundo, para quem, como corolário de sua origem no direito de petição, os contribuintes deveriam

[29] ROCHA, Valdir de Oliveira. **A Consulta Fiscal**. São Paulo: Dialética, 1996, p. 14.

[30] ROCHA, Valdir de Oliveira. **A Consulta Fiscal**. São Paulo: Dialética, 1996, p. 17.

[31] ROCHA, Valdir de Oliveira. **A Consulta Fiscal**. São Paulo: Dialética, 1996, p. 38.

ser autorizados a formular Consultas perante as autoridades fiscais em qualquer das esferas (federal, estadual e municipal), independentemente de regulamentação. Isto é, diante de uma incerteza na aplicação da norma tributária, em tese, o cidadão poderia provocar a autoridade fiscal competente, com fundamento no art. 5º, inciso XXXIV, CF/88,[32] ainda que inexistisse um procedimento específico fixado na legislação.

Na visão de Kelly Magalhães Faleiro, por outro lado, tal direito estaria amparado no direito à informação (art. 5º, inciso XXXII, CF/88), uma vez que "encarta, de forma genérica, o direito de assistência e colaboração entre Administração e obrigados tributários".[33] Prossegue a jurista explicando que o alicerce do dever de prestar informações está atrelado à premissa de que, no Estado de Direito, não é possível conceber que direitos sejam suprimidos ou deixem de ser usufruídos em razão de seu desconhecimento. Tal propósito, por sua vez, realiza os princípios da liberdade e da igualdade, na medida em que um cidadão só poderá ser considerado livre quando tiver acesso aos meios para conhecer a forma de dar cumprimento às suas obrigações.[34]

Com suporte na proposição de que na consulta fiscal o direito perseguido é a informação, Kelly Magalhães Faleiro assevera que o direito de petição não seria suficiente para ampará-lo, porquanto abarca o direito de pedir, mas não de obter o que se pede. Em suas palavras: "O consulente, portanto, tem direito ao que pede: a informação, a decisão sobre a consulta; já o mesmo não ocorreria se o fundamento da consulta fosse o 'direito de petição'".[35]

No mesmo sentido é a opinião de Marcos Lívio Gomes, para quem o escopo maior da consulta fiscal é a obtenção de informação sobre o entendimento da autoridade fiscal quanto à forma de interpretar, qualificar e aplicar a legislação tributária a determinado fato, motivo pelo qual a informação é efetivamente o fim maior por ela visado.[36]

[32] MACHADO SEGUNDO, Hugo de Brito. **Processo tributário**. 9. ed. São Paulo: Atlas, 2017, p. 201 e 213.

[33] FALEIRO, Kelly Magalhães. **Procedimento de Consulta Fiscal**. São Paulo: Noeses, 2005, p. 2.

[34] FALEIRO, Kelly Magalhães. **Procedimento de Consulta Fiscal**. São Paulo: Noeses, 2005, p. 2-3.

[35] FALEIRO, Kelly Magalhães. **Procedimento de Consulta Fiscal**. São Paulo: Noeses, 2005, p. 4-5.

[36] GOMES, Marcus Lívio. A consulta tributária vinculante. In: QUEIROZ, Luís Cesar Souza de. GOMES, Marcus Livio (Orgs.). **Tributação, Direitos Fundamentais e Desenvolvimento. Rio de Janeiro:** GZ Editora, 2014. p. 59.

Não é outra a doutrina de Cleucio Nunes, quando assevera que o direito fundamental à informação (art. 5º, inciso XXXII, CF/88) é o principal fundamento da consulta fiscal, porquanto "o bem jurídico amparado é a informação sobre questão de ordem pública, na medida em que a parte tem direito à solução de dúvida formulada perante o Fisco, ainda que o seu resultado não seja favorável ao consulente".[37]

Apesar da ausência de consenso na doutrina acerca de qual seria o fundamento constitucional do instrumento ora em exame, é certo que se trata de um direito amparado pela Constituição Federal de 1988, seja como um direito de petição (art. 5º, XXXIV, CF/88), seja como direito à informação (art. 5º, inciso XXXII, CF/88), ou simultaneamente em ambos, já que não parece haver incompatibilidade entre os dois fundamentos.

Outra garantia constitucional que certamente ampara o direito à obtenção de esclarecimentos pelo contribuinte sobre a interpretação e aplicação das normas tributárias é o de segurança jurídica (art. 5º, inciso XXXVI, CF/88). É indiscutível que a consulta fiscal é um importante instrumento para o fornecimento de segurança jurídica aos contribuintes.

Nesse sentido, invoca-se uma vez mais o magistério de Kelly Magalhães Faleiro, quando explica que a consulta fiscal "identifica-se como meio de fortalecimento da segurança jurídica que deve proporcionar o sistema tributário".[38]

Como observa Hugo de Brito Machado "a principal utilidade da consulta fiscal consiste na segurança desejada pelo contribuinte em suas relações de natureza tributária".[39] Tal importância materializa-se, ainda, na visão do aludido jurista pela complexidade da legislação tributária e pela obrigatoriedade, em relação a diversos tributos, de que o próprio contribuinte realize a apuração e constituição do crédito tributário devido a partir do lançamento.[40]

No mesmo sentido é o magistério de Paula Santos ao afirmar que a principal razão para instituição da consulta fiscal é propiciar ao contribuinte segurança jurídica na aplicação das normas tributárias, permitindo-lhe não apenas conhecer o direito aplicável ao seu caso concreto, mas principalmente

[37] NUNES, Cleucio Santos. **Curso completo de direito processual tributário**. 3. ed. São Paulo: SaraivaJur, 2019, p. 240.

[38] FALEIRO, Kelly Magalhães. **Procedimento de Consulta Fiscal**. São Paulo: Noeses, 2005, p. 3.

[39] MACHADO, Hugo de Brito. **Consulta Fiscal**. São Paulo: Malheiros, 2018, p. 34.

[40] MACHADO, Hugo de Brito. **Consulta Fiscal**. São Paulo: Malheiros, 2018, p. 34.

a interpretação da administração tributária sobre determinada norma.[41] Paula Santos nos lembra que:

> A consulta, como instituto do Direito Tributário, constitui uma garantia jurisdicional, no sentido de que tem por fim garantir o exercício regular das funções da Administração Tributária. O princípio da segurança jurídica, como consequência dessa garantia, exige não somente que os cidadãos possam conhecer de antemão com exatidão quais são as consequências fiscais de uma determinada operação com relevância tributária, mas também que a Administração não possa depois mudar de critério.[42]

Marcos Vinicius Neder e Maria Tereza Lopez apontam que a segurança jurídica propiciada em face da resposta à consulta fiscal também é benéfica para a administração tributária, na medida em que a harmonização da interpretação da Administração resulta em maior eficiência na arrecadação.[43]

Além da necessidade de atenção ao princípio da segurança jurídica, também orientam o instituto da consulta fiscal os princípios da legalidade (art. 5º, inciso II, e art. 150, inciso I, da CF/88), devido processo legal (art. 5º, inciso LVI, CF/88), motivação (ou necessidade de fundamentação, art. 93, inciso IX) e publicidade (art. 5º, inciso LX e art. 37, caput, CF/88)[44], que serão abordados no decorrer deste trabalho.

Fixados os fundamentos constitucionais que asseguram aos contribuintes o direito de sanarem suas dúvidas sobre aplicação e interpretação das normas tributárias mediante interpretação oficial, resta saber como se deu a sua operacionalização na legislação infraconstitucional brasileira.

Em nosso sistema tributário, o artigo 146, inciso III, "a", da CF/ 88 estabelece que as normas gerais em matéria tributária deverão ser fixadas por meio de lei complementar, e esse papel é exercido, em boa medida, pelo Código Tributário Nacional. No que diz respeito à consulta fiscal, no entanto, acabou não sendo observada essa mesma lógica.

[41] SANTOS, Paula Gonçalves Ferreira. **Uma argumentação consequencialista na solução de consulta tributária.** São Paulo: Almedina, 2017, p. 66.

[42] SANTOS, Paula Gonçalves Ferreira. **Uma argumentação consequencialista na solução de consulta tributária.** São Paulo: Almedina, 2017, p. 70.

[43] NEDER, Marcos Vinícius; LÓPEZ, Maria Teresa Martínez. **Processo Administrativo Fiscal Federal Comentado.** 3ª ed. São Paulo: Dialética, 2010, p. 515.

[44] Vide: FALEIRO, Kelly Magalhães. **Procedimento de Consulta Fiscal.** São Paulo: Noeses, 2005, p. 12-22.; MACHADO, Hugo de Brito. **Consulta Fiscal.** São Paulo: Malheiros, 2018, p.23-31.

No âmbito do Código Tributário Nacional, a única referência ao instituto da consulta fiscal foi feita pelo § 2º do artigo 161, que tratou dos efeitos da mora em relação à consulta formalizada dentro do prazo para pagamento do crédito tributário, e que será detalhadamente explicitada adiante (tópico 1.5.1).

Dessa forma, ficou a "cargo da União e de cada estado federado e do Distrito Federal, amparados no art. 24, XI, da Constituição Federal, fixar suas próprias regras sobre consulta fiscal"[45], bem como dos municípios, com fundamento no art. 30, inciso I, da CF/88.

Os estados e municípios apenas não poderão dispor livremente sobre os efeitos da mora previstos no § 2º do artigo 161 do CTN, tendo em vista que o citado dispositivo foi recepcionado com *status* da lei complementar prevista no artigo 146, inciso III, "a", da CF/88.

Em relação aos demais aspectos envolvendo a disciplina da consulta fiscal, embora estados e municípios tenham autonomia para legislar, conforme constatou Kelly Magalhães Faleiro, tais entes praticamente se limitam a repetir a normatização existente no âmbito federal.[46] Valendo citar, apenas a título exemplificativo, a regulamentação dada pela Lei n. 4.567/2011, do Distrito Federal, (editada no exercício de sua competência estadual e municipal), que regulamentou a consulta fiscal do artigo 55 ao 63. Como já mencionado, em face do recorte proposto nesta pesquisa, será objeto de investigação a consulta fiscal federal, de modo que não serão examinados os contornos do instituto nas esferas estadual e municipal.

No âmbito federal, a consulta tributária foi inicialmente disciplinada pelos artigos 46 a 58 do Decreto n. 70.235/1972, que dispõe sobre o processo administrativo fiscal para a cobrança de tributos de competência da União.

Posteriormente, foi editada a Lei n. 9.430/1996 (alterada pela Lei n. 12.788/2013), a qual previu a definição de instância única para o processo de consulta, bem como a aplicação do procedimento nela previsto para as consultas envolvendo a classificação de mercadorias.

Atualmente, a Instrução Normativa RFB n. 1.396/2013 regulamenta a consulta sobre a interpretação tributária e aduaneira no âmbito da Receita Federal do Brasil, procedimento este que também abarca a interpretação sobre a classificação de serviços, intangíveis e demais operações que produzam variações de patrimônio, conforme expresso em seu artigo 1º.

[45] NUNES, Cleucio Santos. **Curso completo de direito processual tributário**. 3. ed. São Paulo: SaraivaJur, 2019, p. 242.

[46] FALEIRO, Kelly Magalhães. **Procedimento de Consulta Fiscal**. São Paulo: Noeses, 2005, p. 31.

Para tratar especificamente das consultas sobre classificação fiscal de mercadorias,[47] também no âmbito da Secretaria da Receita Federal do Brasil,[48] foi editada a Instrução Normativa RFB n. 1.464/2014.

1.2 Procedimento, tramitação, recorribilidade e a autoridade competente

Não há consenso na doutrina sobre a classificação da consulta fiscal como processo ou procedimento.

Conforme se extrai da obra de Antônio Carlos Contra, Ada Pelegrini e Cândido Dinamarco, não obstante as expressões processo e procedimento sejam corriqueiramente confundidas, a "noção de processo é essencialmente teleológica, porque ele se caracteriza por sua finalidade de exercício de poder (no caso jurisdicional)". Prosseguindo nesse raciocínio, os juristas definem o processo como o instrumento através do qual a jurisdição se opera (instrumento para a positivação do poder) seja ele no âmbito administrativo, judicial ou até mesmo legislativo.[49]

Para os referidos autores, o procedimento, por sua vez, não é nada mais do que uma sucessão de atos que formam o processo em si, "o meio extrínseco

[47] Nota explicativa: Para facilitar o comércio internacional, a Organização Mundial das Aduanas (OMA) editou a Convenção sobre o Sistema Harmonizado (SH) que atribui uma identificação numérica, composta por 06 dígitos, para todos os produtos e objetos comercializados internacionalmente como forma de padronizar as categorias de mercadorias transportadas entres os países, evitando a utilização de divergências e nomenclaturas diversas. No âmbito do Mercosul, foi criada a Nomenclatura Comum do Mercosul (NCM), baseada na SR. Assim, a classificação dos produtos visa a sua categorização para fins de definição das alíquotas do Imposto sobre a Importação e do Imposto sobre Produtos Industrializados. MEIRA, Liziane Angelotti. **Tributos sobre o Comércio Exterior**. São Paulo: Saraiva, 2012, p. 276-278 e 511.

[48] Nota explicativa: Sobre o tema, na página da Secretaria da Receita Federal foram extraídas as seguintes informações: "A consulta sobre classificação fiscal de mercadorias, formulada por escrito, é o instrumento que o contribuinte possui para dirimir dúvidas sobre a correta classificação fiscal das mercadorias na Nomenclatura Comum do Mercosul (NCM) constante tanto na Tarifa Externa Comum (TEC) quanto na Tabela de Incidência do Imposto sobre Produtos Industrializados (TIPI). A consulta sobre Classificação Fiscal de Mercadorias deve referir-se a somente 1 (um) produto por processo". RECEITA FEDERAL. **O que é a Consulta Sobre Classificação Fiscal de Mercadorias.** Disponível em: <https://receita.economia.gov.br/orientacao/aduaneira/classificacao-fiscal-de-mercadorias/o-que-e-classificacao-fiscal-de-mercadorias>. Acesso em: 06 mai.2020.

[49] CINTRA, Antônio Carlos de Araújo, DINAMARCO, Cândido Rangel, GRINOVER, Ada Pellegrini. **Teoria Geral do Processo.** 22ª ed. São Paulo: Malheiros Editores, 2006, p. 295.

pelo qual se instaura, desenvolve-se e termina o processo". Assim, o procedimento deve ser entendido como o "meio pelo qual a lei estampa os atos e fórmulas da ordem legal do processo".[50]

Indo um pouco além, em sua análise sobre as diferenças entre processo e procedimento, Cleucio Nunes explica que a observância das regras e procedimentos previamente delimitados atesta a legitimidade dos atos praticados pelos sujeitos detentores de poder. Isso porque "a comprovação do cumprimento da legalidade não se reduz à análise dos atos de vontade ou de poder". Além disso, é necessário que esses atos também tenham observado os procedimentos necessários ao seu exercício, de modo que o exame sobre a legalidade do ato atinja o procedimento e o seu resultado.[51]

Considerando que a litigiosidade é a nota distintiva entre os conceitos de processo e procedimento, Kelly Magalhães Faleiro aponta que a consulta fiscal não está enquadrada na definição de processo, uma vez que não existem interesses divergentes entre a administração fiscal e o consulente. Trata-se de um procedimento administrativo, por meio do qual, ao esclarecer a dúvida do consulente sobre a aplicação da norma tributária, a Administração exerce função normativa atípica.[52]

Kelly Magalhães Faleiro explica, ainda, que todos os atos decisórios do Estado estão sujeitos à observância de princípios e regras procedimentais, motivo pelo qual entende que não há decisão estatal legítima sem procedimento.[53] Cleucio Nunes reforça essa orientação assentando que o procedimento também pode ser utilizado como forma de manifestação de vontade e exercício de poder. A sua distinção em relação ao processo está atrelada à existência de um conflito intersubjetivo de interesses. Ou seja, só haverá processo se houver lide.[54]

Partindo da mesma premissa apontada por Kelly Magalhães Feleiro, de que a existência de um processo pressupõe a existência de lide (litígio), Marcos

[50] CINTRA, Antônio Carlos de Araújo, DINAMARCO, Cândido Rangel, GRINOVER, Ada Pellegrini. **Teoria Geral do Processo**. 22ª ed. São Paulo: Malheiros Editores, 2006, p. 295.

[51]

[52] FALEIRO, Kelly Magalhães. **Procedimento de Consulta Fiscal**. São Paulo: Noeses, 2005, p. 09-10.

[53] FALEIRO, Kelly Magalhães. **Procedimento de Consulta Fiscal**. São Paulo: Noeses, 2005, p. 09.

[54] NUNES, Cleucio Santos. **Curso completo de direito processual tributário**. 3. ed. São Paulo: SaraivaJur, 2019, p. 71.

Lívio[55] e Hugo de Brito Machado[56] defendem que a formalização da consulta fiscal não faz nascer um processo em face da ausência de conflito a ser dirimido, mas de mera obtenção de informação a ser prestada pela Autoridade Fiscal.

Dessa posição, divergem Valdir Oliveira Rocha, Hugo de Brito Segundo, Antônio Sepúlveda e Igor Lazari[57]. Valdir Oliveira Rocha entende que, sendo a consulta fiscal formulada como meio de defesa de direitos dos contribuintes, a sua formulação exige uma resposta, motivo pelo qual a orientação ou instrução fornecida pelas autoridades fiscais tem natureza de decisão, originando-se um processo, e não mero procedimento.[58] O jurista prossegue explicando que a dúvida do contribuinte deve ser considerada uma controvérsia cuja solução poderá ocorrer tanto na esfera administrativa como judicial, mas sempre pela via do processo,[59] que viabiliza seja invocado pelo consulente o direito ao contraditório e à ampla defesa, nos termos do art. 5º, inciso LV, da CF/88.

Mais adiante, o jurista afirma que "a resposta à consulta fiscal é decisão, e não mero conselho ou opinião".[60] Nesse sentido também é o magistério de Hugo de Brito Segundo, para quem a consulta fiscal deve ser entendida como

> [...] um processo, e não um mero procedimento. Primeiro, porque nela é assegurada a participação dos interessados (Fazzalari), cabendo ao consulente não apenas provocar uma resposta da administração, mas também interferir na formação dessa decisão com a sua compreensão a respeito do problema, devidamente exposta na consulta. Não há mera sequência de atos, unilateral e inquisitória, como é o caso do procedimento de fiscalização.[61] [Itálico no original]

55 "Nesta linha de pensar não estaríamos diante de verdadeiro processo, mas sim procedimento, já que não existe conflito a ser dirimido, mas informação a ser prestada pela Administração Fazendária." (GOMES, Marcus Lívio. **A consulta tributária vinculante**. In: QUEIROZ, Luís Cesar Souza de. GOMES, Marcus Livio (Orgs.). Tributação, Direitos Fundamentais e Desenvolvimento. Rio de Janeiro: GZ Editora, 2014. p. 60.)

56 MACHADO, Hugo de Brito. **Consulta Fiscal**. São Paulo: Malheiros, 2018, p. 23.

57 SEPÚLVEDA, Antônio Guimarães. LAZARI, Igor de. **Consulta Fiscal**. Comentários à IN RFB 1.396/2013. Rio de Janeiro. 2018, p. 9-10.

58 ROCHA, Valdir de Oliveira. **A Consulta Fiscal**. São Paulo: Dialética, 1996, p. 22.

59 ROCHA, Valdir de Oliveira. **A Consulta Fiscal**. São Paulo: Dialética, 1996, p. 22.

60 ROCHA, Valdir de Oliveira. **A Consulta Fiscal**. São Paulo: Dialética, 1996, p. 79.

61 MACHADO SEGUNDO, Hugo de Brito. **Processo tributário**. 9. ed. São Paulo: Atlas, 2017, p. 210.

Ou seja, para os autores acima mencionados a distinção entre processo e procedimento está estritamente relacionada com a existência ou não de litígio.

Para Sérgio André, no entanto, a distinção entre processo e procedimento não está relacionada com a existência de um litígio já que "a lide é elemento acidental do processo". Segundo o referido autor o processo deve ser compreendido como o meio pelo qual o Estado exerce suas funções para atingir um determinado objetivo e o procedimento pode ser entendido como o conjunto de atos por meio do qual o processo se realiza, e que na esfera administrativa a diferença essencial entre ambos está relacionada ao regime jurídico aplicável a cada um deles.[62]

A disciplina contida no Decreto n. 70.235/1972, Lei n. 9.430/1996, IN RFB n. 1.396/2013 e IN RFB n. 1.464/2014 – sobre os requisitos para a sua formalização, as regras envolvendo a sua tramitação e até mesmo a previsão recursal – demonstra que estamos diante de um instituto que, de fato, não tem por objetivo a solução de um conflito de interesses, mas poderia ser entendido como um processo, na medida em que é um instrumento de autorregulação da administração fiscal e de exercício do poder de determinar como as normas tributárias devem ser interpretadas e aplicadas. O primeiro passo para a obtenção de uma opinião formal por parte das autoridades fiscais sobre a interpretação de determinada norma ou classificação fiscal de mercadorias é a sua formalização por escrito, conforme expressamente previsto no artigo 47 do Decreto n. 70.235/1972, no artigo 3º da IN RFB n. 1.396/2013, bem como no art. 4º IN RFB n. 1.464/2014.

A apresentação da consulta fiscal por escrito é formalidade essencial para fins de validade do ato de resposta, sendo, inclusive, o único meio de assegurar a certeza e a segurança em relação aos fatos nela descritos, constituindo prova inequívoca de sua existência.[63]

Isso significa que não serão "aceitas, para os fins de que ora se trata, consultas orais formuladas perante os plantões de fiscalização",[64] sendo certo que tais informações verbais devem ser utilizadas para a "solução de pequenas dúvidas sem caráter vinculativo ou normativo".[65]

[62] ROCHA, Sergio André. **Processo Administrativo Fiscal**. São Paulo: Almedina, 2018, p. 64 e 70-72.

[63] FALEIRO, Kelly Magalhães. **Procedimento de Consulta Fiscal**. São Paulo: Noeses, 2005, p. 71.

[64] NUNES, Cleucio Santos. **Curso completo de direito processual tributário**. 3. ed. São Paulo: SaraivaJur, 2019, p. 242.

[65] NUNES, Cleucio Santos. **Curso completo de direito processual tributário**. 3. ed. São Paulo: SaraivaJur, 2019, p. 242.

A partir das alterações promovidas pela Lei n. 12.788/2013 na Lei n. 9.430/1996, passou-se a admitir a formalização da consulta por meio eletrônico, conforme previsto no art. 48, § 14, da Lei n. 9.430/1996. Ao regulamentar tal procedimento alguns meses mais tarde, o § 1º do art. 3º da IN RFB n. 1.396/2013 explicita que a apresentação eletrônica se dará no âmbito do Portal e-CAC, mediante o uso de certificado digital ou por meio de formulário impresso posteriormente digitalizado.

Para as consultas sobre classificação fiscal regulamentadas pela IN RFB n. 1.464/2014, a formalização por meio eletrônico não é uma faculdade, mas uma exigência, tanto é assim que um dos requisitos para a formalização desse tipo de consulta é a prévia adesão ao Domicílio Tributário Eletrônico, conforme disposto no art. 5º, inciso III, da referida IN.

O artigo 47 do Decreto n. 70.235/1972 estabelece que a consulta deverá ser dirigida ao "órgão local da entidade incumbida de administrar o tributo sobre que versa". Ao regulamentar o referido dispositivo, a IN RFB n. 1.396/2013 especifica que a consulta fiscal deverá ser apresentada na unidade da Receita Federal de seu domicílio fiscal (art. 3º) e será solucionada pela Coordenação--Geral de Tributação – Cosit (art. 7º).

As consultas sobre classificação fiscal, por sua vez, deverão ser dirigidas à Coordenação-Geral de Tributação (Cosit), nos termos do que prescreve o art. 4º da IN RFB n. 1.464/2014.

Para que as consultas fiscais fossem examinadas e respondidas por uma autoridade central, atribuiu-se à Cosit, na qualidade de órgão da Subsecretaria de Tributação e Contencioso da Secretaria da Receita Federal, a competência para a interpretação das normas tributárias federais,[66] bem como para solucionar as dúvidas apresentadas por todas as regiões fiscais do país.[67]

A definição de um órgão central para a análise e confecção das respostas às consultas fiscais federais é relevante, na medida em que minimiza o risco de adoção de posições divergentes sobre a indicação da conduta que deverá ser adotada para contribuintes que estejam na mesma situação.[68] Trata-se de importantíssima mudança implementada a partir da IN RFB n. 1.396/2013,

[66] NUNES, Cleucio Santos. **Curso completo de direito processual tributário**. 3. ed. São Paulo: SaraivaJur, 2019, p. 246.

[67] SEPÚLVEDA, Antônio Guimarães. LAZARI, Igor de. **Consulta Fiscal**. Comentários à IN RFB 1.396/2013. Rio de Janeiro. 2018, p. 72.

[68] NUNES, Cleucio Santos. **Curso completo de direito processual tributário**. 3. ed. São Paulo: SaraivaJur, 2019, p. 246.

cujo modelo "reúne a função de emitir interpretações oficiais sob a forma de disposições de caráter geral".[69]

Na sistemática anterior, as consultas fiscais eram respondidas por órgãos descentralizados da Receita Federal do Brasil, as Superintendências Regionais, o que acarretava, com frequência, a apresentação de soluções e critérios divergentes para os mesmos temas. Tais divergências poderiam ser submetidas ao exame da Cosit, que emitia uma solução de divergência com o objetivo de unificar o critério adotado pelos órgãos regionais, notificando-se o sujeito passivo.[70]

No entanto, no período compreendido entre a publicação das soluções emitidas pelas Superintendências Regionais e a solução de divergência da Cosit, mesmo sem a existência de efeitos para terceiros, as orientações expostas nas Soluções de Consulta acabavam servindo de fundamento para regular, de forma indireta, as condutas de outros contribuintes e não apenas dos consulentes. Caso a intepretação da Cosit apresentasse novos critérios mais prejudiciais aos contribuintes, aqueles que não fossem os consulentes estariam, em tese, sujeitos a penalidades por terem seguido a orientação posteriormente alterada.[71]

Atualmente, os órgãos regionais possuem competência para realizar apenas uma espécie de juízo de admissibilidade das consultas fiscais, por meio do qual identificam a ausência de cumprimento de requisitos formais, situações de ineficácia ou a possibilidade de aplicação de uma solução de consulta vinculante.[72]

Dessa forma, a ineficácia da consulta fiscal poderá ser declarada tanto pela Coordenação-Geral de Tributação – Cosit, quanto pela Divisão de Tributação das Superintendências Regionais da Receita Federal do Brasil – Disit (art. 7º, § 1, IN RFB n. 1.396/2013).

As Divisões de Tributação – Disit, por sua vez, são unidades regionais da Secretaria da Refeita Federal do Brasil, as quais são dotadas de legitimidade

[69] SANTOS, Paula Gonçalves Ferreira. **Uma argumentação consequencialista na solução de consulta tributária.** São Paulo: Almedina, 2017, p. 85.

[70] GOMES, Marcus Lívio. A consulta tributária vinculante. In: QUEIROZ, Luís Cesar Souza de. GOMES, Marcus Livio (Orgs.). **Tributação, Direitos Fundamentais e Desenvolvimento. Rio de Janeiro:** GZ Editora, 2014. p. 78.

[71] GOMES, Marcus Lívio. A consulta tributária vinculante. In: QUEIROZ, Luís Cesar Souza de. GOMES, Marcus Livio (Orgs.). **Tributação, Direitos Fundamentais e Desenvolvimento. Rio de Janeiro:** GZ Editora, 2014. p. 78-79.

[72] SANTOS, Paula Gonçalves Ferreira. **Uma argumentação consequencialista na solução de consulta tributária.** São Paulo: Almedina, 2017, p. 85.

exclusivamente para a declaração de ineficácia das consultas fiscais, uma vez que, em tais situações, não há exame do mérito da matéria consultada.[73]

No âmbito desse juízo de admissibilidade, também está abarcada a possibilidade de os órgãos regionais submeterem à Cosit uma sugestão de resposta à consulta, o que é considerado positivo por Paula Santos na medida em que os órgãos regionais poderão expor ao órgão central aspectos relacionados com as suas experiências práticas decorrente das atividades fiscalizatórias.[74]

Até 2016, inexistia, na legislação ou mesmo nas normas regulamentares que disciplinam a consulta fiscal, um prazo para resposta por parte das autoridades fiscais, não obstante as alterações promovidas pela Lei n. 12.788/2013, por meio da qual, desde 2013, passou a constar no § 15º do art. 48 da Lei n. 9.430/1996 a previsão de que caberia ao Poder Executivo essa regulamentação.

A falta de regulamentação sobre o tema obstava "a plena potencialidade do instituto, já que a fixação de prazo para a solução é uma garantia de efetividade e eficácia do procedimento de consulta e de realização dos princípios da certeza e segurança jurídicas".[75] A ausência desse prazo impedia, inclusive, a aplicação de sanções disciplinares para a falta de resposta a uma consulta fiscal.[76]

Nesse período, Kelly Magalhães Faleiro[77] e Marcos Lívio[78], com fundamento no art. 96 do CTN, consideram aplicável o disposto no art. 49 da Lei n. 9.784/1999, diploma que abarca normas gerais de processo administrativo para a Administração Pública Federal, que fixa o prazo de 30 dias contados da conclusão da instrução do processo administrativo, prorrogáveis por igual período, para a prolação de decisão. Segundo os citados juristas, nas situações em que o consulente constatar o decurso do prazo descrito no art. 49 da

[73] SEPÚLVEDA, Antônio Guimarães. LAZARI, Igor de. **Consulta Fiscal**. Comentários à IN RFB 1.396/2013. Rio de Janeiro. 2018, p. 75.

[74] SANTOS, Paula Gonçalves Ferreira. **Uma argumentação consequencialista na solução de consulta tributária**. São Paulo: Almedina, 2017, p. 85.

[75] GOMES, Marcus Lívio. A consulta tributária vinculante. In: QUEIROZ, Luís Cesar Souza de. GOMES, Marcus Livio (Orgs.). **Tributação, Direitos Fundamentais e Desenvolvimento.** Rio de Janeiro: GZ Editora, 2014. p. 65.

[76] SANTOS, Paula Gonçalves Ferreira. **Uma argumentação consequencialista na solução de consulta tributária**. São Paulo: Almedina, 2017, p. 87.

[77] FALEIRO, Kelly Magalhães. **Procedimento de Consulta Fiscal**. São Paulo: Noeses, 2005, p. 107.

[78] GOMES, Marcus Lívio. A consulta tributária vinculante. In: QUEIROZ, Luís Cesar Souza de. GOMES, Marcus Livio (Orgs.). **Tributação, Direitos Fundamentais e Desenvolvimento.** Rio de Janeiro: GZ Editora, 2014. p. 65.

Lei n. 9.784/1999, poderá buscar proteção judicial para obter uma resposta para seu pleito.

Além disso, para Kelly Magalhães, seria cabível até mesmo a responsabilização do Estado nas situações em que a ausência de resposta à consulta no prazo legal causasse prejuízos ao consulente.[79]

Somente a partir da edição do Decreto n. 8.853/2016, os contribuintes passaram a ter alguma previsão sobre o prazo para resposta na consulta fiscal. O referido decreto alterou artigo 95 do Decreto 7.574/2011, para incluir o § 2º: "A consulta será solucionada no prazo máximo de trezentos e sessenta dias, contado da data de protocolo".

Apesar disso, nos parece um tanto excessivo o prazo de 360 dias, já que apresentação de resposta, após o decurso um ano da data em que foi apresentada a consulta fiscal, poderá acabar sendo inócua para grande parte dos contribuintes.

O art. 49 da Lei n. 9.430/1996, por sua vez, excluiu do âmbito do processo de consulta federal o disposto nos artigos 54 a 58 do Decreto 70.235/1972, os quais tratam do julgamento em primeira e segunda instâncias e dos recursos voluntário e de ofício. Eliminou-se, assim, o cabimento de recurso voluntário, recurso de ofício ou pedido de reconsideração em face da interpretação produzida a partir da solução de consulta, que passaram a ser solucionadas em instância única, na forma do art. 48 do citado diploma.

Cleucio Nunes considera que a supressão da possibilidade de interposição de recurso enfraquece o controle administrativo das decisões, na medida em que obsta a possibilidade de sua revisão por outra instância, agravando, sobretudo, o quadro para aqueles contribuintes que não tiveram os seus questionamentos respondidos em virtude de declaração de ineficácia.[80]

Na visão de Kelly Magalhães Faleiro[81] e Hugo de Brito Machado,[82] a supressão da possibilidade de interposição de recurso em face da resposta à solução de consulta não pode ser considerada ofensiva às garantias constitucionais do contraditório e da ampla defesa (art. 5, inciso LV, da CF/88), em razão da ausência de litígio. Segundo os aludidos juristas, os interesses do consulente e da autoridade fiscal são convergentes quanto ao direito buscado na consulta

[79] FALEIRO, Kelly Magalhães. **Procedimento de Consulta Fiscal**. São Paulo: Noeses, 2005, p. 109.

[80] NUNES, Cleucio Santos. **Curso completo de direito processual tributário**. 3. ed. São Paulo: SaraivaJur, 2019, p. 246.

[81] FALEIRO, Kelly Magalhães. **Procedimento de Consulta Fiscal**. São Paulo: Noeses, 2005, p. 121-124.

[82] MACHADO, Hugo de Brito. **Consulta Fiscal**. São Paulo: Malheiros, 2018, p. 103-104.

fiscal, que é a correta interpretação da lei. Havendo divergência sobre essa interpretação, caberá ao contribuinte submeter sua discordância ao Poder Judiciário.

A única hipótese em que se admite a interposição de recurso em face das soluções de consulta é quando for constatada a diferença entre a solução sobre proposta para uma mesma matéria e com base na interpretação do mesmo dispositivo legal, nos termos do § 5º do art. 48 da Lei n. 9.430/1996 e dos artigos 19 a 21 da IN RFB n. 1.396/2013.

Embora o dispositivo adote a expressão recurso, Paula Santos considera que a insurgência não pode ser considerada um recurso propriamente dito, sobretudo porque não se admite o seu manejo em face de toda e qualquer solução de consulta, mas como uma ferramenta voltada exclusivamente ao combate de divergências na intepretação de uma mesma matéria.[83]

Em virtude de ter por objetivo a uniformização da posição da administração sobre a matéria consultada, considera-se que o recurso atua "muito mais no interesse da coletividade do que do consulente de forma individual".[84]

No entanto, o recurso não possui efeito suspensivo, o que significa que a orientação contida na solução de consulta deverá ser observada pelo contribuinte até decisão expressa em sentido contrário.

Interessante notar que o aludido recurso poderá ser interposto tanto pelo destinatário da solução conflitante (§ 6º do art. 48 da Lei n. 9.430/1996) como também por qualquer outro sujeito passivo que tenha recebido orientação diferente para a mesma matéria (§ 10º do art. 48 da Lei n. 9.430/1996), no prazo de 30 dias contados da publicação da resposta. Aliás, nos termos do § 9º do art. 48 da Lei n. 9.430/1996 e do art. 20 da IN RFB n. 1.396/2013, a existência de divergência entre soluções de consulta sobre a mesma matéria poderá ser apontada por qualquer servidor da administração tributária, por meio de representação.

A solução de divergência será emitida como resultado da apreciação do recurso especial e da representação (art. 21, § 2º, IN RFB n. 1.396/2013) e acarretará, na edição de ato específico de caráter geral para a uniformização do entendimento, caso seja reconhecida, a divergência (art. 48, § 11, da Lei n. 9.430/1996 e art. 21, § 3º, da IN RFB n. 1.396/2013).

[83] SANTOS, Paula Gonçalves Ferreira. **Uma argumentação consequencialista na solução de consulta tributária**. São Paulo: Almedina, 2017, p. 79.

[84] FALEIRO, Kelly Magalhães. **Procedimento de Consulta Fiscal**. São Paulo: Noeses, 2005, p. 121-124.

Para Kelly Magalhães Faleiro, a análise da divergência não significa que serão adotadas, necessariamente, uma ou outra entre as duas posições confrontadas. Isto é, a administração tributária poderá adotar uma terceira posição, caso considere que é a solução mais adequada a respeito da intepretação da norma consultada.[85]

A produção de efeitos da resposta à consulta fiscal para o consulente e para terceiros depende de sua publicização. A adequada ciência do consulente é condição de validade do ato de resposta. Somente após a consumação da intimação do consulente, o ato de resposta será considerado consumado e, por conseguinte, será encerrado o procedimento de consulta.[86]

Em relação a terceiros, dependerá de sua publicação na imprensa oficial, conforme determinado pelo § 4º do artigo 48 da Lei n. 9.430/1996, bem como pelos artigos 9, 17, 18, parágrafo 4º, da IN RFB n. 1.396/2013, além dos artigos 15, 21, 22 e 24, § 4º, da IN RFB n. 1.464/2014.

Por fim, nos termos da legislação atualmente em vigor, a resposta à consulta fiscal, bem como a solução de divergência apresentada como resultado do exame do Recurso Especial, é fornecida no âmbito federal independentemente do recolhimento de custas ou taxas.

1.3 Os legitimados para formular consultas fiscais

De uma forma geral, são legitimados para formalizar a consulta fiscal o próprio sujeito passivo da obrigação tributária principal ou acessória, os órgãos da Administração Pública e as entidades representativas de categorias econômicas ou profissionais, conforme previsto no art. 46 e parágrafo único do Decreto n. 70.235/1972; no art. 2º da IN RFB 1.396/2013 e no art. 3º da IN RFB n. 1.464/2014.

Para Kelly Magalhães Faleiro, em virtude da natureza vinculante da resposta à consulta fiscal, é necessário que o consulente possa ser, ainda que potencialmente, atingido pelo comando da resposta.[87] Nesse contexto, a legitimação para a formalização da consulta está atrelada à demonstração de que

[85] FALEIRO, Kelly Magalhães. **Procedimento de Consulta Fiscal**. São Paulo: Noeses, 2005, p. 117-118.

[86] FALEIRO, Kelly Magalhães. **Procedimento de Consulta Fiscal**. São Paulo: Noeses, 2005, p. 117-118.

[87] FALEIRO, Kelly Magalhães. **Procedimento de Consulta Fiscal**. São Paulo: Noeses, 2005, p. 63.

o contribuinte está diretamente relacionado com a situação consultada,[88] motivo pelo qual deverão ser assim considerados os sujeitos passivos descritos no art. 121 do Código Tributário Nacional, quais sejam, contribuinte e o responsável.[89]

Hugo de Brito Machado[90] e Kelly Magalhães Faleiro[91], assim como Marcos Vinicius Neder e Maria Tereza Lopez,[92] também consideram que a expressão "sujeito passivo" abarca todos aqueles que estejam sujeitos ao cumprimento das obrigações principal e acessória, incluindo-se, assim, no rol de legitimados, o substituto tributário, o responsável e o sucessor.

Dessa forma, será legitimado para a formalização da consulta fiscal todo aquele indicado pela norma como obrigado a cumprir um dever tributário, incluindo-se, assim, os sujeitos que não tenham realizado ou participado diretamente do fato ensejador da relação jurídico tributária.[93]

No caso das pessoas jurídicas com filiais, tanto o § 1º do artigo 2º da IN RFB n. 1.396/2013 como o § 1º do artigo 2º da IN RFB n. 1.464/2014 estabelecem que a consulta deverá ser formalizada pela matriz, repetindo a regra anteriormente prevista na IN RFB n. 740/2007. Para Cleucio Nunes, nessa circunstância, afasta-se a regra prevista no art. 127, inciso II, do CTN, de autonomia entre cada um dos estabelecimentos da mesma empresa para formularem consultas no âmbito de seu domicílio fiscal com o objetivo de evitar decisões conflitantes.[94]

Considerando-se, no entanto, que segundo a sistemática estabelecida a partir da RFB n. 1.396/2013, de que as soluções de consulta serão proferidas por um órgão central, ao menos em tese, não deveria haver diferença entre a formalização da consulta pelo estabelecimento matriz ou por suas filiais, já não deveria haver preocupação com a prolação de decisões conflitantes sobre um mesmo tema.

88 NUNES, Cleucio Santos. **Curso completo de direito processual tributário**. 3. ed. São Paulo: SaraivaJur, 2019, p. 243.

89 NUNES, Cleucio Santos. **Curso completo de direito processual tributário**. 3. ed. São Paulo: SaraivaJur, 2019, p. 243.

90 MACHADO, Hugo de Brito. **Consulta Fiscal**. São Paulo: Malheiros, 2018, p. 45.

91 FALEIRO, Kelly Magalhães. **Procedimento de Consulta Fiscal**. São Paulo: Noeses, 2005, p. 65.

92 NEDER, Marcos Vinícius; LÓPEZ, Maria Teresa Martínez. **Processo Administrativo Fiscal Federal Comentado.** 3º ed. São Paulo: Dialética, 2010, p. 517.

93 FALEIRO, Kelly Magalhães. **Procedimento de Consulta Fiscal**. São Paulo: Noeses, 2005, p. 65.

94 NUNES, Cleucio Santos. **Curso completo de direito processual tributário**. 3. ed. São Paulo: SaraivaJur, 2019, p. 244.

De qualquer forma, a regra é justificável na medida em que matriz e filial constituem uma única pessoa jurídica, nos termos do § 1º do art. 75 do Código de Civil, sendo certo que a exigência de que cada estabelecimento tenha inscrição no CNPJ sob um número específico por determinação da Receita Federal, visa unicamente facilitar a fiscalização e o cumprimento das obrigações fiscais. A filial é um estabelecimento que integra o acervo patrimonial da pessoa jurídica, partilhando dos mesmos sócios, contrato social e denominação social da matriz, e estando sujeita à administração pelos mesmos órgãos de deliberação, direção, gerência e fiscalização da matriz.[95]

Sobre a legitimação dos órgãos da Administração Pública, Cleucio Nunes explica que "um ministério da administração federal poderá consultar a Receita Federal do Brasil sobre determinado item da legislação tributária federal e o resultado da consulta vinculará todos os órgãos desse ministério".[96] Antônio Sepúlveda e Igor Lazari apontam que a legitimação dos órgãos da Administração Pública decorre da circunstância de que, no exercício de suas funções, tais órgãos estão, assim como os contribuintes em geral, submetidos ao cumprimento de obrigações tributárias principais e acessórias.[97]

Kelly Magalhães Faleiro, por outro lado, considera a previsão imprópria, com o argumento de que lhe parece juridicamente incoerente a formalização do que denominou de "auto consulta", uma vez que resulta na situação em que a Administração consulta a si própria sobre a interpretação da lei que lhe cabe aplicar.[98]

Dentre os legitimados também estão, ainda, as entidades representativas de categorias econômicas ou profissionais, o que abarca a possibilidade de que as consultas sejam formalizadas por meio de associações e sindicatos, por exemplo.

Para Marcos Lívio "a legitimação sobre a formulação de consultas de natureza coletiva é de importância transcendental para os fins da unificação da atuação administrativa", já que produzirá efeitos sobre todos os membros

[95] BRASIL. Superior Tribunal de Justiça. **Recuso Especial n. 1.490.814**. Relator: Ministro Herman Benjamin, Segunda Turma. Brasília, 05 de agosto de 2016.

[96] NUNES, Cleucio Santos. **Curso completo de direito processual tributário**. 3. ed. São Paulo: SaraivaJur, 2019, p. 243.

[97] SEPÚLVEDA, Antônio Guimarães. LAZARI, Igor de. **Consulta Fiscal**. Comentários à IN RFB 1.396/2013. Rio de Janeiro. 2018, p. 32.

[98] FALEIRO, Kelly Magalhães. **Procedimento de Consulta Fiscal**. São Paulo: Noeses, 2005, p. 70.

daquela categoria, esclarecendo, de uma só vez, a questão para todo o grupo interessado.[99]

Considera-se, dessa forma, que a principal vantagem da formalização da consulta fiscal por entidades de classe é o aproveitamento da resposta para todos os membros da categoria representada que se encontrem em situação idêntica, maximizando os efeitos da consulta e reduzindo desigualdades.

Outra vantagem acerca da legitimação das associações, sindicatos e demais entidades de classe está relacionada com o fato de que poderá proporcionar uma espécie de conforto para aqueles contribuintes que possuem receio de expor individualmente a sua situação às autoridades tributárias. Em assuntos sensíveis, a exposição de tal situação, de uma forma mais abrangente e no âmbito de um pleito coletivo, faz com que cada interessado se sinta menos exposto do que se formulasse o pleito individualmente.

Ao discorrer sobre o tema, Kelly Magalhães Faleiro ressalta que a ausência de previsão legal expressa acerca da legitimação de associações e Sindicados não impediria a formalização de consulta fiscal por tais entes, uma vez que decorre de prerrogativa constitucional, que não é passível de limitação pelo legislador ordinário.

Considerando, por outro lado, que a orientação fornecida na solução de consulta deverá ser observada pela administração tributária em relação a todos os integrantes do ente consulente, Cleucio Nunes considera recomendável que a entidade de classe busque prévia e expressa autorização de seus membros sobre o tema consultado, inclusive mediante assembleia e cujos efeitos apenas deverão atingir os participantes.[100] Embora o tema da autorização seja tratado por Cleucio Nunes como uma recomendação tanto para associações quanto para sindicatos, a exigência de prévia e expressa autorização como condição para validação da legitimação das associações é controvertida.

Isso porque o art. 5º, XXI, da Carta Constitucional de 1988, que definiu o âmbito de representatividade das associações, estabeleceu que estas serão legitimadas "para representar seus filiados judicial ou extrajudicialmente", prevendo, de forma expressa, a necessidade de autorização. No que diz respeito aos sindicatos, o art. 8º, inciso III, da CF/88 apenas prescreveu a sua

[99] GOMES, Marcus Lívio. A consulta tributária vinculante. In: QUEIROZ, Luís Cesar Souza de. GOMES, Marcus Livio (Orgs.). **Tributação, Direitos Fundamentais e Desenvolvimento.** Rio de Janeiro: GZ Editora, 2014. p. 71.

[100] NUNES, Cleucio Santos. **Curso completo de direito processual tributário.** 3. ed. São Paulo: SaraivaJur, 2019, p. 243-244.

legitimidade para a defesa de direitos e interesses da categoria, em questões judiciais e administrativas, sem fixar a necessidade de autorização.

Apesar da significativa diferença no tratamento dado pela Constituição Federal de 1988 às associações e sindicatos, ao examinar a necessidade de autorização para fins de definição da extensão da coisa julgada formada em ações coletivas, em diversos julgados, o Superior Tribunal de Justiça[101] e o Supremo Tribunal Federal[102] dispensaram a comprovação de autorização e até mesmo a demonstração de filiação, com o fundamento de que a legitimação tanto das associações quanto dos sindicatos teria natureza de substituição processual e sua atuação deveria beneficiar de forma ampla toda a categoria representada.

Nesse sentido também é a doutrina de Kelly Magalhães, que, partindo das mesmas premissas adotadas pelos tribunais superiores ao tratar da questão sob o enfoque da consulta fiscal, defendeu a desnecessidade de autorização expressa dos associados ou sindicalizados, apontando que a autorização genérica prevista em seu estatuto seria suficiente para a demonstração de sua legitimidade[103] e, por conseguinte, da possibilidade de se beneficiarem das iniciativas promovidas por tais entidades.

Mais recentemente, no entanto, ao julgar o Recurso Extraordinário n. 573.232/SC, tema 82 da repercussão geral, o Supremo Tribunal Federal definiu que, diferentemente dos sindicatos, a legitimidade das associações tem natureza jurídica de representação processual, de modo que, para o ajuizamento de Ações Coletivas, seria necessária a comprovação de autorização expressa dos beneficiários.

[101] BRASIL. Superior Tribunal de Justiça. **Agravo Regimental no Recuso Especial n. 1185824.** Relator: Ministro Castro Meira, Segunda Turma, Brasília, 16 de fevereiro de 2012.; BRASIL. Superior Tribunal de Justiça. **Agravo Regimental no Recuso Especial n. 1423791** Relator: Ministro Og Fernandes, Segunda Turma, Brasília, 26 de março de 2015.

[102] Nesse sentido, confira-se o trecho do Voto do Min. Ricardo Lewandowski proferido no RE nº 573.232/SC: "o aresto guerreado está, portanto, em consonância com a doutrina e a jurisprudência desta Corte que, por diversas vezes, após o julgamento da AO 152/RS, decidiu que a autorização prevista no art. 5º, XXI, da CF, não pressupõe a outorga de procuração de cada um dos associados à associação para ingressar em juízo, visto que esta tanto pode constar do estatuto social, quanto decorrer de deliberação dos associados em assembleia Ademais, assentou que qualquer filiado pode promover a execução da sentença, desde que sua pretensão esteja compreendida no âmbito da eficácia subjetiva do título judicial".

BRASIL. Supremo Tribunal Federal. **Recuso Extraordinário n. 573.232.** Relator: Ministro Ricardo Lewandowski. Relator para acórdão: Ministro Marco Aurélio.Tribunal Pleno, Brasília, 14 de maio de 2014.

[103] FALEIRO, Kelly Magalhães. **Procedimento de Consulta Fiscal**. São Paulo: Noeses, 2005, p. 67.

Tais conclusões foram amparadas, em especial, na redação do art. 5º, XXI, da CF/88, que contempla a necessidade de autorização expressa, o que autoriza a aplicação de tais conclusões também para as consultas fiscais. Isto é, apesar do referido julgado tratar especificamente da necessidade de autorização para a fruição dos efeitos de tutela jurisdicional obtida em ação coletiva ajuizada pelas associações, é possível que as autoridades fiscais também entendam que o Associado apenas poderá ser abarcado pelos efeitos da consulta fiscal se comprovar que autorizou expressamente a Associação.

Por outro lado, na hipótese de impedimento por parte de um dos filiados, tal circunstância não se comunica com a entidade, não impedindo a formalização da consulta, que só produzirá efeitos em relação aos seus associados que, na data do protocolo, atendam aos requisitos para sua fruição.[104]

Na hipótese de a consulta fiscal ser formalizada por representante legal ou procurador, o art. 3º, § 2º, inciso I, "c", da IN RFB n. 1.396/2013 exige que este seja identificado por documento com foto e assinatura, cuja cópia seja autenticada em cartório ou por servidor da Receita Federal. Para Cleucio Nunes, a exigência de documento com foto, bem como sua autenticação, afigura-se desproporcional à finalidade do ato, sobretudo porquanto "lança suspeitas infundadas sobre a boa-fé dos contribuintes".[105] Especificamente no que diz respeito à necessidade de autenticação de documentos, o Professor sugere que a imposição poderia ser substituída por uma declaração do consulente e de seu procurador.[106]

Marcos Lívio propõe que o rol de legitimados deveria ser ampliado para abarcar os órgãos regionais aplicadores dos tributos, já que no exercício de suas atividades são capazes de identificar, de forma mais rápida, problemas interpretativos e demais conflitos envolvendo a aplicação da norma tributária e submetê-los diretamente a um órgão central.[107]

[104] FALEIRO, Kelly Magalhães. **Procedimento de Consulta Fiscal.** São Paulo: Noeses, 2005, p. 68.

[105] NUNES, Cleucio Santos. **Curso completo de direito processual tributário**. 3. ed. São Paulo: SaraivaJur, 2019, p. 245.

[106] NUNES, Cleucio Santos. **Curso completo de direito processual tributário**. 3. ed. São Paulo: SaraivaJur, 2019, p. 245.

[107] GOMES, Marcus Lívio. A consulta tributária vinculante. In: QUEIROZ, Luís Cesar Souza de. GOMES, Marcus Livio (Orgs.). **Tributação, Direitos Fundamentais e Desenvolvimento. Rio de Janeiro:** GZ Editora, 2014. p. 71-72.

1.4 Objeto da solução de consulta tributária

Ao formular uma consulta fiscal, busca-se conhecer a opinião da administração tributária sobre a aplicação e interpretação de determinada norma tributária, bem como as implicações de tal entendimento em relação ao consulente e aos fatos ou relações jurídicas nela descritos.[108]

Esse pedido de esclarecimentos, no entanto, deverá seguir as formalidades prescritas na legislação brasileira e observar, inclusive, algumas limitações quanto aos temas que poderão ser abarcados pela consulta fiscal. O artigo 46 do Decreto n. 70.235/1972, o artigo 3º da IN RFB n. 1.396/2013 e o artigo 5º da IN RFB n. 1.464/2014 estabelecem, dentre os requisitos para a formalização da consulta fiscal, os temas em relação aos quais os legitimados estão autorizados a pleitear esclarecimentos.

A redação do art. 46 do Decreto n. 70.235/1972 evidencia, desde logo, que a consulta fiscal se restringe à interpretação de dispositivos da legislação tributária aplicáveis a um fato determinado. Assim, em relação ao conteúdo da consulta, destacam-se como requisitos (i) descrição de uma situação fática determinada, ainda que não ocorrida; e (ii) indicação das normas que estão a ensejar a apresentação da consulta.

Caberá ao sujeito passivo, dessa forma, descrever, de forma suficiente, os fatos em relação aos quais pairam dúvidas e indicar objetivamente qual o dispositivo legal que está a demandar a intepretação por parte da Autoridade Tributária. Assim, com amparo em tal descrição, a Administração fixará a interpretação em vigor para as normas aplicáveis à situação narrada na consulta.[109]

Conforme bem apontado por Kelly Magalhães, a exigência de identificação precisa e completa do fato consultado é, inclusive, pressuposto para dar certeza quanto ao sentido do enunciado prescritivo aplicável para a solução da dúvida. Isto é, a descrição do fato delimita os efeitos e o alcance da resposta à consulta.[110]

A falta de clareza na exposição da dúvida, a apresentação incompleta do fato ou a ausência de descrição de algum aspecto essencial da situação consultada poderá acarretar a ineficácia da resposta apresentada, porquanto afetará

[108] ROCHA, Valdir de Oliveira. **A Consulta Fiscal**. São Paulo: Dialética, 1996, p. 38.

[109] SANTOS, Paula Gonçalves Ferreira. **Uma argumentação consequencialista na solução de consulta tributária**. São Paulo: Almedina, 2017, p. 83.

[110] FALEIRO, Kelly Magalhães. **Procedimento de Consulta Fiscal**. São Paulo: Noeses, 2005, p. 42.

diretamente o conteúdo da resposta, que poderá ser insuficiente ou inadequada para o esclarecimento desejado.[111]

Para Marcos Vinicius Neder e Maria Tereza Lopes, a exigência de exposição precisa da dúvida e da situação a ela aplicável é ainda maior nas consultas sobre classificação fiscal de mercadorias, uma vez que, sem a descrição completa e precisa do produto, certamente não será atingida a classificação pertinente.[112]

Além disso, a atribuição primordial da consulta fiscal é elucidar objeções pontuais e não se presta a indagações generalizadas.[113] Dessa forma, o esclarecimento buscado pelo sujeito passivo deve estar relacionado com perquirições a respeito de temas concretos que impactam de forma imediata as atividades econômicas ou patrimoniais do requerente.[114]

Isso não significa que a consulta não possa abarcar fatos ainda não ocorridos e de ocorrência possível. Para Hugo de Brito Machado, conceito de fato determinado não se restringe a fatos já consumados, sendo admissível a formalização de consulta com o objetivo de prever qual será a interpretação da administração tributária sobre a aplicação da legislação sobre um fato determinado, ainda que não ocorrido".[115]

Essa também é a compreensão há muito defendida por Luís Eduardo Schoueri ao explicar que a noção de fato determinado não se confunde com fato concreto, apontando, ainda, que intepretação em sentido diverso terminaria por inviabilizar a formalização de consultas fiscais por parte das entidades representativas de categorias econômicas.[116]

Com efeito, a certeza propiciada pela consulta fiscal não deve se limitar aos fatos consumados, devendo ser aceita como possível em situações hipotéticas como instrumento para auxiliar decisões sobretudo para os que desenvolvem atividades empresariais, nas quais é imprescindível uma avaliação precisa dos custos tributários.[117]

[111] FALEIRO, Kelly Magalhães. **Procedimento de Consulta Fiscal**. São Paulo: Noeses, 2005, p. 42.

[112] NEDER, Marcos Vinícius; LÓPEZ, Maria Teresa Martínez. **Processo Administrativo Fiscal Federal Comentado.** 3 ed. São Paulo: Dialética, 2010, p. 543-544.

[113] NUNES, Cleucio Santos. **Curso completo de direito processual tributário.** 3. ed. São Paulo: SaraivaJur, 2019, p. 244.

[114] NUNES, Cleucio Santos. **Curso completo de direito processual tributário.** 3. ed. São Paulo: SaraivaJur, 2019, p. 244.

[115] MACHADO, Hugo de Brito. **Consulta Fiscal**. São Paulo: Malheiros, 2018, p. 37-38.

[116] SCHOUERI, Luís Eduardo. Algumas reflexões sobre a consulta em matéria fiscal. **Cadernos de Direito Tributário e Finanças Públicas,** São Paulo, v. 03, n. 10, jan./mar. 1995, p. 04.

[117] MACHADO, Hugo de Brito. **Consulta Fiscal**. São Paulo: Malheiros, 2018, p. 81.

Nesse sentido também é o magistério de Kelly Magalhães, que diferencia, para fins didáticos, os fatos de ocorrência certa e os de ocorrência possível, apontado o cabimento da formalização da consulta nas duas situações. Os fatos de ocorrência certa são aqueles que, no momento da formalização da consulta, estão na iminência de acontecer e em relação aos quais é possível definir o exato momento em que serão consumados.[118]

Os fatos de ocorrência possível podem ser compreendidos como aqueles que não possuem um momento definido para acontecer e que podem, ou não, ser realizados, de modo que a dúvida apresentada poderá subsidiar a decisão do contribuinte sobre a conveniência de realizar uma determinada operação.[119] Em tais situações, Kelly Magalhães explica que a norma tributária pode ainda não ter incidido, "mas ao tempo da apresentação da consulta deve ser apta a incidir."[120]

Caso a incerteza exposta na consulta recaia sobre uma situação ainda não ocorrida, caberá ainda ao contribuinte expor precisamente a sua vinculação com aquela situação apontada, além de demonstrar a possibilidade de sua consumação, devendo ser suficiente para a demonstração de que a consulta fiscal está sendo utilizada como um instrumento de apoio em face de um problema concreto.[121]

A dúvida sobre a aplicação e interpretação da legislação tributária, segundo a Kelly Magalhães Faleiro, não pode ser confundida com o desconhecimento da existência da norma.[122] Além disso, embora a consulta fiscal esteja voltada prioritariamente à intepretação dispositivos legais, não há óbice à formalização de consulta para suscitar esclarecimentos sobre a aplicação de dispositivos infralegais. Notadamente, "ao cumprirem sua função regulamentar de viabilizar a fiel execução da lei, podem também ensejar dúvidas, motivando a apresentação de consulta fiscal".[123]

O conteúdo e os temas passíveis de formulação de consulta fiscal também são delimitados pelos incisos do artigo 52 do Decreto n. 70.235/1972, os quais

[118] FALEIRO, Kelly Magalhães. **Procedimento de Consulta Fiscal**. São Paulo: Noeses, 2005, p. 42-44.

[119] FALEIRO, Kelly Magalhães. **Procedimento de Consulta Fiscal**. São Paulo: Noeses, 2005, p. 44.

[120] FALEIRO, Kelly Magalhães. **Procedimento de Consulta Fiscal**. São Paulo: Noeses, 2005, p. 44.

[121] GOMES, Marcus Lívio. A consulta tributária vinculante. In: QUEIROZ, Luís Cesar Souza de. GOMES, Marcus Livio (Orgs.). **Tributação, Direitos Fundamentais e Desenvolvimento. Rio de Janeiro:** GZ Editora, 2014. p. 73.

[122] FALEIRO, Kelly Magalhães. **Procedimento de Consulta Fiscal**. São Paulo: Noeses, 2005, p. 42.

[123] FALEIRO, Kelly Magalhães. **Procedimento de Consulta Fiscal**. São Paulo: Noeses, 2005, p. 46.

disciplinam as matérias que, se forem objeto de consulta fiscal, conduzirão a sua ineficácia, conforme a seguir transcrito:

> Art. 52. Não produzirá efeito a consulta formulada: (Vide Lei nº 9.430, de 1996)
>
> I – em desacordo com os artigos 46 e 47;
>
> II – por quem tiver sido intimado a cumprir obrigação relativa ao fato objeto da consulta;
>
> III – por quem estiver sob procedimento fiscal iniciado para apurar fatos que se relacionem com a matéria consultada;
>
> IV – quando o fato já houver sido objeto de decisão anterior, ainda não modificada, proferida em consulta ou litígio em que tenha sido parte o consulente;
>
> V – quando o fato estiver disciplinado em ato normativo, publicado antes de sua apresentação;
>
> VI – quando o fato estiver definido ou declarado em disposição literal de lei;
>
> VII – quando o fato for definido como crime ou contravenção penal;
>
> VIII – quando não descrever, completa ou exatamente, a hipótese a que se referir, ou não contiver os elementos necessários à sua solução salvo se a inexatidão ou omissão for escusável, a critério da autoridade julgadora.

Nas situações em que a consulta é tida como ineficaz, além da ausência de resposta sobre a dúvida apresentada, não serão produzidos os efeitos descritos no tópico 1.5. Antônio Sepúlveda e Igor Lazari explicam que o objetivo da limitação exposta nos referidos dispositivos é afastar a formalização de consultas fiscais desnecessárias, inadequadas, inúteis e desprovidas de boa-fé.[124]

No entanto, Hugo de Brito Machado sustenta que, exceto pelas situações descritas nos incisos II e III do artigo 52 do Decreto n. 70.235/1972, as demais hipóteses nele descritas

> [...] abrem caminho para o Fisco desqualificar a consulta que quiser, vale dizer, abrem caminho para que o Fisco afirme a ineficácia da consulta, e faça desta apenas um chamamento para fiscalização, que poderá atuar

[124] SEPÚLVEDA, Antônio Guimarães. LAZARI, Igor de. **Consulta Fiscal**. Comentários à IN RFB 1.396/2013. Rio de Janeiro. 2018, p.117.

> contra o consulente e submetê-lo ao tratamento rigoroso que entender cabível, inclusive com imposição de penalidades.[125]

Realmente não se pode perder de vista que, ao considerar ineficaz a consulta formalizada pelo contribuinte, a autoridade fiscal obsta a fruição dos importantíssimos efeitos gerados por ocasião da sua formalização, em especial aqueles que o protegem das consequências geradas pela mora.

Além do não atendimento a requisitos formais (inciso I) e da situação em que o contribuinte já tiver sido intimado para cumprir a obrigação relativa ao fato objeto da consulta (inciso II), ela também será considerada ineficaz quando formulada por contribuinte que já estiver submetido a procedimento fiscal para a apuração dos mesmos fatos por ela abarcados (inciso III).

Segundo Hugo de Brito Machado, o inciso I do artigo 52 do Decreto n. 70.235/1972 apresenta redação demasiadamente genérica e admite alta subjetividade na interpretação por parte das autoridades fiscais. Kelly Magalhães, por sua vez, considera que o não atendimento a requisitos formais é vício sanável, insuficiente para a inadmissão da consulta, devendo ser sempre oportunizada ao contribuinte a possibilidade de regularização.[126]

Em relação à limitação do objeto da consulta prevista nos incisos II e III do artigo 52 do Decreto n. 70.235/1972, Valdir de Oliveira Rocha explica que o contribuinte que já tiver sido submetido a um procedimento fiscal já sabe a posição da Administração sobre a interpretação da norma ao fato, motivo pelo qual inexiste dúvida que autoriza a formalização da consulta, sendo justificável a ineficácia.[127] Não é outra a opinião de Hugo de Brito Machado, para quem, nas situações descritas nos incisos II e III, não há dúvidas de que a consulta deve ser considerada ineficaz.[128]

Kelly Magalhães Faleiro considera que os incisos II e III são requisitos que exteriorizam a boa-fé do contribuinte. Para ela, "é imprescindível para a caracterização de boa-fé que a formulação da consulta se dê de forma espontânea, sem que o consulente esteja na iminência de sofrer alguma penalidade por não ter cumprido corretamente o comando da norma".[129]

Também serão consideradas ineficazes, nos termos do artigo 52 do Decreto n. 70.235/1972, as consultas fiscais já resolvidas em decisões anteriores (inciso IV)

[125] MACHADO, Hugo de Brito. **Consulta Fiscal**. São Paulo: Malheiros, 2018, p. 91.

[126] FALEIRO, Kelly Magalhães. **Procedimento de Consulta Fiscal**. São Paulo: Noeses, 2005, p. 72.

[127] ROCHA, Valdir de Oliveira. **A Consulta Fiscal**. São Paulo: Dialética, 1996, p. 57.

[128] MACHADO, Hugo de Brito. **Consulta Fiscal**. São Paulo: Malheiros, 2018, p. 93.

[129] FALEIRO, Kelly Magalhães. **Procedimento de Consulta Fiscal**. São Paulo: Noeses, 2005, p. 51.

quando a questão por ela exposta já estiver disciplinada em ato normativo ou lei publicados anteriormente (incisos V e VI), quando o fato descrito for considerado crime ou contravenção penal (VII) e quando o contribuinte não apresentar a descrição e elementos necessários para a solução da questão apresentada (VIII).

Compartilhamos da posição de Hugo de Brito Machado[130] no sentido de que, nas situações descrita nos incisos IV, V e VI, não se mostra razoável impedir que o consulente usufrua dos efeitos da consulta, já que, em tais situações, por si só, não descaracterizam a situação de dúvida do contribuinte. Mesmo nas situações descritas em tais dispositivos, é possível a existência de incerteza sobre a interpretação e aplicação da lei.

Ao comentar a exigência de inexistência de disposição literal de lei, Kelly Magalhães também observa que a análise do atendimento, ou não, à regra "não pode ser feita à margem das circunstâncias fáticas apresentadas na consulta, justamente porque é o fato que infirmará sobre a clareza ou não do texto".[131] O mesmo raciocínio é aplicável aos incisos IV, V e VI.

Parece-nos igualmente questionável a previsão contida no inciso VIII do art. 52 do Decreto n. 70.235/1972, que prevê a ineficácia da consulta quando, a critério da autoridade julgadora, entender-se que não foram apresentados elementos suficientes para sanar a dúvida apresentada. Isso porque, mais uma vez, trata-se de dispositivo que proporciona alto grau de subjetividade da autoridade fiscal na aplicação de regra que atrai consequência tão gravosa para o contribuinte.

Além disso, conforme sugerido por Hugo de Brito Machado, se a consulta fiscal realmente apresentar alguma deficiência na descrição dos fatos e elucidação da questão submetida à apreciação, nada impede que a autoridade fiscal intime previamente o consulente para apresentar os esclarecimentos que entender necessários, viabilizando eventual complementação da consulta.[132]

Ao regulamentarem as situações que conduzirão à ineficácia da Consulta, o art. 18 da IN RFB n. 1.396/2013 e o art. 23 da IN RFB n. 1.464/2014, além de reproduzirem os incisos I ao VIII do art. 52 do Decreto n. 70.235/1972, acrescentaram novas hipóteses de ineficácia, prevendo que não produzirão efeitos as consultas que versarem sobre a constitucionalidade ou legalidade

130 MACHADO, Hugo de Brito. **Consulta Fiscal**. São Paulo: Malheiros, 2018, p. 93-96.

131 FALEIRO, Kelly Magalhães. **Procedimento de Consulta Fiscal**. São Paulo: Noeses, 2005, p. 54.

132 MACHADO, Hugo de Brito. **Consulta Fiscal**. São Paulo: Malheiros, 2018, p. 98-99.

da legislação tributária e que visarem a prestação de assessoria jurídica ou contábil fiscal.

Sobre a restrição do objeto das consultas fiscais acerca de questões envolvendo a constitucionalidade ou legalidade das normas, Hugo de Brito Machado explica que as autoridades administrativas, mesmo aquelas integrantes de órgãos julgadores, não são competentes para decidir sobre a alegação de inconstitucionalidade de leis tributárias.[133] Segundo o jurista, isso não significa que a autoridade fiscal não esteja autorizada a deixar de aplicar uma norma já considerada inconstitucional pelo STF, situação totalmente distinta do reconhecimento da inconstitucionalidade da lei em si.[134]

Kelly Magalhães Faleiro entende que os órgãos julgadores administrativos devem ser autorizados a examinar a constitucionalidade e legalidade da legislação tributária, porquanto, no exercício de suas atribuições, devem seguir estritamente o disposto na legislação e na Constituição Federal. Esse raciocínio, no entanto, não é igualmente aplicável ao procedimento de consulta fiscal na visão da referida autora, já que função da autoridade fiscal nessa hipótese é meramente regulamentar e destinada à expedição de norma para viabilizar a aplicação da lei, e não jurisdicional. Além disso, Kelly Magalhães pondera que, se no âmbito da consulta fiscal o contribuinte aponta constitucionalidade ou ilegalidade de uma regra tributária, possivelmente já sabe como a norma será aplicada pela Administração, motivo pelo qual não estaria configurada situação de dúvida que autoriza a formalização da consulta.[135]

Em sentido diverso é a opinião defendida por Valdir de Oliveira Rocha ao enfatizar que "[t] odo assunto exacional pode ser objeto de consulta fiscal, sem barreiras. Toda legislação pode ser objeto de consulta fiscal, pois, afinal, de qualquer dispositivo pode surgir dúvida". Segundo esse raciocínio, por meio da consulta fiscal, deveria ser possível suscitar a inconstitucionalidade ou ilegalidade, cuja aplicação deverá ser afastada pela autoridade fiscal.[136]

Outra limitação ao conteúdo das consultas fiscais é a vedação à sua formulação para fins de prestação de assessoria jurídica ou contábil, expressa no art. 18, inciso XIV, da IN RFB n. 1.396/2013, e que foi repetida pelo art. 23, inciso XIII, da IN RFB n. 1.464/2014. Antônio Sepúlveda e Igor Lazari consideram

133 MACHADO, Hugo de Brito. **Consulta Fiscal**. São Paulo: Malheiros, 2018, p.39.

134 MACHADO, Hugo de Brito. **Consulta Fiscal**. São Paulo: Malheiros, 2018, p.38.

135 FALEIRO, Kelly Magalhães. **Procedimento de Consulta Fiscal**. São Paulo: Noeses, 2005, p. 61.

136 ROCHA, Valdir de Oliveira. **A Consulta Fiscal**. São Paulo: Dialética, 1996, p. 37.

justificável a limitação, na medida em que tais atividades não estão inseridas nas atribuições institucionais da administração tributária.[137]

Apesar da importância do tema, não identificamos outros autores comentando a aludia regra. Parece-nos, contudo, que a limitação explicitada no referido dispositivo tende a impedir a utilização de forma mais proveitosa e eficaz do instituto. Isso porque, ao responder a dúvida apresentada pelo contribuinte, além de definir qual a melhor interpretação de uma norma tributária para um fato concreto, a Autoridade Fiscal também deveria indicar, por exemplo, a impossibilidade de aplicação da norma apontada pelo consulente e explicitar outra mais adequada para da regulamentação da situação descrita.

A possibilidade de obtenção de uma verdadeira consultoria por parte da administração tributária talvez torne o instituto da consulta fiscal mais atraente para os contribuintes, além de fornecer um apoio mais efetivo ao cumprimento de suas obrigações tributárias.

Ainda sobre as limitações ao objeto da consulta, o artigo 3º da IN RFB n. 1.396/2013 exige a apresentação de declaração pelo contribuinte, atestando expressamente que a matéria objeto da consulta fiscal não está submetida a procedimento fiscalizatório (art. 3º, inciso II, "a"), cujo consulente tenha sido intimado para cumprimento (art. 3º, inciso II, "b"), não tenha sido objeto de decisão anterior ou que abarque questão litigiosa (art. 3º, inciso II, "c"). Com redação idêntica, o art. 5º, inciso II e alíneas, da IN RFB n. 1.464/2014 impõe a mesma exigência no âmbito do processo de consulta sobre classificação fiscal de mercadorias.

No tocante às consultas fiscais que buscam esclarecimentos sobre a classificação de serviços, intangíveis e outras operações que produzam variações no patrimônio, o artigo 4º da IN RFB n. 1.396/2013 fixa que caberá ao consulente explicitar: (i) a classificação adotada e pretendida, expondo os critérios utilizados; (ii) delimitar se o serviço ou intangível estão submetidos à incidência de ISS ou ICMS; (iii) e descrever o serviço, intangível ou operação relacionado com a consulta.

A exigência acima é necessária sobretudo diante da complexidade e sofisticação de algumas operações e atividades empresariais modernas, em especial em situações envolvendo empresas de tecnologia e os serviços de assessoria técnica por elas fornecidos, correlacionados, ou não, à transferência de tecnologia e à tributação de royalties.[138]

[137] SEPÚLVEDA, Antônio Guimarães. LAZARI, Igor de. **Consulta Fiscal**. Comentários à IN RFB 1.396/2013. Rio de Janeiro. 2018, p. 139.

[138] GOMES, Marcus Lívio. A consulta tributária vinculante. In: QUEIROZ, Luís Cesar Souza de. GOMES, Marcus Livio (Orgs.). **Tributação, Direitos Fundamentais e Desenvolvimento.** Rio de Janeiro: GZ Editora, 2014. p. 73.

1.5 Efeitos da consulta tributária

1.5.1 Impossibilidade de instaurar procedimento administrativo: Suspensão da exigibilidade e óbice à formalização do lançamento

Após o protocolo da consulta fiscal, a administração tributária não poderá instaurar procedimento fiscal em face do contribuinte para a cobrança do tributo cuja dúvida foi submetida à sua apreciação. Qualquer ato nesse sentido apenas poderá ser realizado após o decurso do prazo de 30 dias, contados da data da ciência da resposta, conforme o disposto no artigo 48 do Decreto n. 70.235/1972, no artigo 16 da IN RFB n. 1.396/2013, e no art. 18 da IN RFB n. 1.464/2014.

Para Hugo de Brito Machado, o óbice acima descrito é o mais importante efeito da formalização da consulta fiscal. Segundo ele, a regra decorre do princípio da lealdade, que impõe a concessão de um prazo para que o contribuinte possa ter a oportunidade de se adequar às orientações expostas na resposta ao seu questionamento sobre a incidência da norma tributária a determinado fato. Se assim não o fosse, ninguém formularia consulta ao Fisco.[139]

No mesmo sentido é a doutrina de Kelly Magalhães, lembrando que, ao formalizar a consulta fiscal, o contribuinte revela inteiramente suas operações e informa os pormenores de sua atividade. Assim, representaria uma verdadeira afronta aos princípios da moralidade e da lealdade caso a Administração se apropriasse de tais informações para autuar o consulente.[140]

Cleucio Nunes explica que a regra é imprescindível até mesmo para fins de concretização do escopo da consulta, apontando que, se o contribuinte pudesse ser autuado por eventual descumprimento da norma tributária objeto da consulta enquanto aguarda resposta da administração tributária, certamente o instituto perderia por completo a sua utilidade e cairia em descrédito.[141]

Não é outra a opinião de Valdir de Oliveira Rocha ao afirmar que "seria gritante contradição o consulente ter à sua disposição o direito de petição de resposta, como o é a consulta fiscal, 'em defesa de direitos', e ser alvo de autuações". Para o jurista, a exposição do contribuinte e uma eventual autuação

[139] MACHADO, Hugo de Brito. **Consulta Fiscal**. São Paulo: Malheiros, 2018, p. 70-71.

[140] FALEIRO, Kelly Magalhães. **Procedimento de Consulta Fiscal**. São Paulo: Noeses, 2005, p. 76.

[141] NUNES, Cleucio Santos. **Curso completo de direito processual tributário**. 3. ed. São Paulo: SaraivaJur, 2019, p. 247.

enquanto aguarda uma definição para sua dúvida representaria afronta ao princípio da moralidade administrativa.[142]

Em relação à consulta formulada por entidade representativa de categoria econômica ou profissional, no entanto, a limitação somente será aplicável aos associados e filiados após a intimação da consulente, nos termos do art. 51 do Decreto n. 70.235/1972.

Dessa regra decorrem duas consequências práticas importantíssimas para a segurança jurídica ao consulente: (i) uma espécie de suspensão da exigibilidade da cobrança no caso de créditos já constituídos e passíveis de revisão; e (ii) a impossibilidade de formalização do lançamento por parte das autoridades fiscais.

Como se sabe, diante da existência de crédito constituído e não adimplindo, a Autoridade Fiscal não só está autorizada a adotar as medidas necessárias para a sua cobrança como também possui o dever[143] de exigir o seu adimplemento, já que se trata de atividade administrativa vinculada e obrigatória, sem espaço para a discricionariedade.

O óbice quanto à adoção de medidas para impor a cobrança do tributo que deixou de ser pago em virtude da formalização da consulta fiscal fixado no artigo 48 do Decreto n. 70.235/1972, bem como nas IN RFB n. 1.396/2013 e IN RFB n. 1.464/2014, é relevante na medida em que excepciona temporariamente o consulente dos efeitos da mora, e de suspensão da exigibilidade.

Valdir Oliveira Rocha considera que a suspensão da exigibilidade do tributo abarcado pela consulta fiscal está contemplada pelo disposto no inciso III do art. 151 do CTN, na expressão "reclamações e recursos administrativos", uma vez que, por meio da consulta fiscal, o contribuinte está sujeito a uma decisão da Administração.[144]

Para Kelly Magalhães, no entanto, essa suspensão da exigibilidade não decorre do art. 151 do CTN, mas, sim, da própria previsão contida no art. 48 do Decreto n. 70.235/1972, que obsta instauração de qualquer procedimento

[142] ROCHA, Valdir de Oliveira. **A Consulta Fiscal**. São Paulo: Dialética, 1996, p. 88,

[143] "O parágrafo único do art. 142 do CTN estabelece que 'a atividade administrativa de lançamento é vinculada e obrigatória, sob pena de responsabilidade funcional'. Isto significa que, tendo conhecimento da ocorrência de um fato tributável, a autoridade administrativa não pode deixar de fazer o lançamento correspondente." (MACHADO. Hugo de Brito. **Curso de Direito Tributário**, 37ª Ed. São Paulo: Malheiros Editores, 2016, p. 202.)

[144] ROCHA, Valdir de Oliveira. **A Consulta Fiscal**. São Paulo: Dialética, 1996, p. 100-101.

administrativo para a exigência da obrigação tributária que tenha sido submetida à apreciação da Autoridade fiscal.[145]

Embora essa consequência não esteja expressamente descrita nas normas que regulam a consulta fiscal, ela deve ser entendida como decorrência lógica e imprescindível para própria viabilidade do instituto.

O efeito de suspensão da exigibilidade de determinado crédito tributário como decorrência da formalização da consulta fiscal, por certo, pressupõe que "o fato objeto da consulta já tenha sido formalizado em linguagem competente e que o respectivo crédito seja exigível".[146]

Tendo em vista que a formulação da consulta fiscal não suspende o prazo para o cumprimento da declaração de rendimentos e de obrigações acessórias, na maioria das situações consultadas, a tendência é que já exista um crédito constituído, cuja exigibilidade ficará suspensa enquanto se aguarda pela resposta. Assim, nas palavras de Kelly Magalhães Faleiro:

> Aquele contribuinte que, diante da ocorrência de determinado fato gerador, vir-se na situação de dúvida quanto ao valor do tributo a recolher não tem opção: ou declara o crédito na forma que ele julgar correto ou deixa de declará-lo e se sujeita o recolhimento de multa. Optando por declará-lo (formalizá-lo) e deixando de recolhê-lo, o crédito tornar-se-á exigível.[147]

Se, após a realização do lançamento e antes do prazo para o pagamento, o contribuinte formalizar a consulta fiscal para a obtenção de certeza sobre o montante a ser recolhido, haverá crédito tributário passível de suspensão da exigibilidade, inclusive quando o contribuinte formalizar o lançamento, mas efetuar o recolhimento em valor inferior ao declarado.[148]A impossibilidade de instaurar procedimento para a exigência do tributo abarcado pela consulta fiscal também deverá impedir a realização do lançamento tributário por parte da Autoridade Fiscal, como lembra Kelly Magalhães Faleiro.[149]

Nesse sentido também é a doutrina de Hugo de Brito Machado ao explicar que a consulta fiscal obsta a constituição do crédito tributário em face

145 FALEIRO, Kelly Magalhães. **Procedimento de Consulta Fiscal**. São Paulo: Noeses, 2005, p. 84.

146 FALEIRO, Kelly Magalhães. **Procedimento de Consulta Fiscal**. São Paulo: Noeses, 2005, p. 81.

147 FALEIRO, Kelly Magalhães. **Procedimento de Consulta Fiscal**. São Paulo: Noeses, 2005, p. 83.

148 FALEIRO, Kelly Magalhães. **Procedimento de Consulta Fiscal**. São Paulo: Noeses, 2005, p. 82-83.

149 FALEIRO, Kelly Magalhães. **Procedimento de Consulta Fiscal**. São Paulo: Noeses, 2005, p. 85.

do consulente justamente em face da proibição de que seja instaurado qualquer procedimento fiscal sobre a matéria consultada.[150] Em contrapartida, enquanto estiver suspensa a exigibilidade da cobrança, também não será iniciado o prazo decadencial da Autoridade Fiscal.[151]

Se a administração tributária já tiver iniciado atos para a satisfação do crédito tributário declarado e não recolhido, ou recolhido a menor, a consulta será considerada ineficaz e não acarretará a suspensão da exigibilidade. Nessas situações, é justificável a ineficácia da consulta, já que desprovida de espontaneidade.[152]

Além disso, no período compreendido entre a formalização da consulta eficaz e a resposta da Autoridade Fiscal, também deverá ser assegurada a expedição da certidão de regularidade fiscal do contribuinte, nos termos do art. 206 do CTN, porquanto "não há débito validamente exigível que impeça a sua expedição".[153]

1.5.2 Suspensão da fluência de juros de mora e do curso do prazo para pagamento do tributo

O artigo 161, § 2º, do CTN, bem como os artigos 10 da IN RFB n. 1.396/2013 e 16 da IN RFB n. 1.464/2014, afastam a incidência de juros de mora e multa sobre a matéria consultada, desde que a consulta tenha sido formalizada dentro do prazo para o pagamento do tributo e seja considerada eficaz.

Ao comentar essa regra, Valdir de Oliveira Rocha destaca que o "primeiro efeito da consulta fiscal eficaz, reveladora, portanto, de boa-fé do consulente, é colocá-lo a salvo de penalidades".[154]

Como decorrência lógica do óbice à incidência dos encargos moratórios sobre o tributo objeto da consulta o que se extrai é a própria suspensão do prazo para o seu pagamento. Isto é, "se a apresentação da consulta suspende a cobrança de juros e multa é porque antes suspendeu o próprio vencimento do tributo".[155] Assim, a apresentação da consulta fiscal dentro do prazo legal

[150] MACHADO, Hugo de Brito. **Consulta Fiscal**. São Paulo: Malheiros, 2018, p. 78.

[151] Nesse sentido: FALEIRO, Kelly Magalhaes. **Procedimento de Consulta Fiscal**. São Paulo: Noeses, 2005, p. 85; MACHADO, Hugo de Brito. **Consulta Fiscal**. São Paulo: Malheiros, 2018, p. 78.

[152] FALEIRO, Kelly Magalhães. **Procedimento de Consulta Fiscal**. São Paulo: Noeses, 2005, p. 84.

[153] FALEIRO, Kelly Magalhães. **Procedimento de Consulta Fiscal**. São Paulo: Noeses, 2005, p. 84.

[154] ROCHA, Valdir de Oliveira. **A Consulta Fiscal**. São Paulo: Dialética, 1996, p. 87.

[155] FALEIRO, Kelly Magalhães. **Procedimento de Consulta Fiscal**. São Paulo: Noeses, 2005, p. 78.

para o pagamento do tributo suspende o curso do prazo para o seu pagamento "em relação ao fato jurídico cujo crédito tributário seja inexigível, ou mesmo sobre fatos futuros em relação aos quais não há que falar em crédito tributário, visto não ter ocorrido o evento que lhe dá ensejo".[156]

Além disso, estão abarcadas pelo conceito de penalidade tanto a multa moratória quanto a multa punitiva.[157] Com isso, o consulente poderá aguardar a interpretação oficial sobre a matéria consultada para a efetuar o pagamento do tributo sem que se considere que perdeu o prazo para pagamento.[158] Em outras palavras, independentemente do tempo que a administração tributária leve para apresentar a resposta não será considerado em mora enquanto a consulta fiscal não for respondida.[159]

Em termos práticos, isso significa que, se a resposta resultar em obrigação de pagamento de crédito tributário, não serão aplicados a multa e os juros moratórios, uma vez que não se considera vencida a obrigação antes da resposta da autoridade fiscal.

Apesar das limitações acima, a consulta fiscal pode ser formalizada a qualquer tempo, devendo ser sempre conhecida, mesmo que decorrido o prazo para pagamento do tributo. Nas palavras de Valdir Oliveira Rocha:

> determinado fato acontecido poderá ter gerado a obrigação de pagar o tributo. Passado pouco ou muito tempo, o interessado se põe em dúvida a respeito. Como está em dúvida, não será o caso de proceder a denúncia espontânea, porque nem sequer sabe se houve infração. Nem será o caso de pagar 'o tributo' e depois repetir se for o caso. Em situação como essa, entendo que o interessado poderá perfeitamente se utilizar da Consulta Fiscal.[160]

A única diferença em relação ao momento em que for formulada diz respeito aos seus efeitos, já que a consulta que não foi formalizada no prazo de vencimento do tributo não afasta os encargos moratórios acima explicitados.[161]

[156] FALEIRO, Kelly Magalhães. **Procedimento de Consulta Fiscal**. São Paulo: Noeses, 2005, p. 77-78.

[157] FALEIRO, Kelly Magalhães. **Procedimento de Consulta Fiscal.** São Paulo: Noeses, 2005, p. 87.

[158] MACHADO, Hugo de Brito. **Consulta Fiscal**. São Paulo: Malheiros, 2018, p. 72.

[159] NUNES, Cleucio Santos. **Curso completo de direito processual tributário**. 3. ed. São Paulo: SaraivaJur, 2019, p. 241.

[160] ROCHA, Valdir de Oliveira. **A Consulta Fiscal**. São Paulo: Dialética, 1996, p. 55.

[161] ROCHA, Valdir de Oliveira. **A Consulta Fiscal**. São Paulo: Dialética, 1996, p. 55.

Assim, a circunstância de não produzir determinado efeito não poderá impossibilitar a formalização da consulta nem mesmo a produção de todo e qualquer efeito.[162]

Para Kelly Magalhães Faleiro, nos casos em que a consulta fiscal for formalizada fora do prazo para pagamento do tributo, mas antes de qualquer procedimento por parte da administração tributária, o consulente deve ser beneficiado com a regra prevista no art. 138 do CTN, que exclui a aplicação de penalidades. Nessa circunstância, embora não esteja contemplado pelos efeitos do artigo 161, § 2º, do CTN, a conduta do contribuinte está indiscutivelmente enquadrada na situação descrita no art. 138 do CTN.

Vale ressaltar, ainda, que o artigo 49 do Decreto n. 70.235/1972 e o art. 11 da IN RFB n. 1.396/2013 estabelecem que a formalização da consulta não suspende o prazo para o recolhimento dos tributos sujeitos ao autolançamento, bem como dos tributos sujeitos à retenção na fonte, nem o prazo para a apresentação de declaração de rendimentos.

A exceção fixada nos citados dispositivos em relação aos tributos sujeitos à retenção na fonte é absolutamente razoável, porquanto em tais situações o contribuinte atua como mero depositário da importância que detém a posse.[163]

Em relação à expressão autolançamento, Kelly Magalhães alerta que é necessário interpretar a norma com cautela para evitar distorções, em especial tendo em vista que tecnicamente não existe em nosso ordenamento jurídico a hipótese de autolançamento. Nos termos do art. 142 do CTN, o lançamento é um ato administrativo de competência privativa da autoridade fiscal. O que existe, em verdade, são as situações em que a norma atribui ao sujeito passivo a responsabilidade por apurar, declarar e recolher o tributo devido, condicionado à homologação pelas autoridades fiscais, que chamamos de lançamento por homologação.[164]

Seguindo esse raciocínio, Kelly Magalhães conclui que o artigo 49 do Decreto n. 70.235/1972 não pretendeu excepcionar todos os tributos sujeitos ao lançamento por homologação da regra que autoriza a suspensão do pagamento, "mas tão somente aqueles que, por sua conformação jurídica, comportam transferência do respectivo encargo financeiro a terceiro, como é o caso do IPI".[165]

162 ROCHA, Valdir de Oliveira. **A Consulta Fiscal**. São Paulo: Dialética, 1996, p. 56.

163 SEPÚLVEDA, Antônio Guimarães. LAZARI, Igor de. **Consulta Fiscal**. Comentários à IN RFB 1.396/2013. Rio de Janeiro. 2018, p. 107.

164 FALEIRO, Kelly Magalhães. **Procedimento de Consulta Fiscal**. São Paulo: Noeses, 2005, p. 79.

165 FALEIRO, Kelly Magalhães. **Procedimento de Consulta Fiscal**. São Paulo: Noeses, 2005, p. 79.

Essa também é a opinião de Hugo de Brito Machado, no sentido de que a expressão "autolançamento" deve abarcar apenas os tributos em relação aos quais existe regra jurídica autorizando a transferência do respectivo encargo financeiro a terceiro.[166]

Não é outra a posição exposta nas obras de Valdir Rocha[167], Marcos Vinicius Nader e Maria Tereza Lopes[168] e de Antônio Sepúlveda e Igor de Lazari.[169]

Aliás, diante da circunstância de que o lançamento por homologação é a modalidade de constituição do crédito tributário adotada para quase todos os tributos, a aplicação da limitação a todos os tributos sujeitos ao lançamento por homologação resultaria em um verdadeiro esvaziamento da consulta fiscal, uma vez que atingiria um universo ilimitado de situações.[170]

Dessa forma, para os tributos sujeitos à retenção ou substituição tributária, mesmo tendo formalizado a solicitação de consulta antes do vencimento do prazo para o pagamento, caso o consulente não receba a resposta a tempo de realizar o cumprimento da obrigação principal ou acessória, a obrigação deverá ser cumprida de acordo com a interpretação do próprio contribuinte.

Caso a orientação fornecida pela autoridade fiscal não coincida com o procedimento adotado pelo consulente, este poderá realizar a complementação de eventual diferença ou a retificação da declaração apresentada sem se sujeitar ao pagamento de eventual multa ou juros de mora.

O artigo 49 do Decreto n. 70.235/1972 também estabelece que não ficará suspenso o prazo para apresentação de declaração de rendimentos, o que foi repetido integralmente pelo art. 11 da IN RFB n. 1.396/2013, com o acréscimo da expressão ou o cumprimento de outras obrigações acessórias.[171]

Por fim, Hugo de Brito Machado[172] e Valdir de Oliveira Rocha[173] explicam que, nas hipóteses em que a consulta for meramente protelatória e não demonstrar a efetiva existência de dúvida sobre a aplicação e interpretação da norma tributária, será considerada ineficaz, de modo que o consulente não será beneficiado com os efeitos do artigo 161, § 2º, do CTN e artigo 10, da IN RFB n. 1.396/2013.

[166] MACHADO, Hugo de Brito. **Consulta Fiscal**. São Paulo: Malheiros, 2018, p. 75.

[167] ROCHA, Valdir de Oliveira. **A Consulta Fiscal**. São Paulo: Dialética, 1996, p. 90.

[168] NEDER, Marcos Vinícius; LÓPEZ, Maria Teresa Martínez. **Processo Administrativo Fiscal Federal Comentado.** 3 ed. São Paulo: Dialética, 2010, p. 534.

[169] SEPÚLVEDA, Antônio Guimarães. LAZARI, Igor de. **Consulta Fiscal**. Comentários à IN RFB 1.396/2013. Rio de Janeiro. 2018, p. 106-107.

[170] FALEIRO, Kelly Magalhães. **Procedimento de Consulta Fiscal.** São Paulo: Noeses, 2005, p. 79.

[171] FALEIRO, Kelly Magalhães. **Procedimento de Consulta Fiscal.** São Paulo: Noeses, 2005, p. 79.

[172] MACHADO, Hugo de Brito. **Consulta Fiscal**. São Paulo: Malheiros, 2018, p. 79.

[173] ROCHA, Valdir de Oliveira. **A Consulta Fiscal**. São Paulo: Dialética, 1996, p. 91.

1.5.3 Efeito vinculante e *erga omnes*

A mais importante característica (ou qualidade) da resposta à consulta fiscal federal certamente é a vinculação da administração tributária às orientações por ela fornecidas ao contribuinte.

Isto é, após a resposta à consulta fiscal, "surge para Administração a 'proibição de ir contra os atos próprios', expressão conhecida na forma latina como *'non potest venire contra factum proprium'*".[174]

Na prática, portanto, após a apresentação de solução jurídica para a situação descrita na consulta fiscal, o contribuinte não poderá sofrer qualquer tipo de cobrança por parte das autoridades fiscais enquanto estiver observando a orientação que lhe foi apresentada, tanto para o cumprimento de obrigação principal quanto para as acessórias.

Nas palavras de Kelly Magalhães Faleiro, a resposta à consulta fiscal, "ao informar o critério jurídico aplicável a determinado fato, delimita o motivo legal do lançamento que dele resulte, condicionando a Administração a adotá-lo, em face da constatação de sua ocorrência".[175]

Valdir Oliveira Rocha ressalta que, se a orientação exposta na consulta não vinculasse a Administração, o instrumento não "passaria de mero aparato, incondizente com o ordenamento jurídico que põe como inviolável o direito à segurança (*caput* do art. 5° da Constituição de 1988) de que são termos do direito de petição e o devido processo administrativo".[176]

O jurista ressalta, ainda, que o efeito vinculativo da resposta à solução de consulta para a Administração reforça o caráter preventivo do instituto, porquanto antecipa para o consulente a posição da autoridade fiscal sobre determinado critério da aplicação da legislação tributária para si, reforçando, segundo ele, a natureza de defesa de direitos do instituto, na forma do art. 5º, XXXIV, da CF/1988.[177]

Essa também é a compreensão de Paula Santos ao afirmar que o caráter vinculante da resposta à consulta fiscal acarreta a possibilidade de o contribuinte predizer as consequências jurídico-tributárias de suas atuações.[178]

174 BARRETO, Mariana Carneiro. **Os efeitos da Consulta Fiscal.** In: SISTEMA tributário, legalidade e direito comparado: entre forma e substância. Belo Horizonte: Fórum, 2010. p. 501.

175 FALEIRO, Kelly Magalhães. **Procedimento de Consulta Fiscal.** São Paulo: Noeses, 2005, p. 100.

176 ROCHA, Valdir de Oliveira. **A Consulta Fiscal.** São Paulo: Dialética, 1996, p. 24.

177 ROCHA, Valdir de Oliveira. **A Consulta Fiscal.** São Paulo: Dialética, 1996, p. 39.

178 SANTOS, Paula Gonçalves Ferreira. **Uma argumentação consequencialista na solução de consulta tributária.** São Paulo: Almedina, 2017, p. 70.

Tal previsibilidade sobre a posição da administração tributária em relação a determinados temas aumenta a segurança jurídica do contribuinte.

Vale ressaltar, no entanto, que, antes da IN RFB n. 1.396/2013, essa vinculação atingia diretamente apenas o contribuinte que formulou a consulta fiscal, e somente indiretamente os demais contribuintes que estivessem em situação equivalente.

Atualmente, nos termos do que exposto no art. 9º da IN RFB n. 1.396/2013 (interpretação da norma tributária e aduaneira) e do art. 15 da IN RFB n. 1.464/2014 (específica para classificação fiscal), a orientação exposta pelas autoridades fiscais na consulta fiscal poderá respaldar as condutas de todos os contribuintes que se enquadrem na mesma situação consultada, conforme o seguinte:

> Art. 9º A Solução de Consulta Cosit e a Solução de Divergência, a partir da data de sua publicação, têm efeito vinculante no âmbito da RFB, respaldam o sujeito passivo que as aplicar, independentemente de ser o consulente, desde que se enquadre na hipótese por elas abrangida, sem prejuízo de que a autoridade fiscal, em procedimento de fiscalização, verifique seu efetivo enquadramento. (Redação dada pelo(a) Instrução Normativa RFB n. 1434, de 30 de dezembro de 2013)

> Art. 15. A Solução de Consulta, a partir da data de sua publicação, tem efeito vinculante no âmbito da RFB e respalda qualquer sujeito passivo que a aplicar, independentemente de ser o consulente, sem prejuízo de que a autoridade fiscal, em procedimento de fiscalização, verifique seu efetivo enquadramento.

Ao prescreverem a possibilidade de que qualquer sujeito passivo que se enquadre na mesma situação descrita na consulta possa respaldar suas atividades ou operações nas orientações fornecidas, os dispositivos acima transcritos consagram verdadeira eficácia *erga omnes* do ato administrativo[179] da resposta à consulta fiscal.

[179] GOMES, Marcus Lívio. A consulta tributária vinculante. In: QUEIROZ, Luís Cesar Souza de. GOMES, Marcus Livio (Orgs.). **Tributação, Direitos Fundamentais e Desenvolvimento. Rio de Janeiro:** GZ Editora, 2014. p. 80.

O mesmo efeito vinculante atribuído às soluções de consulta também é aplicado para as soluções de divergência, conforme exposto no art. 22 da IN RFB 1.396/2013 e art. 27, § 1º, da IN RFB 1.464/2014.

Em face de tais características, Kelly Magalhães Faleiro[180] e Marcos Lívio[181] consideram que as soluções de consulta e as soluções de divergência podem ser enquadradas na categoria de ato administrativo de caráter regulamentar, nos termos do que previsto no art. 100, inciso I, do CTN.

A expressa atribuição de efeito vinculante no âmbito da própria Receita Federal do Brasil pela IN RFB n. 1.396/2013 é extremamente importante para a uniformidade no tratamento de questões idênticas, bem como para aperfeiçoar a abrangência e eficácia do instituto.

Em sua obra, Paula Santos destaca que o efeito vinculante das soluções de consulta foi estabelecido por uma norma interna da Receita Federal do Brasil, tendo nascido de uma escolha do próprio órgão da Administração. Aliás, não se pode perder de vista que o efeito vinculante também é benéfico para a administração tributária, na medida em que permite a uniformização dos critérios jurídicos que serão adotadas nas respostas que serão posteriormente apresentadas pelos seus funcionários a respeito da interpretação de uma determinada indagação.[182]

E prosseguindo nesse mesmo raciocínio Paula Santos destaca que:

> a ideia de conservação é essencial para assegurar a eficácia do sistema de consulta tributária, se a todo o instante a Administração se permitisse modificar o regramento estipulado em uma Solução de Consulta, o contribuinte não teria segurança a respeito do que é exarado no âmbito do processo de consulta tributária. Tanto para a confiabilidade do que dispõe a Administração quanto para prover o administrado de segurança jurídica, é necessário que as Soluções de Consulta sejam preservadas o quanto possível.[183]

180 FALEIRO, Kelly Magalhães. **Procedimento de Consulta Fiscal**. São Paulo: Noeses, 2005, p. 97.

181 GOMES, Marcus Lívio. **A consulta tributária vinculante**. In: QUEIROZ, Luís Cesar Souza de. GOMES, Marcus Livio (Orgs.). **Tributação, Direitos Fundamentais e Desenvolvimento. Rio de Janeiro:** GZ Editora, 2014. p. 81.

182 SANTOS, Paula Gonçalves Ferreira. **Uma argumentação consequencialista na solução de consulta tributária**. São Paulo: Almedina, 2017, p. 65 e 70.

183 SANTOS, Paula Gonçalves Ferreira. **Uma argumentação consequencialista na solução de consulta tributária**. São Paulo: Almedina, 2017, p. 75.

Nos termos do art. 32 da IN RFB n. 1.396/2013 e do art. 32 da IN RFB n. 1.464/2014, tais efeitos, no entanto, alcançarão apenas as soluções de consulta e as soluções de divergência emitidas em respostas fornecidas após sua entrada em vigor.

Além disso, o efeito vinculante das soluções de consulta está limitado à Receita Federal do Brasil nos termos do art. 9º da IN RFB 1.396/2013, não sendo aplicável ao Judiciário e ao Conselho de Contribuintes. Segundo Paula Santos, essa limitação decorre da circunstância de que a "consulta é um direito potestativo da Administração de se autorregular, o que afasta a possibilidade de sujeição de outros órgãos que não estejam incorporados à estrutura da Receita Federal do Brasil".[184]

Apesar disso, a orientação deverá observada por toda a Administração, incluindo-se todos os órgãos de fiscalização e arrecadação, bem como as Delegacias da Receita Federal de Julgamento do Brasil (DRJ), que realizam os julgamentos em primeira instância administrativa.[185]

O contribuinte, por sua vez, poderá escolher não seguir a orientação recebida como resposta.[186] Nessa hipótese, todavia, ficará sujeito às medidas administrativas e judiciais decorrentes do descumprimento de tais obrigações tributárias, sejam elas principais ou acessórias. Em outras palavras, caso discorde da orientação adotada, poderá deixar de efetuar o pagamento, sendo certo que, nessa circunstância, estará sujeito à ação fiscal para exigência dos valores acrescidos de juros e multa de mora, após o prazo de 30 dias acima especificado.

Assim, nas situações em que a resposta à consulta indique a necessidade e cumprimento de recolhimento de um tributo, o contribuinte deverá efetuar o recolhimento no prazo de 30 dias[187] e, até esse prazo, não incidirão encargos moratórios sobre os valores devidos, nos termos do que foi detalhadamente exposto nos tópicos 1.5.1 e 1.5.2.

[184] SANTOS, Paula Gonçalves Ferreira. **Uma argumentação consequencialista na solução de consulta tributária**. São Paulo: Almedina, 2017, p. 73.

[185] GOMES, Marcus Lívio. **A consulta tributária vinculante**. In: QUEIROZ, Luís Cesar Souza de. GOMES, Marcus Livio (Orgs.). **Tributação, Direitos Fundamentais e Desenvolvimento. Rio de Janeiro:** GZ Editora, 2014. p. 81.

[186] MACHADO SEGUNDO, Hugo de Brito. **Processo tributário**. 9. ed. São Paulo: Atlas, 2017, p. 211-212.

[187] MACHADO, Hugo de Brito. **Consulta Fiscal**. São Paulo: Malheiros, 2018, 85.

Além disso, caso considere que a solução de consulta apresenta orientação sobre a aplicação da norma que lhe é prejudicial, o consulente poderá até mesmo deixar de realizar os atos ou negócios especificados na dúvida submetida ao crivo da administração tributária, para afastar os efeitos jurídicos por ela produzidos.[188] Isto é, somente a implementação da situação, nos termos em que estabelecida no pedido e sua resposta, é que autorizará o requerente à fruição do direito subjetivo contemplado pela resposta.[189]

Hugo de Brito Machado defende que, na hipótese de discordância em relação às conclusões expostas pela autoridade fiscal, "surge para este o direito de promover ação judicial, como acontece em face de um lançamento de tributo que considera indevido ou maior do que devido".[190] E prossegue afirmando a possibilidade de impetração de mandado de segurança em face da resposta à consulta por entender que, "concretizada a situação objeto de um *parecer normativo* com a qual o contribuinte não esteja de acordo, e por isso não adote a conduta no mesmo indicada, surge, evidentemente, para esse contribuinte o *justo* receio de ser molestado pelo Fisco".[191]

Kelly Magalhães Faleiro, Hugo de Brito Machado Segundo e Valdir de Oliveira Rocha também defendem que, ao discordar do entendimento abarcado pela solução de consulta, o consulente poderá submeter a mesma questão ao exame do Poder Judiciário.[192] Para Kelly Magalhães, no entanto, o objeto da medida judicial não é o ato de resposta à consulta em si, mas o ato de aplicação da norma tributária da forma como preconizada na resposta. Assim a invalidade da resposta à consulta fiscal seria apenas incidentalmente.[193]

No mesmo sentido é o magistério de Marcos Lívio, para quem a resposta apresentada pela administração tributária no bojo de uma consulta fiscal não é um ato passível de controle judicial, porquanto as soluções de consulta não são dotadas de conteúdo decisório que limite ou amplie a esfera de direitos

[188] MACHADO, Hugo de Brito. **Consulta Fiscal**. São Paulo: Malheiros, 2018, 80.

[189] FALEIRO, Kelly Magalhães. **Procedimento de Consulta Fiscal**. São Paulo: Noeses, 2005, p. 113.

[190] MACHADO, Hugo de Brito. **Consulta Fiscal**. São Paulo: Malheiros, 2018, 85.

[191] MACHADO, Hugo de Brito. **Consulta Fiscal**. São Paulo: Malheiros, 2018, 89.

[192] Nesse sentido: FALEIRO, Kelly Magalhães. **Procedimento de Consulta Fiscal**. São Paulo: Noeses, 2005, p. 113; MACHADO SEGUNDO, Hugo de Brito. **Processo tributário**. 9. ed. São Paulo: Atlas, 2017, p. 211-212; ROCHA, Valdir de Oliveira. **A Consulta Fiscal**. São Paulo: Dialética, 1996, p. 92.

[193] FALEIRO, Kelly Magalhães. **Procedimento de Consulta Fiscal**. São Paulo: Noeses, 2005, p. 145-146

e obrigações dos contribuintes.[194] A seu ver, apenas os atos decorrentes do descumprimento da orientação fornecida por meio da consulta, tais como lançamentos e autos de infração estão sujeitos ao controle judicial.

Por essas mesmas razões Kelly Magalhães Faleiro afirma que o ato de resposta à consulta fiscal também não é passível de mandado de segurança, com o fundamento da impossibilidade de sua impetração contra lei em tese, bem como pela circunstância de que o "ato de resposta à consulta, enquanto expressão meramente hipotética, não lesiona direito nenhum".[195]

Apesar da existência de divergência doutrinária sobre o cabimento de medidas judiciais em face do próprio ato de resposta à consulta, a jurisprudência do Superior Tribunal de Justiça tem admitido a impetração de mandado de segurança com o objetivo de questionar o ato administrativo resultante da consulta fiscal.[196],[197],[198],[199]

1.5.4 Possibilidade de alteração da resposta à consulta fiscal

Admite-se a alteração do entendimento por parte das Autoridades Fiscais, desde que observadas algumas limitações quanto aos seus efeitos e situações que autorizam a mudança.

Em nosso ordenamento jurídico vigora a máxima no sentido de que, geralmente, os atos administrativos, não fazem coisa julgada,[200] uma vez que "é dado à Administração o poder genérico de revogar seus atos para ampliar a utilidade pública e atender ao interesse coletivo"[201].

[194] GOMES, Marcus Lívio. A consulta tributária vinculante. In: QUEIROZ, Luís Cesar Souza de. GOMES, Marcus Livio (Orgs.). **Tributação, Direitos Fundamentais e Desenvolvimento.** Rio de Janeiro: GZ Editora, 2014. p. 68.

[195] FALEIRO, Kelly Magalhães. **Procedimento de Consulta Fiscal**. São Paulo: Noeses, 2005, p. 147-148.

[196] BRASIL. Superior Tribunal de Justiça. **Agravo Interno no Agravo em Recuso Especial n. 288.611.** Relator: Ministro Sérgio Kukina, Primeira Turma. Brasília, 26 de novembro de 2014.

[197] BRASIL. Superior Tribunal de Justiça. **Agravo Interno no Recurso em Mandado de Segurança n. 34.015.** Relator: Ministro Mauro Campbell Marques, Segunda Turma. Brasília, 02 de abril de 2013.

[198] BRASIL. Superior Tribunal de Justiça. **Recuso Especial n. 670.601.** Relator: Ministro Teori Albino Zavascki, Primeira Turma. Brasília, 19 de junho de 2008.

[199] BRASIL. Superior Tribunal de Justiça. **Recuso Especial n. 786.473**. Relator: Ministro Castro Meira, Segunda Turma. Brasília, 19 de outubro de 2006.

[200] FALEIRO, Kelly Magalhães. **Procedimento de Consulta Fiscal**. São Paulo: Noeses, 2005, p. 127.

[201] FALEIRO, Kelly Magalhães. **Procedimento de Consulta Fiscal**. São Paulo: Noeses, 2005, p. 127.

Inclusive, ao examinar o tema, o Supremo Tribunal Federal editou o enunciado da Súmula n. 473, que prescreve o seguinte:

> A administração pode anular seus próprios atos, quando eivados de vícios que os tornam ilegais, porque deles não se originam direitos; ou revogá-los, por motivo de conveniência ou oportunidade, respeitados os direitos adquiridos, e ressalvada, em todos os casos, a apreciação judicial".

No âmbito da consulta fiscal, não poderia ser diferente. Ao comentar essa realidade, Valdir Oliveira Rocha explica que "a definitividade da resposta não significa imodificabilidade".[202] A despeito disso, a orientação fornecida por meio da solução de consulta apenas poderá ser alterada pela própria Autoridade Tributária, em relação aos mesmos fatos (retroagindo) e na vigência das mesmas normas, para beneficiar o contribuinte, nos termos do art. 17 da IN RFB n.1.396/2013.

Caso a alteração ocorra em prejuízo ao contribuinte, somente poderá produzir efeitos em relação aos fatos geradores posteriores à alteração da interpretação, ou seja, para o futuro,[203] após a sua intimação e, em relação a terceiros, após a publicação da nova interpretação, conforme também previsto no artigo 21 da IN RFB n. 1.464/2014 e no art. 48, § 12, da Lei n. 9.430/1996.

Os referidos dispositivos afastam, portanto, eventuais efeitos retroativos da nova interpretação caso agrave a situação do contribuinte, permitindo-lhe que se beneficie dela se lhe for mais vantajosa. Tal regra existe em face do disposto no art. 146 do CTN, que em situação idêntica impõe limitação expressa aos efeitos pretéritos de eventual alteração por parte da autoridade fiscal em relação aos critérios jurídicos adotados em decisão administrativa ou judicial impactem o mesmo contribuinte.

É o que Antônio Sepúlveda e Igor de Lazari chamam de efeito preclusivo e irretratabilidade por parte da Administração em relação aos fatos já consumados.[204]

Ao explicitar a aplicação da irretroatividade, Kelly Magalhães Faleiro aponta, no entanto, que é necessário observar se a revisão da posição adotada pela Administração decorreu de revogação ou de invalidade do ato.

[202] ROCHA, Valdir de Oliveira. **A Consulta Fiscal**. São Paulo: Dialética, 1996, p. 97.

[203] MACHADO SEGUNDO, Hugo de Brito. **Processo tributário**. 9. ed. São Paulo: Atlas, 2017, p. 212.

[204] SEPÚLVEDA, Antônio Guimarães. LAZARI, Igor de. **Consulta Fiscal**. Comentários à IN RFB 1.396/2013. Rio de Janeiro. 2018, p. 114.

Isso porque, segundo ela, o ato revogado produz efeitos *ex nunc* ainda que não seja o mais "adequado, em virtude do novo contexto semântico e linguístico, era válido até o momento de sua revogação, tendo, assim, perfeita aptidão para produzir efeitos e constituir situações jurídicas".[205] São assim consideradas as situações em que a revisão da resposta à consulta fiscal decorre da necessidade de atualização da posição da Administração. Com base nessas premissas, assevera, portanto, que a revogação atinge apenas atos que estão produzindo efeitos, motivo pelo qual não poderão ser revogadas as repostas já exauridas cujos efeitos já se produziram em relação ao fato consultado.[206]

Por outro lado, Kelly Magalhães Faleiro entende que o ato tido como inválido (sendo assim considerado o ato que contraria a legislação) produz efeitos *ex tunc* e, portanto, poderá retroagir, porquanto não gera direito em favor de alguém.[207]

Partindo dessa distinção entre os efeitos dos atos revogados e invalidados, a autora assevera a impossibilidade de concessão de efeito retroativo ao ato de revogação, ainda que a alteração da posição adotada pela Administração resulte em uma situação mais favorável ao contribuinte. Com efeito, nos casos de revogação da orientação anterior pela Administração, "é porque aquela primeira resposta deixou de ser adequada. Não que ela não tenha sido até então. Antes de ser revogada era plenamente legítima, produzindo efeitos, porque era uma das interpretações admitidas pela regra".[208]

Em sentido diverso é a doutrina de Hugo de Brito Machado, para quem, em qualquer hipótese, sempre que a mudança de orientação da Administração acarretar o agravamento da situação do contribuinte, ela não poderá retroagir, sendo aplicável a partir da data em que oficialmente intimado. Em sua visão, se a alteração na interpretação anteriormente conferida beneficiar o contribuinte, aplica-se de forma retroativa, gerando, inclusive, direito à repetição dos valores indevidamente recolhidos.[209]

Atualmente a legislação que regulamenta a consulta fiscal no âmbito federal admite expressamente a aplicação retroativa da alteração da interpretação

[205] FALEIRO, Kelly Magalhães. **Procedimento de Consulta Fiscal**. São Paulo: Noeses, 2005, p. 131.

[206] FALEIRO, Kelly Magalhães. **Procedimento de Consulta Fiscal**. São Paulo: Noeses, 2005, p. 134.

[207] FALEIRO, Kelly Magalhães. **Procedimento de Consulta Fiscal**. São Paulo: Noeses, 2005, p. 140.

[208] FALEIRO, Kelly Magalhães. **Procedimento de Consulta Fiscal**. São Paulo: Noeses, 2005, p. 134.

[209] MACHADO, Hugo de Brito. **Consulta Fiscal**. São Paulo: Malheiros, 2018, p.104.

da Administração quando a nova orientação for mais favorável ao contribuinte, nos termos do art. 17 do IN RFB n. 1.396/2013.

Andou bem a administração tributária ao assim regulamentar o tema. De fato, não nos parece que, em qualquer situação, o contribuinte pudesse ser prejudicado por seguir a orientação fornecida pelas próprias autoridades fiscais.

Embora os dispositivos acima citados impeçam que a alteração de orientação por parte das autoridades fiscais acarrete eventuais prejuízos aos contribuintes que agiram amparados por orientação concedida por elas próprias, tais normas não trazem nenhuma regulamentação sobre as circunstâncias que autorizam as autoridades fiscais a alterarem sua interpretação sobre determinado tema ou matéria.

Para Marcos Lívio, a possibilidade de retratação por parte das autoridades fiscais é decorrente das cláusulas *rebus sic stantibus* e *legibus sic stantibus*, as quais asseguram a manutenção dos efeitos da consulta enquanto não houver alteração da lei ou da interpretação administrativa e forem mantidos os dados constantes na consulta. A cláusula *rebus sic stantibus* é "um pressuposto lógico da configuração jurídica da solução à consulta que gere uma interpretação administrativa para um caso concreto".[210]

Mesmo assim, Marcos Lívio adverte que a cláusula *legibus sic stantibus* deve ser aplicada com temperamentos, já que, segundo ele, não é qualquer alteração legislativa que deverá impactar automaticamente os efeitos da consulta tributária. Para o Autor, a modificação deverá afetar o teor da norma e ser substancial.[211]

Notadamente, nas situações em que ocorra alteração substancial nas circunstâncias fáticas que apararam as conclusões apresentadas pela autoridade fiscal na solução de consulta, é compreensível que aquela orientação não seja mais aplicável ao contribuinte.

O mesmo se pode dizer em relação a alterações legislativas, de modo que realmente não se pode manter uma orientação fornecida com fundamento em norma revogada, por exemplo, desde que, quando importar em agravamento

[210] GOMES, Marcus Lívio. A consulta tributária vinculante. In: QUEIROZ, Luís Cesar Souza de. GOMES, Marcus Livio (Orgs.). **Tributação, Direitos Fundamentais e Desenvolvimento.** Rio de Janeiro: GZ Editora, 2014. p. 82.

[211] GOMES, Marcus Lívio. A consulta tributária vinculante. In: QUEIROZ, Luís Cesar Souza de. GOMES, Marcus Livio (Orgs.). **Tributação, Direitos Fundamentais e Desenvolvimento.** Rio de Janeiro: GZ Editora, 2014. p. 85.

da situação do contribuinte, a revisão seja restrita aos fatos geradores ocorridos após o início da vigência da nova norma.

Em algumas situações, essa mudança de orientação ocorre de forma indireta, tal como nas hipóteses em que é publicada uma solução de divergência ou parecer normativo contendo orientação sobre a interpretação e aplicação da norma tributária em sentido diverso da que anteriormente fornecida.[212]

A modificação da jurisprudência sobre o tema consultado também poderá impactar na produção de feitos da consulta, em virtude do disposto no art. 1º do Decreto n. 2.346/1997, que impõe à Administração Pública Federal o dever de observância às decisões do Supremo Tribunal Federal sobre a interpretação do texto constitucional, de forma inequívoca e definitiva.

Essa norma, quando editada, certamente, visou assegurar que as decisões proferidas no âmbito do controle concentrado de constitucionalidade (Ações Diretas) fossem observadas pela Administração Pública, já que os efeitos de tais decisões sempre foram vinculantes e *erga omnes*.

Com o passar dos anos, a legislação processual brasileira foi sendo alterada em um movimento de objetivação do controle difuso de constitucionalidade. A partir da implementação da sistemática da repercussão geral para os recursos dirigidos ao Supremo Tribunal Federal e dos recursos repetitivos para o Superior Tribunal de Justiça, ampliou-se, consideravelmente a abrangência de tais decisões não apenas para os tribunais, mas também para administração tributária.

A vinculação da Receita Federal do Brasil ao quanto decidido no âmbito do Supremo Tribunal Federal e do Superior Tribunal de Justiça estava prevista no art. 19 da Lei n. 10.522/2002, mais precisamente nos §§ 4º e 7º, que prescreviam a impossibilidade de realização de lançamento e até mesmo a revisão de ofício de créditos já constituídos. Tais efeitos são aplicáveis apenas aos julgamentos realizados pelo Supremo Tribunal Federal em sede de controle concentrado de constitucionalidade e recursos dotados de repercussão geral, bem como no âmbito do Superior Tribunal de Justiça para julgamento de recursos repetitivos. Contudo, os referidos dispositivos foram suprimidos do ordenamento jurídico pela Medida Provisória n. 881/2019 (chamada "MP da Liberdade Econômica), convertida na Lei n. 13.874/2019.

A situação mais polêmica certamente está relacionada com a mera mudança de interpretação por parte das autoridades fiscais que, ao rever a orientação

[212] FALEIRO, Kelly Magalhães. **Procedimento de Consulta Fiscal**. São Paulo: Noeses, 2005, p. 137.

anteriormente formalizada, considere-a inadequada, sem que tenha ocorrido uma mudança em relação à situação fática ou jurídica.

De fato, segundo a sistemática atualmente em vigor, a "Administração pode mudar livremente de critério administrativo, sem que, para tanto, seja necessária uma modificação legislativa prévia que habilite essa variação".[213] Ao mesmo tempo em que essa faculdade pode ser benéfica aos contribuintes e ao próprio sistema, uma vez que evita o engessamento das interpretações administrativas, submete os contribuintes ao risco de alterações arbitrárias.[214]

Assim, apesar das normas que regulamentam a consulta fiscal trazerem uma certa segurança em relação às relações jurídicas já consumadas, a possibilidade de alteração da interpretação anteriormente conferida acarretará impactos concretos em relação aos fatos geradores futuros, podendo, inclusive, frustrar as justas expectativas daqueles contribuintes que, com base na resposta à consulta fiscal, por exemplo, projetaram a carga tributária de um determinado empreendimento por um prazo determinado.

Parece-nos que uma solução equânime para essas situações seria a aplicação dos mesmos princípios constitucionais que protegem os contribuintes em relação à instituição ou majoração de tributos. Assim, em relação aos efeitos para o futuro da alteração na orientação anteriormente exposta na resposta à consulta fiscal, e havendo aumento em relação à carga tributária anteriormente estimada, devem ser observados os princípios da anterioridade e da noventena, previstos no artigo 150, inciso III, alíneas "b" e "c", da Constituição Federal de 1998.

Apesar de não termos identificado na doutrina orientação sobre o tema, acreditamos que a jurisprudência do Supremo Tribunal Federal caminha para a consolidação do entendimento no sentido de que qualquer aumento ou agravamento da carga tributária do contribuinte, inclusive quando ocorrer de forma indireta, deve respeitar o princípio constitucional da anterioridade.

Nesse sentido, ao julgar o RE 564.225[215] AgR, a 1ª Turma do STF decidiu que o aumento indireto de ICMS, promovido em razão de revogação

[213] GOMES, Marcus Lívio. A consulta tributária vinculante. In: QUEIROZ, Luís Cesar Souza de. GOMES, Marcus Livio (Orgs.). **Tributação, Direitos Fundamentais e Desenvolvimento.** Rio de Janeiro: GZ Editora, 2014. p. 91.

[214] GOMES, Marcus Lívio. A consulta tributária vinculante. In: QUEIROZ, Luís Cesar Souza de. GOMES, Marcus Livio (Orgs.). **Tributação, Direitos Fundamentais e Desenvolvimento.** Rio de Janeiro: GZ Editora, 2014. p. 91.

[215] BRASIL. Supremo Tribunal Federal. **Agravo Regimental no Recuso Extraordinário n. 564225.** Relator: Ministro Marco Aurélio, Primeira Turma. Brasília, 02 de setembro de 2014.

de benefício fiscal, deve observar a aplicação do princípio da anterioridade. Na ocasião, restou consignado que "toda alteração do critério quantitativo do consequente da regra matriz de incidência deveria ser entendida como majoração do tributo" e, dessa forma, deve se sujeitar ao princípio da anterioridade.

O mesmo entendimento foi manifestado pela 2ª Turma ao julgar o Recurso Extraordinário n. 1.081.041 AgR[216]:

> Agravo regimental no recurso extraordinário. Tributário. REINTEGRA. Decreto n. 8.415/15. Princípio da anterioridade nonagesimal. 1. O entendimento da Corte vem se firmando no sentido de que não só a majoração direta de tributos atrai a aplicação da anterioridade nonagesimal, mas também a majoração indireta decorrente de revogação de benefícios fiscais. 2. Negativa de provimento ao agravo regimental. Não se aplica ao caso dos autos a majoração dos honorários prevista no art. 85, § 11, do novo Código de Processo Civil, uma vez que não houve o arbitramento de honorários sucumbenciais pela Corte de origem (Súmula 512/STF).

A orientação acima consolidou-se no âmbito das duas turmas,[217] em especial no tocante aos efeitos da majoração indireta provocada pera revogação de benefícios fiscais. Outro não deve ser o raciocínio em relação aos efeitos futuros da alteração da orientação às autoridades fiscais quando resulte em agravamento da carga tributária anteriormente estimada.

Além disso, para Hugo de Brito Machado, "o consulente pode ter sofrido prejuízo porque vinha praticando preços superiores aos praticados por concorrentes seus, e assim, tem direito também à indenização de tais prejuízos".[218] Kelly Magalhães Faleiro também defende a possibilidade de responsabilização do Estado pelos danos causados ao consulente nas hipóteses de invalidação da consulta, uma vez que tais prejuízos decorrem de ato ilícito.[219]

[216] BRASIL. Supremo Tribunal Federal. **Agravo Regimental no Recuso Extraordinário n. 1081041.** Relator: Ministro Dias Toffoli, Segunda Turma. Brasília, 27 de abril de 2018.

[217] Nesse sentido:

BRASIL. Supremo Tribunal Federal. **Agravo Regimental no Recuso Extraordinário n. 1091378.** Relator: Ministro Edson Fachin, Segunda Turma. Brasília, 11 de setembro de 2018.

BRASIL. Supremo Tribunal Federal. **Agravo Regimental no Recuso Extraordinário n. 1193854.** Relator: Ministro Luiz Fux, Primeira Turma. Brasília, 16 de maio de 2019.

BRASIL. Supremo Tribunal Federal. **Agravo Regimental no Recuso Extraordinário n. 1081068.** Relator: Ministro Dias Toffoli, Segunda Turma. Brasília, 19 de maio de 2018

[218] MACHADO, Hugo de Brito. **Consulta Fiscal**. São Paulo: Malheiros, 2018, p.105.

[219] FALEIRO, Kelly Magalhães. **Procedimento de Consulta Fiscal**. São Paulo: Noeses, 2005, p. 141.

Mesmo diante da possibilidade de alteração do entendimento pela administração tributária, o efeito vinculante das Soluções de consulta também reduz a possibilidade de mudanças injustificadas dos critérios interpretativos, evita arbitrariedades e possibilita um "aumento na confiança da relação Fisco-contribuinte e uma política sã de prevenção de conflitos, o que representa a base de um bom sistema tributário".[220]

1.5.5 Publicidade da resposta

A exigência de publicização da interpretação oficial fornecida pela administração tributária nas soluções de consulta está prevista no art. 48, parágrafo 4º, da Lei n. 9.430/1996, que fixa sua veiculação em órgão da imprensa oficial, na forma do regulamento.

Tal previsão atende à obrigação imposta à Administração de observância aos princípios da publicidade (ou transparência), estampados no artigo 5º, inciso LX, e artigo 37, *caput*, da Constituição Federal de 1988.

A exigência constitucional de publicidade dos atos administrativos, de uma forma geral, visa exatamente permitir o controle desses mesmos atos, como forma de assegurar o Estado Democrático de Direito, no qual é inadmissível o "ocultamento aos administrados dos assuntos que a todos interessam".[221] Daí porque o respeito à publicidade impacta diretamente uma série de outros direitos e garantias constitucionais, em especial os princípios da isonomia, da moralidade e da eficiência.[222]

Com efeito, somente a partir da obrigatoriedade do respeito à publicidade das respostas às consultas fiscais é que outros contribuintes poderão orientar suas condutas, adequando-se ou se beneficiando da orientação fornecida pela Administração.[223]

Em última análise, a publicidade assegura também o princípio constitucional da livre concorrência (art. 170, inciso IV, da CF/1988), permitindo que os contribuintes do mesmo ramo de atividade do consulente sejam igualmente

[220] SANTOS, Paula Gonçalves Ferreira. **Uma argumentação consequencialista na solução de consulta tributária**. São Paulo: Almedina, 2017, p. 73.

[221] BANDEIRA DE MELLO. Celso Antônio. **Curso de Direito Administrativo**. 17ª ed. São Paulo: Malheiros Editores, 2003, p. 104.

[222] ROCHA, Valdir de Oliveira. **A Consulta Fiscal**. São Paulo: Dialética, 1996, p. 105.

[223] NUNES, Cleucio Santos. **Curso completo de direito processual tributário**. 3. ed. São Paulo: SaraivaJur, 2019, p. 252

atingidos pela orientação dada a um determinado consulente que seja seu concorrente.[224] Nas palavras de Kelly Magalhães Faleiro, a divulgação da reposta é

> [...] dirigida, portanto, a toda a coletividade, é exigência de atendimento ao interesse público, sendo sua publicação a melhor forma de atendar a tal interesse, tornando conhecido de todos o entendimento da administração sobre a aplicação da regra tributária, e viabilizando, em última instância, a realização do princípio da isonomia.[225]

Ao regulamentarem a Lei n. 9.430/1996, o art. 27 da IN RFB n. 1.396/2013 e o art. 28 da IN RFB n. 1.464/2014 estabelecem que as Soluções de Consulta e as Soluções de Divergência serão publicadas no Diário Oficial da União e no sítio eletrônico da Receita Federal do Brasil, sendo disponibilizados o seu número, os dispositivos interpretados, o assunto e a ementa.

Além disso, as referidas normas regulamentares vedam a publicação de informações que permitam a identificação do consulente ou dos demais contribuintes envolvidos na situação fática consultada, estabelecendo, por exemplo, a necessidade de supressão de dados cadastrais e do número do processo administrativo.

Visando inclusive propiciar uma maior abrangência da interpretação oficial contida nas soluções de consulta e nas soluções de divergência, o art. 29 da IN RFB n. 1.396/2013 e o art. 30 da IN RFB n. 1.464/2014 estabelecem a possibilidade de expedição de um ato normativo pela Secretaria da Receita Federal sobre temas de interesse geral.

Quando a edição desse ato normativo modificar a orientação anteriormente concedida de forma individual a determinado contribuinte, a nova orientação passará a ser aplicável a todos os demais contribuintes a partir de sua publicação, independente de comunicação individual e específica do consulente.

Por outro lado, as normas regulamentares dispensam a publicação do despacho decisório que declarar a inadmissão ou ineficácia da consulta fiscal (art. 27, parágrafo único, IN RFB n. 1.396/2013, art. 28, parágrafo único, da IN RFB n. 1.464/2014).

[224] ROCHA, Valdir de Oliveira. **A Consulta Fiscal**. São Paulo: Dialética, 1996, p. 105.

[225] FALEIRO, Kelly Magalhães. **Procedimento de Consulta Fiscal**. São Paulo: Noeses, 2005, p. 119.

2
PRIVATE TAX RULING NO DIREITO COMPARADO

2.1 Conceito e principais características dos *private tax rulings*

Os *private tax rulings* são adotados por praticamente todos os países da União Europeia,[226] além de Canadá, Estados Unidos, Austrália e Nova Zelândia.[227] O sistema mais antigo de *tax ruling* que se tem notícia foi introduzido na Suécia em 1911, utilizado para a obtenção de um pronunciamento vinculante por parte das autoridades fiscais sobre a tributação dos selos. Esse sistema foi posteriormente (1951) expandido para outras questões tributárias até alcançar, em 1990, a possibilidade de análise e fornecimento de orientação sobre a interpretação e aplicação da legislação tributária sobre a incidência de tributos indiretos.[228]

Em cada país, o instituto recebeu denominação específica, valendo citar, por exemplo, o Reino Unido, em que se utiliza a expressão *official decisions or answers on technical questions*. Na Áustria e na Itália, é adotada a expressão *international tax rulings,* enquanto na Suíça usa-se o termo *confirmations.*[229] O instituto também é conhecido como *Private Letter Ruling*- PLR nos Estados Unidos[230] e, na Alemanha, estão abarcados pela espécie os institutos denominados *verbindliche Auskünft* e *verbindliche Zusage.*

[226] VAN DE VELDE, Elly. 'Tax rulings' in the EU Member States. **European Parliament.** Directorate-General for Internal Policies. Policy department A., 2015, p. 37.

[227] ALARIEET, B., Advance Tax rulings in Perspective: A Theoretical and Comparative Analysis, **New Zealand Journal of Taxation Law and Policy**, Nova Zelândia, Vol. 20, nov. 2014, p. 363.

[228] ROMANO, Carlo, **Advance Tax rulings and Principles of Law: Towards a European Tax rulings system** IBFD Doctoral Series, 2002, p. 13-14.

[229] VAN DE VELDE, Elly. 'Tax rulings' in the EU Member States. European Parliament. Directorate-General for Internal Policies. Policy department A., 2015, p. 27.

[230] ROMANO, Carlo, **Advance Tax rulings and Principles of Law: Towards a European Tax rulings system** IBFD Doctoral Series, 2002, p. 78.

A tradução literal da expressão *tax ruling* significa "decisão fiscal" e pode ter múltiplos significados. Essa locução é empregada na literatura internacional para descrever todo e qualquer tipo de informação ou orientação prestada por parte das autoridades fiscais de um país e permite abarcar qualquer espécie de acordo ou arranjo fiscal envolvendo o pagamento de tributos.[231] Diante dos variados sistemas tributários existentes e das inúmeras possibilidades de fixação de acordos entre Fisco e contribuinte, é concebível a utilização de *tax ruling* para todos os tipos de tributos e por todos os níveis de autoridades fiscais.[232]

Daí porque é possível sustentar que o gênero *tax ruling* abarca diversas espécies de orientações e acordos fiscais, tais como: (i) os *Private tax rulings*, assim entendidas como orientações fiscais emitidas para particulares em situações previamente delimitadas; *(ii) Advance pricing arrangements*, que são os acordos sobre preços de transferência; *(iii) General rulings*, que apresentam regras gerais e abstratas; e *(iv) Taxpayer-specific rulings related to preferential regimes*, relacionados ao regramento de regimes preferencias e concessão de benefícios fiscais.

Essa conclusão, aliás, é a que se extrai das definições propostas no relatório da Ação n. 5, elaborado em 2015 pela Organização para a Cooperação e Desenvolvimento Econômico – OCDE, no âmbito do Projeto de Combate à Erosão de Base Tributária e Desvio de Lucros (*Base Erosion and Profit Shifting* - BEPS).[233],[234] Convém esclarecer que, no âmbito da Ação n. 5 do BEPS,

[231] VAN DE VELDE, Elly. **'Tax rulings' in the EU Member States**. European Parliament. Directorate-General for Internal Policies. Policydepartment A., 2015, p. 26.

[232] VAN DE VELDE, Elly. **'Tax rulings' in the EU Member States.** European Parliament. Directorate-General for Internal Policies. Policy department A., 2015, p. 6.

[233] Visando aumentar a cooperação e harmonização de normas tributárias internacionais, em 2013, a OCDE e os países integrantes do G20 lançaram o Projeto de combate a Erosão de Base Tributária e Desvio de Lucros (*Base Erosion and Profit Shifting "BEPS"*). As recomendações do *Action Plan* (Plano de Ação) do BEPS foram reproduzidas em 15 Ações, relacionadas, em especial, com a definição de padrões internacionais de tributação que permitam eliminar as lacunas e reduzir a corrosão das bases tributárias mundiais, obstando a disseminação de negócios jurídicos artificiais, simulados e práticas fiscais nocivas. Nesse sentido, vide: ROCHA, Sergio André. **Política fiscal internacional brasileira**. Rio de Janeiro: Lumen Juris, 2017, p.203-209; e VALADÃO, Marcos Aurélio Pereira. O Sistema Tributário Internacional Contemporâneo sob a perspectiva dos países em desenvolvimento: Análise Crítica. **Revista do Programa de Pós-Graduação em Direito da UFC**, Fortaleza, v. 37.1, jan./jun. 2017., p. 150-156.

[234] A locução que define a Ação nº 5 é a seguinte: "Combater práticas fiscais prejudiciais de maneira mais eficaz, levando em conta a transparência e substância" (Tradução nossa). Do original: *"Counter harmful tax practices more effectively, taking into account transparency and substance"*. Fonte: ORGANIZATION FOR ECONOMIC CO-OPERARION ADN DEVELOPMENT – OCDE (2103), **Action Plan on Base Erosion and Profit Shifting**, OECD Publishing, 2013, p. 18. Disponível em: <https://www.oecd.org/ctp/BEPSActionPlan.pdf>. Acesso em: 06 abr.2019.

a OCDE desenvolveu mecanismos de intercâmbio de informações sobre *tax rulings* entre os países membros, estabelecendo padrões internacionais de transparência fiscal e definindo limites para as trocas de informações tributárias, a partir dos quais passou a ser possível revisar e recomendar a reformulação de práticas fiscais tidas como nocivas pelas jurisdições envolvidas, representadas não apenas pelos países membros da OCDE, mas também por países do G20, bem como países em processo de adesão à OCDE.

Nesse contexto, para fins de padronização no compartilhamento de tais informações, a OCDE estabeleceu a obrigatoriedade de fornecimento de informações de seis[235] categorias de *rulings*, ressalvando que tais *rulings* não são consideradas, por si só, prejudiciais, mas a falta de transparência na operação de um regime ou processo administrativo pode dar origem a descasamentos fiscais e acarretar situações de dupla não tributação. Para delimitar cada um dos regimes abarcados pelas seis categorias elencadas, a OCDE expôs antes os parâmteros para a definição do gênero *ruling*, a partir dos conceitos de (i) *taxpayer-specific rulings;* (ii) *advance tax rulings*; (iii) *advance pricing arrangements* e (iv) *general rulings*,[236] os quais permitem compreender os contornos do instituto e suas especificidades, adiante explicitados para a melhor compreensão.

[235] Nota explicativa: quais sejam: (i) regimes preferenciais; (ii) APAs unilaterais ou outras decisões unilaterais transnacionais em relação a preços de transferência; (iii) decisões transnacionais que preveem redução de lucros tributáveis; (iv) decisões para estabelecimentos permanentes (PE); (v) decisões sobre operações entre partes relacionadas; e (vi) qualquer outro tipo de decisão acordada pelo FHTP que, na ausência de informações espontâneas, gera preocupações com o BEPS. (Tradução livre). Do texto original: "(i) rulings relating to preferential regimes; (ii) unilateral APAs or other cross-border unilateral rulings in respect of transfer pricing; (iii) cross-border rulings providing for a downward adjustment of taxable profits; (iv) permanent establishment (PE) rulings; (v) related party conduit rulings; and (vi) any other type of ruling agreed by the FHTP that in the absence of spontaneous information exchange gives rise to BEPS concerns". Fonte: ORGANIZATION FOR ECONOMIC CO-OPERARION AND DEVELOPMENT - OCDE, **Countering Harmful Tax Practices More Effectively, Taking into Account Transparency and Substance, Action 5 - 2015 Final Report**, OECD/G20 Base Erosion and Profit Shifting Project, OECD Publishing, Paris, 2015, p. 46. Disponível em: <http://dx.doi.org/10.1787/9789264241190-en>. Acesso em: 06 abr.2019.

[236] ORGANIZATION FOR ECONOMIC CO-OPERARION AND DEVELOPMENT - OCDE, **Countering Harmful Tax Practices More Effectively, Taking into Account Transparency and Substance, Action 5 - 2015 Final Report**, OECD/G20 Base Erosion and Profit Shifting Project, OECD Publishing, Paris, 2015, p. 46-47. Disponível em: <http://dx.doi.org/10.1787/9789264241190-en>. Acesso em: 06 abr.2019.

Nos termos do Relatório da OCDE, *taxpayer-specific rulings* são as decisões proferidas em resposta a um pedido de um contribuinte específico a respeito da interpretação de uma determinada incidência fiscal, garantindo-lhe orientação que poderá abarcar análise dos efeitos tributários de uma operação, tanto antes quanto depois da sua realização, desde que o contribuinte ainda não tenha formalizado a declaração tributária relacionada com a referida operação.[237] Segundo a OCDE, essa exigência, no entanto, não impede a prolação de decisões fiscais envolvendo a interpretação sobre os efeitos tributários de lucros futuros.[238]

O que a OCDE denominou *taxpayer-specific ruling* é o que a literatura internacional também convencionou chamar de *private tax rulings*, sendo assim consideradas as decisões proferidas pela autoridade fiscal a pedido do contribuinte sobre uma operação específica.[239]

Assim, de uma forma geral, são *private tax rulings* as orientações fornecidas pelas autoridades fiscais, mediante requerimento do contribuinte, para análise sobre a aplicação da norma ao seu caso concreto, e que vinculam a administração tributária estritamente em relação à situação examinada, impedindo a implementação de uma futura exigência fiscal além da que foi previamente definida, afastando também a incidência de multas e juros.[240]

Para Elly Van De Velde, o mais correto seria falar em *tax arrangement*, que significa acordo fiscal, para se referir ao gênero dentro do qual estão inseridas as mais variadas modalidades e formatos de acordos fiscais.[241] Isso porque o mecanismo envolve o estabelecimento de um acordo entre um contribuinte

[237] ORGANIZATION FOR ECONOMIC CO-OPERARION ADN DEVELOPMENT - OCDE, **Countering Harmful Tax Practices More Effectively, Taking into Account Transparency and Substance, Action 5 - 2015 Final Report**, OECD/G20 Base Erosion and Profit Shifting Project, OECD Publishing, Paris, 2015, p. 47. Disponível em: <http://dx.doi.org/10.1787/9789264241190-en>. Acesso em: 06 abr.2019.

[238] ORGANIZATION FOR ECONOMIC CO-OPERARION ADN DEVELOPMENT - OCDE, **Countering Harmful Tax Practices More Effectively, Taking into Account Transparency and Substance, Action 5 - 2015 Final Report**, OECD/G20 Base Erosion and Profit Shifting Project, OECD Publishing, Paris, 2015, p. 47. Disponível em: <http://dx.doi.org/10.1787/9789264241190-en>. Acesso em: 06 abr.2019.

[239] SCOLARO, Diana (2006). **Tax Rulings: Opinion or Law? The Need for an Independent 'Rule-Maker'**, *Revenue Law Journal*: Vol. 16: Iss. 1, Article 7, p. 113. Disponível em: <http://epublications.bond.edu.au/rlj/vol16/iss1/7>. Acesso em: 06 abr.2019.

[240] WAERZEGGERS, Christophe; HILLIER, Cory. **Introducing an Advance Tax Ruling (ATR) Regime.** IMF Tax Law Technical Note 16/2, International Monetary Fund, 2016, p. 02.

[241] VAN DE VELDE, Elly. **'Tax rulings' in the EU Member States.** European Parliament. Directorate-General for Internal Policies. Policy department A., 2015, p. 26.

e a autoridade fiscal competente "relativo a uma situação fática ou de direito e com uma duração previamente estipulada de definição e estabilização do entendimento (interpretação) da AT [Autoridade Tributária] sobre o concreto enquadramento jurídico-tributário do sujeito passivo".[242]

Alguns *taxpayer-specific ruling* também podem estar relacionados com a concessão dos chamados regimes preferenciais, os *taxpayer-specific ruling related to preferential regimes.*[243] São assim considerados os regimes que aplicam tratamento diferenciado para certos tipos de renda ou atividade. Nem todos os regimes preferenciais são considerados nocivos pela OCDE, mas todos eles deverão necessariamente fornecer espontaneamente as informações sobre tais regimes.[244]

No âmbito do conceito de *taxpayer-specific ruling*, está abarcado também o conceito de *advance tax rulings* (decisões fiscais antecipadas).[245] *Advance tax rulings* são, dessa forma, as orientações emitidas sobre consequências tributárias de uma transação de forma antecipada, antes de sua ocorrência. Podem adotar uma variedade de formatos que vão desde autorizações até orientações informais.[246]

[242] ALMEIDA, Rafael Dias. **Um sistema de Rulings para Portugal. Estado atual e propostas para o futuro.** 2016, 43 f. Dissertação (Mestrado em Direito Fiscal) – Faculdade de Direito da Universidade Católica Portuguesa, Lisboa, 2016.

[243] ORGANIZATION FOR ECONOMIC CO-OPERARION ADN DEVELOPMENT - OCDE, **Harmful Tax Practices - Peer Review Reports on the Exchange of Information on Tax Rulings: Inclusive Framework on BEPS: Action 5, OECD/G20 Base Erosion and Profit Shifting Project**, OECD Publishing, Paris, 2017, p. 300. Disponível em: <http://dx.doi.org/10.1787/9789264241190-en>. Acesso em: 06 abr.2019.

[244] ORGANIZATION FOR ECONOMIC CO-OPERARION ADN DEVELOPMENT - OCDE, **Harmful Tax Practices - Peer Review Reports on the Exchange of Information on Tax Rulings: Inclusive Framework on BEPS: Action** 5, OECD/G20 Base Erosion and Profit Shifting Project, OECD Publishing, Paris, 2017, p. 300. Disponível em: <http://dx.doi.org/10.1787/9789264241190-en>. Acesso em: 06 abr.2019.

[245] ORGANIZATION FOR ECONOMIC CO-OPERARION ADN DEVELOPMENT - OCDE, **Countering Harmful Tax Practices More Effectively, Taking into Account Transparency and Substance, Action 5 - 2015 Final Report**, OECD/G20 Base Erosion and Profit Shifting Project, OECD Publishing, Paris, 2015, p. 47. Disponível em: <http://dx.doi.org/10.1787/9789264241190-en>. Acesso em: 06 abr.2019.

[246] ORGANIZATION FOR ECONOMIC CO-OPERARION ADN DEVELOPMENT - OCDE, **Countering Harmful Tax Practices More Effectively, Taking into Account Transparency and Substance, Action 5 - 2015 Final Report**, OECD/G20 Base Erosion and Profit Shifting Project, OECD Publishing, Paris, 2015, p. 47. Disponível em: <http://dx.doi.org/10.1787/9789264241190-en>. Acesso em: 06 abr.2019.

Nesse sentido, é o conceito apresentado por Carlo Romano:

> *Advance tax rulings* (também chamadas decisões antecipadas, privadas) são instrumentos legais segundo os quais os contribuintes (ou seus consultores) podem obter uma declaração vinculativa das autoridades fiscais sobre o tratamento fiscal de uma operação específica ou uma série de acordos futuros (e algumas vezes passados) As *Advance tax rulings* são destinadas a contribuintes específicos, mediante solicitação, e explicam como as Autoridades Fiscais aplicarão a lei a um determinado contribuinte ou grupo de contribuintes em relação a uma situação específica ou a uma série de fatos ou transações delimitadas.[247]

Os contribuintes normalmente buscam *private tax rulings* antes das operações serem efetivamente realizadas, ou mesmo antes que seja necessária a transmissão de algum tipo de declaração ou recolhimento de tributo possivelmente incidente, visando sempre eliminar dúvidas e prevenir o cometimento de erros.[248]

Considerando os fatos tal como descritos no pedido, as autoridades fiscais competentes também poderão determinar se, ou como, uma regra geral se aplica aos fatos e circunstâncias de um contribuinte em particular, fornecendo uma delimitação das consequências fiscais.[249]

Dessa forma, o contribuinte não poderá formular pedido visando a análise de uma situação hipotética e deverá, inclusive, fornecer todas as informações necessárias sobre a operação de forma espontânea ou a pedido da

[247] ROMANO, Carlo, **Advance Tax rulings and Principles of Law: Towards a European Tax rulings system** IBFD Doctoral Series, 2002, p. 78.
Tradução nossa do original: "Advance tax rulings (also called advance, private or letter rulings) are legal instruments under which taxpayers (or their tax advisors) may obtain a more or less binding statement from the tax authorities concerning the treatment of a transaction or a series of contemplated future (and sometimes past) actions or transactions. Advance tax rulings are addressed to particular taxpayers upon request and explain how the tax administration will apply the law to a particular taxpayer or group of taxpayers in relation to a transaction, or a series of specified facts or transactions".

[248] VAN DE VELDE, Elly. **'Tax rulings' in the EU Member States**. European Parliament. Directorate-General for Internal Policies. Policy department A., 2015, p. 11.

[249] ORGANIZATION FOR ECONOMIC CO-OPERARION ADN DEVELOPMENT - OCDE, **Countering Harmful Tax Practices More Effectively, Taking into Account Transparency and Substance, Action 5 - 2015 Final Report**, OECD/G20 Base Erosion and Profit Shifting Project, OECD Publishing, Paris, 2015, p. 47. Disponível em: <http://dx.doi.org/10.1787/9789264241190-en>. Acesso em: 06 abr.2019.

administração tributária.[250] Em virtude de serem voltadas ao exame da situação particular do contribuinte que formalizou o pedido, tais decisões usualmente não são automaticamente aplicáveis a outros contribuintes, embora possam oferecer orientação para situações similares.[251]

Advance Pricing Arrangements (APA), por sua vez, visam a estabelecer um conjunto de critérios (tais como método, ajustes e pressupostos) para determinação dos preços de transferência em transações futuras e podem ser unilaterais, bilaterais ou multilaterais (esses últimos são concluídos entre duas ou mais autoridades fiscais).[252]

A diferença em relação aos demais tipos de *rulings* diz respeito ao fato de que é necessário examinar de forma detalhada os pressupostos fáticos da operação para só então definir as consequências jurídicas. Tanto é assim que se exige do contribuinte a manutenção dos pressupostos fáticos da operação consultada durante todo o período de vigência do APA. Os acordos sobre preços de transferência fornecem previamente aos contribuintes a certeza sobre a metodologida de preços de transferência que será aplicada nas transações que realizará com as partes relacionadas, simplificando e prevenindo o cometimento de erros no cumprimento de suas obrigações fiscais.[253]

A expressão *tax ruling* também pode ser utilizada em situações em que se está diante de *general rulings*, assim consideradas as decisões e orientações da autoridade fiscal aplicáveis a grupos de contribuintes que realizem determinadas atividades econômicas ou que visam a fornecer orientações gerais envolvendo a aplicação da legislação tributária.[254] Todos os contribuintes

[250] VAN DE VELDE, Elly. **'Tax rulings' in the EU Member States.** European Parliament. Directorate-General for Internal Policies. Policy department A., 2015, p. 29.

[251] ORGANIZATION FOR ECONOMIC CO-OPERARION ADN DEVELOPMENT - OCDE, **Countering Harmful Tax Practices More Effectively, Taking into Account Transparency and Substance, Action 5 - 2015 Final Report**, OECD/G20 Base Erosion and Profit Shifting Project, OECD Publishing, Paris, 2015, p. 47. Disponível em: <http://dx.doi.org/10.1787/9789264241190-en>. Acesso em: 06 abr.2019.

[252] ORGANIZATION FOR ECONOMIC CO-OPERARION ADN DEVELOPMENT - OCDE, **Countering Harmful Tax Practices More Effectively, Taking into Account Transparency and Substance, Action 5 - 2015 Final Report**, OECD/G20 Base Erosion and Profit Shifting Project, OECD Publishing, Paris, 2015, p. 48. Disponível em: <http://dx.doi.org/10.1787/9789264241190-en>. Acesso em: 06 abr.2019.

[253] VAN DE VELDE, Elly. **'Tax rulings' in the EU Member States.** European Parliament. Directorate-General for Internal Policies. Policy department A., 2015, p. 11.

[254] ORGANIZATION FOR ECONOMIC CO-OPERARION ADN DEVELOPMENT - OCDE, **Countering Harmful Tax Practices More Effectively, Taking into Account Transparency and Substance, Action 5 - 2015 Final Report**, OECD/G20 Base Erosion and Profit Shifting Project,

que realizem transações semelhantes e se enquadrem na situação descrita na norma poderão ser beneficiados ou orientados pelo *ruling* sem a necessidade de cumprir qualquer requisito ou condição.[255]

O instrumento também é conhecido como *public rulings*, tendo em vista que são editados para fornecer orientação sobre a interpretação da legislação, incluindo obrigações legais, disposições sobre tratados, instruções administrativas e procedimentais.[256] Nesse sentido, vale a transcrição do conceito proposto por Christophe Waerzeggers e Cory Hillier:

> Uma *public ruling* é disponibilizada publicamente na íntegra e pode ser usada como principal meio de publicidade e divulgação de orientações sobre a interpretação das leis tributárias pela Administração Fiscal. Esses instrumentos também cumprem funções importantes na administração do direito tributário, principalmente quando fornecem orientação com relação ao exercício de poderes discricionários previstos em lei. Uma *public ruling* pode ou não ter força juridicamente vinculativa per se, mas pode, no mínimo, criar expectativas legítimas para os contribuintes de acordo com os princípios gerais do direito administrativo.[257]

Dessa forma, *public rulings* trazem orientações gerais e sem nenhum efeito vinculante, enquanto *private tax ruling* são orientações feitas sob medida para um contribuinte previamente determinado e para o exame da tributação sobre uma operação (ou operações) devidamente especificada e com nível de complexidade frequentemente superior em relação às *public rulings*.

OECD Publishing, Paris, 2015, p. 48. Disponível em: <http://dx.doi.org/10.1787/9789264241190-en. Acesso em: 06 abr.2019.

[255] ROMANO, Carlo, **Advance Tax rulings and Principles of Law: Towards a European Tax rulings system** IBFD Doctoral Series, 2002, p. 137.

[256] ROMANO, Carlo, **Advance Tax rulings and Principles of Law: Towards a European Tax rulings system** IBFD Doctoral Series, 2002, p. 137.

[257] WAERZEGGERS, Christophe; HILLIER, Cory. **Introducing an Advance Tax Ruling (ATR) Regime**. IMF Tax Law Technical Note 16/2, International Monetary Fund, 2016, p.1. Tradução nossa do original: "A public ruling is made publically available in full and can be used as a primary means of publishing and disseminating advice on the tax authority's interpretation of the tax laws they administer. These instruments also serve important functions in tax law administration, particularly where they provide guidance with respect to the exercise of discretionary powers contained in a tax law. Public rulings may or may not have legally binding force per se but may, at the very least, create legitimate expectations for taxpayers under general principles of administrative law".

Considerando-se as diversas acepções da expressão *tax ruling*, a que será objeto deste estudo é a que envolve o instituto chamado pela OCDE de *taxpayer-specific rulings*, instrumento também denominado *private tax ruling* ou *advance tax ruling*.

O recorte que se propõe, portanto, é o exame dos *advace tax ruling* ou *private tax ruling*, que são as expressões utilizadas para denominar o instrumento legal que possibilita o acesso aos contribuintes, mediante prévio requerimento, a um pronunciamento por parte das autoridades fiscais para fornecer orientação sobre a interpretação e aplicação da legislação tributária a respeito de situações previamente delimitadas.

Embora também estejam enquadrados no gênero *tax ruling*, não serão examinados neste estudo os *advance pricing arrangements* (APA), uma vez que possuem disciplina processual autônoma em relação aos institutos equiparáveis à consulta fiscal brasileira nas jurisdições consultadas.

Da mesma forma, não serão contemplados pelo exame comparativo desse trabalho os *taxpayer-specific rulings related to preferential regimes*, estes últimos por meio dos quais são concedidos aos contribuintes benefícios fiscais, cuja essência não coincide com a da consulta fiscal e seus objetivos de apoio e orientação aos contribuintes.

As decisões e orientações fiscais formalizadas por meio dos *private tax rulings* são emitidas, geralmente, por uma unidade especializada da administração tributária. Não existe uma uniformidade entre os países que adotam o sistema nesse quesito, de modo que a definição da autoridade competente está atrelada à estrutura e organização de cada país, podendo, inclusive, existir a previsão de competência de autoridades locais.[258] Na Hungria, por exemplo, as orientações são fornecidas pelo Ministério da Economia Nacional, enquanto na Suécia as consultas fiscais são emitidas por um conselho independente para decisões fiscais antecipadas com especialistas.[259]

Por ser considerado um serviço à disposição dos contribuintes, na maioria dos países membros da União Europeia, a formalização de requerimentos para a obtenção de *Private tax ruling* é remunerada mediante o pagamento de uma espécie de taxa de serviço, que será comentada em detalhes no subitem 3.2 do Capítulo 3.[260]

[258] "VAN DE VELDE, Elly. **'Tax rulings' in the EU Member States.** European Parliament. Directorate-General for Internal Policies. Policy department A., 2015, p. 45.

[259] "VAN DE VELDE, Elly. **'Tax rulings' in the EU Member States.** European Parliament. Directorate-General for Internal Policies. Policy department A., 2015, p. 45.

[260] "VAN DE VELDE, Elly. **'Tax rulings' in the EU Member States.** European Parliament. Directorate-General for Internal Policies. Policy department A., 2015, p. 45.

A principal característica desse instrumento, na maioria dos países é o efeito vinculante (*binding force*) em face das autoridades fiscais. O que muda de uma jurisdição para outra é apenas o tempo de duração do efeito vinculante[261] ou os critérios para sua manutenção e possibilidade de revogação diante de uma eventual alteração da legislação ou da situação fática apresentada pelos contribuintes.

Via de regra, a manutenção do efeito vinculante da orientação ficará condicionada ao cumprimento de condições, tais como: (i) que a situação ou transação esteja completa e precisamente descrita no requerimento formulado pelo contribuinte; (ii) que eventuais operações ou fatos posteriores ocorram nos termos do que foi exposto no pedido apresentado; (iii) que não ocorram alterações na legislação aplicável; e (iv) que não tenha ocorrido fraude.[262]

O contribuinte, por sua vez, poderá optar por não realizar a operação ou transação descrita no requerimento formulado para a autoridade fiscal, mas caso a situação sobre a qual tenha obtido *advance tax rulings* seja concretizada, deverão ser observadas as orientações nele indicadas.[263]

De uma forma geral, os *rulings* não são públicos e, quando são divulgados, na maioria dos casos, são excluídos os dados específicos do contribuinte e da operação realizada. A orientação também pode ser divulgada de forma sintetizada.[264]

Para Elly Van De Velde, é imprescindível que os países modernizem suas legislações tributárias e adotem medidas para promover a segurança jurídica, sob pena de ficarem atrasados em relação aos demais, tendo em vista que:

> Percebe-se um avanço mundial sobre *tax ruling.* À luz da globalização, os países não podem ficar para trás no que concernte à concessão de certeza sobre as conseqüências tributárias de suas transações aos seus investidores. Essa é a única maneira pela qual um grau mais alto de conformidade pode ser alcançado, em que o comportamento evasivo fiscal

[261] SZABÓ, Ildikó. Advance. **Advance Tax Ruling.** International Multidisciplinary Scientific Conference University of Miskolc, Hungary, 21-22 April 2016.

[262] "VAN DE VELDE, Elly. **'Tax rulings' in the EU Member States.** European Parliament. Directorate-General for Internal Policies. Policy department A., 2015, p. 44.

[263] "VAN DE VELDE, Elly. **'Tax rulings' in the EU Member States.** European Parliament. Directorate-General for Internal Policies. Policy department A., 2015, p. 44.

[264] ALMEIDA, Rafael Dias. **Um sistema de Rulings para Portugal. Estado atual e propostas para o futuro.** 2016, 43 f. Dissertação (Mestrado em Direito Fiscal) – Faculdade de Direito da Universidade Católica Portuguesa, Lisboa, 2016.

> pode ser combatido e em que a administração tributária pode se concentrar no combate à fraude fiscal. *Rulings* não apenas apóiam a segurança jurídica, mas também a aplicação consistente da lei tributária. Eles conduzem à redução do número de disputas e ao aprimoramento da relação jurídica entre administração tributária e contribuinte. Ao mesmo tempo, o aumento da utilização de *rulings* mundialmente demonstra que a mudança na relação entre a administração tributária e contribuinte, em direção ao aumento da reciprocidade, horizontalização e até contratualização se tornou um instrumento inevitável.[265]

O que se depreende de tudo o quanto aqui exposto é que tais modelos apenas foram implementados após um processo de mudança de consciência por parte das autoridades fiscais, que passaram a priorizar o estabelecimento de uma relação de cooperação com os contribuintes, por avistarem em tal postura uma forma de minimizar disputas e aumentar a eficiência na arrecadação.

Dessa perspectiva se extrai a relevância de se aprofundar o estudo de tais sistemas, que neste trabalho abarcará o exame dos institutos adotados nos Estados Unidos e na Alemanha, cuja escolha se deu pelos critérios a seguir especificados.

2.2 Metodologia de comparação e de escolha dos sistemas da alemanha e dos estados unidos: aproximação funcional

O estudo do direito comparado se apresenta como uma técnica que permite a evolução de um sistema jurídico interno, na medida em que auxilia na compreensão de institutos e significados, contribui para a supressão de

[265] Tradução nossa do original: "There is a worldwide development of tax rulings. In the light of globalization, countries cannot lag behind in giving investors certainty about the tax consequences of their transactions. This is the only way in which a higher degree of compliance can be realized, in which tax evasive behavior can be countered and in which the tax administration can focus on the fight against tax fraud. Rulings do not only support legal certainty, but also the consistent application of the tax law. They lead to a reduction of the number of legal disputes and to the improvement of the legal relationship between tax administration and taxpayer. At the same time, the worldwide distributed measure of the ruling demonstrates that the relationship changing towards more mutuality, horizontalisation and even contractualisation between the tax administration and the taxpayer has become an inevitable instrument." VAN DE VELDE, Elly. **'Tax rulings' in the EU Member States.** European Parliament. Directorate-General for Internal Policies. Policy department A., 2015, p. 10.

lacunas[266] e oferece uma visão mais completa de elementos filosóficos e históricos do direito, sendo considerado um componente indispensável à ciência e cultura jurídica.[267]

Aliás, são abundantes os exemplos em que o estudo e a comparação de outros sistemas e institutos foram utilizados para o aperfeiçoamento de normas, valendo citar o Tratado de Aristóteles sobre a Política, que foi produzido após a análise de 153 constituições de cidades gregas e bárbaras, bem como a própria concepção das leis de Atenas, editadas por Sólon após consultar previamente as leis implementadas à época em cidades da Grécia.[268]

À vista disso e do que foi acima exposto em relação à consulta fiscal brasileira e, sobretudo, com o propósito de buscar mecanismos de aproximação entre contribuintes e autoridades fiscais – que sejam genuinamente aptos ao desempenho da incumbência de minimizar os equívocos na interpretação e aplicação das normas tributárias e favoreçam a incidência de exigências fiscais dentro dos limites legalmente estabelecidos –, buscou-se, no direito comparado, o estudo de institutos jurídicos com funções equivalentes à consulta fiscal, os quais costumam ser referenciados pela literatura internacional como *tax rulings,* descritos no subtópico anterior.

Assim o método de comparação entre os institutos jurídicos (microcomparação) adotado neste trabalho será o da comparação funcional, segundo o qual serão estabelecidas sistematicamente semelhanças e diferenças entre institutos que desempenham funcionalidades similares à da consulta fiscal em seus respectivos ordenamentos. Sobre o método de comparação funcional Carlos Ferreira de Almeida e Jorge Morais de Carvalho explicam que:[269]

> Este critério de comparabilidade – diz-se – não é abstrato ou jurídico, mas concreto, funcional e social. Comparáveis são os institutos jurídicos que em diversos sistemas e com soluções eventualmente diversas dão resposta jurídica a necessidades semelhantes, resolvem o mesmo problema da vida, isto é, o mesmo problema social, político, econômico ou criminológico.

266 ALMEIDA, Carlos Ferreira; CARVALHO, Jorge Morais. **Introdução ao Direito Comparado.** 3º ed. Coimbra: Almedina, 2017, p. 17.

267 DAVID. René. **Os grandes sistemas do direito contemporâneo**. Tradução de Hermínio A. Carvalho. 5ª Ed. São Paulo: Martins Fontes, 2014, p. 06.

268 DAVID. René. **Os grandes sistemas do direito contemporâneo**. Tradução de Hermínio A. Carvalho. 5ª Ed. São Paulo: Martins Fontes, 2014, p. 01.

269 ALMEIDA, Carlos Ferreira; CARVALHO, Jorge Morais. **Introdução ao Direito Comparado.** 3º ed. Coimbra: Almedina, 2017, p. 27.

Esse método de acareação visa identificar nos mais variados ordenamentos jurídicos a existência de instrumentos que sejam utilizados para uma mesma finalidade, exercendo na prática a mesma função e a concretização dos mesmos objetivos, e que por isso também possam ser considerados institutos dotados de idêntica natureza jurídica.[270]

Uma análise de direito comparado exige, todavia, cautela com a adequada identificação e cotejo das "noções" e das "categorias jurídicas" presentes em cada sistema,[271] na medida em que "as categorias e noções que parecem mais elementares ao jurista francês são frequentemente estranhas ao jurista inglês, e mais ainda ao jurista muçulmano".[272]

As diferenças estruturais entes os mais variados direitos, todavia, não são insuperáveis. Eventuais impasses decorrentes de tais disparidades poderão ser minimizados a partir da identificação dos elementos estruturantes em cada ordenamento, que serão os componentes viabilizadores da interlocução entre as sistematizações, possibilitando a compreensão da racionalidade dos objetos comparados.[273]

Para tanto, é imprescindível ter uma visão ampla e ordenada dos sistemas jurídicos que se pretende examinar, lançando um olhar para a significação dos termos e métodos utilizados, afastando-se de análise isolada de normas variáveis. Ou seja, é necessário identificar os "elementos subjacentes às regras jurídicas".[274]

Daí a importância de se levar em consideração a classificação de sistemas jurídicos construída pela doutrina a partir do cotejo de semelhanças e diferenças entre eles. Os sistemas ocidentais são normalmente categorizados em dois grupos predominantes: família romano-germânica e família da *common law*. Ainda no âmbito ocidental existem variações sobre classificação a respeito da existência de direitos socialistas e sistemas jurídicos híbridos. A literatura reconhece, além disso, a existência de concepções jurídicas especialmente

[270] ALMEIDA, Carlos Ferreira; CARVALHO, Jorge Morais. **Introdução ao Direito Comparado**. 3º ed. Coimbra: Almedina, 2017, p. 27.

[271] DAVID. René. **Os grandes sistemas do direito contemporâneo**. Tradução de Hermínio A. Carvalho. 5ª Ed. São Paulo: Martins Fontes, 2014, p. 17.

[272] DAVID. René. **Os grandes sistemas do direito contemporâneo**. Tradução de Hermínio A. Carvalho. 5ª Ed. São Paulo: Martins Fontes, 2014, p. 17.

[273] DAVID. René. **Os grandes sistemas do direito contemporâneo**. Tradução de Hermínio A. Carvalho. 5ª Ed. São Paulo: Martins Fontes, 2014, p. 19.

[274] DAVID. René. **Os grandes sistemas do direito contemporâneo**. Tradução de Hermínio A. Carvalho. 5ª Ed. São Paulo: Martins Fontes, 2014, p. 21.

diferentes das premissas do direito ocidental, tais como os direitos muçulmano, hindu, judaico e do Extremo Oriente.[275],[276]

Essa delimitação estrutural entre sistemas jurídicos foi adotada, por consequência, como o primeiro critério para a escolha dos países de onde foram extraídos os institutos (*tax rulings*) equiparáveis à consulta fiscal federal brasileira. Entre tais grupos, é certo que o direito romano-germânico (*civil law*) e o *common law* são os sistemas com maior influência na construção do ordenamento nacional, do que decorre a pertinência da presente pesquisa recair sobre dois países, sendo um deles com sistema jurídico tradicionalmente romano-germânico e outro baseado no *common law*.

A escolha dessas duas grandes famílias também decorre da circunstância de que possuem "substratos culturais e religiosos comuns", de modo que, nos países que os adotam, normalmente apresentam estruturas de organização do Estado e modelos de economia de mercado semelhantes, além de estabelecerem concepções similares em relação aos direitos e garantias dos cidadãos.[277]Assim, a comparação entre tais direitos observará realidades mais próximas às que são observadas no direito nacional do que se fossem examinados institutos do direito muçulmano ou do Extremo Oriente, por exemplo.

A despeito da crescente miscigenação entre tais sistemas (*civil law* e *common law*), os quais sofrem constantemente influências recíprocas por meio da implementação de institutos,[278] ainda existem características marcantes em cada um deles que justificam a adoção dessa classificação como um critério.

A formação da ciência jurídica nos países da família romano-germânica foi desenvolvida sob forte influência do direito romano, em que o direito é projetado mormente para a regulamentação de condutas, as quais estão "estreitamente ligadas a preocupações de justiça e moral". Além disso, é um direito tradicionalmente dedicado à disciplina normativa das relações entre cidadãos e por isso, com maior direcionamento para o aprimoramento de

[275] ALMEIDA, Carlos Ferreira; CARVALHO, Jorge Morais. **Introdução ao Direito Comparado.** 3º ed. Coimbra: Almedina, 2017, p. 40-41.

[276] DAVID. René. **Os grandes sistemas do direito contemporâneo**. Tradução de Hermínio A. Carvalho. 5ª Ed. São Paulo: Martins Fontes, 2014, p. 23 e 28-29.

[277] ALMEIDA, Carlos Ferreira; CARVALHO, Jorge Morais. **Introdução ao Direito Comparado.** 3º ed. Coimbra: Almedina, 2017, p. 125.

[278] VALADÃO, Marcos Aurélio Pereira; GASSEN, Valcir. **Tributação nos Estados Unidos e no Brasil**: um estudo comparativo da matriz tributária. São Paulo: Almedina, 2020, p. 49.

princípios e regras de direito civil.[279] No Brasil e demais países que adotam o sistema do *civil law*, "a fonte primordial da lei é o texto escrito, o código, o direito codificado".[280]

O *common law*, por sua vez, é uma concepção jurídica influenciada pelo direito inglês, cuja origem histórica está relacionada com a regência das relações sociais por meio das decisões dos tribunais reais ingleses. Tais direitos apresentam como principais características o pragmatismo e o empirismo.[281] Como decorrência de sua ligação com o poder real, é um direito predominantemente público que restringe a submissão de questões particulares aos tribunais[282], de modo que a principal fonte do direito é o que os juízes e tribunais constroem a partir da jurisprudência.[283]

Percebe-se, assim, que o "núcleo central" de oposição entre os dois sistemas é a valoração das fontes do direito. Enquanto nos sistemas classificados como *civil law* ou romano-germânicos a legislação escrita e os códigos são o principal parâmetro para a solução de questões jurídicas e para regência da sociedade, no âmbito dos direitos de *commom law* a jurisprudência ocupa esse espaço de protagonismo jurídico.[284]

Em virtude de tais características, ao escolher um país de cada um dos sistemas, busca-se mensurar se essas configurações dogmáticas poderão acarretar alguma consequência prática na abrangência e eficiência do instituto em cada um dos sistemas.

Isso porque, não obstante os *tax rulings* sejam mais explorados em países que adotaram sistemas jurídicos inspirados no *common law*,[285] que costumeiramente são menos codificados e nos quais se atribui maior importância às decisões, são igualmente numerosos nos países com sistema romano-germânico,

[279] DAVID. René. **Os grandes sistemas do direito contemporâneo**. Tradução de Hermínio A. Carvalho. 5ª Ed. São Paulo: Martins Fontes, 2014, p. 23.

[280] VALADÃO, Marcos Aurélio Pereira; GASSEN, Valcir. **Tributação nos Estados Unidos e no Brasil**: um estudo comparativo da matriz tributária. São Paulo: Almedina, 2020, p. 49.

[281] ALMEIDA, Carlos Ferreira; CARVALHO, Jorge Morais. **Introdução ao Direito Comparado.** 3º ed. Coimbra: Almedina, 2017, p. 123-125.

[282] DAVID. René. **Os grandes sistemas do direito contemporâneo**. Tradução de Hermínio A. Carvalho. 5ª Ed. São Paulo: Martins Fontes, 2014, p. 23.

[283] VALADÃO, Marcos Aurélio Pereira; GASSEN, Valcir. **Tributação nos Estados Unidos e no Brasil**: um estudo comparativo da matriz tributária. São Paulo: Almedina, 2020, p. 49.

[284] ALMEIDA, Carlos Ferreira; CARVALHO, Jorge Morais. **Introdução ao Direito Comparado.** 3º ed. Coimbra: Almedina, 2017, p. 126.

[285] ROMANO, C., **Advance Tax rulings and Principles of Law: Towards a European Tax rulings system** IBFD Doctoral Series, 2002.

muitos deles com longa tradição na utilização de tal ferramenta, tais como: Bélgica, Alemanha, Dinamarca, Espanha, Finlândia, França, Hungria, Irlanda, Itália, Luxemburgo, Holanda e Suécia.[286]

Após a definição desse primeiro recorte para a escolha dos países a serem examinados nesta pesquisa, subsistiram ainda assim uma infinidade de países que adotam mecanismos enquadrados no conceito de *tax rulings*, tendo sido necessária a fixação de um segundo critério que estreitasse ainda mais as opções existentes. Daí porque o segundo recorte proposto foi a seleção, entre os 5 países com maior Produto Interno Bruto - PIB[287] em 2019, dos mais bem colocados no *Doing Business* 2019 (estudo elaborado pelo Banco Mundial) no critério de facilidade para pagamento de impostos.

Sabe-se que a classificação elaborada pelo Banco Mundial não significa, necessariamente, que o modelo tributário adotado por tais países seja o mais eficiente no que diz respeito à clareza das informações disponíveis e mecanismos que viabilizam maior aproximação entre autoridades fiscais e contribuintes. Por outro lado, o referido ranking não deixa de ser um forte indicativo de que os países melhores classificados possuem sistemas tributários que buscam fornecer aos seus contribuintes melhores condições para o cumprimento das obrigações fiscais

Assim, eentre as 5 maiores economias do mundo, as duas mais bem classificadas no ranking do *Doing Business* 2019 são: Estados Unidos e Alemanha.

Figura 2.2.1: Cruzamento entre o ranking dos 05 países com maior PIB mundial e respectivas colocações no relatório do *Doing Business 2019*

05 Países com maior PIB mundial	Classificação: Paying tax rank
1º Estados Unidos	37º
2ª China	114
3º Japão	97º
4º Alemanha	43º
5º Índia	121º

Fonte: Elaborado pela autora

[286] VAN DE VELDE, Elly. **'Tax rulings' in the EU Member States.** European Parliament. Directorate-General for Internal Policies. Policy department A., 2015, p. 38.

[287] INERNATIONAL MONETARY FUND. **Gross domestic product (GDP)**, Total, US dollars, 2019. Disponível em: <https://www.imf.org/external/datamapper/NGDPD@WEO/OEMDC/ADVEC/WEOWORLD>. Acesso em: 18 jun.2019.

Dessa forma, ao estudar institutos equivalentes à consulta fiscal nos Estados Unidos e na Alemanha, será possível avaliar países que adotam sistemas jurídicos distintos, inclusive para medir se as diferenças estruturais de tais sistemas (*civil law* e *common law*) impactam as ferramentas à disposição das autoridades fiscais e dos contribuintes.

Em linhas gerais, será avaliado se os institutos semelhantes à consulta fiscal brasileira, implementados na Alemanha e nos Estados Unidos, são instrumentos que atingem o objetivo de promover clareza e coerência na aplicação das leis tributárias, estabelecendo uma relação horizontal entre o interesse público e o particular, bem como se possibilitam que a administração tributária forneça ao contribuinte explicações e orientações sobre como exercerá seu poder de tributar em uma situação ou operação previamente delimitada.[288]

Por fim, importa salientar que a elucidação dos institutos previstos no ordenamento jurídico da Alemanha e dos Estados Unidos será limitada, assim como no Brasil, ao seu regramento no âmbito federal. Assumindo-se essa linha de pesquisa, portanto, o estudo não envolverá a análise de eventuais institutos com funcionalidades semelhantes nas esferas estadual, municipal ou distrital. Aliás, cabe mencionar que, assim como o Brasil, Alemanha e Estados Unidos constituíram-se como federações e são países formados por entes dotados de variados graus de autonomia, inclusive tributária, nas esferas federal, estadual, municipal, valendo citar que nos Estados Unidos também existe ente distrital (Colúmbia) e territórios[289], mas que não serão abordados neste trabalho.

2.3 *Advance tax rulings* na Alemanha

2.3.1 Considerações preliminares sobre as *verbindliche Auskünft* (informações vinculantes) e as *verbindliche Zusage* (confirmações vinculantes).

O ponto de partida sobre o fornecimento de orientações por parte da administração fiscal no âmbito federal aos contribuintes na Alemanha é o Código Tributário (*Abgabenordnung* - AO), mais especificamente na Seção 89, intitulada

[288] WAERZEGGERS, Christophe; HILLIER, Cory. **Introducing an Advance Tax Ruling (ATR) Regime**. IMF Tax Law Technical Note 16/2, International Monetary Fund, 2016, p. 02.

[289] ALMEIDA, Carlos Ferreira; CARVALHO, Jorge Morais. **Introdução ao Direito Comparado**. 3ª ed. Coimbra: Almedina, 2017, p. 47 e 100.

"Beratung, Auskunft", cuja tradução literal para o português quer dizer Consultoria, Informação.

Interessante notar que a literatura estudada para a elaboração deste trabalho, ao discorrer sobre o direito à obtenção de informações sobre a interpretação e aplicação das normas tributárias na Alemanha, não se preocupou em lhe atrelar a uma norma constitucional, como forma de legitimar o referido direito, diversamente do que se percebe na doutrina nacional brasileira. Os dispositivos da Constituição Alemã (*Grundgesetz* – GG) costumam ser invocados para mencionar os direitos constitucionais que são prestigiados como decorrência do fornecimento das informações, tais como os da livre iniciativa (art. 12, parágrafo 1, GG) e da proteção ao direito de propriedade (art. 14, parágrafos 1 e 2, GG).[290] De qualquer forma, vale mencionar que a Constituição Alemã elenca entre as garantias básicas de seus cidadãos o direito de petição (*Petitionsrecht*, art. 17, GG),[291] mas não contempla uma previsão equiparável ao direito à informação do art. 5º, inciso XXXII, da CF/88.

Cabe mencionar também que, não obstante o Código Tributário (AO) seja o sustentáculo do direito tributário alemão, as suas disposições atingem direta e automaticamente apenas os tributos regulados pelo Direito da Comunidade Europeia (Seção 1, 1, AO) e aqueles de competência federal, inclusive quando administrados por autoridades financeiras federais ou dos estados federados (*Länder*[292]), e parcialmente às autoridades fiscais municipais na administração das receitas de impostos reais (Seção 1,parág. 2, AO). Também incide,

[290] SEER, Roman. **Verbindliche Auskunft.** Finanz-Rundschau Ertragsteuerrecht, v. 99, pp. 161-169, feb.2017, p. 161. Disponível em: <https://www.kompetenzzentrum-steuerrecht.de/MEDIEN/contenido_import/Publikationen/2017/Seer_FR_2017_161.pdf>. Acesso em: 19 jan.2020.

[291] DEUTSCHLAND. **Grundgesetz für die Bundesrepublik Deutschland - GG.** 23. Mai 1949. Deutschland, 1949. Disponível em: <http://www.gesetze-im-internet.de/gg/index.html>. Acesso em: 29 fev. 2020.

[292] A maioria das obras em português consultadas durante a elaboração do presente trabalho (como, por exemplo, as obras da coleção de Klaus Tipke e Joachim Lang, o livro de Processo Administrativo Fiscal de Sérgio André Rocha) não apresentaram a tradução da expressão *"Länder"* para a qual Ekkehart Reimer (2008) adotou o significado de "Estados Constituídos". A análise desse material permitiu constatar que, embora a Administração Tributária da República Federal da Alemanha seja organizada em três esferas (Federal, Municipal e Estadual), cada um desses entres possui autonomia e competência distintas dos que são exercidos pelos mesmos entes da estrutura do Federalismo Brasileiro. Nesse estudo, para a tradução de *"Länder"*, será utilizada a expressão "Estado Federado". Sobre a organização da Administração Financeira, tais como as regras de competência para legislativa, fiscalizatória, arrecadatória e a repartição de receitas tributárias. Vide nota explicativa n. 330 , da Seção 2.3.2 deste Capítulo.

de forma subsidiária, quando declarado aplicável pelas próprias normas municipais para tributos de sua competência (*Kommunalabgaben*).[293]

Dessa forma, considerando estritamente a disciplina elencada na legislação federal, que é o objeto desta pesquisa, percebemos que o parágrafo primeiro (1) da Seção 89 do Código Tributário (AO) apresenta a regra geral no sentido de que, sempre que necessário, a autoridade fiscal (*Finanzbehörde*) fornecerá informações (*Auskünft*) aos contribuintes e partes interessadas sobre seus direitos e deveres na esfera administrativa.[294] Trata-se de imposição relativa ao fornecimento de esclarecimentos sobre dúvidas triviais envolvendo direitos e deveres relacionados ao cumprimento de obrigações fiscais.

Atualmente esse serviço é realizado por meio do Centro de Informações Ficais (*Steuerliche Info-Center* - SIC), que funciona tal como uma espécie de *call center*, por meio do qual a Repartição Federal de Finanças na Alemanha (*Bundeszentralamt für Steuern* - BZSt), órgão equivalente à Secretaria da Receita Federal no Brasil, centraliza os atendimentos telefônicos para responder questionamentos simples. A respeito dos critérios para a utilização desse serviço, a página do BZSt descreve que tais informações não podem ser utilizadas como forma de consultoria tributária para casos com maior grau de complexidade e não possuem caráter vinculante.[295]

O parágrafo segundo (2) da Seção 89 do Código Tributário (AO) estabelece, por sua vez, que a Repartição Federal de Finanças na Alemanha (BZSt) e a autoridade fiscal (*Finanzbehörde*), mediante solicitação, poderão responder questionamentos dos contribuintes sobre temas devidamente especificados e assuntos pontuais, por meio das *verbindliche Auskünfte*, que podem ser entendidas como informações vinculantes (*binding informations*).[296] Na versão em inglês da página oficial da BZSt esse serviço é intitulado como *advance rulings*[297], que é a expressão mais conhecida do instituto no âmbito internacional.

[293] TIPKE, Klaus; LANG, Joaquim. **Direito Tributário:** *(Steuerrecht)*. Porto Alegre: Sergio Antonio Fabris, 2008. V 1. Tradução da 18ª edição alemã, totalmente refeita, de Luiz Doria Furquim, p. 92-93.

[294] DEUTSCHLAND. **Abgabenordnung - AO.** 16. März 1976. Deutschland, 1976. Disponível em: <http://www.gesetze-im-internet.de/ao_1977/index.html>. Acesso em: 05 jan. 2020.

[295] BUNDESZENTRALAMT FÜR STEUERN. **Steuerliches Info-Center**. Disponível em: <https://www.bzst.de/DE/Service/SteuerlichesInfocenter/steuerlichesinfocenter_node.html?fromDocument=90762> Acesso em: 25.fev. 2020.

[296] DEUTSCHLAND. **Abgabenordnung - AO.** 16. März 1976. Deutschland, 1976. Disponível em: <http://www.gesetze-im-internet.de/ao_1977/index.html>. Acesso em: 05 jan. 2020.

[297] BUNDESZENTRALAMT FÜR STEUERN. **Advance Rulings**. Disponível em: <https://www.bzst.de/EN/Businesses/Advance_rulings/advance_rulings_node.html>. Acesso em: 05 jan. 2020.

A Seção 89 (2) do Código Tributário (AO) expôs logo de saída a existência de efeito vinculante do instituto, que pode ser considerada a mais relevante repercussão das manifestações emitidas por parte das autoridades fiscais aos contribuintes e interessados, uma vez que o efeito visa resguardar os interesses daqueles que agiram confiando nas informações fornecidas pelo órgão estatal.

Inclusive, esse atributo do instituto é realçado na página oficial do BZSt, que, ao apresentar as *verbindliche Auskünfte* (informações vinculantes) destaca: "Indivíduos, empreendedores ou investidores que desejam planejar a segurança de seus negócios na República Federal da Alemanha podem enviar uma questão legal específica à Repartição Federal de Finanças e solicitar uma informação vinculante".[298]

Na mesma linha, ao discorrer sobre os contornos das *verbindliche Auskünfte* (informações vinculantes) o Tribunal Fiscal Federal Alemão *(Bundesfinanzhof* - BFH) explanou o seguinte:

> As informações vinculantes são um serviço para o contribuinte para apoiá-lo no planejamento de futuros projetos. Em particular, visa facilitar a avaliação de riscos antes de qualquer procedimento de cobrança fiscal. Como tal, apenas tem de cumprir as disposições do estado de direito para um procedimento administrativo justo.[299]

Amparado nessa mesma premissa, Joachim Englisch a descreve como relevante medida de apoio na otimização e organização de investimentos, para "ter certeza sobre as implicações fiscais dos seus planos para o negócio ou

[298] Tradução nossa do texto original: "Privatpersonen, Unternehmer oder Investoren, die Planungssicherheit für ihre Unternehmung in der Bundesrepublik Deutschland wünschen, können dem Bundeszentralamt für Steuern eine konkrete Rechtsfrage vorlegen und um eine verbindliche Auskunft bitten". BUNDESZENTRALAMT FÜR STEUERN. **Verbindliche Auskünfte**. Disponível em: <https://www.bzst.de/DE/Unternehmen/VerbindlicheAuskuenfte/verbindliche_auskuenfte_node.html>. Acesso em: 05 jan. 2020.

[299] Tradução nossa do texto original: "Die verbindliche Auskunft ist eine Leistung für den Steuerpflichtigen, um ihn bei der Planung zukünftiger Gestaltungen zu unterstützen. Sie bezweckt insbesondere, ihm eine Risikoabschätzung im Vorfeld eines etwaigen Besteuerungsverfahrens zu erleichtern. Als solche hat sie lediglich den Anforderungen eines fairen rechtsstaatlichen Verwaltungsverfahrens zu genügen."
DEUTSCHLAND. Bundesfinanzhof. **Pressemitteilung nº 50/12**. Deutschland, 27. Juni 2012. Disponível em: <https://juris.bundesfinanzhof.de/cgi-bin/rechtsprechung/document.py?Gericht=bfh&Art=en&Datum=Aktuell&nr=26225&linked=pm>. Acesso em: 09 jan. 2020.

– excepcionalmente – das condições futuras de rendimentos do trabalho assalariado".[300]

Para Roman Seer, as *verbindliche Auskünfte* (informações vinculantes) funcionam como uma espécie de "salvaguarda" colocada à disposição dos contribuintes, na medida em que permite conhecer com clareza a posição subsequente das autoridades fiscais, como, por exemplo, sobre o conteúdo de eventual lançamento envolvendo a situação consultada, uma vez que "constitui uma base jurídica limitada para o ato administrativo subsequente (por exemplo, uma futura Notificação de Lançamento)".[301] Esses efeitos serão explicitados em detalhes no tópico 3.4.7 deste Capítulo.

Mas nem sempre foi assim. A *verbindliche Auskunft* (informação vinculante) não constava na versão original do Código Tributário Alemão que entrou em vigor em 1977, cuja redação contemplava apenas o parágrafo primeiro da Seção 89 acima descrito. O parágrafo segundo da Seção 89 do Código Tributário (AO) foi incluído pela Lei de Reforma do Federalismo (*Föderalismusreform--Begleitgesetz*), com efeitos a partir de setembro de 2006.[302]

Antes disso, o Código Tributário (AO) contemplava apenas um outro instrumento que é equiparável à consulta fiscal brasileira apenas no que diz respeito ao efeito vinculante, denominado *verbindliche Zusage*, disciplinado nas Seções 204 a 207. A tradução literal de *Zusage* tem o sentido de compromisso,

[300] Tradução nossa do texto original: "To be certain about the tax implications of his plans for business or - exceptionally - of the future conditions of a wage carning employment, the taxpaycr will h ave to ask for a binding statement ofthe competem tax authority".
Fonte: ENGLISCH, Joachim. German experience on alternative modalities of tax conflicts solution and the application of mutual tax agreements. In: TÔRRES, Heleno Taveira (Coord.); TAVOLARO, Agostinho Toffoli; XAVIER, Alberto. **Direito tributário internacional aplicado v. 5**. São Paulo: Quartier Latin, 2008, p. 565.

[301] Tradução nossa do texto original: "Die verbindliche Auskunft gibt als Zusage dem Empfänger einen gegen die Verwaltung gerichteten (durch die Sachverhaltsverwirklichung aufschiebend bedingten) Erfüllungsanspruch. Sie bildet für den nachfolgenden Verwaltungsakt (z.B. Steuer-bescheid) insoweit einen Rechtsgrund".
SEER, Roman. **Verbindliche Auskunft.** Finanz-Rundschau Ertragsteuerrecht, v.99, pp. 161-169, feb.2017, p. 165. Disponível em: <https://www.kompetenzzentrum-steuerrecht.de/MEDIEN/contenido_import/Publikationen/2017/Seer_FR_2017_161.pdf>. Acesso em: 19 jan.2020.

[302] WÖHLECKE, Friedrich. **Die verbindliche Auskunft im deutsch-französischen Vergleich.** 2019. Tese (Doutorado) - Faculty of Law, Öffentliches Recht. Professur Für Steuerrecht, Universität Zu Köln, Köln, 2019, p. 08-09. Disponível em: <http://kups.ub.uni-koeln.de/id/eprint/10438>. Acesso em: 09 jan. 2020.

promessa, empenho.[303] Na tradução da obra de Klaus Tipke e Joaquim Lang, a expressão escolhida para a definição da *Zusage* foi "declaração".[304] Adotaremos nesse trabalho, entretanto, a expressão "confirmação", que nos pareceu mais adequada e harmônica com a finalidade do instituto e foi utilizada por Luís Eduardo Schoueri quando discorreu sobre o tema em 1995 e explicou que se trata de uma verdadeira "confirmação, dada pelo auditor tributário, no término de uma fiscalização, sobre o modo como o contribuinte deve agir dali para diante."[305]

Isto é, após a realização de uma auditoria tributária (*Außenprüfung*) pelas autoridades fiscais (cujo trâmite está disciplinado nas Seções 193 a 203 do AO[306]), é emitido um relatório que ilustra todos os aspectos averiguados, expondo eventuais irregularidades, sugerindo alterações ou chancelando a prática tributária adotada pelo contribuinte fiscalizado (Seção 202 do AO)[307]. Com base nesse relatório final, a autoridade fiscal está autorizada a fornecer ao contribuinte orientação acerca do seu entendimento sobre o tratamento tributário para os fatos geradores posteriores, confirmando a direção já adotada em um compromisso vinculante para o futuro, desde que as circunstâncias com base na qual o relatório foi emitido não sofram alterações significativas em relação as que foram consideradas para a *verbindliche Zusage* (confirmação vinculante).[308]

303 LINGUEE. Dicionário online do DeepL GmbH. Disponível em:<https://www.linguee.com.br/portugues-alemao/search?source=auto&query=Zusage>. Acesso em: 06 jan. 2020.

304 TIPKE, Klaus; LANG, Joaquim. **Direito Tributário:** *(Steuerrecht)*. Porto Alegre: Sergio Antonio Fabris, 2014. 768 p. 3 v. Tradução da 18ª edição alemã, a cargo de Elisete Antoniuk, p. 231-235.

305 SCHOUERI, Luís Eduardo. Algumas reflexões sobre a consulta em matéria fiscal. **Cadernos de Direito Tributário e Finanças Públicas,** São Paulo, v. 03, n. 10, jan./mar. 1995, p. 03.

306 "A avaliação externa é um processo administrativo especial para cumprir a tarefa, colocada aos órgãos fiscais no § 85 AO, de determinar e impor proporcionalmente os impostos segundo a medida das leis. [...]. Além disso, são verificadas, no âmbito da avaliação externa, segundo §§ 194 I 1, 199 I AO, as condições jurídicas e de fato do contribuinte concernentes à tributação. Na essência, ela é voltada, fundamentalmente, ao esclarecimento de todas as condições tributárias de uma ou várias épocas ou de umas ou mais formas tributárias". TIPKE, Klaus; LANG, Joaquim. **Direito Tributário:** *(Steuerrecht)*. Porto Alegre: Sergio Antonio Fabris, 2014. 3 v. Tradução da 18ª edição alemã, a cargo de Elisete Antoniuk, p. 342.

307 DEUTSCHLAND. **Abgabenordnung - AO.** 16. März 1976. Deutschland, 1976. Disponível em: <http://www.gesetze-im-internet.de/ao_1977/index.html>. Acesso em: 05 jan. 2020.

308 SEER, Roman et al (Org.). **Recht auf Information und Auskunft im Besteuerungsverfahren.:** unter besonderer Berücksichtigung des Gesetzes zur Modernisierung des Besteuerungsverfahrens vom 18. Juli 2016 und der EU-Datenschutz-GrundVO vom 27. April 2016 mit nachfolgenden Änderungen der AO. Berlin: Deutsches Wissenschaftliches Institut Der Steuerberater E.v., 2017, p. 22. Disponível em: <https://www.dws-institut.de/sites/default/files/ue_document/file_id/DWS_Institut_Brosch%C3%BCre_Recht_online.pdf>. Acesso em: 10 jan. 2020.

Nas palavras de Klaus Tipke e Joaquim Lang a *Zusage,* (confirmação) "contém uma auto-obrigação unilateral do órgão financeiro frente ao contribuinte sobre determinada ação futura de fazer, tolerar ou deixar de fazer". Com isso, o efeito vinculante é extraível de sua própria concepção jurídica ao ponto de se considerar que a *Zusage* (confirmação) "'traz já em si seu efeito obrigacional e na testa, por assim dizer.' Por isso, a literatura dominante a qualifica como um ato administrativo vinculante a partir de si mesmo de forma que não precisa mais remeter ao princípio da boa-fé".[309]

Roman Seer considera que, devido à natureza de obrigação prospectiva, a *verbindliche Auskunft* (informação vinculante), na acepção da Seção 89 (2) do Código Tributário (AO), é um *verwaltungsrechtliche Zusage* (procedimento administrativo de confirmação) e que o regime regulatório das Seções 204 a 207 do Código Tributário (AO) serviram de modelo para o regramento posteriormente para a *verbindlich e Auskunft* (informação vinculante).[310]

A semelhança da *verbindliche Auskunft* (informação vinculante) e da *verbindliche Zusage* (confirmação vinculante) com a consulta fiscal brasileira reside na circunstância de que em ambos há um pronunciamento vinculativo por parte da autoridade fiscal contendo diretrizes sobre o futuro tratamento tributário de uma situação concreta e adequadamente demarcada, com a diferença de que na *Zusage* essa demarcação nasce a partir de uma auditoria tributária, que nada mais é do que um amplo procedimento de fiscalização.

Vale citar, além disso, outros instrumentos vinculantes equiparáveis que também já existiam na legislação esparsa antes da inclusão da Seção 89 (2) no Código Tributário (AO), mas que tratavam de áreas específicas, tais como: (i) desde 1925 na Seção 42e da Lei do Imposto de Renda (*Einkommensteuergesetz – EStGV*[311]) no caso da tributação na fonte sobre salários; e, (ii) desde 1994,

[309] TIPKE, Klaus; LANG, Joaquim. **Direito Tributário:** *(Steuerrecht).* Porto Alegre: Sergio Antonio Fabris, 2014. 768 p. 3 v. Tradução da 18ª edição alemã, a cargo de Elisete Antoniuk, p. 230.

[310] SEER, Roman et al (Org.). **Recht auf Information und Auskunft im Besteuerungsverfahren.:** unter besonderer Berücksichtigung des Gesetzes zur Modernisierung des Besteuerungsverfahrens vom 18. Juli 2016 und der EU-Datenschutz-GrundVO vom 27. April 2016 mit nachfolgenden Änderungen der AO. Berlin: Deutsches Wissenschaftliches Institut Der Steuerberater E.v., 2017. p. 22. Disponível em: <https://www.dws-institut.de/sites/default/files/ue_document/file_id/DWS_Institut_Brosch%C3%BCre_Recht_online.pdf>. Acesso em: 10 jan. 2020.

[311] DEUTSCHLAND. **Einkommensteuergesetz – EStG**, 16. Oktober 1943. Deutschland, 1934. Disponível em: <http://www.gesetze-im-internet.de/estg/EStG.pdf>. Acesso em: 25 jan. 2020.

o artigo 12 do Código Aduaneiro (*Zollkodex* – ZK[312]) regulava a vinculação das autoridades aduaneiras às informações tarifárias no que diz respeito à classificação de certas mercadorias.[313]

Embora não existisse uma regra geral, com a amplitude conferida pela Seção 89 (2) do AO, a possibilidade de fornecimento de informações vinculantes já era amplamente reconhecida na jurisprudência do Tribunal Fiscal Federal (BFH), com fundamento no princípio da boa-fé e, com o passar dos anos, até mesmo pelas autoridades fiscais, cuja regulamentação foi implementada por meio dos Comunicados do *Bundesministerium der Finanzen* -BMF, Ministério Federal das Finanças alemão (equivalente ao atual Ministério da Economia no Brasil).[314].

Por essa razão, Roman Seer afirmou, durante 61º edição da conferência *Berliner Steuergespräch*, que a inclusão da *verbindliche Auskunft* (informação vinculante) na Seção 89 (2) do Código Tributário (AO) não significou a introdução de algo completamente novo no Direito alemão e que o instituto é resultado da prática administrativa, ladeada pela jurisprudência do Tribunal Federal de Finanças (BFH).[315]

Nessa mesma linha, ao comparar o sistema alemão com o francês, Friedrich Wöhlecke destaca que as *verbindliche Auskünfte* (informações vinculativas) "são um fenômeno do século XX, que agora está firmemente ancorado nas respectivas leis tributárias devido à interação entre jurisprudência, administração

[312] O Código Aduaneiro (*Zollkodex*) da União Europeia de 1994, foi substituído por atos normativos posteriores, até a edição do atual **Código Aduaneiro** da **União** (***Zollkodex der Union*** - UZK), Regulamento UE n.º 952/2013, de 9 de outubro de 2013. Na versão atual o fornecimento de informações vinculativas sobre tarifas aduaneiras está atualmente regulamentado nos artigos 33 e 34. Fonte: EUROPEAN UNION LAW. **Union Customs Code.** Disponível em: <https://eur-lex.europa.eu/legal-content/PT/TXT/?uri=LEGISSUM%3A12_2> Acesso em: 25.fev. 2020.

[313] Nesse sentido: SCHOUERI, Luís Eduardo. Algumas reflexões sobre a consulta em matéria fiscal. **Cadernos de Direito Tributário e Finanças Públicas,** São Paulo, v. 03, n. 10, jan./mar. 1995, p. 03; e WÖHLECKE, Friedrich. **Verbindliche Auskunft im deutsch-französischen Vergleich.** 2019. Tese (Doutorado) - Faculty of Law, Öffentliches Recht. Professur Für Steuerrecht, Universität Zu Köln, Köln, 2019, p. 08-09. Disponível em: <http://kups.ub.uni-koeln.de/id/eprint/10438>. Acesso em: 09 jan. 2020.

[314] DEUTSCHLAND. Das BMF-Schreiben vom 29 dezember 2003, IV A 4-S 0430 - 7/03 BStBl 2003. Deutschland, Disponível em: <https://www.bav-ludwig.de/Download/BMF-Schreiben/291203.pdf> Acesso em: 29 fev. 2020.

[315] SEER, Roman. **Verbindliche Auskunft.** In: 61 BERLINER STEUERGESPRÄCH, 2016, Berlin. Tagungsbericht von Dr. Andreas Richter LL.M. und Berthold Welling, p. 2-3. Disponível em: <https://www.berlinersteuergespraeche.de/app/download/7055178/Tagungsbericht+zum+61.+Berliner+Steuergespräch.pdf>. Acesso em: 07 mar. 2020.

financeira e legisladores",[316] e que, no caso específico da Alemanha, buscava-se efetivamente "criar um ponto de contato para investidores estrangeiros dos quais eles poderiam obter informações vinculativas" para fortalecer a referência Alemanha para a realização de investimentos.[317]

A competência para regulamentação do instituto e o estabelecimento dos contornos sobre a forma, o conteúdo, os requisitos, o escopo e as condições para a implementação do efeito vinculante foi delegada pelo parágrafo segundo (2) da Seção 89 (2) do Código Tributário (AO) ao Ministério Federal das Finanças (BMF), mediante autorização do *Bundesrates,*[318] que é um Conselho Federal previsto na Constituição alemã (artigos 50 ao 53,[319] exerce funções legislativas ao lado do Parlamento, *Bundestag*).

No exercício dessa competência, foi editada a Portaria de Implementação da Seção 89 (2) do Código Tributário (AO), denominada *Verordnung zur Durchführung von § 89 Abs. 2 der AO - Stauskv,* de 30 novembro de 2007.[320]

Os limites definidos na aludida Portaria foram posteriormente complementados no âmbito do "Decreto de Implementação" do Código Tributário (AO), denominado *Anwendungserlass Zur Abgabenordnung* (AEAO), de 31 de janeiro de 2014,[321] que reúne instruções não apenas para a aplicação das Seções 89 (2) e 204 à 207, mas, também, do Código Tributário (AO) como um todo. O referido Decreto incorporou diretrizes fixadas a partir de precedentes do

[316] WÖHLECKE, Friedrich. **Verbindliche Auskunft im deutsch-französischen Vergleich.** 2019. Tese (Doutorado) - Faculty of Law, Öffentliches Recht. Professur Für Steuerrecht, Universität Zu Köln, Köln, 2019, p. 12. Disponível em: <http://kups.ub.uni-koeln.de/id/eprint/10438>. Acesso em: 09 jan. 2020

[317] WÖHLECKE, Friedrich. **Verbindliche Auskunft im deutsch-französischen Vergleich.** 2019. Tese (Doutorado) - Faculty of Law, Öffentliches Recht. Professur Für Steuerrecht, Universität Zu Köln, Köln, 2019, p. 10. Disponível em: <http://kups.ub.uni-koeln.de/id/eprint/10438>. Acesso em: 09 jan. 2020

[318] DEUTSCHLAND. **Abgabenordnung - AO.** 16. März 1976. Deutschland, 1976. Disponível em: <http://www.gesetze-im-internet.de/ao_1977/index.html>. Acesso em: 05 jan. 2020.

[319] DEUTSCHLAND. **Grundgesetz für die Bundesrepublik Deutschland - GG.** 23. Mai 1949. Deutschland, 1949. Disponível em: <http://www.gesetze-im-internet.de/gg/index.html>. Acesso em: 29 fev. 2020.

[320] DEUTSCHLAND. **Steuer-auskunftsverordnung - Stauskv**, 30 november 2007. **Bgbl. I S. 2783.** Deutschland, 2007. Disponível em: <http://www.gesetze-im-internet.de/stauskv>. Acesso em: 05 jan. 2020.

[321] DEUTSCHLAND. Anwendungserlass Zur Abgabenordnung (AEAO), 31. Januar 2014, zuletzt geändert durch BMF-Schreiben v. 27. 9. 2019 – IV A 3 - S 0062/19/10009 :001. **Nwb.** Deutschland, Disponível em: <https://datenbank.nwb.de/Dokument/Anzeigen/500001/?shigh=Anwendungserlass&listPos=1&listId=1464843>. Acesso em: 09 jan. 2020.

Tribunal Fiscal Federal (*Bundesfinanzhof* - BFH), inclusive citando-os em seu texto, além de apresentar exemplos práticos sobre a aplicação dos assuntos nele regulados para facilitar a compreensão do leitor.

Cumpre destacar que o referido Decreto também definiu, no item n. 3.5.5, a natureza de ato administrativo da *verbindliche Auskunft* (informação vinculante), bem como do ato de recusa ou indeferimento (*Ablehnung*) do pedido pela administração fiscal,[322] o que atrai a incidência das Seções 118 a 133 do Código Tributário (AO), envolvendo o conceito, forma e demais disposições dos atos administrativos, como se verá adiante. Embora o Decreto (AEAO para as Seções 204 a 207 do AO) não mencione expressamente a natureza de ato administrativo da *verbindliche Zusage* (confirmação vinculante), essa constatação é extraída de forma implícita da legislação.

Por fim, vale citar que, na compreensão das autoridades fiscais alemãs, além da *verbindliche Auskunft* (informação vinculante) e da *verbindliche Zusage*, (confirmação vinculante), também estão abarcados pelo gênero *tax rulings* os *Advance Pricing Agreements* - APA (Acordos sobre Preços de Transferência),[323] ferramenta igualmente disponibilizada mediante requerimento e procedimento específico no âmbito da BZSt.[324] Em virtude dessa autonomia em relação à *Auskunft* e a *Zusage* e, nos termos do que foi mencionado no tópico 2.1 deste Capítulo, o regramento dos Acordos sobre Preços de Transferência não será objeto deste estudo.

Ainda no plano dos mecanismos de cooperação entre autoridades fiscais e contribuintes, cabe mencionar que o Direito alemão contempla também figura da *tatsächliche Verständigung*, que, na tradução da obra de Klaus Tipke e Joachim Lang, é chamada de "Ajuste Real"[325]. Em um artigo publicado em

[322] DEUTSCHLAND. Anwendungserlass Zur Abgabenordnung (AEAO), 31. Januar 2014, zuletzt geändert durch BMF-Schreiben v. 27. 9. 2019 – IV A 3 - S 0062/19/10009 :001. **Nwb.** Deutschland, Disponível em: <https://datenbank.nwb.de/Dokument/Anzeigen/500001/?shigh=Anwendungserlass&listPos=1&listId=1464843>. Acesso em: 09 jan. 2020.

[323] BUNDESZENTRALAMT FÜR STEUERN. **Tax Rulings.** Disponível em: <https://www.bzst.de/DE/Behoerden/InternationaleAmtshilfe/TaxRulings/tax_rulings.html#js-toc-entry1>. Acesso em: 06 jan. 2020.

[324] BUNDESZENTRALAMT FÜR STEUERN. **Advance Price Agreements.** Disponível em: <https://www.bzst.de/EN/Businesses/Advance_Pricing_Agreements/advance_pricing_agreements_node.html> Acesso em: 06 jan. 2020.

[325] TIPKE, Klaus; LANG, Joaquim. **Direito Tributário:** *(Steuerrecht)*. Porto Alegre: Sergio Antonio Fabris, 2014. 3 v. Tradução da 18ª edição alemã, a cargo de Elisete Antoniuk, p. 235-240.

inglês, Joachim Englisch se referiu à ferramenta como um "*mutual binding tax agreement*" (acordo fiscal vinculante).[326]

O chamando *tatsächliche Verständigung* (acordo real) diz respeito à possibilidade de o contribuinte e a autoridade fiscal consentirem mutuamente sobre o tratamento tributário de questões complexas e de difícil definição sobre os valores e prognóstico futuro. A principal diferença do *tatsächliche Verständigung* em relação aos institutos da *Auskunft* e da *Zusage* está atrelada ao fato de que, no primeiro, existe uma relação bilateral com uma "vontade de mútua vinculação jurídica" a respeito da fixação do regime jurídico tributário de uma situação para a qual existe uma lacuna normativa, enquanto a *Auskunft* e a *Zusage* nascem de uma declaração unilateral de vontade da autoridade fiscal.[327] Isso significa, em linhas gerais, que, na *Auskunft* e na *Zusage,* o efeito vinculante é obrigatório apenas para a administração fiscal, mas não para o contribuinte (para mais informações consulte o subitem 2.3.7.2 deste Capítulo), enquanto o *tatsächliche Verständigung* (acordo real) vincula também o contribuinte.

Por essa razão, a celebração de um *tatsächliche Verständigung* (acordo real) buscará atender um interesse da administração tributária como forma de evitar futuras disputas sobre o tratamento jurídico de fatos que geram efeitos fiscais permanentes.[328] Nessa linha, Joachim Englisch explica que, enquanto a emissão de um *tax ruling* normalmente serve apenas aos interesses de planejamento do contribuinte, um *mutual binding tax agreement* (acordo fiscal vinculante) pode ser considerado vantajoso para os interesses da Administração

[326] ENGLISCH, Joachim. German experience on alternative modalities of tax conflicts solution and the application of mutual tax agreements. In: TÔRRES, Heleno Taveira (Coord.); TAVOLARO, Agostinho Toffoli; XAVIER, Alberto. **Direito tributário internacional aplicado v. 5**. São Paulo: Quartier Latin, 2008, p. 568.

[327] TIPKE, Klaus; LANG, Joaquim. **Direito Tributário:** *(Steuerrecht).* Porto Alegre: Sergio Antonio Fabris, 2014. 3 v. Tradução da 18ª edição alemã, a cargo de Elisete Antoniuk, p. 236-237.

[328] Nesse sentido: TIPKE, Klaus; LANG, Joaquim. **Direito Tributário:** *(Steuerrecht).* Porto Alegre: Sergio Antonio Fabris, 2014. 3 v. Tradução da 18ª edição alemã, a cargo de Elisete Antoniuk, p. 239;

SEER, Roman et al (Org.) **Recht auf Information und Auskunft im Besteuerungsverfahren.:** unter besonderer Berücksichtigung des Gesetzes zur Modernisierung des Besteuerungsverfahrens vom 18. Juli 2016 und der EU-Datenschutz-GrundVO vom 27. April 2016 mit nachfolgenden Änderungen der AO. Berlin: Deutsches Wissenschaftliches Institut Der Steuerberater E.v., 2017. p. 23. Disponível em: <https://www.dws-institut.de/sites/default/files/ue_document/file_id/DWS_Institut_Brosch%C3%BCre_Recht_online.pdf>. Acesso em: 10 jan. 2020.

porque o contribuinte também está obrigado e a Administração é preservada dos esforços e custos de investigação e litígio.[329]

Assim, o *tatsächliche Verständigung* (acordo real) está mais próximo de uma relação tipicamente contratual, que não é equiparável à consulta fiscal brasileira, motivo pelo qual também não será examinado neste estudo.

Nessa esteira e considerando o recorte originalmente proposto, cabe esclarecer que este trabalho também não se ocupará de questões particulares envolvendo os procedimentos especiais da Seção 42e da Lei do Imposto de Renda (*Einkommensteuergesetz* – EStG) e as decisões previstas no Código Aduaneiro da União Europeia (*Zollkodex der Union* – UZK, que substituíram o artigo 12 do Código Aduaneiro, *Zollkodex* – ZK), sobretudo porque se considera que a disciplina processual para a obtenção de tais pronunciamentos foi unificada a parir da inclusão da Seção 89 (2) no Código Tributário (AO) e regulamentos posteriores.

Ante o exposto, as *verbindliche Auskünft* (informações vinculantes) implementadas com amparo na Seção 89 (2) do Código Tributário (AO) e, em certa medida, a *verbindliche Zusage* (confirmação vinculante), prevista nas Seções 204 a 205 do mesmo diploma, são os institutos do Direito alemão equiparáveis à consulta fiscal brasileira examinados em detalhes a seguir.

2.3.2 Autoridade competente (*Zuständigkeit*)

A Seção 89 do Código Tributário (AO) expõe as diretrizes preliminares sobre as autoridades competentes para o fornecimento de *verbindliche Auskünfte* (informações vinculantes), delimitando que: (i) em regra, os pedidos deverão ser dirigidos para a mesma autoridade fiscal (*Finanzbehörde*) dotada de competência para a consecução dos atos de fiscalização e arrecadação referentes à operação ou situação descrita no pedido[330]; (ii) se ainda não existir uma

[329] ENGLISCH, Joachim. German experience on alternative modalities of tax conflicts solution and the application of mutual tax agreements. In: TÔRRES, Heleno Taveira (Coord.); TAVOLARO, Agostinho Toffoli; XAVIER, Alberto. **Direito tributário internacional aplicado v. 5**. São Paulo: Quartier Latin, 2008, p. 577.

[330] No sistema tributário alemão, à semelhança do brasileiro, receitas tributárias são repartidas entre União, estados federados (*Länder*) e municípios. Os poderes do Estado Federal são divididos materialmente entre o Estado Central (União) e Estados Federados (*Länder*), mas não entre os municípios. Dessa forma, a Administração tributária é concentrada nas autoridades fiscais federais e nas autoridades regionais (dos Estados Federados). Os Estados Federados (*Länder*) podem delegar aos municípios a competência para administrar tributos cujas receitas sejam a eles destinadas

autoridade fiscal definida para a situação específica tratada no pedido, sobretudo nas hipóteses previstas nas Seções 18 a 21, que dizem respeito a tributos federais administrados por autoridades fiscaisregionais (*Landesfinanzbehörden*) em nome da União, o BZSt será o órgão competente para o processamento do pedido e fornecimento da *verbindliche Auskünfte* (informação vinculante). De qualquer forma, a resposta do BZSt vinculará também as autoridades fiscais regionais (*Landesfinanzbehörden*) a respeito da tributação da operação ou circunstância examinada.[331]

Nos termos do Decreto de Implementação do Código Tributário (AEAO), a aplicação da primeira regra acima descrita (item i) está relacionada com as condições reais atuais da futura tributação da operação ou situação consultada. Isto é, quando o pedido envolver o planejamento de algo que ainda será implementado, mas relacionado a atividades já existentes de uma pessoa física ou jurídica que já é sujeito passivo de obrigações fiscais na Alemanha (n. 3.3.1.2 A, do AEAO para Seção 89). Isso significa que nem sempre a autoridade responsável pelo exame do pedido será a mesma que, no momento da solicitação, seria a competente para o fornecimento das informações.[332]

A incidência da segunda regra (competência do BZSt) se dá nos casos em que o contribuinte ainda não realizou operações sujeitas à apresentação de declarações fiscais na Alemanha (n. 3.3.1.5 A do AEAO para a Seção 89) ou não definiu qual o local da Alemanha onde os fatos serão implementados (n. 3.3.1.6 do AEAO para a Seção 89) e deve considerar o cenário existente no

(Art. 108, IV, 2, GG). Assim, embora os Municípios arrecadem e recebam receitas tributárias, não estão dotados de competência legislativa para instituir tributos (art. 105, GG). Nesse sentido vide: REIMER, Ekkehart. Proteção do contribuinte na Alemanha. **Revista de Direito Tributário Atual**: Instituto Brasileiro de Direito Tributário, São Paulo, v. 22, p.54-77, jan. 2008. Traduzido por Paulo Victor Vieira da Rocha; TIPKE, Klaus; LANG, Joaquim. **Direito Tributário:** *(Steuerrecht)*. Porto Alegre: Sergio Antonio Fabris, 2008. 765 p. 1 v. Tradução da 18ª edição alemã, totalmente refeita, de Luiz Doria Furquim.; EICHBERGER, Michael. Fundamentos do Direito Tributário Alemão e sua Base Constitucional (Tradução por Márcio Flávio Mafra Leal). In: 3º SEMINÁRIO INTERNACIONAL BRASIL– ALEMANHA, 2011, São Paulo. **Série Cadernos do CEJ.** Brasília: Conselho da Justiça Federal, 2013. v. 28, p. 54-55.

331 DEUTSCHLAND. **Abgabenordnung - AO.** 16. März 1976. Deutschland, 1976. Disponível em: <http://www.gesetze-im-internet.de/ao_1977/index.html>. Acesso em: 05 jan. 2020.

332 DEUTSCHLAND. Anwendungserlass Zur Abgabenordnung (AEAO), 31. Januar 2014, zuletzt geändert durch BMF-Schreiben v. 27. 9. 2019 – IV A 3 - S 0062/19/10009 :001. **Nwb.** Deutschland, Disponível em: <https://datenbank.nwb.de/Dokument/Anzeigen/500001/?shigh=Anwendungserlass&listPos=1&listId=1464843>. Acesso em: 09 jan. 2020.

momento do protocolo do pedido pelo contribuinte (n. 3.3.1.2 A do AEAO para a Seção 89).[333]

Se a questão exposta no pedido de emissão de *verbindliche Auskünft* (informações vinculantes) envolver vários tributos de competência de Administrações Tributárias (*Finanzamt*), abarcando exações de atribuição das Autoridades Fiscais Federal (*Bundesfinanzbehörden*) e Regional (*Landesfinanzbehörden*), o contribuinte deverá formalizar um pedido específico para cada uma delas (n. 3.3.1.3 do AEAO para a Seção 89). Nesses casos, para evitar informações contraditórias, o pagamento de diversas taxas, bem como para otimizar o trabalho das autoridades fiscais, com o consentimento do contribuinte e do Ministério das Finanças (BMF), poderá ser celebrado um acordo de jurisdição, nos termos da Seção 27 do Código Tributário.[334] Caso a implementação desse acordo não seja possível, as administrações fiscais envolvidas deverão atuar de forma coordenada para evitar respostas contraditórias (n. 3.3.1.7 do AEAO para a Seção 89).

A Seção 1 (3) da Portaria (*StAusk*) e do Decreto (n. 3.3.3 do AEAO para a Seção 89 do AO) também fixam os critérios da definição da competência e emissão das *verbindliche Auskünfte* (informações vinculantes) quando a resposta afetar a tributação de contribuintes distintos.[335]

Vale mencionar que a emissão das *verbindliche Auskünfte* (informações vinculantes) não se dá de forma centralizada,[336] o que para Friedrich Wöhlecke reduz a eficiência, especialização e coerência das informações fornecidas pela administração fiscal alemã.[337] Segundo o referido Autor, embora a legislação

333 DEUTSCHLAND. Anwendungserlass Zur Abgabenordnung (AEAO), 31. Januar 2014, zuletzt geändert durch BMF-Schreiben v. 27. 9. 2019 – IV A 3 - S 0062/19/10009 :001. **Nwb**. Deutschland, Disponível em: <https://datenbank.nwb.de/Dokument/Anzeigen/500001/?shigh=Anwendungserlass&listPos=1&listId=1464843>. Acesso em: 09 jan. 2020.

334 WÖHLECKE, Friedrich. **Die verbindliche Auskunft im deutsch-französischen Vergleich.** 2019. Tese (Doutorado) - Faculty of Law, Öffentliches Recht. Professur Für Steuerrecht, Universität Zu Köln, Köln, 2019, p. 28. Disponível em: <http://kups.ub.uni-koeln.de/id/eprint/10438>. Acesso em: 09 jan. 2020.

335 DEUTSCHLAND. Anwendungserlass Zur Abgabenordnung (AEAO), 31. Januar 2014, zuletzt geändert durch BMF-Schreiben v. 27. 9. 2019 – IV A 3 - S 0062/19/10009 :001. **Nwb**. Deutschland, Disponível em: <https://datenbank.nwb.de/Dokument/Anzeigen/500001/?shigh=Anwendungserlass&listPos=1&listId=1464843>. Acesso em: 09 jan. 2020.

336 REIMER, Ekkehart. Proteção do contribuinte na Alemanha. **Revista de Direito Tributário Atual**: Instituto Brasileiro de Direito Tributário, São Paulo, v. 22, p.54-77, jan. 2008. Traduzido por Paulo Victor Vieira da Rocha, p. 72.

337 WÖHLECKE, Friedrich. **Die verbindliche Auskunft im deutsch-französischen Vergleich.** 2019. Tese (Doutorado) - Faculty of Law, Öffentliches Recht. Professur Für Steuerrecht, Universität Zu Köln, Köln, 2019, p. 32. Disponível em: <http://kups.ub.uni-koeln.de/id/eprint/10438>. Acesso em: 09 jan. 2020.

estabeleça que os pedidos devam ser apresentados à administração fiscal competente localmente, na prática, as respostas normalmente não são preparadas por eles, visto que costumam solicitar apoio de órgãos de consultoria tributária do Ministério das Finanças, em especial em questões de importância supra regional, bem como em virtude da sobrecarga de trabalho.[338]

Roman Seer explica também que, em situações complexas, a necessidade de coordenação entre autoridades fiscais Federais e Regionais impacta consideravelmente o tempo gasto para a resposta e a própria isonomia, impedindo a aplicação de soluções distintas para as mesmas questões.[339]

Relativamente à *verbindliche Zusage* (confirmação vinculante), na medida em que é considerada um direito do contribuinte após a conclusão do processo de fiscalização,[340] via de regra, o órgão da administração tributária que seria competente para a sua formalização será a mesma que seria responsável para decidir sobre a tributação do contribuinte ou interessado, tal como a que seria competente para a emissão de uma notificação fiscal de lançamento.[341]

Nessa perspectiva, são considerados funcionalmente incompetentes para a emissão da *verbindliche Zusage* (confirmação vinculante) os órgãos de direção superiores tendo em vista que não estão dotados de competência material para a implementação de atos de fiscalização e cobrança tributária, embora possam orientar a autoridade fiscal competente a deferir ou indeferir o pedido.[342]

[338] WÖHLECKE, Friedrich. **Die verbindliche Auskunft im deutsch-französischen Vergleich.** 2019. Tese (Doutorado) - Faculty of Law, Öffentliches Recht. Professur Für Steuerrecht, Universität Zu Köln, Köln, 2019, p. 29. Disponível em: <http://kups.ub.uni-koeln.de/id/eprint/10438>. Acesso em: 09 jan. 2020.

[339] SEER, Roman et al (Org.). **Recht auf Information und Auskunft im Besteuerungsverfahren:** unter besonderer Berücksichtigung des Gesetzes zur Modernisierung des Besteuerungsverfahrens vom 18. Juli 2016 und der EU-Datenschutz-GrundVO vom 27. April 2016 mit nachfolgenden Änderungen der AO. Berlin: Deutsches Wissenschaftliches Institut Der Steuerberater E.v., 2017, p. 09. Disponível em: <https://www.dws-institut.de/sites/default/files/ue_document/file_id/DWS_Institut_Brosch%C3%BCre_Recht_online.pdf>. Acesso em: 10 jan. 2020.

[340] REIMER, Ekkehart. Proteção do contribuinte na Alemanha. **Revista de Direito Tributário Atual**: Instituto Brasileiro de Direito Tributário, São Paulo, v. 22, p.54-77, jan. 2008. Traduzido por Paulo Victor Vieira da Rocha, p. 71.

[341] SEER, Roman et al (Org.). **Recht auf Information und Auskunft im Besteuerungsverfahren:** unter besonderer Berücksichtigung des Gesetzes zur Modernisierung des Besteuerungsverfahrens vom 18. Juli 2016 und der EU-Datenschutz-GrundVO vom 27. April 2016 mit nachfolgenden Änderungen der AO. Berlin: Deutsches Wissenschaftliches Institut Der Steuerberater E.v., 2017, p. 09. Disponível em: <https://www.dws-institut.de/sites/default/files/ue_document/file_id/DWS_Institut_Brosch%C3%BCre_Recht_online.pdf>. Acesso em: 10 jan. 2020.

[342] TIPKE, Klaus; LANG, Joaquim. **Direito Tributário:** *(Steuerrecht)*. Porto Alegre: Sergio Antonio Fabris, 2014. 3 v. Tradução da 18ª edição alemã, a cargo de Elisete Antoniuk, p. 233 e 247.

Para a efetiva implementação da *Zusage* (confirmação), contudo, a jurisprudência do Tribunal Fiscal Federal (*Bundesfinanzhof* - BFH) entende ser necessária "a atuação de um funcionário oficial competente para a subscrição segundo a divisão interna do órgão". Dessa exigência discordam Klaus Tipke e Joaquim Lang, com a compreensão de que o ato praticado por uma autoridade que compõe um órgão da Admministração Pública deve ser "abstraído e generalizado da configuração concreta da divisão negocial administrativa interna".[343] Ou seja, independentemente das normas internas de divisão de atribuições dentro de um órgão, um ato emitido por uma autoridade que compõe essa estrutura deve ser considerado como se fosse do próprio órgão como um todo.

2.3.3 Requisitos, Tramitação e Recorribilidade

Os requisitos para a submissão de um pedido de *verbindliche Auskunft* (informação vinculante) estão suscintamente definidos na Portaria de Implementação da Seção 89 do AO – *StAuskV* e explicitados no Decreto (AEAO para a Seção 89 do AO).

O primeiro deles é a exigência de que seja formalizado por escrito, sendo atualmente admitido também o seu envio por meio eletrônico, Seção 1 (1) da Portaria *StAuskV*.[344] Se o documento for transmitido eletronicamente, deverá receber uma assinatura eletrônica habilitada (cujos critérios são fixados em regulamentação própria), para evitar a falsificação.[345] A exigência de formalização do pedido por escrito é igualmente uma condição para a emissão da *verbindliche Zusage* (confirmação vinculante), nos termos do item n. 3 do Decreto (AEAO para a Seção 204 do AO), que também prevê a possibilidade de sua transmissão eletrônica.[346]

343 TIPKE, Klaus; LANG, Joaquim. **Direito Tributário:** *(Steuerrecht)*. Porto Alegre: Sergio Antonio Fabris, 2014. 3 v. Tradução da 18ª edição alemã, a cargo de Elisete Antoniuk, p. 233-234.

344 DEUTSCHLAND. **Steuer-auskunftsverordnung, Stauskv**, 30 november 2007.**Bgbl. I S.2783**. Deutschland, 2007. Disponível em: <http://www.gesetze-im-internet.de/stauskv>. Acesso em: 05 jan. 2020.

345 WÖHLECKE, Friedrich. **Die verbindliche Auskunft im deutsch-französischen Vergleich.** 2019.Tese (Doutorado) - Faculty of Law, Öffentliches Recht. Professur Für Steuerrecht, Universität Zu Köln, Köln, 2019, p. 38. Disponível em: <http://kups.ub.uni-koeln.de/id/eprint/10438>. Acesso em: 09 jan. 2020.

346 DEUTSCHLAND. Anwendungserlass Zur Abgabenordnung (AEAO), 31. Januar 2014, zuletzt geändert durch BMF-Schreiben v. 27. 9. 2019 – IV A 3 - S 0062/19/10009 :001. **Nwb**. Deutschland, Disponível em: <https://datenbank.nwb.de/Dokument/Anzeigen/500001/?shigh=Anwendungserlass&listPos=1&listId=1464843>. Acesso em: 09 jan. 2020.

Nessa linha, a resposta apresentada pela autoridade fiscal também deverá ser formalizada por escrito, tanto para *Auskunft* quanto para a *Zusage*, sendo certo que, em relação a esta última, a exigência está prevista na Seção 205 (1) do Código Tributário (AO).

Friedrich Wöhlecke explica que a exigência de formalização por escrito se justifica devido ao Princípio da Acessoriedade da Forma (*Formakzessorietät Grundsatz*[347]), segundo o qual as medidas que vinculam a Administração devem atender ao mesmo requisito formal dos pronunciamentos finais (*Endentscheidung*) das Autoridades Fiscais, tal como a notificação de lançamento.[348] Klaus Tipke e Joaquim Lang mencionam que a exigência viabiliza, sobretudo, a implementação da segurança jurídica quanto à vinculação da autoridade fiscal ao conteúdo da orientação fornecida, evitando "decisões levianas ou (ilegais)" e uma posterior cobrança fiscal superior à que foi assegurada anteriormente.[349]

Assim sendo, tanto as submissões quanto as respostas enviadas por meio de formulário físico ou por meio eletrônico deverão observar o formato delineado pela Seção 157(1) do Código (AO), que aponta a necessidade de identificação de todos os aspectos essenciais para a constituição do crédito tributário, tais como os impostos envolvidos, o valor devido e o sujeito passivo.[350]

No âmbito da regularidade formal, é de se destacar a exigência contida no item n. 3.5.6 do Decreto (AEAO para a Seção 89 do AO) e na Seção 205 (2) item n. 3 do AO, a respeito da necessidade de descrição dos tributos e do período a que se referem, exigência essa aplicável tanto para o requerimento quanto para a resposta apresentada pela autoridade fiscal. Se o requerente não especificar o período abarcado pelo pedido *verbindliche Auskünft* (informações

[347] Tradução de Elisete Antoniuk em: TIPKE, Klaus; LANG, Joaquim. **Direito Tributário:** *(Steuerrecht)*. Porto Alegre: Sergio Antonio Fabris, 2014. 3 v. Tradução da 18ª edição alemã, a cargo de Elisete Antoniuk, p. 749.

[348] WÖHLECKE, Friedrich. **Die verbindliche Auskunft im deutsch-französischen Vergleich.** 2019. Tese (Doutorado) - Faculty of Law, Öffentliches Recht. Professur Für Steuerrecht, Universität Zu Köln, Köln, 2019, p. 38. Disponível em: <http://kups.ub.uni-koeln.de/id/eprint/10438>. Acesso em: 09 jan. 2020.

[349] TIPKE, Klaus; LANG, Joaquim. **Direito Tributário:** *(Steuerrecht)*. Porto Alegre: Sergio Antonio Fabris, 2014. 3 v. Tradução da 18ª edição alemã, a cargo de Elisete Antoniuk, p. 234-235.

[350] DEUTSCHLAND. **Abgabenordnung - AO.** 16. März 1976. Deutschland, 1976. Disponível em: <http://www.gesetze-im-internet.de/ao_1977/index.html>. Acesso em: 05 jan. 2020.

vinculantes) ou de *verbindliche Zusage* (confirmação vinculante), a orientação fornecida poderá incidir por tempo indeterminado.[351]

Na sequência, os itens 1 a 5 da Seção 1 (1) da Portaria *StAuskV* fixam que o pedido de *verbindliche Auskunft* (informação vinculante) deverá ser dirigido para a autoridade competente, englobando os (i) dados completos do requerente (nome, enderenço, etc.); (ii) uma apresentação detalhada, integral e global das circunstâncias ou negócios ainda não implementados no momento da submissão do pedido; (iii) a exposição do principal interesse fiscal[352] do requerente; (iv) a descrição precisa da questão legal abarcada pelo pedido, inclusive com a exposição dos fundamentos da opinião do próprio requerente sobre a solução da questão; e (iv) a formulação de questões jurídicas concretas.[353] Não são suficientes para o atendimento desse requisito, segundo o item n. 3.4.4 do Decreto (AEAO para a Seção 89 do AO), a inclusão de perguntas gerais sobre as consequências fiscais dos fatos planejados.[354]

Em relação à *verbindliche Zusage* (confirmação vinculante), não constam nas normas regulamentares regras similares à dos itens 1 ao 5 da Seção 1 (1) da Portaria *StAuskV*. Na Seção 204 do Código Tributário (AO), é especificada apenas a necessidade de demonstração de interesse, verificável a partir da demonstração da importância de determinado tratamento tributário para

[351] SEER, Roman. Verbindliche Auskunft. Finanz-Rundschau Ertragsteuerrecht, v.99, pp. 161--169, feb.2017, p.164. Disponível em: <https://www.kompetenzzentrum-steuerrecht.de/MEDIEN/contenido_import/Publikationen/2017/Seer_FR_2017_161.pdf>. Acesso em 19 jan.2020.

[352] O "interesse fiscal" do requerente, conforme será descrito em detalhes no subtópico 3.4.5 deste capítulo, é extraído da conjugação de três fatores, que deverão ser descritos no pedido, quais sejam: (i) demonstração da relação entre o requerente e a questão jurídica presentada; (ii) a explicação de que o pedido não contempla questões óbvias e já decididas ou pacificadas; (iii) descrição de como os efeitos tributários da questão apresentada poderão afetar a rentabilidade do negócio ou a concretização da operação planejada. Vide: WÖHLECKE, Friedrich. **Die verbindliche Auskunft im deutsch-französischen Vergleich.** 2019. Tese (Doutorado) - Faculty of Law, Öffentliches Recht. Professur Für Steuerrecht, Universität Zu Köln, Köln, 2019, p. 25-26. Disponível em: <http://kups.ub.uni-koeln.de/id/eprint/10438>. Acesso em: 09 jan. 2020. TIPKE, Klaus; LANG, Joaquim. **Direito Tributário:** *(Steuerrecht)*. Porto Alegre: Sergio Antonio Fabris, 2014. 768 p. 3 v. Tradução da 18ª edição alemã, a cargo de Elisete Antoniuk, p. 231.

[353] DEUTSCHLAND. **Steuer-auskunftsverordnung** - **Stauskv**, 30 november 2007. **Bgbl. I S. 2783.** Deutschland, 2007. Disponível em: <http://www.gesetze-im-internet.de/stauskv/>. Acesso em: 05 jan. 2020.

[354] DEUTSCHLAND. Anwendungserlass Zur Abgabenordnung (AEAO), 31. Januar 2014, zuletzt geändert durch BMF-Schreiben v. 27. 9. 2019 – IV A 3 - S 0062/19/10009 :001. **Nwb.** Deutschland, Disponível em: <https://datenbank.nwb.de/Dokument/Anzeigen/500001/?shigh=Anwendungserlass&listPos=1&listId=1464843>. Acesso em: 09 jan. 2020.

o futuro exercício das atividades empresariais/comerciais (*geschäftlichen*) do contribuinte.

Exige-se, ainda, a apresentação pelo requerente de uma a declaração atestando que não foram solicitadas *verbindliche Auskunft* (informações vinculantes) sobre os mesmos fatos a outras Autoridades Fiscais, bem como a confirmação que todas as informações indispensáveis para eventual constituição do crédito tributário foram fornecidas e são verdadeiras, nos termos dos itens 6 e 7 da Seção 1 (1) da Portaria *StAuskV*.[355]

Tendo em vista que os pedidos de *verbindliche Auskünft* (informações vinculantes) estão sempre relacionados a circunstâncias e eventos concretos, mesmo que ainda não ocorridos, além da descrição completa e precisa de tais fatos, o requerente também deverá anexar ao seu pleito toda a documentação necessária para a comprovação do cenário a que se referem. Caso a documentação apresentada seja insuficiente, a Administração não é obrigada realizar averiguações para confirmar ou complementar os elementos necessários para a análise da questão. Por outro lado, se a documentação for insuficiente e o pedido for relacionado a uma matéria possível de emissão de uma *verbindliche Auskunft* (informação vinculantes), deverá ser oportunizada ao requerente a complementação da documentação e dos esclarecimentos fornecidos, nos termos do item n. 3.5.1 do Decreto (AEAO para a Seção 89 do AO).[356]

Entre as informações obrigatórias, especificamente para as *verbindliche Auskünft* (informações vinculantes), está, ainda, a necessidade de especificação dos valores envolvidos no pedido, para fins de avaliação sobre o benefício econômico para o requerente e cálculo da taxa de serviço, conforme estabelecido na Seção 89 (4), enunciado 2 do Código de Imposto (AO),[357] e no item n. 3.4.1 do Decreto (AEAO para a Seção 89 do AO). Essa regra não é aplicável à *verbindliche Zusage* (confirmação vinculante), uma vez que, para a sua emissão, não é exigido o pagamento de taxa, conforme será explicitado adiante.

[355] DEUTSCHLAND. **Steuer-auskunftsverordnung - Stauskv**, 30 november 2007. **Bgbl. I S. 2783**. Deutschland, 2007. Disponível em: <http://www.gesetze-im-internet.de/stauskv/>. Acesso em: 05 jan. 2020.

[356] DEUTSCHLAND. Anwendungserlass Zur Abgabenordnung (AEAO), 31. Januar 2014, zuletzt geändert durch BMF-Schreiben v. 27. 9. 2019 – IV A 3 - S 0062/19/10009 :001. **Nwb**. Deutschland, Disponível em: <https://datenbank.nwb.de/Dokument/Anzeigen/500001/?shigh=Anwendungserlass&listPos=1&listId=1464843>. Acesso em: 09 jan. 2020.

[357] DEUTSCHLAND. **Abgabenordnung - AO.** 16. März 1976. Deutschland, 1976. Disponível em: <http://www.gesetze-im-internet.de/ao_1977/index.html>. Acesso em: 05 jan. 2020.

Interessante notar que o próprio Código Tributário (AO) estipula na Seção 89, parágrafo 2, enunciado 4, o prazo de 6 (seis) meses para a apresentação de resposta pela administração fiscal, contado da data em que o pedido for recebido no órgão competente. O mesmo dispositivo estabelece que, se o cumprimento desse prazo não for possível, a autoridade fiscal responsável não apenas deverá informar ao contribuinte sobre a impossibilidade de fornecimento das *verbindliche Auskünfte* (informações vinculantes) no termo legal, como também expor as razões que justificam a intempestividade.[358]

Tal prazo, entretanto, apenas foi inserido no Código Tributário (AO) em julho de 2016, com as alterações promovidas pela Lei de Modernização do Processo Tributário (*Gesetz zur Modernisierung des Besteuerungsverfahrens*)[359] e, nos termos do que foi estabelecido pela Lei de Introdução ao Código Tributário (*Einführungsgesetz zur Abgabenordnung* - EGAO),[360] art. 97, Seção 25 (2), a alteração só passou a ser aplicável aos pedidos protocolados a partir de 31.12.2016.

O item n. 3.5.9 do Decreto (AEAO para a Seção 89 do AO) informa que o decurso do prazo para a apresentação da resposta ao pedido de *verbindliche Auskunft* (informação vinculante) não significa concordância tácita com a posição jurídica defendida pelo contribuinte[361] e não foi definida nenhuma consequência para o descumprimento do aludido prazo.[362]

Ao receber um pedido para a emissão de uma *verbindliche Auskunft* (informação vinculante), as autoridades fiscaisterão três caminhos possíveis: (i) rejeitar

[358] DEUTSCHLAND. **Abgabenordnung - AO.** 16. März 1976. Deutschland, 1976. Disponível em: <http://www.gesetze-im-internet.de/ao_1977/index.html>. Acesso em: 05 jan. 2020.

[359] DEUTSCHLAND. **Gesetz zur Modernisierung des Besteuerungsverfahrens**, 18. Juli 2016. BGBl. I S. 1679. Deutschland, 2016. Disponível em: <https://www.bundesfinanzministerium.de/Content/DE/Gesetzestexte/Gesetze_Gesetzesvorhaben/Abteilungen/Abteilung_IV/18_Legislaturperiode/Gesetze_Verordnungen/2016-07-22-Steuermodernisierungsgesetz/3-Verkuendetes-Gesetz.pdf?__blob=publicationFile&v=3>. Acesso em: 25 fev. 2020.

[360] DEUTSCHLAND. **Einführungsgesetz zur Abgabenordnung - EGAO,**14. Dezember 1976, das zuletzt durch Artikel 2 des Gesetzes vom 21. Dezember 2019, geändert worden ist. Disponível em: <http://www.gesetze-im-internet.de/aoeg_1977/BJNR033419976.html#BJNR033419976BJNG000600319>. Acesso em: 12 jan. 2020.

[361] DEUTSCHLAND. Anwendungserlass Zur Abgabenordnung (AEAO), 31. Januar 2014, zuletzt geändert durch BMF-Schreiben v. 27. 9. 2019 – IV A 3 - S 0062/19/10009 :001. **Nwb.** Deutschland, Disponível em: <https://datenbank.nwb.de/Dokument/Anzeigen/500001/?shigh=Anwendungserlass&listPos=1&listId=1464843>. Acesso em: 09 jan. 2020.

[362] WÖHLECKE, Friedrich. **Die verbindliche Auskunft im deutsch-französischen Vergleich.** 2019. Tese (Doutorado) - Faculty of Law, Öffentliches Recht. Professur Für Steuerrecht, Universität Zu Köln, Köln, 2019, p. 42. Disponível em: <http://kups.ub.uni-koeln.de/id/eprint/10438>. Acesso em: 09 jan. 2020.

por ausência de atendimento aos pressupostos; (ii) manifestar-se favoravelmente; ou (iii) rejeitar o pedido e emitir orientação em sentido diverso da opinião do contribuinte ou interessado manifestada por ocasião da formalização do pedido.[363]

Se o pedido tiver deixado de atender apenas algum requisito formal, a autoridade fiscal deverá, antes de qualquer coisa, viabilizar a sua retificação ou complementação (item n. 3.5.1 do AEAO para a Seção 89 do AO).[364] Se os requisitos formais tiverem sido observados e o requerente tiver demonstrado a existência de interesse, a autoridade fiscal passará a examinar, a seu critério e nos limites de sua discricionariedade, se emitirá uma *verbindliche Auskunft* (informação vinculante).[365] Os contornos dessa discricionariedade foram elencados no subtópico 3.3.5 desse Capítulo.

Por outro lado, no âmbito da *verbindliche Zusage* (confirmação vinculante), o espaço para discricionariedade da autoridade fiscal é reduzido, na medida em que a sua emissão é, em regra, um dever. O item n. 5 do Decreto (AEAO para a Seção 204 do AO) estabelece, inclusive, que o pedido de *verbindliche Zusage* (confirmação vinculante) apenas poderá ser rejeitado em situações excepcionais (*ausnahmsweise*), conforme explicitado em detalhes na subtópico 2.3.5 deste capítulo.[366]

É possível considerar aplicável tanto no âmbito do procedimento para emissão da *verbindliche Auskunft* (informação vinculante) quanto para a *verbindliche Zusage* (confirmação vinculante) o disposto na Seção 91 do Código Tributário (AO), segundo o qual é assegurado aos interessados, antes da emissão de um ato administrativo contrário aos seus interesses, a oportunidade de

[363] WÖHLECKE, Friedrich. **Die verbindliche Auskunft im deutsch-französischen Vergleich.** 2019. Tese (Doutorado) - Faculty of Law, Öffentliches Recht. Professur Für Steuerrecht, Universität Zu Köln, Köln, 2019, p. 40. Disponível em: <http://kups.ub.uni-koeln.de/id/eprint/10438>. Acesso em: 09 jan. 2020.

[364] DEUTSCHLAND. Anwendungserlass Zur Abgabenordnung (AEAO), 31. Januar 2014, zuletzt geändert durch BMF-Schreiben v. 27. 9. 2019 – IV A 3 - S 0062/19/10009 :001. **Nwb.** Deutschland, Disponível em: <https://datenbank.nwb.de/Dokument/Anzeigen/500001/?shigh=Anwendungserlass&listPos=1&listId=1464843>. Acesso em: 09 jan. 2020.

[365] WÖHLECKE, Friedrich. **Die verbindliche Auskunft im deutsch-französischen Vergleich.** 2019. Tese (Doutorado) – Faculty of Law, Öffentliches Recht. Professur Für Steuerrecht, Universität Zu Köln, Köln, 2019, p. 40. Disponível em: <http://kups.ub.uni-koeln.de/id/eprint/10438>. Acesso em: 09 jan. 2020.

[366] DEUTSCHLAND. Anwendungserlass Zur Abgabenordnung (AEAO), 31. Januar 2014, zuletzt geändert durch BMF-Schreiben v. 27. 9. 2019 – IV A 3 - S 0062/19/10009 :001. **Nwb.** Deutschland, Disponível em: <https://datenbank.nwb.de/Dokument/Anzeigen/500001/?shigh=Anwendungserlass&listPos=1&listId=1464843>. Acesso em: 09 jan. 2020.

se manifestar em uma audiência (*Anhörung*) sobre os fatos ou circunstâncias cruciais para definição da questão.[367]

Inclusive, o item n. 3.5.8 do Decreto (AEAO para a Seção 89 do AO) estabelece que, se for realizada audiência com um terceiro interessado ou alguma outra autoridade fiscal que tenham alguma relação com a situação consultada, para tratar das questões expostas no pedido de *verbindliche Auskunft* (informação vinculante), a resposta ao pedido somente poderá ser fornecida após a idêntica oitiva de todos os demais envolvidos, caso existam.[368]

Na resposta apresentada pela autoridade fiscal, deverá constar as informações sobre o cabimento de recursos, conforme especificado no item n. 3.5.5 do Decreto (AEAO para a Seção 89 do AO). Sobre a interposição de recurso, aliás, o item n. 3.7.1 do Decreto (AEAO para a Seção 89 do AO) explicita a possibilidade de interposição tanto em face da *verbindliche Auskunft* (informação vinculante) emitida quanto do ato de recusa em sua emissão pela Autoridade Fiscal.[369] O regulamento remete ao disposto na Seção 347 do Código Tributário (AO), que prescreve o cabimento de recurso (*Einspruch*) contra todo e qualquer ato administrativo proveniente de autoridades ficais federais (*Bundesfinanzbehörden*) ou regionais (*Landesfinanzbehörden*) em questões tributárias, exceto nas situações descritas na Seção 348 do mesmo diploma.[370]

Na Seção 347 (1) 4 do Código Tributário (AO), consta também a previsão de cabimento de recurso em questões tributárias quando "nenhuma decisão foi tomada dentro de um prazo razoável para decidir objetivamente sobre um pedido de um ato administrativo, sem que tenha sido justificado".[371] Assim,

[367] DEUTSCHLAND. **Abgabenordnung - AO.** 16. März 1976. Deutschland, 1976. Disponível em: <http://www.gesetze-im-internet.de/ao_1977/index.html>. Acesso em: 05 jan. 2020.

[368] DEUTSCHLAND. Anwendungserlass Zur Abgabenordnung (AEAO), 31. Januar 2014, zuletzt geändert durch BMF-Schreiben v. 27. 9. 2019 – IV A 3 - S 0062/19/10009 :001. **Nwb.** Deutschland, Disponível em: <https://datenbank.nwb.de/Dokument/Anzeigen/500001/?shigh=Anwendungserlass&listPos=1&listId=1464843>. Acesso em: 09 jan. 2020.

[369] DEUTSCHLAND. Anwendungserlass Zur Abgabenordnung (AEAO), 31. Januar 2014, zuletzt geändert durch BMF-Schreiben v. 27. 9. 2019 – IV A 3 - S 0062/19/10009 :001. **Nwb.** Deutschland, Disponível em: <https://datenbank.nwb.de/Dokument/Anzeigen/500001/?shigh=Anwendungserlass&listPos=1&listId=1464843>. Acesso em: 09 jan. 2020.

[370] DEUTSCHLAND. **Abgabenordnung - AO.** 16. März 1976. Deutschland, 1976. Disponível em: <http://www.gesetze-im-internet.de/ao_1977/index.html>. Acesso em: 05 jan. 2020.

[371] Tradução nossa do texto original :*Der Einspruch ist außerdem statthaft, wenn geltend gemacht wird, dass in den in Satz 1 bezeichneten Angelegenheiten über einen vom Einspruchsführer gestellten Antrag auf Erlass eines Verwaltungsakts ohne Mitteilung eines zureichenden Grundes binnen angemessener Frist sachlich nicht entschieden worden ist."* DEUTSCHLAND. **Abgabenordnung - AO.** 16. März 1976. Deutschland, 1976. Disponível em: <http://www.gesetze-im-internet.de/ao_1977/index.html>. Acesso em: 05 jan. 2020.

o contribuinte também poderá recorrer quando a autoridade fiscal não observar o prazo de 6 meses para apresentar a resposta ao seu pedido e não justificar o motivo do atraso.

Aliás, ao comentarem a disciplina da Seção 347 e seguintes do Código Tributário (AO) Klaus Tipke e Joachim Lang explicam que essa fase recursal é considerada uma prorrogação do processo administrativo, que deve ser "obrigatoriamente antecipado ao processo judicial", com o objetivo de evitar que ações judiciais sobre questões fiscais em massa abarrotem os tribunais financeiros.[372]

O recurso deverá ser apresentado por escrito, em meio físico ou eletronicamente, e dirigido para a Autoridade que proferiu o ato contestado. As razões recursais deverão especificar em que medida o ato administrativo deve ser revisto, quais os pressupostos de fato e de direito que suportam tais conclusões e também terá de ser instruído com os documentos que comprovem tais alegações (Seção 357, 1 a 3, do AO).[373] Não é exigido o pagamento de taxas ou custas para essa espécie recursal administrativa. Apesar disso, para a concessão de eventual pedido de suspensão, reclama o oferecimento de garantia, conforme será explicitado no subtópico 2.3.7.1.[374]

Após o protocolo da oposição (*Einspruch*), o ato administrativo poderá ser revisto pela própria autoridade fiscal responsável pela sua emissão ou então poderá ser encaminhado para julgamento por um departamento de revisão separado (*Rechtsbehelftsstelle*) dentro do mesmo órgão que vai decidir o remédio em si.[375]

À semelhança do que é estabelecido na Seção 91 do Código Tributário (AO), a Seção 346a do mesmo diploma prescreve o direito do contribuinte a uma audiência antes da prolação da decisão final sobre o seu recurso,[376] cuja inobservância poderá acarretar até anulação da decisão recursal.[377]

[372] TIPKE, Klaus; LANG, Joaquim. **Direito Tributário:** *(Steuerrecht)*. Porto Alegre: Sergio Antonio Fabris, 2014. 768 p. 3 v. Tradução da 18ª edição alemã, a cargo de Elisete Antoniuk, p. 455.

[373] DEUTSCHLAND. **Abgabenordnung - AO.** 16. März 1976. Deutschland, 1976. Disponível em: <http://www.gesetze-im-internet.de/ao_1977/index.html>. Acesso em: 05 jan. 2020.

[374] REIMER, Ekkehart. Proteção do contribuinte na Alemanha. **Revista de Direito Tributário Atual**: Instituto Brasileiro de Direito Tributário, São Paulo, v. 22, p.54-77, jan. 2008. Traduzido por Paulo Victor Vieira da Rocha, p. 62.

[375] REIMER, Ekkehart. Proteção do contribuinte na Alemanha. **Revista de Direito Tributário Atual**: Instituto Brasileiro de Direito Tributário, São Paulo, v. 22, p.54-77, jan. 2008. Traduzido por Paulo Victor Vieira da Rocha, 61.

[376] REIMER, Ekkehart. Proteção do contribuinte na Alemanha. **Revista de Direito Tributário Atual**: Instituto Brasileiro de Direito Tributário, São Paulo, v. 22, p.54-77, jan. 2008. Traduzido por Paulo Victor Vieira da Rocha, 61.

[377] TIPKE, Klaus; LANG, Joaquim. **Direito Tributário:** *(Steuerrecht)*. Porto Alegre: Sergio Antonio Fabris, 2014. 768 p. 3 v. Tradução da 18ª edição alemã, a cargo de Elisete Antoniuk, p. 455.

No que diz respeito à extensão material do exame da insurgência recursal, a Seção 367 (2) estabelece que a interposição de recurso submeterá à autoridade competente a análise integral do assunto, autorizando-a a reexaminar todas as questões, inclusive em prejuízo do recorrente, desde que devidamente fundamentada, se for constatada existência de alguma inconsistência no pronunciamento anterior.[378] É que, no âmbito administrativo, a previsão sobre a interposição de recursos não foi instituída apenas como meio de assegurar a revisão do ato pelo requerente, mas principalmente para o exercício de um "autocontrole" pela Administração. Assim, ao examinar o recurso, poderá ser realizada uma análise completa do caso, e não apenas dos aspectos suscitados pelo recorrente.[379]

Essa possibilidade de *reformatio in pejus*, entretanto, apenas poderá ser implementada após a intimação do recorrente com indicando das razões de suas conclusões, conferindo ao recorrente a oportunidade de se pronunciar ou até mesmo de desistir de sua insurgência, nos termos da Seção 367 (2).[380],[381]

Nas situações em que é admitida a emissão de *verbindliche Auskünft* (informações vinculantes) de forma uniforme para vários interessados, havendo interposição de recurso por um deles, se o resultado também puder impactar em relação aos demais, estes também deverão ser consultados e ouvidos previamente antes do julgamento (item n. 3.7.3, do AEAO para a Seção 89 do AO e Seção 360 [3] do AO).[382]

Por fim, vale mencionar que o parágrafo (3) da Seção 89 do Código Tributário (AO) estabelece como condição para o processamento do pedido de *verbindliche Auskunft* (informação vinculante) o pagamento de uma espécie

[378] DEUTSCHLAND. **Abgabenordnung - AO.** 16. März 1976. Deutschland, 1976. Disponível em: <http://www.gesetze-im-internet.de/ao_1977/index.htm l>. Acesso em: 05 jan. 2020.

[379] TIPKE, Klaus; LANG, Joaquim. **Direito Tributário:** *(Steuerrecht)*. Porto Alegre: Sergio Antonio Fabris, 2014. 768 p. 3 v. Tradução da 18ª edição alemã, a cargo de Elisete Antoniuk, p. 456.

[380] DEUTSCHLAND. **Abgabenordnung - AO.** 16. März 1976. Deutschland, 1976. Disponível em: <http://www.gesetze-im-internet.de/ao_1977/index.html>. Acesso em: 05 jan. 2020. No mesmo sentido: REIMER, Ekkehart. Proteção do contribuinte na Alemanha. **Revista de Direito Tributário Atual**: Instituto Brasileiro de Direito Tributário, São Paulo, v. 22, p.54-77, jan. 2008. Traduzido por Paulo Victor Vieira da Rocha, p. 61.

[381] TIPKE, Klaus; LANG, Joaquim. **Direito Tributário:** *(Steuerrecht)*. Porto Alegre: Sergio Antonio Fabris, 2014. 768 p. 3 v. Tradução da 18ª edição alemã, a cargo de Elisete Antoniuk, p. 471.

[382] DEUTSCHLAND. Anwendungserlass Zur Abgabenordnung (AEAO), 31. Januar 2014, zuletzt geändert durch BMF-Schreiben v. 27. 9. 2019 – IV A 3 - S 0062/19/10009 :001. **Nwb.** Deutschland, Disponível em: <https://datenbank.nwb.de/Dokument/Anzeigen/500001/?shigh=Anwendungserlass&listPos=1&listId=1464843>. Acesso em: 09 jan. 2020.

de taxa (*Gebühr*) de serviço; e os parágrafos seguintes, do terceiro ao sétimo da própria Seção 89, definem as condições gerais para a cobrança.

A referida taxa já foi objeto de questionamento no âmbito do Tribunal Fiscal Alemão (*Bundesfinanzhof* - BFH). O Tribunal chancelou a escolha do legislador, tendo assentado a constitucionalidade da norma que estipula da exigência da taxa tanto no que diz respeito aos fundamentos para a cobrança quanto no tocante ao método de cálculo adotado. Segundo o BFH, a cobrança visa compensar o encargo administrativo excepcional da autoridade fiscal competente para a sua emissão, equilibrando-a de acordo com a vantagem obtida pelo contribuinte como consequência do efeito vinculante da informação.[383]

Nesse mesmo precedente, o Tribunal Fiscal Alemão (BFH) explicou, ainda, que a obrigação de pagar taxas foi incluída no âmbito do projeto da Lei de Reforma do Federalismo, com o argumento de que, a partir da instituição das *verbindliche Auskünft* (informações vinculantes), era esperado um aumento na quantidade de requerimentos protocolados e, consequentemente, representariam um aumento significativo do trabalho para as autoridades fiscais, de modo que a taxa visa remunerar o cumprimento de uma função adicional entre as demais desenvolvidas pela Administração Financeira.[384]

De acordo com a Seção 89 (4) sentença 1 do Código Tributário (AO), via de regra, a taxa será calculada de acordo com a utilidade que as informações representam para o solicitante, definido como o valor objeto (*Gegenstandswert*), nos termos do que foi especificado no pedido.[385] Assim, as implicações fiscais ponderadas para o cálculo da taxa de utilização do serviço normalmente resultam da diferença entre o valor do imposto que seria devido pelo contribuinte, se a orientação por ele pretendida fosse aplicada, e o valor do imposto que seria devido, se a instrução da autoridade fiscal indicasse conclusão diversa.[386]

[383] DEUTSCHLAND. **Bundesfinanzhof (BFH).** Urteil vom 30.3.2011, I R 61/10. Disponível em: <https://juris.bundesfinanzhof.de/cgi-bin/rechtsprechung/druckvorschau.py?Gericht=bfh&Art=en&nr=23692> Acesso em: 12 jan. 2020.

[384] DEUTSCHLAND. **Bundesfinanzhof (BFH).** Urteil vom 30.3.2011, I R 61/10. Disponível em: <https://juris.bundesfinanzhof.de/cgi-bin/rechtsprechung/druckvorschau.py?Gericht=bfh&Art=en&nr=23692> Acesso em: 12 jan. 2020.

[385] DEUTSCHLAND. **Abgabenordnung - AO.** Section § 89. Beratung, Auskunft, 16. März 1976. Deutschland, 1976. Disponível em: <http://www.gesetze-im-internet.de/ao_1977/index.html>. Acesso em: 05 jan. 2020.

[386] DEUTSCHLAND. **Bundesfinanzhof (BFH).** Urteil vom 22.4.2015, IV R 13/12. Disponível em: <https://juris.bundesfinanzhof.de/cgi-bin/rechtsprechung/druckvorschau.py?Gericht=bfh&Art=en&nr=32219> Acesso em: 06 jan. 2020.

Para casos em que não é possível aferir o valor do benefício nem mesmo por estimativa por parte da Administração, a cobrança da taxa será realizada de acordo com o tempo transcorrido para o processamento do pedido, nos termos da Seção 89 (6) do AO e dos itens n. 4.3.1 e 4.3.2 do Decreto (AEAO para a Seção 89 do AO), que será de 50 euros para cada meia hora de trabalho incorrida. A taxa não será cobrada se o tempo gasto for inferior a duas horas.[387]

O item n. 4.2.4 do Decreto (AEAO para a Seção 89 do AO) esclarece, por outro lado, que existe um valor máximo do objeto para fins de definição da taxa, fixado pela Lei de Custas Judiciais (*Gerichtskostengesetzes* - GKG), com base na autorização contida na Seção 89 (5) do Código Tributário (AO), o qual, a partir de agosto de 2013, foi limitado a trinta milhões de euros (€ 30.000.000,00). Além disso, a própria Seção 89 (5) do Código Tributário (AO) estabelece expressamente a inexigibilidade da taxa se o "valor do objeto" for inferior dez mil euros (€ 10.000,00).[388]

Se as informações vinculativas forem fornecidas a vários solicitantes de maneira uniforme, será cobrada uma única taxa de todos os interessados, os quais serão conjuntamente responsáveis pelo adimplemento da taxa (Seção 89, 3, do AO).[389] Contudo, se vários contribuintes apresentarem solicitações autônomas sobre os mesmos fatos e tais requerimentos não puderem ser consolidados em um procedimento de informação uniforme, serão cobradas taxas individuais de cada um dos requerentes.[390]

As normas regulamentares contemplam diversas exceções para situações particulares, tais como nos casos em que as *verbindliche Auskünfte* (informações vinculantes) abarcam fatos permanentes, em que poderão ser considerados os

[387] DEUTSCHLAND. **Abgabenordnung - AO.** 16. März 1976. Deutschland, 1976. Disponível em: <http://www.gesetze-im-internet.de/ao_1977/index.html>. Acesso em: 05 jan. 2020; e DEUTSCHLAND. Anwendungserlass Zur Abgabenordnung (AEAO), 31. Januar 2014, zuletzt geändert durch BMF-Schreiben v. 27. 9. 2019 – IV A 3 - S 0062/19/10009 :001 (2019/0833449). **Nwb.** Deutschland, Disponível em: <https://datenbank.nwb.de/Dokument/Anzeigen/500001/?shigh=Anwendungserlass&listPos=1&listId=1464843>. Acesso em: 09 jan. 2020.

[388] DEUTSCHLAND. Anwendungserlass Zur Abgabenordnung (AEAO), 31. Januar 2014, zuletzt geändert durch BMF-Schreiben v. 27. 9. 2019 – IV A 3 - S 0062/19/10009 :001. **Nwb.** Deutschland, Disponível em: <https://datenbank.nwb.de/Dokument/Anzeigen/500001/?shigh=Anwendungserlass&listPos=1&listId=1464843>. Acesso em: 09 jan. 2020.

[389] DEUTSCHLAND. **Abgabenordnung - AO.** 16. März 1976. Deutschland, 1976. Disponível em: <http://www.gesetze-im-internet.de/ao_1977/index.html>. Acesso em: 05 jan. 2020.

[390] WÖHLECKE, Friedrich. **Die verbindliche Auskunft im deutsch-französischen Vergleich.** 2019.Tese (Doutorado) - Faculty of Law, Öffentliches Recht. Professur Für Steuerrecht, Universität Zu Köln, Köln, 2019, p. 27. Disponível em: <http://kups.ub.uni-koeln.de/id/eprint/10438>. Acesso em: 09 jan. 2020.

impactos tributários da média de um ano (item n. 4.2.3 do AEAO para a Seção 89 do AO) ou até mesmo regras de inexigibilidade da taxa caso as orientações não contenham a natureza vinculante (item n. 4.1.3 do AEAO para a Seção 89 do AO),[391] de modo que o valor e exigibilidade da taxa são aferíveis caso a caso.

O valor da taxa deverá ser fornecido por escrito e o pagamento deverá ser efetuado no prazo de um mês contado da data da notificação do solicitante do valor estipulado, nos termos da Seção 89 (3) do Código Tributário (AO) e do item n. 4.4.1 do Decreto (AEAO para a Seção 89 do AO). O prazo para pagamento poderá ser prorrogado pela autoridade fiscal, que também adiará o exame do pedido de informações.[392]

Em princípio, as taxas de utilização do serviço deverão ser igualmente adimplidas, mesmo nas hipóteses em que a orientação da autoridade fiscal não chancelar os fundamentos legais suscitados pelo requerente, bem como se, no exercício de seu poder discricionário, recusar-se a fornecer *verbindliche Auskünfte* (informações vinculantes) (n. 4.1.1 do AEAO para a Seção 89 do AO). Por outro lado, se o pedido contiver inconsistências formais, a autoridade fiscal competente deverá notificar o requerente, especificando o motivo da deficiência para que avalie se prefere sanar a irregularidade, complementando-o, ou desistir sem a cobrança da taxa de serviço (n. 4.5.1 do AEAO para a Seção 89 do AO).[393]

Nos casos de desistência, o valor da taxa somente será integralmente devolvido se a autoridade fiscal não tiver iniciado o exame do pedido. Se a análise do requerimento já tiver sido iniciada, serão considerados os custos incorridos até o momento da desistência e o valor remanescente será devolvido (4.5.2 do AEAO para a Seção 89).[394]

[391] DEUTSCHLAND. Anwendungserlass Zur Abgabenordnung (AEAO), 31. Januar 2014, zuletzt geändert durch BMF-Schreiben v. 27. 9. 2019 – IV A 3 - S 0062/19/10009 :001. **Nwb**. Deutschland, Disponível em: <https://datenbank.nwb.de/Dokument/Anzeigen/500001/?shigh=Anwendungserlass&listPos=1&listId=1464843>. Acesso em: 09 jan. 2020.

[392] DEUTSCHLAND. Anwendungserlass Zur Abgabenordnung (AEAO), 31. Januar 2014, zuletzt geändert durch BMF-Schreiben v. 27. 9. 2019 – IV A 3 - S 0062/19/10009 :001. **Nwb**. Deutschland, Disponível em: <https://datenbank.nwb.de/Dokument/Anzeigen/500001/?shigh=Anwendungserlass&listPos=1&listId=1464843>. Acesso em: 09 jan. 2020.

[393] DEUTSCHLAND. Anwendungserlass Zur Abgabenordnung (AEAO), 31. Januar 2014, zuletzt geändert durch BMF-Schreiben v. 27. 9. 2019 – IV A 3 - S 0062/19/10009 :001. **Nwb**. Deutschland, Disponível em: <https://datenbank.nwb.de/Dokument/Anzeigen/500001/?shigh=Anwendungserlass&listPos=1&listId=1464843>. Acesso em: 09 jan. 2020.

[394] DEUTSCHLAND. Anwendungserlass Zur Abgabenordnung (AEAO), 31. Januar 2014, zuletzt geändert durch BMF-Schreiben v. 27. 9. 2019 – IV A 3 - S 0062/19/10009 :001. **Nwb**. Deutschland, Disponível em: <https://datenbank.nwb.de/Dokument/Anzeigen/500001/?shigh=Anwendungserlass&listPos=1&listId=1464843>. Acesso em: 09 jan. 2020.

O pagamento da taxa não é exigido na emissão da *verbindliche Zusage* (confirmação vinculante) da Seção§§ 204 a 207 do Código Tributário (AO) (item n. 4.1.3 do AEAO).[395] Roman Seer explica que a gratuidade decorre do fato de que a *Zusage* (confirmação) diz respeito a fatos fiscalizados no passado que, se mantidos no futuro, deverão observar a mesma repercussão tributária descrita no relatório de auditoria da empresa, motivo pelo qual não imputa trabalho ou gastos adicionais para as autoridades fiscais que justifiquem uma cobrança.[396]

2.3.4 Legitimados para a formalização do pedido

Nas situações em que já estiver definida a sujeição passiva da obrigação tributária compreendida no pedido de *verbindliche Auskunft* (informação vinculante), instituído pela Seção 89 (2) do Código Tributário (AO), apenas o próprio sujeito passivo (*Steuerpflichtige*) terá legitimidade para sua formalização, independentemente de ser uma pessoa física ou jurídica e, nessa condição de requerente, passará também a ser devedor da taxa de serviço especificada na Seção 89 (3) a (5) do mesmo diploma.[397]

Considerando-se, por outro lado, que as *verbindliche Auskünfte* (informações vinculantes) visam precipuamente à obtenção de orientações sobre operações e eventos ainda não realizados, a Seção 1 (4) da Portaria *StAuskV* reconhece que, em alguns casos, a figura do sujeito passivo ainda não está devidamente definida e admite a formalização de pedido por um terceiro ou grupo de pessoas, desde que esteja devidamente fundamentado no pedido o interesse

[395] DEUTSCHLAND. Anwendungserlass Zur Abgabenordnung (AEAO), 31. Januar 2014, zuletzt geändert durch BMF-Schreiben v. 27. 9. 2019 – IV A 3 - S 0062/19/10009 :001. **Nwb.** Deutschland, Disponível em: <https://datenbank.nwb.de/Dokument/Anzeigen/500001/?shigh=Anwendungserlass&listPos=1&listId=1464843>. Acesso em: 09 jan. 2020.

[396] SEER, Roman et al (Org.). **Recht auf Information und Auskunft im Besteuerungsverfahren.:** unter besonderer Berücksichtigung des Gesetzes zur Modernisierung des Besteuerungsverfahrens vom 18. Juli 2016 und der EU-Datenschutz-GrundVO vom 27. April 2016 mit nachfolgenden Änderungen der AO. Berlin: Deutsches Wissenschaftliches Institut Der Steuerberater E.v., 2017. p 22. Disponível em: <https://www.dws-institut.de/sites/default/files/ue_document/file_id/DWS_Institut_Brosch%C3%BCre_Recht_online.pdf>. Acesso em: 10 jan. 2020.

[397] DEUTSCHLAND. Anwendungserlass Zur Abgabenordnung (AEAO), 31. Januar 2014, zuletzt geändert durch BMF-Schreiben v. 27. 9. 2019 – IV A 3 - S 0062/19/10009 :001. **Nwb.** Deutschland, Disponível em: <https://datenbank.nwb.de/Dokument/Anzeigen/500001/?shigh=Anwendungserlass&listPos=1&listId=1464843>. Acesso em: 09 jan. 2020.

no fornecimento das informações e a sua relação com os fatos nos quais está alicerçado.[398]

No que diz respeito aos pedidos que envolvam as consequências fiscais de uma sociedade que ainda não está formalmente constituída nos termos do n. 3.2.3 do Decreto (AEAO para a Seção 89 do AO), somente serão legitimados aqueles que demonstrarem em conjunto ou isoladamente a detenção de pelo menos 50% da participação em empresa que esteja em vias de ser constituída. Nessas circunstâncias, as orientações terão efeitos vinculativos sobre a futura sociedade tributável, ainda que os percentuais de participação societária implementados na prática sejam diferentes dos percentuais que constaram no pedido submetido, na medida em que as relações de participação acionária são irrelevantes para a apuração fiscal.[399]

Na hipótese prevista na Seção 1 (2) da Portaria *StAuskV*, que autoriza a submissão de um único pedido em conjunto por todos os contribuintes que serão impactados pelos efeitos tributários de um mesmo negócio ou acontecimento, claramente o requerente e o contribuinte não precisam ser idênticos, admitindo-se o protocolo por um representante autorizado.[400]

Com o objetivo de evitar a emissão de *verbindliche Auskünft* (informações vinculantes) contraditórias para pessoas que poderão ser atingidas pelos efeitos fiscais de uma determinada negociação, as Seção 1 (2), itens 1, 2, 3 e 4, da Portaria *StAuskV* estabelece diversas situações nas quais o pedido apenas será formalizado de forma conjunta por todos os envolvidos.[401]

Em relação às *verbindliche Zusage* (confirmação vinculante), serão legitimados para a formalização do pedido, nos termos da Seção 204 do Código Tributário (AO), os contribuintes que tenham sido submetidos ao procedimento

[398] DEUTSCHLAND. **Steuer-auskunftsverordnung - Stauskv**, 30 november 2007. **Bgbl. I S. 2783**. Deutschland, 2007. Disponível em: <http://www.gesetze-im-internet.de/stauskv/>. Acesso em: 05 jan. 2020.

[399] DEUTSCHLAND. Anwendungserlass Zur Abgabenordnung (AEAO), 31. Januar 2014, zuletzt geändert durch BMF-Schreiben v. 27. 9. 2019 – IV A 3 - S 0062/19/10009 :001. **Nwb**. Deutschland, Disponível em: <https://datenbank.nwb.de/Dokument/Anzeigen/500001/?shigh=Anwendungserlass&listPos=1&listId=1464843>. Acesso em: 09 jan. 2020.

[400] DEUTSCHLAND. Anwendungserlass Zur Abgabenordnung (AEAO), 31. Januar 2014, zuletzt geändert durch BMF-Schreiben v. 27. 9. 2019 – IV A 3 - S 0062/19/10009 :001. **Nwb**. Deutschland, Disponível em: <https://datenbank.nwb.de/Dokument/Anzeigen/500001/?shigh=Anwendungserlass&listPos=1&listId=1464843>. Acesso em: 09 jan. 2020.

[401] DEUTSCHLAND. **Steuer-auskunftsverordnung - Stauskv**, 30 november 2007. **Bgbl. I S. 2783**. Deutschland, 2007. Disponível em: <http://www.gesetze-im-internet.de/stauskv/>. Acesso em: 05 jan. 2020.

especial de fiscalização (*Außenprüfung*), regulado nas Seções 193 a 203 do Código Tributário (AO). De uma forma geral, são passíveis de serem avaliados no âmbito desse procedimento especial de fiscalização todos os sujeitos de obrigações tributárias, assim entendidos aqueles que obtenham rendimentos tributáveis, sejam eles de atividades comerciais, agrícolas ou do exercício de atividade profissional autônoma (Seção 193, 1, do AO), sejam aqueles cuja responsabilidade decorra da obrigação de retenção (Seção 193, 2, 1 do AO).[402]

2.3.5 Matérias que poderão ser objeto de *verbindliche Auskünfte* (informações vinculantes) e *verbindliche Zusage* (confirmação vinculante)

A própria Seção § 89 (2) do Código Tributário (AO) contempla as diretrizes centrais para a definição sobre as questões que poderão ser respondidas pelas autoridades fiscais no âmbito das *verbindliche Auskünfte* (informações vinculantes), especificando que o instituto apenas produzirá efeitos: (i) em relação a questões relacionadas com a constituição do crédito tributário; (ii) desde que a matéria e a dúvida estejam precisamente delimitadas e sejam relacionadas; (iii) via de regra, com operações não realizadas ou fatos não ocorridos, (iv) sendo demonstrada a existência de interesse específico,[403] que quer dizer a necessidade de que a questão jurídica apresentada no pedido seja alusiva ao cumprimento das obrigações fiscais concretas do requerente.

As mesmas condições são, em essência, fixadas nas Seções 204 e 205 do Código Tributário (AO) para a emissão de uma *verbindliche Zusage* (confirmação vinculante),[404] com a diferença de que a *Zusage* (confirmação) é considerada adequada apenas para questões permanentes (*Dauersachverhalte*), quer dizer, para obrigações tributárias de trato continuado de longo prazo.[405]

402 DEUTSCHLAND. **Abgabenordnung - AO.** 16. März 1976. Deutschland, 1976. Disponível em: <http://www.gesetze-im-internet.de/ao_1977/index.htm l>. Acesso em: 05 jan. 2020.

403 DEUTSCHLAND. **Abgabenordnung - AO.** 16. März 1976. Deutschland, 1976. Disponível em: <http://www.gesetze-im-internet.de/ao_1977/index.html>. Acesso em: 05 jan. 2020.

404 DEUTSCHLAND. **Abgabenordnung - AO.** 16. März 1976. Deutschland, 1976. Disponível em: <http://www.gesetze-im-internet.de/ao_1977/index.html>. Acesso em: 05 jan. 2020.

405 SEER, Roman et al (Org.). **Recht auf Information und Auskunft im Besteuerungsverfahren.:** unter besonderer Berücksichtigung des Gesetzes zur Modernisierung des Besteuerungsverfahrens vom 18. Juli 2016 und der EU-Datenschutz-GrundVO vom 27. April 2016 mit nachfolgenden Änderungen der AO. Berlin: Deutsches Wissenschaftliches Institut Der Steuerberater E.v., 2017. p. 23. Disponível em: <https://www.dws-institut.de/sites/default/files/ue_document/file_id/DWS_Institut_Brosch%C3%BCre_Recht_online.pdf>. Acesso em: 10 jan. 2020.

As quatro balizas acima enumeradas serão explicitadas em detalhes a seguir.

Tratamento tributário. As *verbindliche Auskünfte* (informações vinculantes) da Seção 89 (2) do AO podem ser fornecidas pela administração fiscal em relação a todas as questões jurídicas práticas/concretas/tangíveis relacionadas à apuração e constituição do crédito tributário envolvendo circunstâncias e negócios devidamente individualizados,[406] o que também se aplica à *verbindliche Zusage* (confirmação vinculante), desde que tais questões tenham sido previamente examinadas no âmbito de um auditoria externa, Seção 204 do AO.[407]

A Portaria *StAuskV* também especifica, no âmbito da Seção 2 (1) enunciado 1, que o efeito vinculativo se aplica a orientações relacionadas à tributação (*Besteuerung*).[408] Assim, a primeira ressalva quanto ao conteúdo do instituto diz respeito à necessidade de que o pedido do contribuinte trate apenas de questões envolvendo um determinado tratamento tributário.

Pode parecer óbvio esse critério, mas a pertinência de se trazer essa informação fica evidente a partir do apontamento feito por Friedrich Wöhlecke no sentido de que são assim consideradas as dúvidas relacionadas com os tributos na acepção da Seção 3 do Código Tributário (AO).[409] São assim considerados tributos, no Direito alemão, os impostos (*steuern*), taxas (*gebühren*) e as contribuições (*beiträge*).

Questões jurídicas fiscais elegíveis dentro dessa limitação também podem estar relacionadas à constituição do crédito tributário, métodos contábeis e regime de tributação, mesmo que o valor concreto a ser determinado dependa de fatores que ainda não foram especificados e que determinam fatores que apenas terão impactos futuros.[410]

406 WÖHLECKE, Friedrich. **Verbindliche Auskunft im deutsch-französischen Vergleich.** 2019. Tese (Doutorado) - Faculty of Law, Öffentliches Recht. Professur Für Steuerrecht, Universität Zu Köln, Köln, 2019, p. 14. Disponível em: <http://kups.ub.uni-koeln.de/id/eprint/10438>. Acesso em: 09 jan. 2020.

407 DEUTSCHLAND. **Abgabenordnung - AO.** 16. März 1976. Deutschland, 1976. Disponível em: <http://www.gesetze-im-internet.de/ao_1977/index.html>. Acesso em: 05 jan. 2020.

408 DEUTSCHLAND. **Steuer-auskunftsverordnung - Stauskv**, 30 november 2007. **Bgbl. I S. 2783.** Deutschland, 2007. Disponível em: <http://www.gesetze-im-internet.de/stauskv/>. Acesso em: 05 jan. 2020.

409 WÖHLECKE, Friedrich. **Verbindliche Auskunft im deutsch-französischen Vergleich.** 2019. Tese (Doutorado) - Faculty of Law, Öffentliches Recht. Professur Für Steuerrecht, Universität Zu Köln, Köln, 2019, p. 14. Disponível em: <http://kups.ub.uni-koeln.de/id/eprint/10438>. Acesso em: 09 jan. 2020.

410 SEER, Roman. **Verbindliche Auskunft.** Finanz-Rundschau Ertragsteuerrecht, v.99, feb.2017, p. 164. Disponível em: <https://www.kompetenzzentrum-steuerrecht.de/MEDIEN/contenido_import/Publikationen/2017/Seer_FR_2017_161.pdf>. Acesso em: 19 jan.2020.

Interpretação da norma em uma situação concreta. Em relação à exigência de que os assuntos sejam adequadamente demarcados, que é a segunda diretriz envolvendo o conteúdo dos pedidos explicitada na Seção 89 (2) do Código Tributário (AO), o Professor Roman Seer explica que o "conteúdo de uma informação vinculante inclui a análise de fatos determinados, sua avaliação jurídica, especificando, se possível, o tipo de imposto e o período em que a orientação produzirá efeitos".[411]

Aliás, o direcionamento do contribuinte para o atendimento a essa condição está didaticamente explicitado nos itens 4 e 5 da Seção 1 (1) da Portaria (*StAuskV*), no sentido de que o requerente deverá demarcar claramente o problema ou problemas fiscais contemplados em seu pedido, bem como expor sua própria posição em detalhes sobre o assunto.[412]

Friedrich Wöhlecke considera que, dentro do escopo das questões jurídicas que podem ser examinadas pelas autoridades fiscais, está também a determinação dos contornos da tipificação legal, uma vez que a sua ocorrência é condição para a aplicação de uma norma, ressalvando que a ênfase no esclarecimento de questão jurídica com efeitos concretos obriga o requerente a ter cuidado especial na correta formulação da dúvida apresentada, bem como na apresentação da posição atualizada da doutrina e da jurisprudência sobre o assunto.[413]

Essa demarcação repercutirá diretamente no conteúdo da resposta, já que a administração fiscal não é obrigada a lidar com questões relacionadas ou laterais ao problema jurídico descrito na submissão. Serão examinadas apenas as indagações que estiverem devidamente explicitadas no requerimento, ainda que outras dúvidas correlatas possam surgir posteriormente,[414] conforme

411 SEER, Roman. **Verbindliche Auskunft nach § 89 Abs. 2-7 AO: Fortbestehende Mängel auch nach den Änderungen durch das Gesetz zur Modernisierung des Besteuerungsverfahrens.** SteuerStud, NWB Verlag, Herne, n. 10, p. 601-607, september.2016, p. 602. (Tradução nossa)

412 DEUTSCHLAND. **Steuer-auskunftsverordnung - Stauskv**, 30 november 2007. **Bgbl. I S. 2783.** Deutschland, 2007. Disponível em: <http://www.gesetze-im-internet.de/stauskv/>. Acesso em: 05 jan. 2020.

413 WÖHLECKE, Friedrich. **Verbindliche Auskunft im deutsch-französischen Vergleich.** 2019. Tese (Doutorado) – Faculty of Law, Öffentliches Recht. Professur Für Steuerrecht, Universität Zu Köln, Köln, 2019, p. 15. Disponível em: <http://kups.ub.uni-koeln.de/id/eprint/10438>. Acesso em: 09 jan. 2020.

414 WÖHLECKE, Friedrich. **Verbindliche Auskunft im deutsch-französischen Vergleich.** 2019. Tese (Doutorado) – Faculty of Law, Öffentliches Recht. Professur Für Steuerrecht, Universität Zu Köln, Köln, 2019, p. 15. Disponível em: <http://kups.ub.uni-koeln.de/id/eprint/10438>. Acesso em: 09 jan. 2020.

também esclarece o item n. 3.5.1 do Decreto (AEAO para a Seção 89 do AO).[415] A única exceção a essa regra está relacionada ao dever de assistência previsto na Seção 89 (1) do Código Tributário (AO), para chamar a atenção ou advertir sobre questões jurídicas relevantes em casos excepcionais.[416]

Em síntese, a exigência de que se refira a circunstâncias fáticas deve ser lida no sentido de que o pedido do contribuinte deverá contemplar a solicitação de esclarecimentos relacionados a uma situação concreta, real. Isso significa que o pedido não pode ser de uma orientação jurídica isoladamente, uma consultoria pura, sem que essa dúvida se refira à interpretação da norma em uma situação concreta, mesmo que ainda não realizada. Assim contribuinte não pode perguntar a opinião da autoridade fiscal sobre uma incidência tributária sem expor como aquela dúvida se aplica a uma circunstância concreta sua.

Esse aspecto tende a ser evidenciado de forma quase que automática na emissão de uma *verbindliche Zusage* (confirmação vinculante), já que é decorrente de uma situação particular já previamente delimitada no relatório final de uma fiscalização. Na Seção 205 (2) itens n. 1, 2 3 do Código Tributário (AO), está especificado que, na *verbindliche Zusage* (confirmação vinculante), deverão ficar consignados: (i) os fatos em que se baseia; (ii) a orientação indicada pela autoridade fiscal e os motivos que justificam tais conclusões; (iii) bem como os impostos por ela regulados.[417]

Questões envolvendo a futura incidência tributária. Conforme já mencionado, um dos requisitos formais previstos na Seção 1 (1) item n. 2 da Portaria *StAuskV* para que um pedido de *verbindliche Auskunft* (informação vinculante) seja considerado corretamente proposto é a exigência de que se refira a fatos ainda não concretizados, os quais deverão ser descritos de forma pormenorizada no pedido.[418] Essa condição também reflete no conteúdo do pedido,

[415] DEUTSCHLAND. Anwendungserlass Zur Abgabenordnung (AEAO), 31. Januar 2014, zuletzt geändert durch BMF-Schreiben v. 27. 9. 2019 – IV A 3 - S 0062/19/10009 :001. **Nwb**. Deutschland, Disponível em: <https://datenbank.nwb.de/Dokument/Anzeigen/500001/?shigh=Anwendungserlass&listPos=1&listId=1464843>. Acesso em: 09 jan. 2020.

[416] WÖHLECKE, Friedrich. **Verbindliche Auskunft im deutsch-französischen Vergleich.** 2019. Tese (Doutorado) – Faculty of Law, Öffentliches Recht. Professur Für Steuerrecht, Universität Zu Köln, Köln, 2019, p. 15-16. Disponível em: <http://kups.ub.uni-koeln.de/id/eprint/10438>. Acesso em: 09 jan. 2020.

[417] DEUTSCHLAND. **Abgabenordnung - AO.** 16. März 1976. Deutschland, 1976. Disponível em: <http://www.gesetze-im-internet.de/ao_1977/index.html>. Acesso em: 05 jan. 2020.

[418] DEUTSCHLAND. **Steuer-auskunftsverordnung - Stauskv**, 30 november 2007. **Bgbl. I S. 2783.** Deutschland, 2007. Disponível em: <http://www.gesetze-im-internet.de/stauskv/>. Acesso em: 05 jan. 2020.

na medida em que, como regra, o contribuinte ou interessado apenas poderão receber orientações sobre circunstâncias ainda não realizadas.

Não é admitida, dessa forma, a emissão de *verbindliche Auskunft* (informação vinculante) em relação a situações ou negócios já encerrados, que tenham sido integralmente implementados, conforme estabelece o item n. 3.5.2 do Decreto (AEAO para a Seção 89 do AO). Para as situações já concretizadas, a análise dos aspectos tributários deverá ocorrer no momento da fiscalização e eventual lançamento complelentar[419] ou ainda, possivelmente, no âmbito de um *tatsächlichen Verständigung* (acordo real).[420]

Essa também é a orientação aplicável, nos termos do item n. 3.5.2 do AEAO, para as circunstâncias que não haviam sido realizadas no momento da submissão do pedido de *verbindliche Auskunft* (informações vinculantes), mas que acabaram sendo consumadas antes da obtenção da resposta pelo contribuinte ou interessado.[421]

Ao comentar essa regra, Friedrich Wöhlecke explica que é possível, com base na interpretação da redação da Seção 1 (1) item n. 2 da Portaria *StAuskV*, concluir que deveria ser irelevante para fins de emissão da resposta ao pedido a ocorrência da situação consultada no período compreendido entre o protocolo do requerimento e a emissão das *verbindliche Auskünfte* (informações vinculantes), já que a referida norma prescreve expessamente que tal requisito é aplicável aos fatos que não tenham ocorrido até a data do protocolo do pedido. Por outro lado, segundo ele, não se pode perder de vista que o objetivo do instituto é clarificar as incertezas jurídicas que dificultam a tomada de uma decisão empresarial, de modo que, se o interessado realizar o ato ou negócio sem esperar a resposta das autoridades fiscais e sem obter o esclarecimento

419 DEUTSCHLAND. Anwendungserlass Zur Abgabenordnung (AEAO), 31. Januar 2014, zuletzt geändert durch BMF-Schreiben v. 27. 9. 2019 – IV A 3 - S 0062/19/10009 :001. **Nwb.** Deutschland, Disponível em: <https://datenbank.nwb.de/Dokument/Anzeigen/500001/?shigh=Anwendungserlass&listPos=1&listId=1464843>. Acesso em: 09 jan. 2020.

420 WÖHLECKE, Friedrich. **Verbindliche Auskunft im deutsch-französischen Vergleich.** 2019. Tese (Doutorado) – Faculty of Law, Öffentliches Recht. Professur Für Steuerrecht, Universität Zu Köln, Köln, 2019, p. 34. Disponível em: <http://kups.ub.uni-koeln.de/id/eprint/10438>. Acesso em: 09 jan. 2020.

421 DEUTSCHLAND. Anwendungserlass Zur Abgabenordnung (AEAO), 31. Januar 2014, zuletzt geändert durch BMF-Schreiben v. 27. 9. 2019 – IV A 3 - S 0062/19/10009 :001. **Nwb.** Deutschland, Disponível em: <https://datenbank.nwb.de/Dokument/Anzeigen/500001/?shigh=Anwendungserlass&listPos=1&listId=1464843>. Acesso em: 09 jan. 2020.

que poderia amparar sua decisão, essa postura significa a renúncia à fruição da segurança jurídica e que emissão da resposta não é mais necessária.[422]

O item n. 3.4.2 do Decreto (AEAO para a Seção 89 do AO) prescreve, por outro lado, que o exame do pedido não será prejudicado se eventuais ações ou medidas preparatórias para a realização do negócio já tiverem sido iniciadas, desde que os principais fatos relacionados com a questão jurídica consultada ainda não tenham sido materialmente implementados e ainda seja possível a sua realização de outro modo.[423] Admite-se, assim, a realização de medidas preliminares, contanto que o planejamento submetido ao exame das autoridades fiscais ainda possa ser alterado. Essas circunstâncias deverão ser avaliadas caso a caso.[424]

Outra particularidade em relação a essa regra refere-se à possibilidade de formalização do pedido para negócios ou operações já implementadas, para os quais sobrevenham questões a respeito de obrigações fiscais permanentes (*Dauersachverhalten*) ou quando o requerimento abarcar uma reestruturação/reorganização de uma empresa já existente. Desse modo, consoante disposto no item n. 3.5.3 do (AEAO para a Seção 89 do AO), nas circunstâncias em que for demonstrada a existência de efeitos tributários significativos, o pedido será admitido e a extensão temporal do efeito vinculante será definida dos termos do pedido.[425]

Friedrich Wöhlecke explica que, assim como no Brasil, na Alemanha estão abarcadas no conceito de obrigações fiscais permanentes (*Dauersachverhalten*) aquelas situações em que os fatos tributáveis se repetem constantemente, como, por exemplo, em relação aos rendimentos decorrentes de aluguel ou

422 WÖHLECKE, Friedrich. **Verbindliche Auskunft im deutsch-französischen Vergleich.** 2019. Tese (Doutorado) – Faculty of Law, Öffentliches Recht. Professur Für Steuerrecht, Universität Zu Köln, Köln, 2019, p. 34. Disponível em: <http://kups.ub.uni-koeln.de/id/eprint/10438>. Acesso em: 09 jan. 2020.

423 DEUTSCHLAND. Anwendungserlass Zur Abgabenordnung (AEAO), 31. Januar 2014, zuletzt geändert durch BMF-Schreiben v. 27. 9. 2019 – IV A 3 - S 0062/19/10009 :001. **Nwb.** Deutschland, Disponível em: <https://datenbank.nwb.de/Dokument/Anzeigen/500001/?shigh=Anwendungserlass&listPos=1&listId=1464843>. Acesso em: 09 jan. 2020.

424 WÖHLECKE, Friedrich. **Verbindliche Auskunft im deutsch-französischen Vergleich.** 2019. Tese (Doutorado) – Faculty of Law, Öffentliches Recht. Professur Für Steuerrecht, Universität Zu Köln, Köln, 2019, p. 34. Disponível em: <http://kups.ub.uni-koeln.de/id/eprint/10438>. Acesso em: 09 jan. 2020.

425 DEUTSCHLAND. Anwendungserlass Zur Abgabenordnung (AEAO), 31. Januar 2014, zuletzt geändert durch BMF-Schreiben v. 27. 9. 2019 – IV A 3 - S 0062/19/10009 :001. **Nwb.** Deutschland, Disponível em: <https://datenbank.nwb.de/Dokument/Anzeigen/500001/?shigh=Anwendungserlass&listPos=1&listId=1464843>. Acesso em: 09 jan. 2020.

arrendamento. Nesses casos, embora a transação ou operação já tenha sido implementada, persistirá o interesse na obtenção de uma *verbindliche Auskunft* (informação vinculante) na medida em que poderão surgir outras incertezas concernentes à operação ou à situação concretizada.[426]

Nesse contexto, para a definição do conteúdo das informações que poderão ser obtidas por meio do pedido de *verbindliche Auskunft* (informações vinculantes), é necessário avaliar se o contribuinte ou interessado está diante de uma questão que envolve um negócio já realizado (*geschlossenen Sachverhalt*) ou se trata-se de controvérsia envolvendo fatos permanentes ou obrigações de trato sucessivo (*Dauersachverhalte*) que geram obrigações tributárias de trato continuado, essas últimas costumam ser objeto, em especial, da *verbindliche Zusage* (confirmação vinculante).

Existência de repercussão econômica concreta. O interesse particular previsto na Seção 89 (2) do Código Tributário (AO), a partir do disposto na Seção 1 (1) item n. 3 da Portaria *StAuskV* e no item n. 3.4.3 do Decreto (AEAO para a Seção 89 do AO), não é definido ou explicitado em nenhum dos aluídos veículos normativos. Partindo de todos os elementos examinados no decorrer da pesquisa, é possível concluir que o interesse particular é identificado a partir da conjugação de dois fatores O primeiro deles diz respeito à demonstração da relação entre o requerente e a questão jurídica apresentada. O segundo se refere aos efeitos tributários da questão apresentada.

Assim, o requerente deverá demonstrar que é o sujeito passivo da obrigação tributária descrita no pedido e, caso seja um terceiro, terá que explicitar e comprovar em que medida é ou será afetado pela circunstância ou negócio descrito, conforme se extrai da Seção 1 (1) item n. 3 da Portaria *StAuskV*.[427]

Além disso, a incerteza jurídica apresentada deve ser acompanhada da demonstração de efeitos tributários, ou seja, das explicações sobre as implicações financeiras/pecuniárias que poderão afetar a rentabilidade do negócio

[426] WÖHLECKE, Friedrich. **Die verbindliche Auskunft im deutsch-französischen Vergleich.** 2019.Tese (Doutorado) – Faculty of Law, Öffentliches Recht. Professur Für Steuerrecht, Universität Zu Köln, Köln, 2019, p. 35. Disponível em: <http://kups.ub.uni-koeln.de/id/eprint/10438>. Acesso em: 09 jan. 2020.

[427] WÖHLECKE, Friedrich. **Die verbindliche Auskunft im deutsch-französischen Vergleich.** 2019. Tese (Doutorado) – Faculty of Law, Öffentliches Recht. Professur Für Steuerrecht, Universität Zu Köln, Köln, 2019, p. 25. Disponível em: <http://kups.ub.uni-koeln.de/id/eprint/10438>. Acesso em: 09 jan. 2020.

ou a concretização da operação planejada.[428] Esse requisito também é exigido no âmbito da *verbindliche Zusage* (confirmação vinculante), à luz do disposto na Seção 204 do AO.[429]

Há quem entenda que essas consequências fiscais devem ser significativas/relevantes, acima de um determinado limite. No entanto, não existe um critério estabelecido na legislação, motivo pelo qual não pode ser exigido. Tanto é assim que a Seção 89 (5) enunciado 2 do AO estabelece que são gratuitos os pedidos com valor inferior a dez mil euros. Para Friedrich Wöhlecke, é pouco provável, contudo, que um limite quantitativo mínimo seja estabelecido e também não deveria ser fixado, uma vez que somente a partir da análise das circunstâncias particulares de cada requerente é que sera possível examinar se o valor de dez mil euros, por exemplo, é irrelevante ou se justifica a formalização de um pedido de *verbindliche Auskünfte* (informações vinculantes). Assim, a avaliação sobre a existência de interesse deverá ser exercida de forma individual, com base na situação econômica específica de cada postulante.[430]

Essa também é a posição de Roman Seer, para quem, além da necessidade de exame dos impactos fiscais a partir de critérios individualizados, em geral, a orientação prévia deverá ser fornecida sempre que o contribuitne demonstrar que uma decisão negocial ou econômica depende da eliminação da incerteza jurídica exposta no pedido.[431]

Aliás, conforme bem cobservado por Friedrich Wöhlecke, o interesse do requerente já é demonstrado pelo significativo tempo e despesas imprescindíveis para a preparação do requerimento, sendo certo que a exigência não

[428] WÖHLECKE, Friedrich. **Die verbindliche Auskunft im deutsch-französischen Vergleich.** 2019. Tese (Doutorado) – Faculty of Law, Öffentliches Recht. Professur Für Steuerrecht, Universität Zu Köln, Köln, 2019, p. 25-26. Disponível em: <http://kups.ub.uni-koeln.de/id/eprint/10438>. Acesso em: 09 jan. 2020.

[429] TIPKE, Klaus; LANG, Joaquim. **Direito Tributário:** *(Steuerrecht)*. Porto Alegre: Sergio Antonio Fabris, 2014. 768 p. 3 v. Tradução da 18ª edição alemã, a cargo de Elisete Antoniuk, p. 231.

[430] WÖHLECKE, Friedrich. **Die verbindliche Auskunft im deutsch-französischen Vergleich.** 2019. Tese (Doutorado) – Faculty of Law, Öffentliches Recht. Professur Für Steuerrecht, Universität Zu Köln, Köln, 2019, p. 25-26. Disponível em: <http://kups.ub.uni-koeln.de/id/eprint/10438>. Acesso em: 09 jan. 2020.

[431] SEER, Roman. Chancen und Risiken von verbindlichen Auskünften. **Fachinstitut der Steuerberater (Hrsg.), Steuerberater Jahrbuch 2012/2013**, Köln 2013, p. 565. Disponível em: <https://www.kompetenzzentrum-steuerrecht.de/MEDIEN/contenido_import/Publikationen/JB_12_Beitrag_Seer.pdf>. Acesso em: 19 jan.2020.

pode ser tão rigorosa a ponto de impedir que as submissões sejam normalmente realizadas.[432]

2.3.6 Circunstâncias em que as Autoridades Fiscais poderão se recusar a emitir uma resposta ao pedido do contribuinte

A observância das limitações acima especificadas, por si só, não é garantia de obtenção de uma resposta do Fisco alemão. Quer dizer, ainda que o pedido formalizado atenda aos requisitos previstos na legislação, não será automaticamente emitida uma *verbindliche Auskunft* (informação vinculante) ou uma *verbindliche Zusage* (confirmação vinculante) na medida em que, conforme nos lembra Roman Seer, a Seção 89 (2) do Código Tributário (AO) situa a sua emissão no campo da atuação discricionária das autoridades fiscais.[433]

A Seção 5 do Código Tributário (AO) disciplina o exercício do poder discricionário pelas autoridades fiscais, apontando que a sua utilização depende de autorização e deverá ser implementada dentro dos limites legais.[434] Sobre o tema observam Klaus Tipke e Joachim Lang:

> A decisão discricionária *não é nenhuma decisão arbitrária*. Poder discricionário também não quer dizer: liberdade de escolha do fim. A autoridade fiscal deve exercer seu poder discricionário de conformidade com a *finalidade da autorização de discricionariedade* do legislador e observar os *limites legais* da discrição (§ 5 AO).[435]

Partindo dessas premissas, ao comentar especificamente os institutos sob estudo, Roman Seer explicita que a discricionariedade da autoridade fiscal está relacionada ao exame do interese do solicitante, para medir se irá,

432 WÖHLECKE, Friedrich. **Die verbindliche Auskunft im deutsch-französischen Vergleich.** 2019. Tese (Doutorado) – Faculty of Law, Öffentliches Recht. Professur Für Steuerrecht, Universität Zu Köln, Köln, 2019, p. 26. Disponível em: <http://kups.ub.uni-koeln.de/id/eprint/10438>. Acesso em: 09 jan. 2020.

433 SEER, Roman. **Verbindliche Auskunft.** Finanz-Rundschau Ertragsteuerrecht, v.99, pp. 161-169, feb.2017, p. 163. Disponível em: <https://www.kompetenzzentrum-steuerrecht.de/MEDIEN/contenido_import/Publikationen/2017/Seer_FR_2017_161.pdf>. Acesso em: 19.01.2020.

434 DEUTSCHLAND. **Abgabenordnung - AO.** 16. März 1976. Deutschland, 1976. Disponível em: <http://www.gesetze-im-internet.de/ao_1977/index.html>. Acesso em: 05 jan. 2020.

435 TIPKE, Klaus; LANG, Joaquim. **Direito Tributário:** *(Steuerrecht)*. Porto Alegre: Sergio Antonio Fabris, 2008. 1 v. Tradução da 18ª edição alemã, totalmente refeita, de Luiz Doria Furquim, p. 345.

ou não, emitir uma *verbindliche Auskunft* (informação vinculante) para a situação ou operação concreta que lhe foi apresentada. Essa discricionariedade, entretanto, não é exercida no que diz respeito ao conteúdo da orientação fornecida,[436] não sendo admissível, por exemplo, que as autoridades fiscais condicionem o fornecimento de informações à aceitação de determinadas consequências ou condições, ou mesmo a renúncia ao direito de recorrer.[437]

Essa igualmente é a opinião de Friedrich Wöhlecke, para quem a discricionariedade não está relacionada ao conteúdo da *verbindliche Auskunft* (informação vinculante), de modo que a autoridade fiscal deverá responder ao questionamento que lhe foi submetido, indicando a orientação que considere materialmente correta com base nas disposições legalmente estabelecidas.[438]

Nesse sentido, aliás, já decidiu o Tribunal Fiscal Federal (Bundesfinanzhof - BFH), ao assentar que: "A FA [Administração Fiscal] não tem escolha entre várias alternativas de informação. As informações devem incluir o que ele considera a avaliação correta dos fatos planejados a serem examinados".[439]

Quer dizer, as autoridades fiscais podem verificar se a emissão da orientação reivindicada pelo interessado atende ao seu objetivo/finalidade de fornecer segurança jurídica e auxiliar no planejamento de negócios e investimentos, se a resposta que será apresentada respeitará o Princípio da Igualdade (*Gleichheitsgrundsatz*). Será avaliada, inclusive, a confiabilidade e disponibilidade de cooperação do solicitante.[440]

436 SEER, Roman. **Verbindliche Auskunft.** Finanz-Rundschau Ertragsteuerrecht, v.99, pp. 161-169, feb.2017, p. 163. Disponível em: <https://www.kompetenzzentrum-steuerrecht.de/MEDIEN/contenido_import/Publikationen/2017/Seer_FR_2017_161.pdf>. Acesso em: 19 jan.2020.

437 SEER, Roman. **Verbindliche Auskunft.** Finanz-Rundschau Ertragsteuerrecht, v.99, pp. 161-169, feb.2017, p. 164. Disponível em: <https://www.kompetenzzentrum-steuerrecht.de/MEDIEN/contenido_import/Publikationen/2017/Seer_FR_2017_161.pdf>. Acesso em: 19 jan.2020.

438 WÖHLECKE, Friedrich. **Die verbindliche Auskunft im deutsch-französischen Vergleich.** 2019.Tese (Doutorado) – Faculty of Law, Öffentliches Recht. Professur Für Steuerrecht, Universität Zu Köln, Köln, 2019, p. 40. Disponível em: <http://kups.ub.uni-koeln.de/id/eprint/10438>. Acesso em: 09 jan. 2020.

439 Tradução nossa do texto original: "Das FA hat keine Wahl zwischen mehreren Auskunftsalternativen. Inhalt der Auskunft muss die seiner Auffassung nach richtige Beurteilung des zur Prüfung gestellten geplanten Sachverhalts sein." DEUTSCHLAND. **Bundesfinanzhof (BFH).** Urteil vom 29.2.2012, IX R 11/11. Disponível em: <https://juris.bundesfinanzhof.de/cgi-bin/rechtsprechung/druckvorschau.py?Gericht=bfh&Art=en&nr=26227> Acesso em: 14 jan. 2020

440 WÖHLECKE, Friedrich. **Die verbindliche Auskunft im deutsch-französischen Vergleich.** 2019. Tese (Doutorado) – Faculty of Law, Öffentliches Recht. Professur Für Steuerrecht, Universität Zu Köln, Köln, 2019, p. 40. Disponível em: <http://kups.ub.uni-koeln.de/id/eprint/10438>. Acesso em: 09 jan. 2020.

Na interpretação de Roman Seer, dessa forma, para os requerimentos formalizados por escrito, que observem todos os requisitos fixados no item n. 3.4 do Decreto (AEAO para a Seção 89 do AO) e que não estejam descritos entre as situações especificadas no item n. 3.5.4 do Decreto, não há espaço para a recusa de emissão de uma *verbindliche Auskunft* (informação vinculante).[441]

No caso da *verbindliche Zusage* (confirmação vinculante), a discricionariedade das autoridades fiscais encontra-se consideravelmente moderada pelo disposto no item n. 5 do Decreto (AEAO para a Seção 204 do AO), segundo o qual o pedido só poderá ser rejeitado em casos excepcionais.[442]

Estão descritas na legislação as seguintes hipóteses de recusa:

Assunto prestes a ser pacificado/legislado. A discricionariedade da autoridade fiscal sobre a emissão de uma *verbindliche Auskunft* (informação vinculante) ou de uma *verbindliche Zusage* (confirmação vinculante) também poderá ser exercida quando a solução da mesma questão jurídica estiver em vias de ser definida pelos tribunais superiores ou quando identificar a possibilidade de uma regulamentação administrativa, conforme previsto no item n. 3.5.4 do Decreto (AEAO para a Seção 89 do AO) e no item n. 5 do Decreto (AEAO para a Seção 204 do AO).[443]

Pedido que aponte exclusivamente uma vantagem fiscal. O item n. 3.5.4 do Decreto (AEAO para a seção § 89 do AO) consigna que, no âmbito do exercício da discricionariedade, as autoridades fiscais estão autorizadas a recusar a emissão de uma *verbindliche Auskunft* (informação vinculante), quando o pedido visar exclusivamente a obtenção de uma vantagem fiscal (*Steuervorteils*) e não propriamente o esclarecimento de uma dúvida ou incerteza quanto à aplicação da lei.[444] Para melhor explicitar essa situação, o Decreto cita, como exem-

[441] SEER, Roman. **Verbindliche Auskunft.** Finanz-Rundschau Ertragsteuerrecht, v.99, pp. 161-169, feb.2017, p. 163. Disponível em: <https://www.kompetenzzentrum-steuerrecht.de/MEDIEN/contenido_import/Publikationen/2017/Seer_FR_2017_161.pdf>. Acesso em: 19 jan.2020.

[442] DEUTSCHLAND. Anwendungserlass Zur Abgabenordnung (AEAO), 31. Januar 2014, zuletzt geändert durch BMF-Schreiben v. 27. 9. 2019 – IV A 3 - S 0062/19/10009 :001. **Nwb.** Deutschland, Disponível em: <https://datenbank.nwb.de/Dokument/Anzeigen/500001/?shigh=Anwendungserlass&listPos=1&listId=1464843>. Acesso em: 09 jan. 2020.

[443] DEUTSCHLAND. Anwendungserlass Zur Abgabenordnung (AEAO), 31. Januar 2014, zuletzt geändert durch BMF-Schreiben v. 27. 9. 2019 – IV A 3 - S 0062/19/10009 :001. **Nwb.** Deutschland, Disponível em: <https://datenbank.nwb.de/Dokument/Anzeigen/500001/?shigh=Anwendungserlass&listPos=1&listId=1464843>. Acesso em: 09 jan. 2020.

[444] DEUTSCHLAND. Anwendungserlass Zur Abgabenordnung (AEAO), 31. Januar 2014, zuletzt geändert durch BMF-Schreiben v. 27. 9. 2019 – IV A 3 - S 0062/19/10009 :001. **Nwb.** Deutschland, Disponível em: <https://datenbank.nwb.de/Dokument/Anzeigen/500001/?shigh=Anwendungserlass&listPos=1&listId=1464843>. Acesso em: 09 jan. 2020.

plo, que o pedido não poderia envolver indagação envolvendo exclusivamente a aprovação de modelo de economia tributária.[445]

Ao comentar a referida limitação, Friedrich Wöhlecke explica que a vantagem fiscal (*Steuervorteils*), no sentido do Decreto de Implementação do Código Tributário (AEAO), refere-se às situações que contemplam uma indesejável evasão fiscal (*Steuervermeidung*) através da implementação de uma estruturação tributária (*Steuergestaltung*),[446] de modo que a regra não deve afastar todo e qualquer pedido que resulte em uma redução tributária para o contribuinte.

Na opinião de Roman Seer, entretanto, "a listagem de situações (do item n. 3.5.4 do AEAO) excluiu da proteção de situações que são importantes na prática, como a chamada distribuição disfarçada de lucros (*verdeckter Gewinnausschüttungen*) e integralização de capital oculto – padrão do 'gerente/diretor/administrador que atua de forma regular, ativa e proba'" (*verdeckter Einlagen - Maßstab des ordentlichen Geschäftsleiters*). Nesses casos, segundo ele, não se trata de explorar modelos de redução da carga tributária (*Steuersparmodelle*), mas de legítima segurança de planejamento (*Planungssicherheit*[447]).[448]

Nesse contexto, para ele, a recusa no exame de pedidos, com o fundamento de que visam exclusivamente a redução da carga tributária, deve ser examinada com cautela, já que os pedidos envolvendo a estruturação de operações comerciais/econômicas (*wirtschaftlichen Gestaltungen*) buscam, com maior frequência, medir vantagens fiscais (desvantagens) das alternativas de organização existentes, de modo que a utilização do benefício com esse objetivo não deve ser tido como abusivo.[449]

[445] DEUTSCHLAND. Anwendungserlass Zur Abgabenordnung (AEAO), 31. Januar 2014, zuletzt geändert durch BMF-Schreiben v. 27. 9. 2019 – IV A 3 - S 0062/19/10009 :001. **Nwb**. Deutschland, Disponível em: <https://datenbank.nwb.de/Dokument/Anzeigen/500001/?shigh=Anwendungserlass&listPos=1&listId=1464843>. Acesso em: 09 jan. 2020.

[446] WÖHLECKE, Friedrich. **Die verbindliche Auskunft im deutsch-französischen Vergleich.** 2019. Tese (Doutorado) - Faculty of Law, Öffentliches Recht. Professur Für Steuerrecht, Universität Zu Köln, Köln, 2019, p. 40. Disponível em: <http://kups.ub.uni-koeln.de/id/eprint/10438>. Acesso em: 09 jan. 2020.

[447] Tradução da expressão por Elisete Antoniuk em: TIPKE, Klaus; LANG, Joaquim. **Direito Tributário:** *(Steuerrecht)*. Porto Alegre: Sergio Antonio Fabris, 2014. 3 v. Tradução da 18ª edição alemã, a cargo de Elisete Antoniuk, p. 759.

[448] SEER, Roman. **Verbindliche Auskunft.** Finanz-Rundschau Ertragsteuerrecht, v.99, pp. 161-169, feb.2017, p. 163. Disponível em: <https://www.kompetenzzentrum-steuerrecht.de/MEDIEN/contenido_import/Publikationen/2017/Seer_FR_2017_161.pdf>. Acesso em: 19 jan.2020.

[449] SEER, Roman. **Verbindliche Auskunft.** Finanz-Rundschau Ertragsteuerrecht, v.99, pp. 161-169, feb.2017, p. 164. Disponível em: <https://www.kompetenzzentrum-steuerrecht.de/MEDIEN/contenido_import/Publikationen/2017/Seer_FR_2017_161.pdf>. Acesso em: 19 jan.2020.

Ao comentarem a mesma limitação no âmbito da *Zusage* (confirmação), Klaus Tipke e Joachim Lang mencionam que a regra foi implementada por meio da Portaria BMF de 29.12.2003, que prescreveu igualmente que a exclusão atinge "potencial e incerteza, tão importante na práxis, de distribuições ocultas de lucro (§ 11 nm 50 segs.), quotas ocultas (§ 11 nm 38) e de preços de compensação no conjunto empresarial". E prosseguem os juristas afirmando que, em tais situações, "não se trata, justamente, de experimentar modelo de economia fiscal e, sim, a incerteza atinge o interesse vital do contribuinte na segurança de decisão e planejamento.[450]

Abuso de direito. Também não serão emitidas *verbindliche Auskünfte* (informações vinculantes) quando as operações descritas na submissão forem classificadas pelas autoridades fiscais como abuso de direito *(Rechtsmissbrauch)*, cuja definição está prevista na Seção 42 do Código Tributário (AO).[451]

Em linhas gerais, o referido dispositivo prescreve que serão consideradas abusivos os modelos de negócio e estruturas jurídicas, ainda que previstas em lei, que tenham sido utilizadas de forma atípica para aquela modalidade de operação, com a finalidade exclusiva de redução da carga tributária.[452] Nas palavras de Klaus Tipke e Joachim Lang, a norma cuida das situações em que "esquiva-se o sujeito passivo ao tipo legal de tal modo que os métodos de interpretação e aperfeiçoamento jurídico não mais bastam para sujeitar o sujeito passivo a uma imposição apropriada segundo a finalidade da lei".[453]

O objetivo dessa limitação, segundo Friedrich Wöhlecke, é impedir que as *verbindliche Auskunft* (informações vinculantes) sejam indevidamente utilizadas por aqueles que buscam, de forma inapropriada, a redução da carga tributária, em prejuízo ao Estado e à sociedade.[454]

450 TIPKE, Klaus; LANG, Joaquim. **Direito Tributário:** *(Steuerrecht)*. Porto Alegre: Sergio Antonio Fabris, 2014. 3 v. Tradução da 18ª edição alemã, a cargo de Elisete Antoniuk, p. 233

451 WÖHLECKE, Friedrich. **Die verbindliche Auskunft im deutsch-französischen Vergleich.** 2019. Tese (Doutorado) - Facultyof Law, Öffentliches Recht. Professur Für Steuerrecht, Universität Zu Köln, Köln, 2019, p. 41. Disponível em: <http://kups.ub.uni-koeln.de/id/eprint/10438>. Acesso em: 09 jan. 2020.

452 DEUTSCHLAND. **Abgabenordnung - AO.** 16. März 1976. Deutschland, 1976. Disponível em: <http://www.gesetze-im-internet.de/ao_1977/index.html>. Acesso em: 05 jan. 2020.

453 TIPKE, Klaus; LANG, Joaquim. **Direito Tributário:** *(Steuerrecht)*. Porto Alegre: Sergio Antonio Fabris, 2008. 1 v. Tradução da 18ª edição alemã, totalmente refeita, de Luiz Doria Furquim, p. 334.

454 WÖHLECKE, Friedrich. **Die verbindliche Auskunft im deutsch-französischen Vergleich.** 2019. Tese (Doutorado) – Faculty of Law, Öffentliches Recht. Professur Für Steuerrecht, Universität Zu Köln, Köln, 2019, p. 41. Disponível em: <http://kups.ub.uni-koeln.de/id/eprint/10438>. Acesso em: 09 jan. 2020.

Alternativas de Configuração/Estruturação jurídica. O item n. 3.5.1 do Decreto (AEAO para a Seção 89 do AO) estabelece que não será admitida a emissão de *verbindliche Auskünfte* (informações vinculantes) para planejamentos alternativos (*Gestaltungsvarianten*).[455] Não obstante o Decreto e a legislação não especifiquem em que medida essa restrição seria examinada e implementada, a sua interpretação pode ser realizada em conjunto com os itens n. 4 e 5 da Seção 1 (1) da Portaria *StAuskV*,[456] no sentido de que o problema ou problemas fiscais comtemplados no pedido deverão estar vinculados a uma situação concreta e que o requerente deverá especificar a sua opinião sobre a norma aplicável para a solução da questão.

Inexistência de Direito a Determinado Conteúdo Jurídico. Nos termos do que prescreve o item n. 3.5.7 do Decreto (AEAO para a Seção 89 do AO), que remete à jurisprudência do BFH (BFH de 29.2.2012, IX R 11/11, BStBl II S. 651), as *verbindliche Auskünfte* (informações vinculantes) apenas regulam a forma como, em uma auditoria (ou fiscalização), a autoridade fiscal examinaria e definiria a tributação para a situação hipotética apresentada.[457] Isso significa, conforme foi explicitado no aludido precedente, que o contribuinte não poderá exigir, nem mesmo judicialmente, que a Administração emita a resposta no sentido que em seu ponto de vista seja o mais adequado para a solução do impasse.[458]

[455] DEUTSCHLAND. Anwendungserlass Zur Abgabenordnung (AEAO), 31. Januar 2014, zuletzt geändert durch BMF-Schreiben v. 27. 9. 2019 – IV A 3 - S 0062/19/10009 :001. **Nwb.** Deutschland, Disponível em: <https://datenbank.nwb.de/Dokument/Anzeigen/500001/?shigh=Anwendungserlass&listPos=1&listId=1464843>. Acesso em: 09 jan. 2020.

[456] DEUTSCHLAND. **Steuer-auskunftsverordnung - Stauskv**, 30 november 2007. **Bgbl. I S. 2783.** Deutschland, 2007. Disponível em: <http://www.gesetze-im-internet.de/stauskv/>. Acesso em: 05 jan.2020.

[457] DEUTSCHLAND. Anwendungserlass Zur Abgabenordnung (AEAO), 31. Januar 2014, zuletzt geändert durch BMF-Schreiben v. 27. 9. 2019 – IV A 3 - S 0062/19/10009 :001. **Nwb.** Deutschland, Disponível em: <https://datenbank.nwb.de/Dokument/Anzeigen/500001/?shigh=Anwendungserlass&listPos=1&listId=1464843>. Acesso em: 09 jan. 2020.

[458] DEUTSCHLAND. **Bundesfinanzhof (BFH).** Urteil vom 29.2.2012, IX R 11/11. Disponível em: <https://juris.bundesfinanzhof.de/cgi-bin/rechtsprechung/druckvorschau.py?Gericht=bfh&Art=en&nr=26227> Acesso em: 14 jan. 2020.

2.3.7 Efeitos da *verbindliche Auskunft* (informação vinculante) e da *verbindliche Zusage* (confirmação vinculante)

2.3.7.1 Impactos na adoção de medidas de cobrança do crédito fiscal

Após a emissão de uma *verbindliche Auskunft* (informação vinculante) ou de uma *verbindliche Zusage* (confirmação vinculante), o tratamento fiscal da situação ou operação que vier a ser formalmente definida por meio de tais instrumentos deverá ser observado pelas autoridades fiscais como parâmetro para eventuais implicações tributárias futuras,[459] de modo que, se houver a fixação de critérios para apuração de base de cálculo e alíquotas de um determinado imposto, por exemplo, esses critérios deverão ser considerados como se fossem lei entre as partes para a situação descrita na resposta emitida.

Os veículos normativos examinados neste trabalho – Código Tributário Alemão, a Portaria denominada "*Stauskv*" e o Decreto referenciado como "AEAO" –, que tratam especificamente dos institutos aqui estudados, não contemplam regras que disciplinam a suspensão da exigibilidade das cobranças no período compreendido entre o protocolo do pedido e a resposta por parte das autoridades fiscais, mesmo porque o pedido deverá abarcar apenas questões envolvendo o tratamento tributário de operações não realizadas e fatos não ocorridos.

E não haveria de ser diferente já que consta no item n. 3.5.2 do Decreto (AEAO para a Seção 89) que não serão emitidas respostas para situações consumadas antes do pronunciamento da autoridade fiscal. Ou seja, os pedidos sejam formalizados antes mesmo da ocorrência do fato gerador e, portanto, antes do nascimento de qualquer obrigação tributária para o contribuinte referente ao fato consultado.

No que diz respeito à *Zusage*, a leitura da Seção 204 do Código Tributário e do item 3 do Decreto (AEAO para a Seção 204) demonstra que mesmo sendo emitida com base nas constatações de uma fiscalização já ocorrida, o compromisso firmado com a autoridade fiscal a respeito dessas mesmas constatações produzirá efeitos apenas em relação aos fatos geradores ocorridos da sua emissão em diante.

Em virtude dessa realidade, inclusive, o Código Tributário alemão contempla outros instrumentos que poderão ser utilizados em paralelo pelo

[459] SEER, Roman. **Verbindliche Auskunft.** Finanz-Rundschau Ertragsteuerrecht, v.99, pp. 161-169, feb.2017, p. 165. Disponível em: <https://www.kompetenzzentrum-steuerrecht.de/MEDIEN/contenido_import/Publikationen/2017/Seer_FR_2017_161.pdf>. Acesso em: 19 jan.2020.

contribuinte ou interessado que aguardam uma resposta sobre um pedido de *verbindliche Auskunft* (informação vinculante) ou o deferimento da *verbindliche Zusage* (confirmação vinculante) após uma fiscalização, caso queiram evitar a consumação da situação consultada e, de alguma forma, que seja necessário vir a recolher os tributos abarcados pelo pedido, o que poderá ensejar o seu indeferimento.

O contribuinte poderá, por exemplo, requerer à autoridade fiscal competente diferimento do pagamento (*Stundung*), nos termos do que prescreve a Seção 222 do Código Tributário (AO), que autoriza uma espécie de prorrogação do prazo para o pagamento da obrigação tributária, desde que não represente risco para o seu posterior adimplemento e que não se trate de obrigação tributária por substituição. O referido diploma também fixa que o acolhimento do pedido está condicionado ao oferecimento de garantia (*Sicherheitsleistung*).[460]

Klaus Tipke e Joachim Lang explicam que a concessão do diferimento está no âmbito do poder discricionário das autoridades fiscais. Não é necessária, para tanto, a demonstração de que a exigência fiscal é indevida ou equivocada, bastanto que seja considerada temporariamente injusta. Além disso, segundo os referidos autores, quando o pedido de prorrogação é feito para que o pagamento seja realizado em um curto espaço de tempo e está relacionado a valores que não são significatidos, na prática, as autoridades fiscais dispensam a apresentação da garantia.[461]

Nesse período, considera-se não ocorrido o vencimento da obrigação tributária, mas serão cobrados juros de 0,5% ao mês, conforme previsto nas Seções 234 (1) e 238 (1) do Código Tributário (AO), inferiores aos juros de mora que seriam devidos no caso de inadimplemento, de 1% ao mês, nos termos da Seção 240 do mesmo diploma.[462] Durante o diferimento, o prazo de prescrição para a cobrança do débito será interrompido, nos termos da Seção 231 (1) do Código Tributário (AO).[463]

[460] DEUTSCHLAND. **Abgabenordnung - AO.** 16. März 1976. Deutschland, 1976. Disponível em: <http://www.gesetze-im-internet.de/ao_1977/index.html>. Acesso em: 05 jan. 2020.

[461] TIPKE, Klaus; LANG, Joaquim. **Direito Tributário:** *(Steuerrecht).* Porto Alegre: Sergio Antonio Fabris, 2014. 768 p. 3 v. Tradução da 18ª edição alemã, a cargo de Elisete Antoniuk, p. 381/382.

[462] TIPKE, Klaus; LANG, Joaquim. **Direito Tributário:** *(Steuerrecht).* Porto Alegre: Sergio Antonio Fabris, 2014. 768 p. 3 v. Tradução da 18ª edição alemã, a cargo de Elisete Antoniuk, p. 382/383.

[463] TIPKE, Klaus; LANG, Joaquim. **Direito Tributário:** *(Steuerrecht).* Porto Alegre: Sergio Antonio Fabris, 2014. 768 p. 3 v. Tradução da 18ª edição alemã, a cargo de Elisete Antoniuk, p. 396.

Se as medidas de cobrança do crédito tributário já tiverem sido iniciadas não é mais possível prorrogar o vencimento da obrigação. Para essa situação, o Código Tributário Alemão prevê, na Seção 258, a suspensão temporária da própria execução.[464] As premissas para a implementação da suspensão da execução são idênticas às do diferimento. Isto é, a medida é autorizada para situações em que o prosseguimento da cobrança é apenas temporariamente injusto, conforme avaliação discricionária da autoridade fiscal competente. Promove-se o congelamento dos atos de imposição, mas não no vencimento da obrigação tributária em si, de modo que, via de regra, no período da suspensão, são devidos juros de mora[465] e o prazo de prescrição também será interrompido (Seção 231,1, AO).[466]

Ao discorrerem sobre a suspensão da execução de uma cobrança fiscal, Klaus Tipke e Joachim Lang remetem ao disposto na Seção 361 do Código Trbituário (AO),[467] que disciplina os efeitos dos recursos administrativos em matéria fiscal.[468] Essas regras são aplicáveis às *verbindliche Auskünft* (informações vinculantes) nos termos do item n. 3.7.1 do Decreto (AEAO para a Seção 89 do AO), conforme explicitado na Seção 3.4.3 deste capítulo.

Nos termos da Seção 361 (1) do Código Trbituário (AO), a insurgência recursal em face da resposta emitida pela autoridade fiscal, por si só, não impede a execução do ato impugnado e nem mesmo a cobrança da taxa de serviço. O parágrafo segundo do mesmo diploma estabelece, em contrapartida, que a suspensão da cobrança (*Aussetzung der Vollziehung*) poderá ser implementada mediante requerimento do interessado ou de ofício pela autoridade fiscal que emitiu o ato administrativo contestado, que poderá suspendê-lo, total ou parcialmente, se existirem dúvidas quanto à sua legalidade ou quando

[464] DEUTSCHLAND. **Abgabenordnung - AO.** 16. März 1976. Deutschland, 1976. Disponível em: <http://www.gesetze-im-internet.de/ao_1977/index.html>. Acesso em: 05 jan. 2020.

[465] TIPKE, Klaus; LANG, Joaquim. **Direito Tributário:** *(Steuerrecht)*. Porto Alegre: Sergio Antonio Fabris, 2014. 768 p. 3 v. Tradução da 18ª edição alemã, a cargo de Elisete Antoniuk, p. 410.

[466] TIPKE, Klaus; LANG, Joaquim. **Direito Tributário:** *(Steuerrecht)*. Porto Alegre: Sergio Antonio Fabris, 2014. 768 p. 3 v. Tradução da 18ª edição alemã, a cargo de Elisete Antoniuk, p. 396.

[467] TIPKE, Klaus; LANG, Joaquim. **Direito Tributário:** *(Steuerrecht)*. Porto Alegre: Sergio Antonio Fabris, 2014. 3 v. Tradução da 18ª edição alemã, a cargo de Elisete Antoniuk, p. 348 e 416.

[468] Nas seções 347 a 367 estão previstas as chamadas Vias Recursais Extrajudiciais *(Außergerichtliches Rechtsbehelfsverfahren)* para questões fiscais, que devem obrigatoriamente anteceder o processo judicial (vide TIPKE, Klaus; LANG, Joaquim. **Direito Tributário:** *(Steuerrecht)*. Porto Alegre: Sergio Antonio Fabris, 2014. 768 p. 3 v. Tradução da 18ª edição alemã, a cargo de Elisete Antoniuk, p. 455-456).

a execução puder causar ao requerente mais danos do que aos interesses públicos com a sua execução (Seção 361, 2, do AO).[469]

Reimer Ekkehart comenta que raramente a suspensão do ato é implementada por iniciativa da própria autoridade fiscal e que, quando for formulado pedido nesse sentido, a autoridade deveria ser "obrigada a suspender os efeitos do ato impugnado se houver dúvida razoável sobre a sua legalidade daquele ato, ou se sua obrigatoriedade impuser um ilegítimo ou extraordinário ônus ao contribuinte".[470] Na opinião de Klaus Tipke e Joachim Lang, entretanto, a concessão da suspensão está no campo da discricionáriedade da autoridade fiscal, mesmo quando examina requerimento formulado pelo contribuinte nesse sentido.[471]

Por outro lado, terão efeito suspensivo automático os recursos interpostos em face de atos administrativos que restringem a execução de atividades comerciais ou o exercício de uma profissão. Essa suspensão automática poderá, no entanto, ser revogada de ofício pela própria autoridade fiscal se considerar compatível com o interesse público, mediante decisão por escrito e devidamente fundamentada (Seção 361, 4, do AO).[472]

Para o deferimento de eventual pedido de suspensão da execução em virtude da interposição de recurso também poderá ser exigido o oferecimento de garantia (Seção 361, 2, do AO). Se o tributo já tiver sido pago ou se o ato inicial já tiver sido executado, no lugar da suspensão poderá ser deferida a anulação da execução *(Aufhebung der Vollziehung)* (Seção 361, 2, do AO).[473] Nessa hipótese, a incidência dos juros é regida pela pelas Seções 237 (1) e (2) e 238 (1) do Código Tributário, segundo os quais será aplicável o percentual

[469] DEUTSCHLAND. **Abgabenordnung - AO.** 16. März 1976. Deutschland, 1976. Disponível em: <http://www.gesetze-im-internet.de/ao_1977/index.html>. Acesso em: 05 jan. 2020.

[470] REIMER, Ekkehart. Proteção do contribuinte na Alemanha. **Revista de Direito Tributário Atual**: Instituto Brasileiro de Direito Tributário, São Paulo, v. 22, p.54-77, jan. 2008. Traduzido por Paulo Victor Vieira da Rocha, p. 61.

[471] TIPKE, Klaus; LANG, Joaquim. **Direito Tributário:** *(Steuerrecht)*. Porto Alegre: Sergio Antonio Fabris, 2014. 3 v. Tradução da 18ª edição alemã, a cargo de Elisete Antoniuk, p. 462.

[472] DEUTSCHLAND. **Abgabenordnung - AO.** 16. März 1976. Deutschland, 1976. Disponível em: <http://www.gesetze-im-internet.de/ao_1977/index.html>. Acesso em: 05 jan. 2020.

[473] REIMER, Ekkehart. Proteção do contribuinte na Alemanha. **Revista de Direito Tributário Atual**: Instituto Brasileiro de Direito Tributário, São Paulo, v. 22, p.54-77, jan. 2008. Traduzido por Paulo Victor Vieira da Rocha, p. 62.

de 0,5% ao mês desde o protocolo do recurso até o dia do encerramento da suspensão.[474], [475]

Interessante notar que a aplicação da chamada suspensão da execução prevista nas Seções 258 e 361 (2) do Código Tributário (AO) poderá ser requerida, portanto, tanto em relação a débitos tributários já constituídos quanto para evitar o encerramento do processo administrativo de constituição[476] e a adoção de medidas de cobrança. Nessa última situação, não correrá o prazo decadencial, conforme previsto na Seção 171 (3a) do Código Tributário (AO).

Cabe ressaltar que as medidas acima descritas (diferimento do pagamento e a suspensão da execução da obrigação tributária) não atingem diretamente o ato administrativo decorrente da emissão de uma *verbindliche Auskunft* (informação vinculante) ou de uma *verbindliche Zusage* (confirmação vinculante), mas os atos administrativos relacionados com a cobrança (notificação de lançamento ou auto de infração) do crédito tributário tratado em tais pedidos.

Ainda nesse sentido, caso a definição sobre uma determinada incidência tributária esteja pendente de emissão de um dos pronunciamentos vinculantes acima citados, a autoridade fiscal poderá se valer, a seu critério, da utilização das prerrogativas previstas nas Seções 164 e 165 do Código Tributário (AO), que admitem, respectivamente, a constituição do crédito tributário condicionado à revisão posterior ou a sua determinação de forma provisória. A diferença em relação às demais medidas de suspensão acima citadas é que, nas situações previstas nas Seções 164 e 165 do Código Tributário (AO), trata-se de ato relacionado com própria constituição do crédito tributário e não com medidas de cobrança, e que depende exclusivamente da autoridade fiscal, não estando sujeito a pedido do contribuinte para a sua aplicação.

Na Seção 164, oportuniza-se a formalização do lançamento, com uma reserva de avaliação posterior, para as situações em que a autoridade fiscal não tenha examinado de forma conclusiva a obrigação tributária, sem que seja necessário justificar as razões para a sua utilização de tal reserva. Enquanto esta for efetiva, o crédito constituído poderá ser alterado.[477] Nas palavras de

[474] DEUTSCHLAND. **Abgabenordnung - AO.** 16. März 1976. Deutschland, 1976. Disponível em: <http://www.gesetze-im-internet.de/ao_1977/index.html>. Acesso em: 05 jan. 2020.

[475] TIPKE, Klaus; LANG, Joaquim. **Direito Tributário:** *(Steuerrecht)*. Porto Alegre: Sergio Antonio Fabris, 2014. 3 v. Tradução da 18ª edição alemã, a cargo de Elisete Antoniuk, p. 463.

[476] TIPKE, Klaus; LANG, Joaquim. **Direito Tributário:** *(Steuerrecht)*. Porto Alegre: Sergio Antonio Fabris, 2014. 3 v. Tradução da 18ª edição alemã, a cargo de Elisete Antoniuk, p. 348.

[477] DEUTSCHLAND. **Abgabenordnung - AO.** 16. März 1976. Deutschland, 1976. Disponível em: <http://www.gesetze-im-internet.de/ao_1977/index.html>. Acesso em: 05 jan. 2020.

Klaus Tipke e Joachim Lang, o referido dispostivo "libera o órgão fiscal de sua ampla obrigação de investigação (§ 88 AO) ao possibilitar a liquidação de imposto [leia-se, a constituição do crédito tributário] já antes que a situação jurídica e material esteja esclarecida conclusivamente".[478]

Em relação à disciplina da Seção 165, a formalização do lançamento é realizada com anotação de provisoriedade em virtude de uma incerteza temporária que impede a determinação da obrigação fiscal. Aplica-se, por exemplo, quando a autoridade fiscal entender que as condições para o nascimento da obrigação tributária não estão bem delimitadas, em razão de dúvidas sobre questões fáticas e até mesmo sobre a aplicação das normas tributárias, tal como quando a dúvida recair sobre à própria constitucionalidade das normas aplicáveis.[479]

A principal diferença entre as duas opções da autoridade fiscal acima explicitadas é que, ao utilizar da faculdade prevista na Seção 165, ela não está dispensada de sua obrigação de investigação conclusiva sobre a obrigação fiscal, mas o lançamento não pode ser realizado de forma definitiva em virtude de uma provisoriedade pontual. Adicionalmente, as alterações posteriores no lançamento provisoriamente formalizado devem guardar relação com o aspecto sobre o qual recaia a dúvida.[480],[481]

Não havendo a implementação de quaisquer causas de suspensão acima citadas, o cumprimento das obrigações fiscais (de pagamento ou de envio de declarações) do contribuinte permanece inalterado, mesmo no período em que se aguarda a emissão de uma *verbindliche Auskunft* (informação vinculante) ou de uma *verbindliche Zusage* (confirmação vinculante), cujo descumprimento poderá ensejar a incidência dos juros de mora (Seção 240 do AO) e a aplicação de multas (tais como as previstas nas Seções 152, 162 e 329 do AO).

[478] TIPKE, Klaus; LANG, Joaquim. **Direito Tributário:** *(Steuerrecht)*. Porto Alegre: Sergio Antonio Fabris, 2014. 3 v. Tradução da 18ª edição alemã, a cargo de Elisete Antoniuk, p. 365.

[479] TIPKE, Klaus; LANG, Joaquim. **Direito Tributário:** *(Steuerrecht)*. Porto Alegre: Sergio Antonio Fabris, 2014. 3 v. Tradução da 18ª edição alemã, a cargo de Elisete Antoniuk, p. 369.

[480] TIPKE, Klaus; LANG, Joaquim. **Direito Tributário:** *(Steuerrecht)*. Porto Alegre: Sergio Antonio Fabris, 2014. 3 v. Tradução da 18ª edição alemã, a cargo de Elisete Antoniuk, p. 369-371.

[481] DEUTSCHLAND. **Abgabenordnung - AO.** 16. März 1976. Deutschland, 1976. Disponível em: <http://www.gesetze-im-internet.de/ao_1977/index.html>. Acesso em: 05 jan. 2020.

2.3.7.2 Efeito Vinculante

2.3.7.2.1 Aspectos material e pessoal

O elemento central das *verbindliche Auskünft* (informações vinculantes) e da *verbindliche Zusage* (confirmação vinculante) é, sem dúvida, o efeito vinculante (*Bindungswirkung*), nos termos da respectiva regulamentação. A Seção 2, parágrafos (1) ao (4), da Portaria *StAuskV*, em conjunto com itens 3.6.1 a 3.6.4 do Decreto (AEAO para a Seção 89 do AO) estabelecem as principais características e, sobretudo, a extensão dos efeitos vinculantes das *verbindliche Auskünft* (informações vinculantes). Em relação à *Zusage* (confirmação), os aspectos essenciais de sua eficácia vinculante estão no próprio Código Tributário (AO), Seções 204 e seguintes, com alguns esclarecimentos pontuais no Decreto (AEAO para as Seções 204 a 207).

Tais efeitos incidem sobre o conteúdo (*Inhalt*) das *verbindliche Auskünft* (informações vinculantes), que constitui a resposta concreta e específica à questão jurídica formulada no pedido apresentado e representa o compromisso da administração fiscal de proporcionar ao requerente um determinado tratamento tributário em relação a uma circunstância futura.[482]

Se a administração fiscal ou o BZSt (*Bundeszentralamt für Steuern* - Repartição Federal das Finanças) fornecem uma *verbindliche Auskunft* (informação vinculante), em observância à legislação aplicável, as autoridades fiscais responsáveis pelo exame e fiscalização da tributação da situação ou negócio por ela abarcados estarão legalmente vinculadas ao conteúdo das informações fornecidas, conforme disposto na Seção 2 (1) da Portaria *StAuskV*. Isto é, o contribuinte ou interessado beneficiado com uma orientação vinculante detém a garantia de que, em uma futura fiscalização, serão respeitadas as diretrizes estabelecidas em relação aos fatos examinados na *verbindliche Auskunft* (informação vinculante) em resposta a seu pedido.[483]

Enquanto a orientação relacionada ao tratamento tributário de uma determinada situação permanecer eficaz, a autoridade fiscal fica obrigada a respeitar as condições nele propostas, de modo que o critério para aferir a legalidade

[482] WÖHLECKE, Friedrich. **Die verbindliche Auskunft im deutsch-französischen Vergleich.** 2019. Tese (Doutorado) – Faculty of Law, Öffentliches Recht. Professur Für Steuerrecht, Universität Zu Köln, Köln, 2019, p. 51. Disponível em: <http://kups.ub.uni-koeln.de/id/eprint/10438>. Acesso em: 09 jan. 2020.

[483] WÖHLECKE, Friedrich. **Die verbindliche Auskunft im deutsch-französischen Vergleich.** 2019. Tese (Doutorado) – Faculty of Law, Öffentliches Recht. Professur Für Steuerrecht, Universität Zu Köln, Köln, 2019, p. 51. Disponível em: <http://kups.ub.uni-koeln.de/id/eprint/10438>. Acesso em: 09 jan. 2020.

de uma futura decisão administrativa sobre o assunto está condicionado à observância das condições estabelecidas para o caso concreto, sendo considerados ilegais os atos administrativos contrários à *verbindliche Auskunft* (informação vinculante).[484]

Por essa razão, Friedrich Wöhlecke considera que a relevância do instituto está no fato de que oferece ao requerente uma proteção abstrata de expectativas legítimas antes mesmo que os fatos sejam realizados, confirmando, logo no início de uma operação ou situação, o seu tratamento fiscal. Nessa esteira, o citado Autor destaca que, em princípio, a emissão de uma *verbindliche Auskunft* (informação vinculantes) apenas confirma antecipadamente a situação legal que seria de qualquer maneira aplicável à situação consultada.[485]

O mesmo raciocínio é integralmente aplicável à *verbindliche Zusage* (confirmação vinculante), consoante o disposto na Seção 206 (1) do Código Tributário (AO). Aliás, no âmbito da regulamentação conferida pelo AEAO para a Seção 206 é enfatizado que, se a disciplina contida na *verbindliche Zusage* (confirmação vinculante) não for observada por parte das autoridades fiscais em uma cobrança futura, o contribuinte poderá recorrer para suscitar a observância do efeito vinculante.[486]

Sobre a *Zusage* (confirmação), Klaus Tipke e Joaquim Lang explicam que, por meio desse ato administrativo, é assegurada ao contribuinte uma proteção dirigida para acontecimentos realizados no futuro, vinculando o órgão da administração fiscal pontualmente a respeito da circunstância por ela abarcada.[487]

Vale lembrar que a *Zusage* (confirmação) poderá ser emitida, a pedido do contribuinte, após a realização de uma fiscalização especial denominada *Außenprüfung*, cuja tradução literal significa "auditoria/avaliação externa". Essa

[484] SEER, Roman. **Verbindliche Auskunft.** Finanz-Rundschau Ertragsteuerrecht, v.99, pp. 161-169, feb.2017, p. 165. Disponível em: <https://www.kompetenzzentrum-steuerrecht.de/MEDIEN/contenido_import/Publikationen/2017/Seer_FR_2017_161.pdf>. Acesso em: 19 jan.2020.

[485] WÖHLECKE, Friedrich. **Die verbindliche Auskunft im deutsch-französischen Vergleich.** 2019. Tese (Doutorado) – Faculty of Law, Öffentliches Recht. Professur Für Steuerrecht, Universität Zu Köln, Köln, 2019, p. 51. Disponível em: <http://kups.ub.uni-koeln.de/id/eprint/10438>. Acesso em: 09 jan. 2020.

[486] DEUTSCHLAND. Anwendungserlass Zur Abgabenordnung (AEAO), 31. Januar 2014, zuletzt geändert durch BMF-Schreiben v. 27. 9. 2019 – IV A 3 - S 0062/19/10009 :001. **Nwb.** Deutschland, Disponível em: <https://datenbank.nwb.de/Dokument/Anzeigen/500001/?shigh=Anwendungserlass&listPos=1&listId=1464843>. Acesso em: 09 jan. 2020.

[487] TIPKE, Klaus; LANG, Joaquim. **Direito Tributário:** *(Steuerrecht).* Porto Alegre: Sergio Antonio Fabris, 2014. 3 v. Tradução da 18ª edição alemã, a cargo de Elisete Antoniuk, p. 231.

fiscalização especial (*Außenprüfung*) consiste em uma averiguação ampla das operações de um determinado contribuinte e cujo resultado é consolidado em um relatório de avaliação que contempla as principais constatações da autoridade fiscal sobre a tributação do contribuinte fiscalizado, apontando eventuais irregularidades e inclusive sugerindo alterações nas suas práticas tributárias (Seção 202 do AO).[488] No âmbito dessa verificação (*Außenprüfung*), a autoridade fiscal não fixa uma exigência fiscal ou impõe qualquer modificação em declarações transmitidas, mas esse relatório poderá servir de fundamento, por exemplo, para a futura lavratura de um auto de infração e de outras decisões administrativas.[489]

O relatório produzido ao final da auditoria (*Außenprüfung*) não vincula automaticamente a autoridade fiscal competente para o lançamento de quaisquer das espécies tributárias que tenham sido por ele abarcadas. Ou seja, outros entes poderão discordar de apontamentos e proposições do relatório de avaliação. O conteúdo desse relatório apenas terá efeito vinculante após a formalização da *verbindliche Zusage* (confirmação vinculante).[490]

No que diz respeito à extensão pessoal do efeito vinculante, nos termos da Seção 2 (1) da Portaria *StAuskV*, serão atingidos, como regra, os requerentes relacionados aos fatos descritos no pedido. Nas situações em que o verdadeiro interessado tenha sido representado por um terceiro, obviamente serão atingidas apenas as pessoas físicas ou jurídicas, sociedades pessoais ou outras composições de ativos relacionadas com as hipóteses previstas na Seção 89 (2) do Código Tributário (AO) – para atos posteriores – que implementaram o negócio ou operação nos termos do que foi descrito no requerimento anteriormente formulado (Seção 1, 4, da *StAuskV*).[491],[492]

488 DEUTSCHLAND. **Abgabenordnung - AO.** 16. März 1976. Deutschland, 1976. Disponível em: <http://www.gesetze-im-internet.de/ao_1977/index.html>. Acesso em: 05 jan. 2020.

489 TIPKE, Klaus; LANG, Joaquim. **Direito Tributário:** *(Steuerrecht)*. Porto Alegre: Sergio Antonio Fabris, 2014. 3 v. Tradução da 18ª edição alemã, a cargo de Elisete Antoniuk, p. 351.

490 TIPKE, Klaus; LANG, Joaquim. **Direito Tributário:** *(Steuerrecht)*. Porto Alegre: Sergio Antonio Fabris, 2014. 3 v. Tradução da 18ª edição alemã, a cargo de Elisete Antoniuk, p. 351.

491 WÖHLECKE, Friedrich. **Die verbindliche Auskunft im deutsch-französischen Vergleich.** 2019. Tese (Doutorado) - Faculty of Law, Öffentliches Recht. Professur Für Steuerrecht, Universität Zu Köln, Köln, 2019, p. 53. Disponível em: <http://kups.ub.uni-koeln.de/id/eprint/10438>. Acesso em: 09 jan. 2020.

492 DEUTSCHLAND. **Steuer-auskunftsverordnung - Stauskv**, 30 november 2007. **Bgbl. I S. 2783**. Deutschland, 2007. Disponível em: <http://www.gesetze-im-internet.de/stauskv/>. Acesso em: 05 jan. 2020.

O item n. 3.6.2 do AEAO prevê que, no caso de sucessão universal (*Gesamtrechtsnachfolge*), decorrente da transferência integral dos bens e direitos de uma pessoa jurídica para outra, o efeito vinculante decorrente da emissão de uma de *verbindliche Auskunft* (informação vinculante) poderá beneficiar o sucessor, desde que mantidos os fatos da forma como proposto no pedido. Os fatos implementados por terceiros que não sejam caracterizados como sucessores nos termos da lei, ainda que nos mesmos moldes do que foi descrito no pedido de um determinado requerente, não serão submetidos às mesmas regras fixadas na *verbindliche Auskunft* (informação vinculante), uma vez que não possuem o efeito vinculante em relação a terceiros.[493]

Segundo Friedrich Wöhlecke, os efeitos vinculantes não poderão alcançar outras pessoas, mesmo que envolvidas na circunstância consultada, além dos requerentes e dos interessados listados na Seção 1 (4) da Portaria *StAuskV*, contanto que estejam formalmente constituídos na data da formalização do pedido, e dos legitimados para a formalização conjunta na forma da Seção (2) e (3) da mesma Portaria *StAuskV*, os quais disciplinam a emissão de orientação uniforme para diversos interessados. Dessa forma, segundo ele, a principal condição para que um interessado seja alcançado pelos efeitos vinculantes é ter apresentado um pedido em que tenha demonstrado interesse voltado à segurança jurídica na implementação e aplicação das normas tributárias.[494]

Os efeitos vinculantes da *verbindliche Zusage* (confirmação vinculante) ficam restritos ao contribuinte que tenha sido fiscalizado na situação específica de uma auditoria fiscal (*Außenprüfung*)[495]

Dessa forma, embora as *verbindliche Auskünft* (informações vinculantes) e a *verbindliche Zusage* (confirmação vinculante) sejam dotadas de efeito vinculante, não possuem eficácia *erga omnes*, de modo que as regras e condições nelas fixadas atingem apenas as pessoas diretamente envolvidas no pedido, o que é perfeitamente compreensível, já que os dois pronunciamentos são emitidos absolutamente sob medida para o solicitante, em especial no que se

[493] DEUTSCHLAND. Anwendungserlass Zur Abgabenordnung (AEAO), 31. Januar 2014, zuletzt geändert durch BMF-Schreiben v. 27. 9. 2019 – IV A 3 - S 0062/19/10009 :001. **Nwb**. Deutschland, Disponível em: <https://datenbank.nwb.de/Dokument/Anzeigen/500001/?shigh=Anwendungserlass&listPos=1&listId=1464843>. Acesso em: 09 jan. 2020.

[494] WÖHLECKE, Friedrich. **Die verbindliche Auskunft im deutsch-französischen Vergleich.** 2019. Tese (Doutorado) – Faculty of Law, Öffentliches Recht. Professur Für Steuerrecht, Universität Zu Köln, Köln, 2019, p. 53. Disponível em: <http://kups.ub.uni-koeln.de/id/eprint/10438>. Acesso em: 09 jan. 2020.

[495] DEUTSCHLAND. **Abgabenordnung - AO.** 16. März 1976. Deutschland, 1976. Disponível em: <http://www.gesetze-im-internet.de/ao_1977/index.html>. Acesso em: 05 jan. 2020.

refere à *verbindliche Zusage* (confirmação vinculante), que é emitida aproveitando dados extraídos de uma fiscalização realizada em face do contribuinte por ela beneficiado.

2.3.7.2.2 Condições para a implementação e conservação do efeito vinculante

Em face do disposto nas Seções 89 (2), 206 (1) e 207 (1) do Código Tributário (AO) e na Seção 2 (1) e (3) da Portaria *StAuskV*, é possível afirmar que, via de regra, os efeitos vinculantes serão conservados enquanto forem atendidos os seguintes pressupostos: (i) a situação ou negócio examinado no pedido de *verbindliche Auskünfte* (informações vinculantes) e na *verbindliche Zusage* (confirmação vinculante) estiver sendo realizado nos termos propostos e (ii) enquanto permanecerem vigentes as disposições legais que fundamentaram a orientação fornecida pela autoridade fiscal.[496]

Logo, uma das condições para a produção do efeito vinculante (*Bindungswirkung*) é de que os fatos posteriormente concretizados não destoem daqueles que foram examinados pela autoridade fiscal no momento da emissão das *verbindliche Auskünfte* (informações vinculantes) ou da celebração da *verbindliche Zusage* (confirmação vinculante). Eventuais divergências somente serão admitidas se forem irrelevantes em relação ao escopo do negócio ou da situação consultada.[497] Isso não significa que o requerente seja obrigado a implementar os fatos que descreveu em seu pedido, mas, se assim o fizer, isto é, se optar por um formato distinto do anterior, tais fatos não estarão contemplados pela proteção obtida.[498]

Ao escreverm sobre a *Zusage* (confirmação), Klaus Tipke e Joaquim Lang apontam, nesse contexto, que o "destinatário pode, a qualquer tempo, fazer valer um tratamento jurídico do caso divergente da declaração. Ele adquire, por

[496] DEUTSCHLAND. **Steuer-auskunftsverordnung - Stauskv**, 30 november 2007. **Bgbl. I S. 2783**. Deutschland, 2007. Disponível em: <http://www.gesetze-im-internet.de/stauskv/>. Acesso em: 05 jan. 2020.

[497] SEER, Roman et al (Org.). **Recht auf Information und Auskunft im Besteuerungsverfahren.**: unter besonderer Berücksichtigung des Gesetzes zur Modernisierung des Besteuerungsverfahrens vom 18. Juli 2016 und der EU-Datenschutz-GrundVO vom 27. April 2016 mit nachfolgenden Änderungen der AO. Berlin: Deutsches Wissenschaftliches Institut Der Steuerberater E.v., 2017. p. 22. Disponível em: <https://www.dws-institut.de/sites/default/files/ue_document/file_id/DWS_Institut_Brosch%C3%BCre_Recht_online.pdf>. Acesso em: 10 jan. 2020.

[498] WÖHLECKE, Friedrich. **Die verbindliche Auskunft im deutsch-französischen Vergleich.** 2019. Tese (Doutorado) - Faculty of Law, Öffentliches Recht. Professur Für Steuerrecht, Universität Zu Köln, Köln, 2019, p. 55. Disponível em: <http://kups.ub.uni-koeln.de/id/eprint/10438>. Acesso em: 09 jan. 2020.

assim dizer, uma opção que pode utilizar, mas à qual ele não está vinculado". Mesmo assim os autores reconhecem que o efeito vinculante está condicionado à realização dos fatos nos exatos termos do que constou na *Zusage* (confirmação).[499]

Roman Seer explica, ainda, que, como o futuro tratamento tributário examinado na *verbindliche Auskunft* (informação vinculante) geralmente envolve a análise de situações muito específicas e o contribuinte não é obrigado a implementar os fatos ou negócios nos exatos termos do que constou em seu pedido, caso os fatos concretos se afastem do que foi anteriormente descrito, a Administração não será vinculada ao conteúdo proposto e esse pronunciamento terá efeitos meramente declaratórios.[500]

Assim, o efeito vinculante (*Bindungswirkung*) poderá atingir pedidos relacionados a períodos de apuração delimitados ou para uma situação particular, recaindo apenas sobre as consequências tributárias daquele período.[501]

Nas situações descritas no item n. 3.5.3 do Decreto (AEAO para a Seção 89 do AO), para questões alusivas às obrigações fiscais de trato sucessivo e/ou permanentes (*Dauersachverhalten*), a extensão temporal será fixada de acordo com os termos do pedido[502] e ficará restrita ao período subsequente ao protocolo do requerimento, a menos que, por razões de direito material, a autoridade fiscal entenda de forma diferente e fixe a sua vigência em relação a outro período, por exemplo, nos casos de redução ou concessão de prazo adicional para a amortização ou depreciação de despesas contábeis.[503]

[499] TIPKE, Klaus; LANG, Joaquim. **Direito Tributário:** *(Steuerrecht)*. Porto Alegre: Sergio Antonio Fabris, 2014. 3 v. Tradução da 18ª edição alemã, a cargo de Elisete Antoniuk, p. 231 e 235.

[500] SEER, Roman. **Verbindliche Auskunft.** Finanz-Rundschau Ertragsteuerrecht, v.99, pp. 161-169, feb.2017, p. 165. Disponível em: <https://www.kompetenzzentrum-steuerrecht.de/MEDIEN/contenido_import/Publikationen/2017/Seer_FR_2017_161.pdf>. Acesso em: 19 jan.2020.

[501] WÖHLECKE, Friedrich. **Die verbindliche Auskunft im deutsch-französischen Vergleich.** 2019.. Tese (Doutorado) – Faculty of Law, Öffentliches Recht. Professur Für Steuerrecht, Universität Zu Köln, Köln, 2019, p. 53. Disponível em: <http://kups.ub.uni-koeln.de/id/eprint/10438>. Acesso em: 09 jan. 2020.

[502] WÖHLECKE, Friedrich. **Die verbindliche Auskunft im deutsch-französischen Vergleich.** 2019. Tese (Doutorado) – Faculty of Law, Öffentliches Recht. Professur Für Steuerrecht, Universität Zu Köln, Köln, 2019, p. 53. Disponível em: <http://kups.ub.uni-koeln.de/id/eprint/10438>. Acesso em: 09 jan. 2020.

[503] DEUTSCHLAND. Anwendungserlass Zur Abgabenordnung (AEAO), 31. Januar 2014, zuletzt geändert durch BMF-Schreiben v. 27. 9. 2019 – IV A 3 - S 0062/19/10009 :001. **Nwb.** Deutschland, Disponível em: <https://datenbank.nwb.de/Dokument/Anzeigen/500001/?shigh=Anwendungserlass&listPos=1&listId=1464843>. Acesso em: 09 jan. 2020.

2.3.7.2.3 Implicações instantâneas e involuntárias no efeito vinculante: alterações legislativas e ilegalidade

Um dos pressupostos estabelecidos na Seção 2 (3) da Portaria *StAuskV* para a conservação do efeito vinculante é a preservação das normas que respaldaram a posição adotada na resposta ao pedido *verbindliche Auskunft* (informação vinculante). Dessa forma, o referido diploma estabelece expressamente que o efeito vinculante será suprimido a partir do ponto em que as disposições legislativas, nas quais a informação está fundamentada, são anuladas ou alteradas.[504]

Friedrich Wöhlecke explica que a supressão dos efeitos vinculantes (*Bindungswirkung*) nessa circunstância busca evitar que uma *verbindliche Auskunft* (informação vinculante) produza resultados contrários à lei. Assim, eventual alteração legislativa terá incidência imediata e automática, independentemente de qualquer notificação formal do beneficiário, nos termos do item n. 3.6.4 do Decreto (AEAO para a Seção 89 do AO).[505],[506]

Ademais, considerando, sobretudo, a circunstância de que as *verbindliche Auskunft* (informações vinculantes) não podem interferir ou inibir a competência legislativa ou mesmo a vigência de leis gerais, quando houver alteração legislativa, a nova disciplina passará a regular a situação até então protegida pela orientação vinculante, inclusive com efeitos retroativos, se a nova lei assim determinar.[507]

A Constituição Alemã (*Grundgesetz* – GG) não proíbe explicitamente que a legislação contemple disposições tributárias retroativas. A despeito disso,

[504] Do texto original: "(3) Die Bindungswirkung der verbindlichen Auskunft entfällt ab dem Zeitpunkt, in dem die Rechtsvorschriften, auf denen die Auskunft beruht, aufgehoben oder geändert werden." DEUTSCHLAND. **Steuer-auskunftsverordnung - Stauskv**, 30 november 2007. **Bgbl. I S. 2783**. Deutschland, 2007. Disponível em: <http://www.gesetze-im-internet.de/stauskv/>. Acesso em: 05 jan. 2020.

[505] WÖHLECKE, Friedrich. **Die verbindliche Auskunft im deutsch-französischen Vergleich.** 2019. Tese (Doutorado) - Faculty of Law, Öffentliches Recht. Professur Für Steuerrecht, Universität Zu Köln, Köln, 2019, p. 53-54. Disponível em: <http://kups.ub.uni-koeln.de/id/eprint/10438>. Acesso em: 09 jan. 2020.

[506] DEUTSCHLAND. Anwendungserlass Zur Abgabenordnung (AEAO), 31. Januar 2014, zuletzt geändert durch BMF-Schreiben v. 27. 9. 2019 – IV A 3 - S 0062/19/10009 :001. **Nwb**. Deutschland, Disponível em: <https://datenbank.nwb.de/Dokument/Anzeigen/500001/?shigh=Anwendungserlass&listPos=1&listId=1464843>. Acesso em: 09 jan. 2020.

[507] WÖHLECKE, Friedrich. **Die verbindliche Auskunft im deutsch-französischen Vergleich.** 2019. Tese (Doutorado) - Faculty of Law, Öffentliches Recht. Professur Für Steuerrecht, Universität Zu Köln, Köln, 2019, p. 54. Disponível em: <http://kups.ub.uni-koeln.de/id/eprint/10438>. Acesso em: 09 jan. 2020.

segundo o Tribunal Constitucional Federal Alemão (*Bundesverfassungsgericht* - BVerfG), a interpretação conjunta do princípio da segurança jurídica e dos direitos fundamentais elencados na Constituição não admite outra conclusão senão o da coibição de leis retroativas, inclusive tributárias, como regra geral de direito. Essa restrição é aplicável, sobretudo, para evitar a produção de efeitos retroativos para eliminar benefícios ou impor oneração. Por outro lado, quando o conteúdo de uma nova lei seja idêntico ao de um entendimento já adotado na prática, a nova lei não será considerada mais gravosa e poderá retroagir.[508]

Em relação à *verbindliche Zusage* (confirmação vinculante), a Seção 207 (1) do Código Tributário (AO) também estabelece que, se as disposições legais em que se baseou a decisão forem alteradas, o compromisso será considerado automaticamente expirado/revogado (*Außerkrafttreten*).[509] O item n. 1 do AEAO para a regulamentação da Seção 207 do AO prescreve que, para fins de interpretação da expressão "legislação" contida no referido dispositivo, não estão abarcadas alterações em instruções administrativas (*Verwaltungsanweisungen*) e na jurisprudência (*Rechtsprechung*), mas apenas de normas legais (*Rechtsnormen*) *stricto sensu*.[510]

A Seção 2 (1) enunciado 2 da Portaria *StAuskV* e a Seção 206 (2) do Código Tributário (AO) dispõem, ainda, que não produzirão efeitos vinculantes a *Auskunft* (informação) e a *Zusage* (confirmação) se, em prejuízo do contribuinte, contrariar a legislação em vigor, quer dizer, quando forem consideradas ilegais.[511] Nesse sentido também é o disposto no item n. 3.6.3 do Decreto (AEAO para a Seção 89 do AO), o qual esclarece, ainda, que o caráter favorável ou contrário ao contribuinte pode ser identificado a partir da comparação

[508] FURQUIM, Luiz Doria. O Moderno Direito Tributário Alemão: Traduzido e condensado da obra "Steuerrecht" de Klaus Tipke/Joachim Lang, 18ª edição. **Revista de Doutrina da 4ª Região**, Porto Alegre, n. 20, 29 out. 2007, p. 20. Disponível em: <https://core.ac.uk/download/pdf/16048642.pdf.>. Acesso em: 01 fev. 2020.

[509] DEUTSCHLAND. **Abgabenordnung - AO.** 16. März 1976. Deutschland, 1976. Disponível em: <http://www.gesetze-im-internet.de/ao_1977/index.html>. Acesso em: 05 jan. 2020.

[510] DEUTSCHLAND. Anwendungserlass Zur Abgabenordnung (AEAO), 31. Januar 2014, zuletzt geändert durch BMF-Schreiben v. 27. 9. 2019 – IV A 3 - S 0062/19/10009 :001 (2019/0833449). **Nwb**. Deutschland, Disponível em: <https://datenbank.nwb.de/Dokument/Anzeigen/500001/?shigh=Anwendungserlass&listPos=1&listId=1464843>. Acesso em: 09 jan. 2020.

[511] DEUTSCHLAND. **Steuer-auskunftsverordnung - Stauskv**, 30 november 2007. **Bgbl. I S. 2783**. Deutschland, 2007. Disponível em: <http://www.gesetze-im-internet.de/stauskv/>. Acesso em: 05 jan. 2020; DEUTSCHLAND. **Abgabenordnung - AO.** 16. März 1976. Deutschland, 1976. Disponível em: <http://www.gesetze-im-internet.de/ao_1977/index.html>. Acesso em: 05 jan. 2020.

entre o tratamento indicado na resposta ao pedido e o legalmente aplicável.[512] Dessa forma, caso a orientação fornecida pela autoridade fiscal for mais onerosa para o requerente, este poderá realizar o pagamento da exigência fiscal nos moldes em que legalmente estabelecida.[513]

A *contrario sensu*, a interpretação do disposto na Seção 2 (1) da Portaria *StAuskV* e na Seção 206 (2) do Código Tributário (AO) autororiza a conclusão de que os efeitos vinculantes serão conservados em favor do requerente mesmo nas situações em que o seu conteúdo contrarie a legislação em vigor.[514] Isto é, se uma *verbindliche Auskunft* (informação vinculante) ou uma *verbindliche Zusage* (confirmação vinculante) tiver sido emitida em desacordo com a lei, mas contemplar diretrizes favoráveis ao solicitante, o seu efeito vinculante não será automaticamente desfeito. As obrigações fiscais poderão continuar sendo apuradas nos moldes do que fixado na resposta fornecida pela autoridade fiscal, mesmo que incompatível com a lei. A *verbindliche Auskunft* (informação vinculante) e a *verbindliche Zusage* (confirmação vinculante) permanecem eficazes e vinculantes em relação ao requerente.[515]

A manutenção dos efeitos nessas circunstâncias é legitimada, segundo Roman Seer, pelo fato de que tanto as *verbindliche Auskünft* (informações vinculantes) quanto as *verbindliche Zusage* (confirmação vinculante) são institutos

[512] DEUTSCHLAND. Anwendungserlass Zur Abgabenordnung (AEAO), 31. Januar 2014, zuletzt geändert durch BMF-Schreiben v. 27. 9. 2019 – IV A 3 - S 0062/19/10009 :001. **Nwb.** Deutschland, Disponível em: <https://datenbank.nwb.de/Dokument/Anzeigen/500001/?shigh=Anwendungserlass&listPos=1&listId=1464843>. Acesso em: 09 jan. 2020.

[513] WÖHLECKE, Friedrich. **Die verbindliche Auskunft im deutsch-französischen Vergleich.** 2019. Tese (Doutorado) - Faculty of Law, Öffentliches Recht. Professur Für Steuerrecht, Universität Zu Köln, Köln, 2019, p. 52. Disponível em: <http://kups.ub.uni-koeln.de/id/eprint/10438>. Acesso em: 09 jan. 2020.

[514] SEER, Roman. **Verbindliche Auskunft.** Finanz-Rundschau Ertragsteuerrecht, v.99, pp. 161-169, feb.2017, p. 165. Disponível em: <https://www.kompetenzzentrum-steuerrecht.de/MEDIEN/contenido_import/Publikationen/2017/Seer_FR_2017_161.pdf>. Acesso em 19 jan.2020.

[515] Nesse sentido: WÖHLECKE, Friedrich. **Die verbindliche Auskunft im deutsch-französischen Vergleich.** 2019. Tese (Doutorado) - Faculty of Law, Öffentliches Recht. Professur Für Steuerrecht, Universität Zu Köln, Köln, 2019, p. 52. Disponível em: <http://kups.ub.uni-koeln.de/id/eprint/10438>. Acesso em: 09 jan. 2020; TIPKE, Klaus; LANG, Joaquim. **Direito Tributário:** *(Steuerrecht)*. Porto Alegre: Sergio Antonio Fabris, 2014. 3 v. Tradução da 18ª edição alemã, a cargo de Elisete Antoniuk, p. 235; SEER, Roman et al (Org.). **Recht auf Information und Auskunft im Besteuerungsverfahren.:** unter besonderer Berücksichtigung des Gesetzes zur Modernisierung des Besteuerungsverfahrens vom 18. Juli 2016 und der EU-Datenschutz-GrundVO vom 27. April 2016 mit nachfolgenden Änderungen der AO. Berlin: Deutsches Wissenschaftliches Institut Der Steuerberater E.v., 2017, p. 21. Disponível em: <https://www.dws-institut.de/sites/default/files/ue_document/file_id/DWS_Institut_Brosch%C3%BCre_Recht_online.pdf>. Acesso em: 10 jan. 2020.

voltados exclusivamente para a proteção do contribuinte.[516] Em contrapartida, ainda que o efeito vinculante favorável ao contribuinte não seja automaticamente suprimido, poderá ser modificado ou cancelado por iniciativa das autoridades fiscais, nos termos da Seção 2 (4) da Portaria *StAuskV* e da Seção 207 (2) e (3) do Código Tributário (AO). Isto é, quando a ilegalidade do ato administrativo beneficiar o contribuinte, a sua remoção dependerá de uma atuação específica das autoridades fiscais, que será detalhada no tópico seguinte, substópico 3.4.7.3 deste capítulo.

Por fim, importa registrar que a *verbindliche Auskunft* (informação vinculante) não produzirá quaisquer efeitos se for considerada nula, nos termos da Seção 125 (1) e (2) do Código Tributário (AO). O referido dispositivo especifica algumas situações envolvendo vícios considerados graves, tais como: (i) o ato não especificar a autoridade que o emitiu; (ii) for inexequível; (iii) resultar na prática de um ato ilegal (*rechtswidrigen*) que constitua uma infração penal ou administrativa (*Straf- oder Bußgeldtatbestand*); (iv) for contrário aos bons costumes.[517] Cabe mencionar que, no Direito alemão, os atos administrativos nulos são ineficazes e não produzem efeitos (Seção 124, 3, AO), diversamente dos atos anuláveis, retratáveis ou revogáveis, que são passíveis de modificação (Seção 124,2, AO).[518]

2.3.7.3 Possibilidade de alteração da resposta emitida pela administração fiscal

Além das situações acima descritas, nas quais os efeitos vinculantes das informações fornecidas são encerrados automaticamente e independentemente de qualquer atuação das autoridades fiscais, a legislação alemã também prevê situações nas quais as autoridades estão autorizadas a promoverem modificações (*änderung*) ou até mesmo a anulação (*aufhebung*) das *verbindliche Auskünft* (informações vinculantes) nas hipóteses retratadas na Seção 2 (3) e (4) da Portaria *StAuskV* e de acordo com os critérios estabelecidos nas Seções 129 a 131 do Código Tributário (AO). Em relação a *verbindliche Zusage* (confirmação

[516] SEER, Roman. **Verbindliche Auskunft.** Finanz-Rundschau Ertragsteuerrecht, v.99, pp. 161-169, feb.2017, p. 165. Disponível em: <https://www.kompetenzzentrum-steuerrecht.de/MEDIEN/contenido_import/Publikationen/2017/Seer_FR_2017_161.pdf>. Acesso em 19 jan.2020.

[517] DEUTSCHLAND. **Abgabenordnung - AO.** 16. März 1976. Deutschland, 1976. Disponível em: <http://www.gesetze-im-internet.de/ao_1977/index.html>. Acesso em: 05 jan. 2020.

[518] TIPKE, Klaus; LANG, Joaquim. **Direito Tributário:** *(Steuerrecht)*. Porto Alegre: Sergio Antonio Fabris, 2014. 3 v. Tradução da 18ª edição alemã, a cargo de Elisete Antoniuk, p. 278.

vinculante), regras semelhantes estão previstas na Seção 207 (2) e (3) do Código Tributário (AO).

De antemão, cabe esclarecer que a anulação (*aufhebung*) de um ato administrativo significa a sua extinção sem substituição, cuja repercussão é distinta da modificação (*änderung*), por meio da qual promove-se uma alteração parcial, que poderá ser favorável ou contrária aos interesses do contribuinte. Importa mencionar também que a legislação tributária alemã adota terminologias distintas para se referir à anulação de um ato administrativo ilegal (retratação = *rücknahme*) e para anulação de um ato administrativo lícito (revogação = *widerruf*).[519]

2.3.7.3.1 Autorização da Seção 2 (4) da Portaria StAuskV e na Seção 207 (2) do AO

Dito isso, será examinada, em um primeiro momento, a autorização conferida pela Seção 2 (4) da Portaria *StAuskV*, segundo a qual, sem prejuízo do disposto nas Seções 129 a 131 do Código Tributário (AO), as *verbindliche Auskünft* (informações vinculantes) com efeito futuro podem ser anuladas (*aufgehoben*) ou alteradas/modificadas (*geändert*) se for constatado que a informação fornecida estava incorreta (*unrichtig*).[520] Com redação idêntica a Seção 207 (2) do Código Tributário (AO), que autoriza a revogação (*widerruf*) ou a anulação (*aufheben*) da *verbindliche Zusage* (confirmação vinculante), com efeitos para o futuro.[521]

Isto é, a Seção 2 (4) da Portaria *StAuskV* e a Seção 207 (2) do AO estabelecem uma alternativa distinta e independente em relação às hipóteses previstas nos artigos 129 a 131 do AO, e que pode ser exercida a critério da autoridade fiscal se for constatado que a orientação formalizada já estava incorreta (*unrichtig*) no momento da sua divulgação (*bekanntgabe*), ou seja, o ato contém uma ilicitude material (*materiell rechtswidrig*).[522] Nessa hipótese

[519] TIPKE, Klaus; LANG, Joaquim. **Direito Tributário:** *(Steuerrecht)*. Porto Alegre: Sergio Antonio Fabris, 2014. 3 v. Tradução da 18ª edição alemã, a cargo de Elisete Antoniuk, p. 416-417.

[520] DEUTSCHLAND. **Steuer-auskunftsverordnung - Stauskv**, 30 november 2007. **Bgbl. I S. 2783**. Deutschland, 2007. Disponível em: <http://www.gesetze-im-internet.de/stauskv/>. Acesso em: 05 jan. 2020.

[521] DEUTSCHLAND. **Abgabenordnung - AO.** 16. März 1976. Deutschland, 1976. Disponível em: <http://www.gesetze-im-internet.de/ao_1977/index.html>. Acesso em: 05 jan. 2020.

[522] WÖHLECKE, Friedrich. **Die verbindliche Auskunft im deutsch-französischen Vergleich.** 2019. Tese (Doutorado) - Faculty of Law, Öffentliches Recht. Professur Für Steuerrecht, Universität Zu Köln, Köln, 2019, p. 55. Disponível em: <http://kups.ub.uni-koeln.de/id/eprint/10438>. Acesso em: 09 jan. 2020.

o cancelamento do respectivo ato administrativo deverá operar efeitos exclusivamente para o futuro.[523]

O item n. 3.6.6. do Decreto (AEAO para a Seção 89 do AO) e o item n. 2 do Decreto (AEAO para a Seção 207 do AO) esclarecem que serão considerados materialmente ilegais, nos termos da Seção 2 (4) da Portaria *StAuskV*, as *verbindliche Auskünft* (informações vinculantes) quando tiverem sido emitidas sem base legal, estiverem em desacordo com as normas vigentes, incidirem em erro de apreciação ou até mesmo se estiverem em desacordo com a jurisprudência do Tribunal Fiscal Federal (*Bundesfinanzhof* - BFH) ou de um dos demais tribunais fiscais (*Finanzgericht Finanzgerichts* - FG), firmadas posteriormente. Em tais hipóteses, o item n. 3.6.6 do Decreto (AEAO para a Seção 89 do AO) explica que a informação não se tornou incorreta após sua emissão, a incorreção já existia e apenas foi detectada posteriormente.[524]

Ressalte-se que as alterações jurisprudenciais disciplinadas no item n. 3.6.6 do Decreto (AEAO para a Seção 89 do AO) não são equiparadas às alterações legislativas, motivo pelo qual não terão repercussão imediata e automática em relação às orientações fornecidas, embora possam ser revistas pelas autoridades fiscais com fundamento na Seção 2 (4) da Portaria *StAuskV*[525], nos termos acima explicitados.

Em face do disposto na Seção 2 (4) da Portaria *StAuskV*, a margem de atuação da administração tributária é ainda mais ampla do que a prevista na Seção 130, parágrafo 2, do Código Tributário (AO), uma vez que a Seção 2 (4) da Portaria *StAuskV* não estabelece nenhuma outra condição além da

[523] SEER, Roman et al (Org.). **Recht auf Information und Auskunft im Besteuerungsverfahren.:** unter besonderer Berücksichtigung des Gesetzes zur Modernisierung des Besteuerungsverfahrens vom 18. Juli 2016 und der EU-Datenschutz-GrundVO vom 27. April 2016 mit nachfolgenden Änderungen der AO. Berlin: Deutsches Wissenschaftliches Institut Der Steuerberater E.v., 2017, p.21. Disponível em: <https://www.dws-institut.de/sites/default/files/ue_document/file_id/DWS_Institut_Brosch%C3%BCre_Recht_online.pdf>. Acesso em: 10 jan. 2020.

[524] DEUTSCHLAND. Anwendungserlass Zur Abgabenordnung (AEAO), 31. Januar 2014, zuletzt geändert durch BMF-Schreiben v. 27. 9. 2019 – IV A 3 - S 0062/19/10009 :001. **Nwb**. Deutschland, Disponível em: <https://datenbank.nwb.de/Dokument/Anzeigen/500001/?shigh=Anwendungserlass&listPos=1&listId=1464843>. Acesso em: 09 jan. 2020.

[525] DEUTSCHLAND. Anwendungserlass Zur Abgabenordnung (AEAO), 31. Januar 2014, zuletzt geändert durch BMF-Schreiben v. 27. 9. 2019 – IV A 3 - S 0062/19/10009 :001 (2019/0833449). **Nwb**. Deutschland, Disponível em: <https://datenbank.nwb.de/Dokument/Anzeigen/500001/?shigh=Anwendungserlass&listPos=1&listId=1464843>. Acesso em: 09 jan. 2020.

ilegalidade para a alteração (*änderung*) ou anulação (*aufhebung*) da reposta emitida.[526]

No entanto, a fim de proteger o interesse do indivíduo, bem como as justas expectativas legítimas daquele que confiou nas informações emitidas pelas autoridades fiscais, as *verbindliche Auskünft* (informações vinculantes) não serão anuladas (*aufgehoben*) se o requerente já tiver implementado os fatos no momento em que a alteração ou cancelamento forem anunciados, conforme também previsto no item n. 3.6.6 do Decreto (AEAO para a Seção 89 do AO).[527] Dessa forma, uma alteração ou anulação de acordo com a Seção 2 (4) da Portaria *StAuskV* apenas poderá ser implementada no período entre o anúncio do vínculo e realização do assunto em consideração.[528]

Segundo o item n. 3.6.7 do Decreto (AEAO para a Seção 89 do AO) e o item n. 2 do Decreto (AEAO para a Seção 207 do AO), é assegurado ao contribuinte o direito de ser ouvido antes da modificação da informação vinculante, direito esse previsto na Seção 91 (1) do Código Tributário (AO). Para as *verbindliche Auskünft* (informações vinculantes) emitidas uniformemente para um conjunto de interessados (nas situações previstas na Seção 1, 2, da Portaria *StAuskV*, a autoridade fiscal deverá proporcionar a oitiva conjunta de todos os interessados ou de seu representante, uma vez que eventual alteração também será implementada de forma uniforme para todos.[529]

[526] WÖHLECKE, Friedrich. **Die verbindliche Auskunft im deutsch-französischen Vergleich.** 2019. Tese (Doutorado) - Curso de Faculty of Law, Öffentliches Recht. Professur Für Steuerrecht, Universität Zu Köln, Köln, 2019, p. 55. Disponível em: <http://kups.ub.uni-koeln.de/id/eprint/10438>. Acesso em: 09 jan. 2020.

[527] DEUTSCHLAND. Anwendungserlass Zur Abgabenordnung (AEAO), 31. Januar 2014, zuletzt geändert durch BMF-Schreiben v. 27. 9. 2019 – IV A 3 - S 0062/19/10009 :001 (2019/0833449). **Nwb.** Deutschland, Disponível em: <https://datenbank.nwb.de/Dokument/Anzeigen/500001/?shigh=Anwendungserlass&listPos=1&listId=1464843>. Acesso em: 09 jan. 2020.

[528] WÖHLECKE, Friedrich. **Die verbindliche Auskunft im deutsch-französischen Vergleich.** 2019. Tese (Doutorado) - Curso de Faculty of Law, Öffentliches Recht. Professur Für Steuerrecht, Universität Zu Köln, Köln, 2019, p. 55. Disponível em: <http://kups.ub.uni-koeln.de/id/eprint/10438>. Acesso em: 09 jan. 2020.

[529] DEUTSCHLAND. Anwendungserlass Zur Abgabenordnung (AEAO), 31. Januar 2014, zuletzt geändert durch BMF-Schreiben v. 27. 9. 2019 – IV A 3 - S 0062/19/10009 :001. **Nwb.** Deutschland, Disponível em: <https://datenbank.nwb.de/Dokument/Anzeigen/500001/?shigh=Anwendungserlass&listPos=1&listId=1464843>. Acesso em: 09 jan. 2020.

2.3.7.3.2 Incidência das Seções 129 a 131 do Código Tributário (AO)

Além disso, em virtude da natureza de ato administrativo da *Auskunft* (informação) e da previsão contida no item n. 3.5.6 do Decreto (AEAO para a Seção 89 do AO), tais atos são passíveis de revisão por parte das autoridades fiscais, com fundamento nas Seções 129 a 131 do Código Tributário (AO), que descrevem, respectivamente, as hipóteses de: (i) correção de inexatidão evidente (*Offenbare Unrichtigkeit*); (ii) retratação (*Rücknahme*) de atos ilegais; (iii) e a revogação (*Widerruf*) de atos lícitos[530].

Relativamente à *Zusage* (confirmação), embora a Seção 207 (3) do Código Tributário (AO), refira-se apenas à previsão de retratação (*Rücknahme*) contida na Seção 130, isso não quer dizer a impossibilidade de aplicação das regras previstas nas §§ 129 e 131 do mesmo diploma. Mas delimita-se, com isso, aos efeitos retroativos na referida hipótese, como se verá adiante.

Vale salientar também que o exercício da competência prevista nos dispositivos acima está dentro da esfera discricionária da autoridade administrativa,[531] de modo que o item n. 3.6.8 do Decreto (AEAO para a Seção 89 do AO) e o item n. 2 do Decreto (AEAO para a Seção 207 do AO) confirmam que a autoridade fiscal poderá abster-se da revogação/retratação e, caso o faça, está autorizada a definir a partir de quando passarão a produzir efeitos.[532]

A Seção 129 do AO prescreve que a autoridade fiscal poderá, a qualquer momento, corrigir erros ortográficos, erros de cálculo além de outos equívocos análogos que sejam evidentes e tenham sido identificados após a emissão do ato. O requerente ou qualquer legitimado também poderá solicitar a correção de erros em tais circunstâncias, em quaisquer atos administrativos formalizados por escrito, como é o caso da *verbindliche Auskunft* (informação vinculante). Caso o pedido seja formulado pelo próprio requerente

[530] Vale lembar que a retratação (*rücknahme*) e a (revogação) *widerruf* são denominações abarcadas pela concepção de anulação. Quer dizer, a legislação alemã adota terminologias distintas para se referir à anulação que atinge um ato administrativo ilegal (retratação = *rücknahme*) e para anulação de um administrativo lícito (revogação = *widerruf*). A anulação (*aufhebung*) de um ato administrativo significa a sua extinção sem substituição. TIPKE, Klaus; LANG, Joaquim. **Direito Tributário:** *(Steuerrecht)*. Porto Alegre: Sergio Antonio Fabris, 2014. 3 v. Tradução da 18ª edição alemã, a cargo de Elisete Antoniuk, p. 416-417.

[531] TIPKE, Klaus; LANG, Joaquim. **Direito Tributário:** *(Steuerrecht)*. Porto Alegre: Sergio Antonio Fabris, 2014. 3 v. Tradução da 18ª edição alemã, a cargo de Elisete Antoniuk, p. 415 e 419.

[532] DEUTSCHLAND. Anwendungserlass Zur Abgabenordnung (AEAO), 31. Januar 2014, zuletzt geändert durch BMF-Schreiben v. 27. 9. 2019 – IV A 3 - S 0062/19/10009 :001. **Nwb**. Deutschland, Disponível em: <https://datenbank.nwb.de/Dokument/Anzeigen/500001/?shigh=Anwendungserlass&listPos=1&listId=1464843>. Acesso em: 09 jan. 2020.

a autoridade fiscal competente poderá solicitar envio da via original do documento a ser corrigido.[533]

Esse tipo de correção do ato admnistrativo não é considerada propiamente uma modificação (como nos casos de anulação, revogaçao ou retratação), mas uma mera retificação. Assim, nas palavras de Klaus Tipke e Joaquim Lang, em "relação ao tipo legal, o § 129 AO pressupõe um erro caracterizado por um engano mecânico (por exemplo, engano de conta, confusão, equívoco, desatenção)", não sendo passível de uma mera retificação se a correção pretendida disser respeito a um "erro de *direito* ou de *fato*".[534]

As Seções 130 e 131 do AO contemplam o regramento para a correção de atos administrativos ilegais e legais respectivamente, conferindo-se tratamento diferente para os atos adnistrativos considerados favoráveis ao contribuinte em relação aos atos considerados onerosos. São entendidos como atos administrativos favoráveis aqueles que admitem a possibilidade de, entre as interpretações possíveis, pagamento do valor menor.[535]

Começando pela Seção 130 do Código Tributário (AO), temos aí a norma que regulamenta as hipóteses em que as autoridades fiscais estão autorizadas a promoverem a retratação (*rücknahme*) de autos administrativos ilegais, sejam eles contrários, sejam favoráveis ao contribuinte.[536] Se ato administrativo reputado ilegal (*rechtswidrigen*) for tido como oneroso por estabelecer uma previsão mais gravosa ao contribuinte, essa retratação poderá ser implementada total ou parcialmente, mediante retratação (*rücknahme*), mesmo depois de se tornar irrecorrível (*unanfechtbar*) e poderá ter efeitos para o futuro e para o passado, consoante o disposto na Seção 130 (1) do AO.[537] Segundo Klaus Tipke e Joaquim Lang, a retratação de um ato administrativo oneroso deverá necessáriamente produzir efeitos em relação ao passado (*ex tunc*). Nessas situações, os referidos autores consideram, ainda, ser plenamente justificável que a sua retratação seja admitida mesmo após o decurso de prazo para eventual

[533] DEUTSCHLAND. **Abgabenordnung - AO.** 16. März 1976. Deutschland, 1976. Disponível em: <http://www.gesetze-im-internet.de/ao_1977/index.html>. Acesso em: 05 jan. 2020.

[534] TIPKE, Klaus; LANG, Joaquim. **Direito Tributário:** *(Steuerrecht)*. Porto Alegre: Sergio Antonio Fabris, 2014. 3 v. Tradução da 18ª edição alemã, a cargo de Elisete Antoniuk, p. 417-418.

[535] TIPKE, Klaus; LANG, Joaquim. **Direito Tributário:** *(Steuerrecht)*. Porto Alegre: Sergio Antonio Fabris, 2014. 3 v. Tradução da 18ª edição alemã, a cargo de Elisete Antoniuk, p. 444.

[536] DEUTSCHLAND. **Abgabenordnung - AO.** 16. März 1976. Deutschland, 1976. Disponível em: <http://www.gesetze-im-internet.de/ao_1977/index.html>. Acesso em: 05 jan. 2020.

[537] DEUTSCHLAND. **Abgabenordnung - AO.** 16. März 1976. Deutschland, 1976. Disponível em: <http://www.gesetze-im-internet.de/ao_1977/index.html>. Acesso em: 05 jan. 2020.

recurso pelo contribuinte, já que não se pode esperar que o contribuinte recorra de todas as decisões.[538]

Quando o ato administrativo posteriormente considerado ilegal tenha conferido um direito, proveito ou benefício para o contribuinte (isto é, se for favorável), só poderá ser retratado: (i) quando for emitido por autoridade materialmente incompetente; (ii) quando a sua emissão tiver ocorrido mediante falsidade, fraude, ameaça ou suborno; (iii) se as informações relevantes (essenciais) relacionadas com as circunstâncias examinadas forem fornecidas de forma errônea ou incompleta pelo beneficiário do ato administrativo (iv) ou quando o beneficiário tiver ciente da sua ilegalidade ou não era conhecido em razão de negligência grave de sua parte (Seção 130, 2, do AO).[539]

A aplicação da Seção 130 (2) do AO para fins de cancelamento retroativo da *verbindliche Zusage* (confirmação vinculante) está condicionada à anuência do contribuinte ou ao atendimento dos itens (i) e (ii) do mesmo dispositivo, conforme delimitado na Seção 207 (3) do Código Tributário (AO).[540]

Para Roman Seer, a retratação (*rücknahme*) de uma *verbindliche Auskunft* (informação vinculante) com conteúdo para o passado (*ex tunc*) só deve ser admitida se a orientação nela contida já era ilegal no momento de sua concessão e, além disso, estiver configurada alguma das situações acima descritas, previstas na Seção 130 (2) do Código Tributário (AO).[541] Ao comentar as situações acima especificadas, Frederic Wöhlecke aponta que, exceto no caso de revogação em virtude da emissão por autoridade incompetente, em que existe risco principalmente quando ocorre uma incorporação societária em relação aos demais cenários previstos ou são óbvios, como no do item (iii) ou muito raros, como descrito no item (iv).[542]

[538] TIPKE, Klaus; LANG, Joaquim. **Direito Tributário:** *(Steuerrecht).* Porto Alegre: Sergio Antonio Fabris, 2014. 3 v. Tradução da 18ª edição alemã, a cargo de Elisete Antoniuk, p. 446.

[539] DEUTSCHLAND. **Abgabenordnung - AO.** 16. März 1976. Deutschland, 1976. Disponível em: <http://www.gesetze-im-internet.de/ao_1977/index.html>. Acesso em: 05 jan. 2020.

[540] DEUTSCHLAND. **Abgabenordnung - AO.** 16. März 1976. Deutschland, 1976. Disponível em: <http://www.gesetze-im-internet.de/ao_1977/index.html>. Acesso em: 05 jan. 2020.

[541] SEER, Roman. **Verbindliche Auskunft.** Finanz-Rundschau Ertragsteuerrecht, v.99, pp. 161-169, feb.2017, p. 165. Disponível em: <https://www.kompetenzzentrum-steuerrecht.de/MEDIEN/contenido_import/Publikationen/2017/Seer_FR_2017_161.pdf>. Acesso em 19.01.2020.

[542] WÖHLECKE, Friedrich. **Die verbindliche Auskunft im deutsch-französischen Vergleich.** 2019. Tese (Doutorado) - Faculty of Law, Öffentliches Recht. Professur Für Steuerrecht, Universität Zu Köln, Köln, 2019, p. 54. Disponível em: <http://kups.ub.uni-koeln.de/id/eprint/10438>. Acesso em: 09 jan. 2020.

Após a definição sobre as implicações para os atos ilegais mais gravosos (Seção 130, 1) e para os mais benéficos (Seção 130, 2) ao contribuinte, o dispositivo subsequente (Seção 130, 3) estabelece que, para atos administrativos ilegais que sejam favoráveis ao contribuinte, elencados na Seção 130 (2) do Código Tributário (AO), exceto em relação à hipótese prevista no item n. 2 do mesmo diploma, poderão ser retratados dentro do prazo de um ano contado da data em que a ilegalidade foi descoberta pelas autoridades fiscais.[543]

Se a revogação envolver um ato administrativo que não é mais passível de questionamento (*unanfechtbarkeit*), a decisão deverá ser tomada pela autoridade fiscal local competente, mesmo que o referido ato tenha sido emitido por outra (Seção 130, 4, do AO).[544]

A Seção 131 do Código Tributário (AO), por sua vez, dispõe sobre a anulação de atos administrativos lícitos, cuja implementação se dá por meio da revogação (*Widerruf*) e estabelece, da mesma forma, distinções em relação ao tratamento que será aplicado para os atos favoráveis ou contrários aos interesses dos contribuintes.[545]

Quando o conteúdo do ato administrativo não for favorável ao contribuinte, mesmo que o ato seja lícito (*rechtmäßiger*) e irrecorrível (*unanfechtbar*), também poderá ser total ou parcialmente revogado pelas autoridades fiscais, com efeitos futuros *(ex nunc)*, nos termos da Seção 131 (1) do Código Tributário (AO).[546]

A correção dos atos administrativos lícitos favoráveis ao contribuinte é autorizada na Seção 131 (2) do Código Tributário (AO) nas três situações nele taxativamente especificadas, quais sejam: (i) quando a revogação esteja prevista em lei ou no próprio ato administrativo; (ii) caso exista uma condição nele prevista que não tenha sido observada pelo destinatário no prazo estipulado; (iii) se eventos ocorridos posteriormente autorizem que as autoridades ficais possam abster-se de adotar o referido ato, ou se manutenção do ato

[543] DEUTSCHLAND. **Abgabenordnung - AO.** 16. März 1976. Deutschland, 1976. Disponível em: <http://www.gesetze-im-internet.de/ao_1977/index.html>. Acesso em: 05 jan. 2020.

[544] DEUTSCHLAND. **Abgabenordnung - AO.** 16. März 1976. Deutschland, 1976. Disponível em: <http://www.gesetze-im-internet.de/ao_1977/index.html>. Acesso em: 05 jan. 2020.

[545] TIPKE, Klaus; LANG, Joaquim. **Direito Tributário:** *(Steuerrecht)*. Porto Alegre: Sergio Antonio Fabris, 2014. 3 v. Tradução da 18ª edição alemã, a cargo de Elisete Antoniuk, p. 449

[546] DEUTSCHLAND. **Abgabenordnung - AO.** 16. März 1976. Deutschland, 1976. Disponível em: <http://www.gesetze-im-internet.de/ao_1977/index.html>. Acesso em: 05 jan. 2020.

poderá representar risco ao interesse público (*öffentliche Interesse*).[547] Nessas situações é aplicável a regra prevista na Seção 130 (3) referente ao prazo para a implementação da revogação.[548]

Em regra, o ato administrativo revogado (*widerrufene*) se torna ineficaz na data da revogação (*widerrufs*), exceto se estabelecido de forma diversa pela autoridade fiscal[549] (Seção 131, 3, do AO). Da mesma forma como previsto na Seção 130 (4) do AO para os atos ilícitos, se a revogação envolver ato lícito que não é mais passível de questionamento (*unanfechtbarkeit*), a decisão deverá ser tomada pela autoridade fiscal local competente, mesmo que não tenha sido por ela emitido (Seção131, 4, do AO).[550]

A regras acima especificadas envolvendo a retratação, revogação, anulação ou modificação (*Rücknahme, Widerruf, Aufhebung und Änderung*) de atos e decisões administrativas são aplicáveis à esfera recursal (*Einspruchsverfahrens*) e a processos judiciais tributários, nos termos da Seção 132 do Código Tributário (AO).[551]

2.3.7.4 Publicidade da resposta

Como já mencionado, a resposta apresentada pela autoridade fiscal tanto no âmbito da *Auskunft* (informação) quanto da *Zusage* (confirmação) deve ser formalizada por escrito, nos termos do item n. 3.5.5 do Decreto (AEAO para a Seção 89 do AO) e da Seção205 (1) do Código Tributário (AO).

Inclusive, nos termos do disposto na Seção 124 do Código Tributário (AO), o ato administrativo apenas produzirá efeitos a partir do momento em que o seu destinatário tiver sido formalmente intimado sobre o seu conteúdo.[552] Daí porque, antes disso, conforme prescrito no item n. 3 do Decreto (AEAO

[547] TIPKE, Klaus; LANG, Joaquim. **Direito Tributário:** *(Steuerrecht)*. Porto Alegre: Sergio Antonio Fabris, 2014. 3 v. Tradução da 18ª edição alemã, a cargo de Elisete Antoniuk, p. 449; DEUTSCHLAND. **Abgabenordnung - AO.** 16. März 1976. Deutschland, 1976. Disponível em: <http://www.gesetze-im-internet.de/ao_1977/index.html>. Acesso em: 05 jan. 2020.

[548] DEUTSCHLAND. **Abgabenordnung - AO.** 16. März 1976. Deutschland, 1976. Disponível em: <http://www.gesetze-im-internet.de/ao_1977/index.html>. Acesso em: 05 jan. 2020.

[549] DEUTSCHLAND. **Abgabenordnung - AO.** 16. März 1976. Deutschland, 1976. Disponível em: <http://www.gesetze-im-internet.de/ao_1977/index.html>. Acesso em: 05 jan. 2020.

[550] DEUTSCHLAND. **Abgabenordnung - AO.** 16. März 1976. Deutschland, 1976. Disponível em: <http://www.gesetze-im-internet.de/ao_1977/index.html>. Acesso em: 05 jan. 2020.

[551] DEUTSCHLAND. **Abgabenordnung - AO.** 16. März 1976. Deutschland, 1976. Disponível em: <http://www.gesetze-im-internet.de/ao_1977/index.html>. Acesso em: 05 jan. 2020.

[552] DEUTSCHLAND. **Abgabenordnung - AO.** 16. März 1976. Deutschland, 1976. Disponível em: <http://www.gesetze-im-internet.de/ao_1977/index.html>. Acesso em: 05 jan. 2020.

para a Seção 124 do AO), o ato poderá ser modificado (*abgeändert*) ou retratado (*rückgängig*[553]) de ofício pela própria autoridade fiscal, sem a necessidade de que sejam observadas as condições das Seções 130 e 131 do Código Tributário (AO)[554], explicitadas nesse Capítulo, no subtópico 2.3.7.3 acima.

Além de consignar que as *verbindliche Auskünft* (informações vinculantes) são atos administrativos e indicar de forma implícita que estão submetidas ao mesmo regramento de tais atos, o item n. 3.5.5 do Decreto (AEAO para a Seção 89 do AO) foi expresso ao estabelecer que a sua divulgação deverá observar as Seções 122 e 122a do Código Tributário (AO) e com o respectivo regulamento (AEAO para as Seções 122 e 122a).[555]

Sobre as formas de intimação dos atos administrativos, o item n. 1.8 do Decreto (AEAO para a Seção 122 do AO) especifica que a regra geral para o envio de intimações administrativas é a via postal. As comunicações por escrito também podem ser implementadas via telefax ou transmissão por computador, esta última não gera um documento eletrônico (na forma da Seção 87a do AO), mas apenas um ato administrativo transmitido eletronicamente.[556]

A respeito dos referidos dispositivos, Klaus Tipke e Joachim Lang explicam que a administração tributária leva ao conhecimento dos destinatários o conteúdo de um ato administrativo por meio da publicação de *ato oficial voluntário*. A intimação, por sua vez, apenas será considerada recebida pelo destinatário quando "chega ao alcance/esfera de poder (por exemplo, caixa

553 Para a tradução da expressão *rücknahme* é adotada a expressão retratação, que significa uma espécie de anulação que atinge um ato administrativo ilegal. TIPKE, Klaus; LANG, Joaquim. **Direito Tributário:** *(Steuerrecht)*. Porto Alegre: Sergio Antonio Fabris, 2014. 3 v. Tradução da 18ª edição alemã, a cargo de Elisete Antoniuk, p. 759.

554 DEUTSCHLAND. Anwendungserlass Zur Abgabenordnung (AEAO), 31. Januar 2014, zuletzt geändert durch BMF-Schreiben v. 27. 9. 2019 – IV A 3 - S 0062/19/10009 :001 (2019/0833449). **Nwb**. Deutschland, Disponível em: <https://datenbank.nwb.de/Dokument/Anzeigen/500001/?shigh=Anwendungserlass&listPos=1&listId=1464843>. Acesso em: 09 jan. 2020.

555 DEUTSCHLAND. Anwendungserlass Zur Abgabenordnung (AEAO), 31. Januar 2014, zuletzt geändert durch BMF-Schreiben v. 27. 9. 2019 – IV A 3 - S 0062/19/10009 :001. **Nwb**. Deutschland, Disponível em: <https://datenbank.nwb.de/Dokument/Anzeigen/500001/?shigh=Anwendungserlass&listPos=1&listId=1464843>. Acesso em: 09 jan. 2020.

556 DEUTSCHLAND. Anwendungserlass Zur Abgabenordnung (AEAO), 31. Januar 2014, zuletzt geändert durch BMF-Schreiben v. 27. 9. 2019 – IV A 3 - S 0062/19/10009 :001. **Nwb**. Deutschland, Disponível em: <https://datenbank.nwb.de/Dokument/Anzeigen/500001/?shigh=Anwendungserlass&listPos=1&listId=1464843>. Acesso em: 09 jan. 2020.

de correio, moradia, caixa postal) do destinatário do aviso (sobre o conceito nm 67), de forma que lhe seja *possível tomar conhecimento*".[557]

Klaus Tipke e Joachim Lang comentam, ainda, que o ato administrativo deverá conter uma descrição precisa do sujeito ao qual é dirigido, bem como deverá prescrever de forma clara o conteúdo da regulamentação ao destinatário.[558] Do contrário, o ato será considerado ineficaz, nos termos dos itens n. 4.1 e 4.1.1 do Decreto (AEAO para a Seção 122 do AO). Isto é, quando o ato administrativo estiver eivado de imprecisões que impedem a identificação do legítimo destinatário ou a adequada compreensão do seu conteúdo, um novo ato administrativo deverá ser emitido.[559]

Por outro lado, se os equívocos do ato administrativo forem mínimos, tais como meros erros de digitação, e não representarem um óbice ao entendimento da matéria ou a identificação do contribuinte a que se refere, tais vícios não acarretarão a invalidade do ato, que produzirá efeitos normalmente (item n. 42 do Decreto - AEAO para a Seção 122 do AO).[560]

Nos casos previstos na Seção 1 (2) da Portaria *StAuskV*, as informações de todos os participantes devem ser levadas uniformemente ao conhecimento de todas as partes envolvidas ou ao respectivo representante, caso formalmente constituído, oportunidade em que não será necessária a intimação de todos os interessados.[561]

No que diz respeito a possibilidade de que o conteúdo da *Auskunft* (informação) ou da *Zusage* (confirmação) seja disponibilizado para o público em geral, não consta na Seção 89 do Código Tributário (AO) nenhuma referência

[557] TIPKE, Klaus; LANG, Joaquim. **Direito Tributário:** *(Steuerrecht)*. Porto Alegre: Sergio Antonio Fabris, 2014. 3 v. Tradução da 18ª edição alemã, a cargo de Elisete Antoniuk, p. 260. (grifo do autor)

[558] TIPKE, Klaus; LANG, Joaquim. **Direito Tributário:** *(Steuerrecht)*. Porto Alegre: Sergio Antonio Fabris, 2014. 3 v. Tradução da 18ª edição alemã, a cargo de Elisete Antoniuk, p. 262.

[559] DEUTSCHLAND. Anwendungserlass Zur Abgabenordnung (AEAO), 31. Januar 2014, zuletzt geändert durch BMF-Schreiben v. 27. 9. 2019 – IV A 3 - S 0062/19/10009 :001. **Nwb**. Deutschland, Disponível em: <https://datenbank.nwb.de/Dokument/Anzeigen/500001/?shigh=Anwendungserlass&listPos=1&listId=1464843>. Acesso em: 09 jan. 2020.

[560] DEUTSCHLAND. Anwendungserlass Zur Abgabenordnung (AEAO), 31. Januar 2014, zuletzt geändert durch BMF-Schreiben v. 27. 9. 2019 – IV A 3 - S 0062/19/10009 :001. **Nwb**. Deutschland, Disponível em: <https://datenbank.nwb.de/Dokument/Anzeigen/500001/?shigh=Anwendungserlass&listPos=1&listId=1464843>. Acesso em: 09 jan. 2020.

[561] DEUTSCHLAND. Anwendungserlass Zur Abgabenordnung (AEAO), 31. Januar 2014, zuletzt geändert durch BMF-Schreiben v. 27. 9. 2019 – IV A 3 - S 0062/19/10009 :001. **Nwb**. Deutschland, Disponível em: <https://datenbank.nwb.de/Dokument/Anzeigen/500001/?shigh=Anwendungserlass&listPos=1&listId=1464843>. Acesso em: 09 jan. 2020.

nesse sentido. Nem mesmo a Portaria *StAuskV* ou o Decreto (AEAO Seção 89 do AO) prescrevem regra específica a esse respeito.

Na Seção 122 (3) do Código Tributário (AO), que contempla a disciplina sobre a divulgação dos atos administrativos tributários, também não consta regramento próprio envolvendo a possibilidade de divulgação do conteúdo da *Auskunft* (informação) ou da *Zusage* (confirmação) para o público em geral. A norma prescreve apenas a previsão de que um ato administrativo poderá ser anunciado publicamente nas hipóteses previstas em lei. Ao regulamentar a Seção 122 do Código o Decreto (AEAO), da mesma forma, não contempla nenhuma explicação adicional sobre a possibilidade de divulgação de atos administrativos a terceiros.

Diante do disposto na Seção 122 (3) do Código Tributário (AO) e da ausência de normas específicas sobre o tema, é possível afirmar, portanto, que, em nenhuma extensão, é admitida a divulgação do conteúdo das *Auskunft* (informação) ou da *Zusage* (confirmação), emitidas para um determinado contribuinte ou interessado para o público em geral.

A conclusão é corroborada na edição divulgada em 2017 pela OCDE do Relatório anual da Ação 5 do BEPS (no qual foram examinadas informações sobre *tax rulings* emitidos por 44 jurisdições[562]), nas quais constou, em relação aos dados da Alemanha coletados no período de 1ª.4.2016 a 2.2.2017, a observação de que esses *rulings* não são publicados.[563] Embora os dados coletados nesse relatório tenham se ocupado, em especial, de informações relacionadas com *tax rulings* emitidos sobre alguns assuntos previamente delimitados,[564]

[562] Tais jurisdições são representadas não apenas pelos países membros da OCDE, mas também países do G20, bem como países que estavam em processo de adesão à OCDE no período. Fonte: ORGANIZATION FOR ECONOMIC CO-OPERARION ADN DEVELOPMENT - OCDE, **Harmful Tax Practices - Peer Review Reports on the Exchange of Information on Tax Rulings: Inclusive Framework on BEPS: Action 5, OECD/G20 Base Erosion and Profit Shifting Project**, OECD Publishing, Paris, 2017, p. 17. Disponível em: <http://dx.doi.org/10.1787/9789264241190-en>. Acesso em: 06 abr.2019.

[563] ORGANIZATION FOR ECONOMIC CO-OPERARION ADN DEVELOPMENT - OCDE, **Harmful Tax Practices - Peer Review Reports on the Exchange of Information on Tax Rulings: Inclusive Framework on BEPS: Action 5, OECD/G20 Base Erosion and Profit Shifting Project**, OECD Publishing, Paris, 2017, p. 113. Disponível em: <http://dx.doi.org/10.1787/9789264241190-en>. Acesso em: 06 abr.2019.

[564] Quais sejam: "rulings within the scope of the transparency framework" means the five types of taxpayer-specific rulings described in paragraphs 95-119 of the Action 5 Report (OECD, 2015), which are (1) rulings related to preferential regimes; (2) cross-border unilateral advance pricing agreements (APAs) and any other cross-border unilateral tax ruling (such as an advance tax ruling (ATR)) covering transfer pricing or the application of transfer pricing principles; (3) cross-border

a comparação entre o descrito tais relatórios da OCDE no Brasil e nos Estados Unidos[565] confirma a circunstância de que a *Auskunft* (informação) ou da *Zusage* (confirmação) não são publicadas na Alemanha.

Apesar disso, a Seção 30 (4) do Código Tributário (AO), que regulamenta os contornos do sigilo fiscal no Direito alemão, prescreve, além da possibilidade de acesso a dados abarcados pelo sigilo por autoridades fiscais (para fins de auditoria, aplicação de penalidade ou para instrução de processos administrativos e judiciais), autorização envolvendo o fornecimento de informações fiscais a terceiros para processos não tributários.[566]

Entre essas situações, está a possibilidade descrita no item n. 4.6 do Decreto (AEAO para a Seção 30 do AO) acerca de solicitação de informações sobre a tributação de terceiros, para preparação de ação concorrencial (*Konkurrentenklag*) relativa a questões tributárias.[567] Essa solicitação é admitida quando, em uma relação concorrencial direta, um contribuinte demonstrar "ter sido gravemente atingido (= ameaça de existência) pelo favorecimento fiscal do concorrente".[568]

Mas não é apenas o cabimento da ação que está condicionada à demonstração de que a tributação do concorrente resultaria em desvantagens competitivas concretas. Segundo o item n. 4.6 do Decreto (AEAO para a Seção 30 do AO), o próprio pedido de informações fiscais do concorrente deverá

rulings giving a unilateral downward adjustment to the taxpayer's taxable profits in the country giving the ruling; (4) permanent establishment rulings; and (5) related party conduit rulings;". (p. 301)

[565] No descritivo do Brasil, constou o seguinte: "All the rulings issued after 2013 are published on the RFB's website. A summary of rulings issued prior to 2013 was published in the federal gazette". (p. 51)
Em relação aos Estados Unidos, foi divulgado o seguinte: "These rulings were not published, although other types of rulings can be published". (p. 293)
ORGANIZATION FOR ECONOMIC CO-OPERARION ADN DEVELOPMENT - OCDE, **Harmful Tax Practices - Peer Review Reports on the Exchange of Information on Tax Rulings: Inclusive Framework on BEPS: Action 5, OECD/G20 Base Erosion and Profit Shifting Project**, OECD Publishing, Paris, 2017, p. 51 e 293. Disponível em: <http://dx.doi.org/10.1787/9789264241190-en>. Acesso em: 06.04.2019.

[566] DEUTSCHLAND. **Abgabenordnung - AO.** 16. März 1976. Deutschland, 1976. Disponível em: <http://www.gesetze-im-internet.de/ao_1977/index.html>. Acesso em: 05 jan. 2020.

[567] DEUTSCHLAND. Anwendungserlass Zur Abgabenordnung (AEAO), 31. Januar 2014, zuletzt geändert durch BMF-Schreiben v. 27. 9. 2019 – IV A 3 - S 0062/19/10009 :001 (2019/0833449). **Nwb.** Deutschland, Disponível em: <https://datenbank.nwb.de/Dokument/Anzeigen/500001/?shigh=Anwendungserlass&listPos=1&listId=1464843>. Acesso em: 09 jan. 2020.

[568] TIPKE, Klaus; LANG, Joaquim. **Direito Tributário:** *(Steuerrecht)*. Porto Alegre: Sergio Antonio Fabris, 2014. 3 v. Tradução da 18ª edição alemã, a cargo de Elisete Antoniuk, p. 501.

estar devidamente fundamentado nesse sentido, requisito indispensável ao próprio reconhecimento do direito à informação. As informações serão limitadas aos dados sobre a tributação do concorrente estritamente necessários para o processo legal. Deverá ser ouvido o concorrente em relação aos qual se está sendo solicitada a informação.[569]

2.4 *Letter rulings* dos Estados Unidos

2.4.1 *Private letter rulings*, considerações iniciais e definição.

A administração fiscal dos Estados Unidos implementou diversos mecanismos para prover orientações aos seus contribuintes com o intuito de facilitar o cumprimento de obrigações tributárias, fomentar da forma mais ampla e pedagógica possível a conformidade voluntária, visando atingir a sua missão institucional de aplicação uniforme das normas internas e o cumprimento das leis tributárias aprovadas pelo Congresso.[570]

Para guarnecer esses valores institucionais em 2015,[571] o Congresso transportou para o texto da Seção 7803 (a) (3) do Código Tributário Federal dos Estados Unidos a Declaração dos Direitos do Contribuinte[572] (*Taxpayer Bill of*

[569] DEUTSCHLAND. Anwendungserlass Zur Abgabenordnung (AEAO), 31. Januar 2014, zuletzt geändert durch BMF-Schreiben v. 27. 9. 2019 – IV A 3 - S 0062/19/10009 :001 (2019/0833449). **Nwb.** Deutschland, Disponível em: <https://datenbank.nwb.de/Dokument/Anzeigen/500001/?shigh=Anwendungserlass&listPos=1&listId=1464843>. Acesso em: 09 jan. 2020.
[570] US INTERNAL REVENUE SERVICE. **Internal Revenue Manual. Part 32. Published Guidance and Other Guidance to Taxpayers. Chapter3 Letter Rulings, Information Letters, and Closing Agreements. Section1 Forms of Advice.** Disponível em: <https://www.irs.gov/irm/part32/irm_32-003-001> Acesso em: 26 dez. 2019.
[571] ROBERSON, Andrew R. The Taxpayer Bill of Rights: A Primer and Thoughts on Things to Come. **Aba Tax Times**: Taxation, Digital-only, v. 37, n. 3, p. 22-24, 25 maio 2018. Disponível em: https://www.americanbar.org/groups/taxation/publications/abataxtimes_home/18may/18may-pbm-roberson-the-taxpayer-bill-of-rights/. Acesso em: 01 maio.2020.
[572] Sobre a história do *Taxpayer Bill of Rights,* Camila Watson explica que: "Durante o período de 1988 a 1998, o Congresso promulgou mais normas projetadas para minimizar a injustiça percebida das sanções civis e fornecer maior justiça aos contribuintes na administração das leis tributárias federais, particularmente no processo de auditoria e coleta. A primeira Lei de Declaração de Direitos do Contribuinte (TBRA 1) foi promulgada em 1988, com um segundo (TBRA 2) em 1996 e um terceiro (TBRA 3) em julho de 1998 como parte da Lei de Reestruturação e Reforma do IRS de 1998. Os TBRAs garantem que os contribuintes envolvidos em disputas com a Receita Federal Serviço (o "IRS" ou o "Serviço") são informados de seus direitos e são fornecidos remédios por conduta indevida do IRS." (Tradução nossa).

Rights), que elenca um rol de 10 (dez) princípios básicos, extraídos de prerrogativas que já eram previstas na legislação, mas que foram agrupados nesse rol com o objetivo de facilitar a sua identificação pelos contribuintes.[573] A aplicação de tais direitos deve ser observada pelos funcionários da Receita Federal americana em todos os níveis, sendo o primeiro deles justamente o *Right to Be Informed* (Direito de ser Informado). O Direito à Informação está assim conceituado[574]:

> Os contribuintes têm o direito de saber o que precisam fazer para cumprir as leis tributárias. Eles têm direito a explicações claras das leis e procedimentos do IRS relacionados a formulários, instruções, publicações, avisos e intimações fiscais. Eles têm o direito de serem informados das decisões do IRS sobre sua contabilidade e de receber explicações claras dos resultados.[575]

Somado ao Direito de ser Informado, são preconizados na Declaração dos Direitos do Contribuinte outros direitos fundamentais, na seguinte ordem: 2º) Direito de ter um serviço de qualidade (*The Right to Quality Service*); 3º) Direito de pagar não mais que o valor correto de imposto (*The Right to Pay No More than the Correct Amount of Tax*); 4ª) Direito de contestar a posição do Fisco e de ser ouvido (*The Right to Challenge the IRS's Position and Be Heard*); 5º) Direito de recorrer de uma decisão da Receita Federal em um fórum independente (*The Right to Appeal an IRS Decision in an Independent Forum*);

Do original: "During the period from 1988 to 1998, Congress enacted further legislation designed to minimize the perceived unfairness of the civil penalties and to provide greater fairness to taxpayers in the administration of the federal tax laws, particularly in the audit and collection process. The first Taxpayer Bill of Rights Act (TBRA 1) was enacted in 1988, with a second (TBRA 2) in 1996, and a third (TBRA 3) in July 1998 as part of the IRS Restructuring and Reform Act of 1998. The TBRAs ensure that taxpayers involved in disputes with the Internal Revenue Service (the "IRS" or the "Service") are apprised of their rights and are provided remedies for wrongful conduct by the IRS. Provisions of the TBRAs are discussed throughout".
Fonte: WATSON, Camilla. **Tax Procedure and Tax Fraud**. 5nd Ed. Kindle edition, 2016, p. 04.

573 TAXPAYER ADVOCATE SERVICE. **Taxpayer Bill of Rights.** Disponível em: <https://taxpayeradvocate.irs.gov/taxpayer-rights> Acesso em: 03 maio.2020.

574 US INTERNAL REVENUE SERVICE. **Taxpayer Bill of Rights.** Disponível em: <https://www.irs.gov/taxpayer-bill-of-rights> Acesso em: 01 maio.2020.

575 Tradução nossa do original: "Taxpayers have the right to know what they need to do to comply with the tax laws. They are entitled to clear explanations of the laws and IRS procedures in all tax forms, instructions, publications, notices, and correspondence. They have the right to be informed of IRS decisions about their tax accounts and to receive clear explanations of the outcomes".

6º) Direito à Finalidade (*The Right to Finality*); 7º) Direito à Privacidade (*The Right to Privacy*); 8º) Direito à Confidencialidade (*The Right to Confidentiality*); 9º) Direito de manter a representação (*The Right to Retain Representation*); e 10º) Direito a um sistema tributário justo e equilibrado (*The Right to a Fair and Just Tax System*).[576]

Uma das formas de materialização do direito à informação, que é a primeira entre as garantias elencadas na Declaração de Direitos do Contribuinte, se deu a partir do desenvolvimento de mecanismos que permitem a formalização de reivindicações por parte do próprio contribuinte, que podem ser dirigidos às autoridades fiscais para obtenção de informações sobre a interpretação e aplicação de normas tributárias. Tais instrumentos estão descritos na Seção 2 do *Internal Revenue Bulletin* IRB (Boletim Interno da Receita), intitulada: "Quais são as formas de aconselhamento dos contribuintes fornecidas pela Receita?".[577]

Na sequência, são enumerados e conceituados 5 (cinco) institutos. São eles: (i) *letter rulings* (consulta sobre a legislação tributária[578]); (ii) *determination letters* (pareceres fiscais[579]); (iii) *information letters* (comunicações) e (iv) *closing agreements* (acordos finais). Além disso, mediante solicitação por escrito, o *Internal Revenue Service* – IRS, órgão que pode ser equiparado à Secretaria da Receita Federal do Brasil, responde aos questionamentos apresentados por contribuintes ou seus representantes sobre situações específicas envolvendo a aplicação das suas leis internas e normas regulamentares. Admite-se, igualmente, o fornecimento de informações oralmente.[580] Todos esses formatos e alternativas serão detalhados adiante.

Antes disso, sobre o *Internal Revenue Service* – IRS, que passará a ser intitulado para fins didáticos como Receita Federal dos Estados Unidos, vale

[576] US INTERNAL REVENUE SERVICE. **Taxpayer Bill of Rights.** Disponível em: <https://www.irs.gov/taxpayer-bill-of-rights> Acesso em: 01 maio.2020.

[577] Do original: "What are the forms in witch the Service provides advice to taxpayers?"US INTERNAL REVENUE SERVICE. **Internal Revenue Bulletin. 2020-01. Part III. Administrative, Procedural, and Miscellaneous. Rev. Proc. 2020-1. Section 2.** Disponível em:https://www.irs.gov/irb/2020-01_IRB#HI1>. Acesso em: 02 maio.2020.

[578] Nota explicativa: a expressão também é traduzida como Carta Informativa sobre Legislação Pertinente. MELLO, Maria Chaves de. **Dicionário Jurídico: Law Dictionary**: (inglês-português/português-inglês). 10. ed. São Paulo: Editora Método, 2012, p. 895.

[579] MELLO, Maria Chaves de. **Dicionário Jurídico: Law Dictionary**: (inglês-português/português-inglês). 10. ed. São Paulo: Editora Método, 2012, p. 747.

[580] US INTERNAL REVENUE SERVICE. **Internal Revenue Bulletin: 2020-01. Part III. Administrative, Procedural, and Miscellaneous. Rev. Proc. 2020-1** Disponível em: <https://www.irs.gov/irb/2020-01_IRB#HI1>. Acesso em: 02 jan. 2020.

mencionar que o referido órgão é uma agência vinculada ao Departamento do Tesouro (*Treasury Department's*), considerado o principal órgão da Administração em nível federal do país, sendo responsável pelo gerenciamento do Código Tributário Federal (IRC)[581] e pela arrecadação de impostos domésticos. Os impostos incidentes sobre álcool, tabaco e armas de fogo são administrados por outro órgão vinculado ao Departamento do Tesouro (*Treasury Department's*), que é o Departamento de Comércio e Imposto sobre Álcool e Tabaco (TTB).[582] Da mesma forma, não estão no âmbito das atribuições do IRS os tributos incidentes sobre comércio exterior que são administrados pelo U.S. *Customs and Border Protection* – CBP, agência cuja tradução quer dizer "Alfândega e Proteção de Fronteiras dos Estados Unidos" e que pertence ao Departamento de Segurança Interna, já que nos Estados Unidos "os direitos aduaneiros são tratados como tema comercial e de segurança".[583]

Feito esse aparte, é de se destacar também que a disciplina dos mecanismos para obtenção de orientações no âmbito federal é encontrada no que podemos considerar os quatro pilares normativos centrais da administração tributária americana, representados pelos Código Tributário Federal (*Internal Revenue Code* – IRC), Código de Regulamentações Federais (*Code of Federal Regulations* – C.F.R.), bem como pelo Manual Interno da Receita (*Internal Revenue Manual* – IRM) e pelo regramento do Boletim Interno da Receita (*Internal Revenue Bulletin* – IRB).

O *Internal Revenue Code - IRC* (Código Tributário Federal) foi promulgado pelo Congresso no título 26[584] do Código dos Estados Unidos (*United States Code*[585] - U.S.C.), que é uma espécie de codificação que reúne por matéria toda

[581] US INTERNAL REVENUE SERVICE. **The Agency, its Mission and Statutory Authority**. Disponível em: <https://www.irs.gov/about-irs/the-agency-its-mission-and-statutory authority>. Acesso em: 23 dez.2019.

[582] US INTERNAL REVENUE SERVICE. **Internal Revenue Bulletin. 2020-01. Part III. Administrative, Procedural, and Miscellaneous. Rev. Proc. 2020-1. Section 3.01.** Disponível em: <https://www.irs.gov/irb/2020-01_IRB#HI1>. Acesso em: 02 maio.2020.

[583] VALADÃO, Marcos Aurélio Pereira; GASSEN, Valcir. **Tributação nos Estados Unidos e no Brasil**: um estudo comparativo da matriz tributária. São Paulo: Almedina, 2020, p.206.

[584] UNITED STATES CODE. **Title 26. Internal Revenue Code.** Disponível em: https://www.law.cornell.edu/uscode/text/26>. Acesso em 27.12.2019.

[585] Nota explicativa: "As leis federais aprovadas pelo Congresso estão compiladas por transcrição no *United States Code*, reeditado de seis em seis anos e composto por muitos volumes nos quais se distribuem as respectivas matérias. Estrutura semelhante tem o *Code of Federal Regulations*, que contém os regulamentos presidenciais e das agências administrativas federais". ALMEIDA, Carlos Ferreira; CARVALHO, Jorge Morais. **Introdução ao Direito Comparado**. 3º ed. Coimbra: Almedina, 2017, p. 109.

a legislação federal permanente[586] do país. O Código Tributário Federal (IRC), por sua vez, é dividido em 11 subtítulos, que contemplam tanto regras de direito material (em especial nos subtítulos A ao E, os quais tratam da definição de impostos e respectivas formas de apuração) como também de direito processual (no subtítulo F, capítulos 61 ao 74), incluindo-se ainda normas de organização de tribunais fiscais (subtítulo F, capítulo 76).[587],[588]

O Código de Regulamentações Federais (Code of Federal Regulations – CFR) é uma codificação que visa reunir em um único documento todos os regulamentos federais, os quais são elencados utilizando-se a mesma ordem do Código dos Estados Unidos, motivo pelo qual as normas regulamentares do Departamento do Tesouro, também conhecidas como Regulamentações do Tesouro (Treas. Reg.), estão consolidadas no Título 26 desse diploma.[589]

O *site* do IRS disponibiliza eletronicamente o acesso a inúmeras informações, documentos e manuais na Biblioteca da Lei da Liberdade de Informação – FOIA, entre os quais está o principal deles, que é o *Internal Revenue Manual* – IRM (Manual Interno da Receita). O manual contempla uma minuciosa exposição sobre os mais variados temas, que vão desde regras de organização interna do IRS até a disciplina sobre a investigação criminal de possíveis violações ao IRC.[590] Esse Manual foi elaborado para utilização interna dos funcionários do IRS e passou a ser disponibilizado ao público após a edição da Lei de Liberdade de Informação (promulgada em 1966), que concedeu autorização para que qualquer pessoa tenha acesso aos registros ou informações de agências federais.[591] Segundo Gail Richmond, o IRM é uma interessante fonte para a obtenção de informações e esclarecimentos sobre as políticas do IRS.[592]

586 VALADÃO, Marcos Aurélio Pereira; GASSEN, Valcir. **Tributação nos Estados Unidos e no Brasil**: um estudo comparativo da matriz tributária. São Paulo: Almedina, 2020, p. 70.

587 US INTERNAL REVENUE SERVICE. **Tax Code, Regulations and Official Guidance.** Disponível em: <https://www.irs.gov/privacy-disclosure/tax-code-regulations-and-official--guidance#irc>. Acesso em: 23 dez. 2019.

588 VALADÃO, Marcos Aurélio Pereira; GASSEN, Valcir. **Tributação nos Estados Unidos e no Brasil**: um estudo comparativo da matriz tributária. São Paulo: Almedina, 2020, p.70-71.

589 VALADÃO, Marcos Aurélio Pereira; GASSEN, Valcir. **Tributação nos Estados Unidos e no Brasil**: um estudo comparativo da matriz tributária. São Paulo: Almedina, 2020, p.74.

590 US INTERNAL REVENUE SERVICE. **Internal Revenue Manuals.** Disponível em: <https://www.irs.gov/irm>. Acesso em: 23 dez. 2019.

591 US INTERNAL REVENUE SERVICE. **IRS Freedom of Information.** Disponível em: <https://www.irs.gov/privacy-disclosure/irs-freedom-of-information>. **Acesso** em: 22 fev.2020.

592 Do original: "The Internal Revenuel Manual is an excellent source of information about Service polices." RICHMOND, Gail Levin. **Federal Tax Research.** Guide to materials and Techiques. 9th Ed. New York: Fundation Presse, 2014, p. 198.

Outro importante suporte para o acesso ao regramento aplicável no âmbito da administração fiscal federal é o *Internal Revenue Bulletin* IRB (Boletim Interno da Receita) utilizado pelo *Commissioner of Internal Revenue* (cargo equivalente ao Secretário da Receita Federal no Brasil) para a publicação de atos oficiais semanalmente, com intuito de divulgar orientações e procedimentos oficiais do IRS, bem como deliberações do Departamento do Tesouro, ordens executivas, convenções fiscais, legislação, decisões judiciais e outros itens de interesse geral.[593]

É política do IRS publicar no Boletim todas as decisões substantivas necessárias para promover uma aplicação uniforme das leis tributárias, incluindo todas as decisões que substituem, revogam, modificam ou alteram quaisquer publicadas anteriormente. Os procedimentos relacionados exclusivamente a assuntos de gestão interna não são publicados, exceto quando tais alterações afetam os direitos e deveres dos contribuintes.[594]

O primeiro Boletim Interno da Receita publicado a cada ano fornece uma compilação anual da regulamentação sobre *letter rulings* (consulta sobre a interpretação tributária); (ii) *determination letters* (pareceres fiscais); (iii) *information letters* (comunicações) e (iv) *closing agreements* (acordos finais),[595] como também comtempla a definição precisa de cada uma dessas ferramentas. Entre tais institutos, o que mais se assemelha com a consulta fiscal brasileira é o que o *site* do IRS se refere como *private letter ruling*-PLR.[596] O Boletim Interno da Receita e o Manual Interno da Receita adotam a terminologia "*letter ruling*".

Segundo o Boletim Interno da Receita, *letter ruling* ou *private letter ruling* é um pronunciamento formalizado por escrito pelas autoridades fiscais dos Estados Unidos em resposta ao pedido de um contribuinte, que contempla orientações sobre a interpretação e aplicação das leis tributárias a um fato ou conjunto de fatos especificados pelo próprio contribuinte.[597] Segundo

[593] US INTERNAL REVENUE SERVICE. **Internal Revenue Bulletin: 2020-01. Preface.** Disponível em: <https://www.irs.gov/irb/2020-01_IRB#HI1>. Acesso em: 02 jan.2020.

[594] US INTERNAL REVENUE SERVICE. **Internal Revenue Bulletin: 2020-01. Preface.** Disponível em: <https://www.irs.gov/irb/2020-01_IRB#HI1>. Acesso em: 02 jan.2020.

[595] US INTERNAL REVENUE SERVICE. **Internal Revenue Bulletin: 2020-01. Part III. Administrative, Procedural, and Miscellaneous. Rev. Proc. 2020-1. Section 2.** Disponível em: <https://www.irs.gov/irb/2020-01_IRB#HI1>. Acesso em: 02 jan.2020.

[596] US INTERNAL REVENUE SERVICE. **Understanding IRS Guidance. A Brief Primer.** Disponível em: <https://www.irs.gov/newsroom/understanding-irs-guidance-a-brief-primer>. Acesso em 23 dez. 2019

[597] US INTERNAL REVENUE SERVICE. **Internal Revenue Bulletin: 2020-01. Part III. Administrative, Procedural, and Miscellaneous. Rev. Proc. 2020-1, section 2, 01.** Disponível em: <https://www.irs.gov/irb/2020-01_IRB#HI1>. Acesso em: 02 jan.2020.

o IRS, o PLR é emitido com o objetivo de estabelecer com segurança as consequências fiscais federais de uma transação ou operação específica antes da sua consumação, ou antes do envio da declaração referente ao período abarcado pelo tributo e situação consultada.[598]

O Código de Regulamentações Federais (CRF) se refere a essa ferramenta apenas como *ruling* e apresenta na Seção 601.201 (2) a seguinte definição: "*Ruling* é uma declaração escrita emitida a um contribuinte ou seu representante autorizado pelo Escritório Nacional que interpreta e aplica a legislação tributária a um conjunto específico de fatos.[599]

Ao explicitar a tramitação e os requisitos para a emissão de uma *letter ruling* aos funcionários do próprio IRS, o Manual Interno da Receita reforça que: "É importante que o público esteja confiante de que o programa de *letter rulings* é administrado de maneira justa e imparcial".[600] E, considerando essas premissas o Manual Interno da Receita estabelece que as respostas aos pedidos deverão conter: (i) pronunciamento sobre todos os problemas apresentados na solicitação; (ii) linguagem simples, sempre que possível; (iii) fundamentação tecnicamente precisa, compreensível e sucinta; (iv) explicação adequada dos motivos das conclusões alcançadas; e (v) explanação sobre as razões que justificam a distinção entre os fundamentos citados pelo contribuinte contrários à posição adotada na resposta.[601]

598 US INTERNAL REVENUE SERVICE. **Understanding IRS Guidance, A Brief Primer.** Disponível em: <https://www.irs.gov/newsroom/understanding-irs-guidance-a-brief-primer>. Acesso em 23 dez. 2019.

599 Tradução nossa do original: "A ***ruling*** is a written statement issued to a taxpayer or his authorized representative by the National Office which interprets and applies the tax laws to a specific set of facts. Rulings are issued only by the National Office." Fonte: CODE OF FEDERAL REGULATIONS. **Title 26. Internal Revenue. Chapter I. Internal Revenue Service, Departmante of the Threasury, Subchapter H. Internal Revenue Pactice. Part 601. Statement of Procedural Rules. Subpart B. Rulings and Other Specific Matters Section 601.201.** Disponível em: <https://www.law.cornell.edu/cfr/text/26/601.201> Acesso em 01 maio.2020.

600 Do original: *"It's important that the public is confident that the letter ruling program is administered fairly and impartially."* Fonte: US INTERNAL REVENUE SERVICE. **Internal Revenue Manual. Part 32. Published Guidance and Other Guidance to Taxpayers. Chapter3. Letter Rulings, Information Letters, and Closing Agreements. Section 2. Letter Rulings (32.3.2.3.1).** Disponível em: <https://www.irs.gov/irm/part32/irm_32-003-001> Acesso em: 26 dez. 2019.

601 US INTERNAL REVENUE SERVICE. **Internal Revenue Manual. Part 32. Published Guidance and Other Guidance to Taxpayers. Chapter3 Letter Rulings, Information Letters, and Closing Agreements. Section 2. Letter Rulings (32.3.2.3.2).** Disponível em: <https://www.irs.gov/irm/part32/irm_32-003-001> Acesso em: 26 dez. 2019.

Uma *letter ruling* poderá ser emitida em conjunto com um *closing agreement* (acordo final) ou, ainda, em alguns casos, poderá ser solicitada ao contribuinte a celebração de *closing agreement* como condição para a emissão de uma *letter ruling*.[602]

O *closing agreement* é um acordo vinculante e definitivo celebrado por escrito entre o IRS e um contribuinte sobre um determinado assunto ou obrigação específica, previsto na Seção 7121 do Código Tributário Federal. Essa espécie de acordo pode ser firmada quando a administração fiscal o considerar vantajoso para encerrar o assunto de forma permanente e conclusiva ou quando um contribuinte puder demostrar que existem boas razões para a sua celebração, bem como não prejudicará os interesses da administração fiscal.[603] Podem ser celebrados em relação a qualquer período tributável e a qualquer momento desde que o mesmo período não tenha sido submetido à discussão judicial. Via de regra, o *closing agreement* será definitivo, mas poderá ser anulado tanto pelo contribuinte quanto pela autoridade fiscal caso demonstrada a existência de fraude, má-fé ou a distorção de algum fato relevante.[604],[605]

Embora o *closing agreement* tenha esse ponto de conexão com as *letter rulings* e produza efeitos vinculantes, não será tratado como instituo equiparável à consulta fiscal brasileira, na medida em que desempenha um papel diverso. Isto é, assim como *tatsächliche Verständigung* (acordo real) do Direito alemão, o *closing agreement* (acordo final) estabelece uma relação tipicamente contratual entre Fisco e contribuinte, e não de delimitação de diretrizes e orientações. O *closing agreement* também pode ser equiparado à recém instituída modalidade de transação de créditos tributários, a partir da conversão da Medida Provisória 899/219 na Lei n. 13.988/2020.

[602] US INTERNAL REVENUE SERVICE. **Internal Revenue Manual. Part 32. Published Guidance and Other Guidance to Taxpayers. Chapter3 Letter Rulings, Information Letters, and Closing Agreements. Section1 Forms of Advice (32.3.1.1).** Disponível em: <https://www.irs.gov/irm/part32/irm_32-003-001> Acesso em: 26 dez. 2019.

[603] US INTERNAL REVENUE SERVICE. **Internal Revenue Manual. Part 32. Published Guidance and Other Guidance to Taxpayers. Chapter3 Letter Rulings, Information Letters, and Closing Agreements. Section1 Forms of Advice (32.3.1.1).** Disponível em: <https://www.irs.gov/irm/part32/irm_32-003-001> Acesso em: 26 dez. 2019.

[604] MORGAN, Patrícia T. **Tax Procedure and Tax Fraud.** 2nd Ed. St. Paul: West Group, 1999, p. 67-68.

[605] CODE OF FEDERAL REGULATIONS. **Title 26. Internal Revenue. Chapter I. Internal Revenue Service, Departmante of the Threasury, Subchapter H. Internal Revenue Practice. Part 601. Statement of Procedural Rules. Subpart B.** Rulings and Other Specific Matters Section 601.201.
Disponível em: <https://www.law.cornell.edu/cfr/text/26/601.201> Acesso em: 01 maio.2020.

As *determination letters* (pareceres fiscais), por seu turno, podem ser emitidas para situações cuja orientação pode ser extraída diretamente de princípios e precedentes anteriormente publicados pelo IRS e incidem sobre um conjunto específico de fatos, devidamente identificados. Em outras palavras, uma *determination letter* somente será formalizada quando a resposta ao questionamento apresentado puder ser prontamente revelada com base na indicação de regras claramente estabelecidas na legislação, tratados, regulamentos, conclusões contidas numa opinião do IRS ou decisão judicial que representa a posição das autoridades fiscais.[606]

Gail Richmond explica que as *determination letters* são pronunciamentos similares às *letter rulings*, com a diferença de que são emitidas por agências locais do IRS.[607] No mesmo sentido são as lições de Patrícia Morgan, que aponta, ainda, que tais pronunciamentos possuem os mesmos efeitos legais das *letter rulings*.[608]

São denominadas *information letters* (comunicações) as declarações emitidas para destacar a importância de uma interpretação já consolidada ou princípio do direito tributário (inclusive aqueles fixados em tratados), mas sem aplicar tais declarações a um conjunto específico de fatos.[609] A *information letter* é apenas informativa e não tem efeito vinculativo (*binding effect*) em relação ao IRS.

A expedição de uma *information letter* (comunicação) normalmente é realizada quando, a pedido de esclarecimentos formalizado pelo contribuinte, indicar a necessidade de informações gerais e mais abrangentes, ou o requerimento protocolado não atender aos requisitos para ser processado como uma *letter ruling* ou como *determination letter*, e a autoridade fiscal considerar que tais informações gerais ajudarão, de alguma maneira, o contribuinte. A emissão de uma *information letter* em resposta a uma *letter ruling*

606 US INTERNAL REVENUE SERVICE. **Internal Revenue Bulletin: 2020-01. Part III. Administrative, Procedural, and Miscellaneous. Rev. Proc. 2020-1. Section 2.** Disponível em: <https://www.irs.gov/irb/2020-01_IRB#HI1>. Acesso em: 02 jan. 2020.

607 RICHMOND, Gail Levin. **Federal Tax Research**. Guide to materials and Techiques. 9th Ed. New York: Fundation Presse, 2014, p. 194.

608 MORGAN, Patrícia T. **Tax Procedure and Tax Fraud**. 2nd Ed. St. Paul: West Group., 1999, p. 32.

609 US INTERNAL REVENUE SERVICE. **Internal Revenue Manual. Part 32. Published Guidance and Other Guidance to Taxpayers. Chapter3 Letter Rulings, Information Letters, and Closing Agreements. Section1 Forms of Advice (32.3.1.1).** Disponível em: <https://www.irs.gov/irm/part32/irm_32-003-001> Acesso em: 26 dez. 2019.

não a substitui[610], mas funciona como uma medida paliativa que demonstra a prestatividade da autoridade fiscal no fornecimento de algum tipo de resposta ao pedido formalizado.

O Boletim Interno da Receita também indica a possibilidade de aconselhamento jurídico do contribuinte por meio de *oral advise* (orientação verbal). As orientações prestadas de forma oral são meramente consultivas e não vinculam o IRS, mas podem ser solicitadas mesmo para orientação técnica com o fim de esclarecimentos envolvendo a apresentação de declarações de rendimentos ou até para discutir questões substantivas, a depender da disponibilidade dos servidores do IRS.[611]

Entretanto, o IRS não emite as respostas aos pedidos de *letter rulings* ou *determination letters* de forma verbal, nem mesmo em resposta a pedidos orais apresentados por contribuintes. Os funcionários do IRS normalmente discutirão com os contribuintes, ou seus representantes, questionamentos envolvendo a análise de temas passíveis de exame pelo IRS ou, ainda, questões meramente procedimentais relacionadas à apresentação de solicitações de *letter rulings* ou *determination letters*.[612]

Na página do IRS, são disponibilizados os telefones para a realização desses atendimentos, onde também está descrita a possibilidade de agendamento para assistência presencial nas repartições competentes.[613] O serviço de assistência via contato telefônico é disponibilizado de forma gratuita pelo IRS desde 1966 e vem sendo constantemente aprimorado. Nesse sentido, vale citar, por exemplo, que, desde 1972, oferece informações fiscais em espanhol e, desde 1976, fornece suporte específico para deficientes auditivos. Atualmente, esses serviços são oferecidos pelo IRS mediante canais de mídia social e outros serviços de retransmissão, tais como a veiculação de vídeos do YouTube

[610] US INTERNAL REVENUE SERVICE. **Internal Revenue Manual. Part 32. Published Guidance and Other Guidance to Taxpayers. Chapter3 Letter Rulings, Information Letters, and Closing Agreements. Section1 Forms of Advice (32.3.1.1).** Disponível em: <https://www.irs.gov/irm/part32/irm_32-003-001> Acesso em: 26 dez. 2019.

[611] US INTERNAL REVENUE SERVICE. **Internal Revenue Bulletin: 2020-01. Part III. Administrative, Procedural, and Miscellaneous. Rev. Proc. 2020-1, section 02.** Disponível em: <https://www.irs.gov/irb/2020-01_IRB#HI1>. Acesso em: 02 jan. 2020.

[612] US INTERNAL REVENUE SERVICE. **Internal Revenue Bulletin: 2020-01. Part III. Administrative, Procedural, and Miscellaneous. Rev. Proc. 2020-1** Disponível em: < https://www.irs.gov/irb/2020-01_IRB#HI1>. Acesso em: 02 jan. 2020.

[613] US INTERNAL REVENUE SERVICE. **Let Us Help You.** Disponível em: <https://www.irs.gov/help/telephone-assistance> Acesso em: 01 maio.2020.

em linguagem de sinais e atendimentos especializados em centros voluntários de assistência fiscal individual.[614]

Interessante apontar, ainda, que consta na página do IRS informações sobre a existência de dois programas de apoio ao contribuinte desempenhados por voluntários certificados pelo próprio IRS e inteiramente gratuitos. O primeiro deles é o programa de Assistência Voluntária ao Imposto de Renda Voluntário (*The Volunteer Income Tax Assistance* – VITA), que oferece ajuda na preparação e transmissão da declaração de rendimentos por contribuintes de baixa renda (até US $ 56.000 anual), pessoas com deficiência ou com dificuldade de compreensão da língua inglesa.[615] O segundo é o programa de Aconselhamento Fiscal para Idosos (*Tax Counseling for the Elderly* – TCE), assim considerados os contribuintes com mais de 60 anos, que recebem orientações de voluntários especializados em questões sobre pensões e aposentadoria.[616]

Ainda na esfera das medidas gratuitas de apoio ao contribuinte, cabe mencionar que as Seções 7803 e 7811 do Código Tributário Federal (IRC) regulamentam a figura do Defensor Nacional do Contribuinte (*National Taxpayer Advocate* - NTA), como autoridade autônoma e independente do IRS. Essa autoridade nacional coordena o Serviço de Defensor do Contribuinte (*Taxpayer Advocate Service* - TAS), que possui escritórios de representação em todos os estados e funcionam como uma verdadeira defensoria do contribuinte.

O TAS atua em duas frentes: (i) uma de apoio na solução de problemas de contribuintes pessoas físicas e jurídicas, desde simples erros de processamento de declarações, atrasos no recebimento de restituições até a análise de questões complexas e interposição de recursos; (ii) e outra de forma sistêmica, por meio da resolução de problemas globais.[617] Esse serviço, portanto, destina-se não apenas ao fornecimento de orientações verbais como também à solução de problemas das mais variadas espécies.

[614] US INTERNAL REVENUE SERVICE. IRS History Timeline. Disponível em: <https://www.irs.gov/irs-history-timeline> acesso em: 01 maio.2020.

[615] US INTERNAL REVENUE SERVICE. **Free Tax Return Preparation for You by Volunteers.** Disponível em: <https://www.irs.gov/individuals/free-tax-return-preparation-for-you-by-volunteers> Acesso em: 01 maio.2020.

[616] US INTERNAL REVENUE SERVICE. **Free Tax Return Preparation for You by Volunteers.** Disponível em: <https://www.irs.gov/individuals/free-tax-return-preparation-for-you-by-volunteers> Acesso em: 01 maio.2020.

[617] US INTERNAL REVENUE SERVICE. **Internal Revenue Manual. Part 1. Organization, Finance, and** Management.**1.1 Organization and Staffing. 1.1.8 National Taxpayer Advocate** Disponível em: <https://www.irs.gov/irm/part1/irm_01-001-008>. Acesso em: 01 maio.2020.

Além dos mecanismos acima descritos, é conveniente mencionar que existem outros procedimentos descritos na legislação americana que podem ser entendidos como categorias do gênero (*letter rulings* e *determination letters* outros tipos de determinações escritas), mas que são destinados à obtenção de pronunciamentos para situações particulares, quais sejam: (i) No tópico Rev.Proc. 2020-4 do IRB, consta a regulamentação específica dos chamados *employee plans*, cuja tradução literal significa planos de empregados, e abarca a regulamentação dos mais diversificados programas de benefícios e aposentadoria para empregados, alguns deles exemplificados na Seção 4 do Proc. 2020-1 do IRB, tais como os planos de *profit-sharing* (participação nos lucros), *stock bonus* (bonificação em ações), *annuity* (pensão vitalícia) e *employee stock ownership plans* (planos de aquisição de ações por empregados);[618] (ii) Rev. Proc. 2020-5 do IRB, com regras próprias para *exempt organizations* (organizações sem fins lucrativos e isentas de impostos), envolvendo inclusive o pagamento de taxas e interposição de recursos.[619]

Na mesma toada, Seção 4 do Proc. 2020-1, especifica que são previstos procedimentos autônomos para a formalização de pedidos de *letter rulings*, *closing agreements*, *determination letters*, *information letters* e *oral advice* aplicáveis aos impostos federais sobre álcool, tabaco e armas de fogo disciplinados no Capítulo "E" do Código Tributário Federal, os quais estão sob a jurisdição do Departamento de Comércio e Imposto sobre Álcool e Tabaco (TTB), vinculado ao Departamento do Tesouro (*Treasury Department's*).[620]

Os referidos procedimentos especiais não serão apresentados nesse estudo, em virtude da constatação de que tais pormenores são dispensáveis para a compreensão da essência das *private letter rulings*, que é a ferramenta com a mesma funcionalidade da consulta fiscal, sendo suficiente para o atendimento dessa finalidade a descrição de suas principais características, elencadas em detalhes nos subtópicos seguintes deste capítulo.

Pelas mesmas razões, também não serão aqui expostas as particularidades dos *advanced pricing agreements* (acordos antecipados sobre preços de

[618] US INTERNAL REVENUE SERVICE. **Internal Revenue Bulletin: 2020-01. Part III. Administrative, Procedural, and Miscellaneous. Rev. Proc. 2020–1, section 4.02.** Disponível em: <https://www.irs.gov/irb/2020-01_IRB#HI1>. Acesso em: 02 jan. 2020.

[619] US INTERNAL REVENUE SERVICE. **Internal Revenue Bulletin: 2020-01. Highlights of this Issue.** Disponível em: <https://www.irs.gov/irb/2020-01_IRB#HI1>. Acesso em: 02 jan. 2020.

[620] US INTERNAL REVENUE SERVICE. **Internal Revenue Bulletin: 2020-01. Part III. Administrative, Procedural, and Miscellaneous. Rev. Proc. 2020–1, section 4.01.** Disponível em: <https://www.irs.gov/irb/2020-01_IRB#HI1>. Acesso em 02 jan. 2020.

transferência), porquanto disciplinados pela administração fiscal dos Estados Unidos como instituto autônomo[621] e com funcionalidade distinta da consulta fiscal brasileira e dos *privite letter rulings*.

2.4.2 Autoridade competente (*Office of Chief Counsel*)

O *chief counsel*, cuja tradução quer dizer consultor chefe, é a autoridade fiscal encarregada de fornecer consultoria jurídica ao *Commissioner of Internal Revenue* (que por sua vez é a autoridade máxima do IRS, equivalente ao Secretário da Receita Federal do Brasil) em todos os assuntos relativos à interpretação, administração e execução das leis internas do IRS, além de fornecer orientação jurídica e consultoria interpretativa ao IRS, ao Departamento de Tesouro e também aos contribuintes.[622]

Nos termos da Seção 7803 (2), (A), do IRC, são deveres do consultor geral "administrar, gerenciar, conduzir, dirigir e supervisionar a execução e a aplicação das leis internas de receita ou estatutos e convenções tributárias relacionados, dos quais os Estados Unidos são parte[623] e sua nomeação é feita diretamente pelo Presidente dos Estados Unidos, com o conselho e o consentimento do Senado, conforme estabelecido na Seção 7803 (1), (A), do IRC.

Nesse contexto, o *Office of Chief Counsel* é uma espécie de repartição central subordinada ao Consultor-Geral da Receita, que está incumbido da emissão formal por escrito de respostas aos pedidos de *letter rulings*, bem como dos *information letters* e *closing agreements*, que pode ser denominada como Superintendência de Consultoria Geral da Receita (Escritório Nacional).

[621] US INTERNAL REVENUE SERVICE. **Advance Pricing and Mutual Agreement Program.** Disponível em: <https://www.irs.gov/businesses/corporations/apma> Acesso em: 03 maio.2020.

[622] US INTERNAL REVENUE SERVICE. **Office of Chief Counsel At-a-Glance**. Disponível em: <https://www.irs.gov/about-irs/office-of-chief-counsel-at-a-glance> Acesso em 25 dez. 2019.

[623] Do original: "[...] administer, manage, conduct, direct, and supervise the execution and application of the internal revenue laws or related statutes and tax conventions to which the United States is a party.
UNITED STATES CODE. **Title 26. Internal Revenue Code, Chapter I. Internal Revenue Service, Departmante of the Threasury, Subchapter F. Procedure and Administration. Chapter 80 GENERAL RULES. Subchapter A. Application of Internal Revenue Laws , Section § 7803. Commissioner of Internal Revenue; other officials.** Disponível em: <https://www.law.cornell.edu/uscode/text/26/subtitle-F/chapter-80>Acesso em 02 jan.2020.

Dessa forma, as *letter rulings* são formalmente emitidas apenas pelo Escritório Nacional, conforme expresso na Seção 601.201 (a) (2) do CFR.[624] O exercício dessa atribuição é realizado por meio de diretorias temáticas sob a jurisdição da Superintendência de Consultoria Geral da Receita (*Office of Chief Counsel*), que abarca as seguintes categorias de matérias:[625]

- Conselheiro Chefe Adjunto Corporativo (*Associate Chief Counsel Corporate*): Examina pedidos relacionados às declarações conjuntas de empresas, reorganizações, liquidações, amortizações, transferências para empresas controladas, distribuições aos acionistas, falências corporativas, o efeito de certas alterações de propriedade sobre perdas operacionais líquidas e outras questões fiscais envolvendo alocação de receitas e deduções.
- Conselheiro Chefe Adjunto para Instituições Financeiras e Produtos (*Associate Chief Counsel (Financial Institutions and Products)*: Avalia solicitações que envolvem Imposto de Renda e mudanças no método de contabilidade de bancos, associações de mutuários, fundos de investimentos imobiliários (REITs), empresas de investimentos regulados (RICs), investimentos em hipotecas imobiliárias (REMICs), companhias de seguros, certificados de crédito hipotecário, obrigações de crédito fiscal (incluindo obrigações específicas de crédito fiscal), obrigações americanas construídas e produtos financeiros.
- Conselheiro Chefe Adjunto de Contabilidade e Imposto de Renda (*Associate Chief Counsel Income Tax and Accounting*): É responsável por responder pedidos que apresentem questões sobre o momento do reconhecimento da renda e de deduções de pessoas físicas e jurídicas, vendas e permutas, ganhos e perdas de capital, vendas a prazo, *leasing* de equipamentos e contratos de longo prazo, estoques, amortização, depreciação, o imposto mínimo alternativo, perdas operacionais líquidas em geral, incluindo mudanças no método de contabilização desses problemas e períodos contábeis.

[624] CODE OF FEDERAL REGULATIONS. **Title 26. Internal Revenue. Chapter I. Internal Revenue Service, Departmante of the Threasury, Subchapter H. Internal Revenue Pactice. Part 601. Statement of Procedural Rules. Subpart B. Rulings and Other Specific Matters Section 601.201.** Disponível em: <https://www.law.cornell.edu/cfr/text/26/601.201> Acesso em 01 maio.2020.

[625] US INTERNAL REVENUE SERVICE. **Internal Revenue Bulletin: 2020-01. Part III. Administrative, Procedural, and Miscellaneous. Rev. Proc. 2020-1, section 3.** Disponível em: <https://www.irs.gov/irb/2020-01_IRB#HI1>. Acesso em: 02 jan. 2020.

- Conselheiro Chefe Adjunto Internacional (*Associate Chief Counsel International*): Possui jurisdição sobre questões envolvendo o tratamento fiscal de estrangeiros não residentes e empresas estrangeiras, retenção de impostos sobre estrangeiros não residentes e empresas estrangeiras, crédito fiscal estrangeiro, determinação de rendimentos tributáveis, fontes de rendimentos fora dos Estados Unidos, sociedades nacionais de vendas internacionais (CPIs), empresas exportadoras (FSCs), determinações de boicote internacional, tratamento de certas empresas de investimento estrangeiro, rendimentos afetados por tratado, propriedades norte-americanas e outros assuntos relacionados às atividades de pessoas não americanas dentro dos Estados Unidos ou pessoas relacionadas aos Estados Unidos fora dos Estados Unidos.
- Conselheiro Chefe Adjunto de Segmentos Especiais e *Passthroughs* (*Associate Chief Counsel Passthroughs and Special Industries*): Fornece orientações sobre a tributação da renda de *S corporations*[626],[627] e outros contribuintes não corporativos (como *partnerships*[628], *common trust funds*[629] and

[626] "S *Corporation* é um tipo societário cuja renda é tributada diretamente na pessoa dos seus acionistas e não na pessoa jurídica. A opção pela tributação de uma empresa no formato de uma S-corporation, prescrita no Subtópico S do Código Tributário [IRC], apenas poderá ser realizada por empresas com número limitado de acionistas".
Tradução nossa do original: "S *corporation*. (1961) A corporation whose income is taxed through its shareholders rather than through the corporation itself. Only corporations with a limited number of shareholders can elect S-corporation tax status under Subchapter S of the Internal".
GARNER, Bryan A. *et al.* **Black Law Dictionary**. 9. ed. United States Of America: West Group, 2009, p. 394.

[627] São empresas de pequeno porte que geralmente não são tributadas, cujos acionistas registram eventuais rendimentos ou perdas em suas próprias declarações. Fonte: THE FREE DICTIONARY. "***S corporations***". Farlex Financial Dictionary, Farlex, 2009. Disponível em: <https://financialdictionary.thefreedictionary.com/S+Corporations>. Acesso em:10 maio.2020.

[628] "*partnership*. É uma associação voluntária de duas ou mais pessoas que são proprietárias e administram em conjunto uma empresa. Nos termos do *Uniform Partnership Act*, presume-se que existe uma parceria se as pessoas concordarem em compartilhar proporcionalmente os lucros ou perdas do negócio.
Tradução nossa do original: "partnership. A voluntary association of two or more persons who jointly own and carryon a business for profit. Under the Uniform Partnership Act, a partnership is presumed to exist if the persons agree to share proportionally the business's profits or losses".
GARNER, Bryan A. *et al.* **Black Law Dictionary**. 9. ed. United States Of America: West Group, 2009, p. 1230.

[629] "*common trust fund*. É um fundo fiduciário criado dentro de um departamento fiduciário para combinar os ativos de numerosos pequenas relações de confiança para obter maior diversificação de investimentos. Os fundos fiduciários comuns são regulados por lei estadual".

trusts[630]), classificação de organismos/entidades, patrimônio (excluindo as situações previstas na § 6166 do IRC), doações e certos impostos de consumo, questões de engenharia, cooperativas de habitação, cooperativas de agricultores, o crédito de baixa renda, os novos mercados de crédito fiscal, recuperação de crédito, crédito para deficientes, créditos de veículos elétricos qualificados, despesas de pesquisa e experimentos, associações de proteção e indemnização de armadores e associações de proprietários.

- Conselheiro Chefe Adjunto para Administração e Procedimentos *(Associate Chief Counsel (Procedure and Administration)*: Aprecia pedidos relacionados a questões envolvendo procedimentos para o cumprimento das obrigações fiscais federais, transparência e privacidade, divulgação e pagamento de impostos, tributação e exigibilidade de impostos, deduções, creditamento, ou devolução em pagamentos a maior e sobre o envio de informações nas declarações.
- Divisão de Consultoria/Conselheiro Chefe Adjunto de Organizações Governamentais e Isentas de Impostos *(Division Counsel/Associate Chief Counsel (Tax Exempt and Government Entities)*: Emite decisões sobre a tributação sobre relações de emprego, sobre rendimentos de trabalhadores autônomos, exigências para fruição de isenção para organizações sem fins lucrativos, tratamento tributário de organizações isentas de impostos (incluindo governos federais, estaduais, locais e indígenas), organizações

Tradução nossa do original: "common trust fund. A trust fund set up within a trust department to combine the assets ofnumerous small trusts to achieve greater investment diversification. Common trust funds are regulated by state law".
GARNER, Bryan A. *et al.* **Black Law Dictionary**. 9. ed. United States Of America: West Group, 2009, p. 1657.

630 "TRUST. (Não confundir com truste.). Termo em inglês que significa uma forma de organização empresarial na qual uma propriedade é doada por um *grantor* (doador), sob os cuidados de um *trustee*, para proveito de um beneficiário. O *trustee* é obrigado a administrar a propriedade colocada em *trust* (fideicomisso), de acordo com as diretrizes e instruções da pessoa que criou o *trust*. O *grantor*, também denominado *trustor*, *settlor* ou *donor*, é aquele que cria o *trust*, colocando uma propriedade sob os cuidados de um *trustee*. A propriedade (também denominada *principal*, *corpus* ou *res*) é aquilo que constitui o *trust*. A propriedade é entendida aqui num sentido amplo, isto é, podem ser títulos, ações, dinheiro ou bens imóveis. O beneficiário é a pessoa em cujo benefício o *trust* é criado. O beneficiário pode ser constituído por um grupo de pessoas ou uma organização. Os *trusts* podem ser *living trust*, que é aquele no qual sua criação acontece enquanto o *grantor* ainda é vivo, ou *testamentary trust*, no qual o *trust* é criado por testamento do *grantor*".
SANDRONI, Paulo *et al* (org.). **Novíssimo Dicionário de Economia**. São Paulo: Best Seller, 1999, p. 616.

políticas, programas de ensino qualificados, programas ABLE, alguns impostos de consumo, transparência e apresentação de declarações por organizações isentas, programas de benefícios para empregados (incluindo arranjos de remuneração de executivos, planos de aposentadoria qualificados,[631] planos de remuneração diferida e programas de benefícios de saúde e bem-estar) e IRAs,[632] questões relacionadas integralmente a programas de benefícios para funcionários e IRAs (como por venda de ações para planos de compra de ações de empregados ou cooperativas de propriedade dos trabalhadores elegíveis, de acordo com o § 1.042), e mudanças no método contábil associado aos programas de benefícios aos empregados.

Dessa forma, com exceção dos tributos descritos no subtópico 2.4.1 deste Capítulo, que são administrados por outras agências (tais como a Departamento de Comércio e Imposto sobre Álcool e Tabaco – TTB e a Alfândega e Proteção de Fronteiras dos Estados Unidos – CBP), as demais questões contempladas na vasta listagem de assuntos sob a jurisdição das Repartições Subordinadas ao consultor geral da Receita Federal (explicitadas no Boletim Interno da Receita – IRB 2020-01) poderão ser objeto de *letter rulings*.

As *letter rulings* serão sempre emitidas pelo conselheiro chefe Adjunto da Divisão de Consultoria ou por um dos conselheiros adjuntos especializados acima especificados. Mas as *information letters* podem ser emitidas tanto pelas citadas autoridades como também por Funcionários do IRS no âmbito de suas competências funcionais. As *determination letters* são sempre emitidas por funcionários especializados das divisões operacionais.[633]

631 Nota explicativa: Os planos de aposentadoria qualificados são entendidos como aqueles estabelecidos pelos empregadores para seus funcionários que atendem às exigências da Seção 401 (a) ou 403 (a) do IRC e poderão receber tratamento tributário beneficiado. Fonte: THE FREE DICTIONARY. "***Qualified retirement plan***". Financial Glossary, Campbell R. Harvey, 2011. Disponível em: <https://financial-dictionary.thefreedictionary.com/Qualified+retirement+plan>. Acesso em: 10 maio.2020.

632 Nota explicativa: A sigla IRAS é a abreviação de *individual retirement account*, que significa conta de aposentadoria individual de aposentadoria. Fonte: THE FREE DICTIONARY. "***IRA***". Collins Spanish Dictionary - Complete and Unabridged 8th Edition, HarperCollins Publishers, 2005. Disponível em: <https://www.thefreedictionary.com/IRA>. Acesso em: 10 maio.2020.

633 US INTERNAL REVENUE SERVICE. **Internal Revenue Manual. Part 32. Published Guidance and Other Guidance to Taxpayers. Chapter3 Letter Rulings, Information Letters, and Closing Agreements. Section1 Forms of Advice (32.3.1.1.2).** Disponível em: <https://www.irs.gov/irm/part32/irm_32-003-001> Acesso em: 26 dez. 2019.

O Boletim Interno da Receita 2020-01 explica, ainda, que, caso o contribuinte não saiba qual a repartição (*associate office*) tem jurisdição em relação a uma situação de fato específica, poderá obter essa informação por meio do telefone listado na Seção 10.07 (1) do Boletim.[634]

As solicitações devem ser dirigidas diretamente às Repartições que possuam competência para examinar o tema abarcado pela solicitação do contribuinte, considerando a divisão temática acima descrita. Se uma *letter ruling* não for endereçada ao órgão correto, a agência que a recebeu remeterá à repartição competente, informando também ao contribuinte para qual das repartições seu pedido foi redirecionado.[635]

2.4.3 Procedimento, Tramitação, Recorribilidade

O procedimento para formalização e tramitação dos pedidos de *letter ruling* para todos os assuntos sob a jurisdição das repartições do Escritório Nacional (*Associate offices*) acima descritas será o mesmo. O mesmo regramento é aplicado aos requerimentos de alteração do método contábil e do período contábil, que serão processados da mesma maneira e estarão sujeitos aos mesmos procedimentos das *letter rulings*.[636]

Até 1987 não era exigido o pagamento de qualquer taxa para a emissão de uma *letter ruling*.[637] Contudo, como decorrência da enorme demanda pela emissão de tais pronunciamentos, o Congresso promoveu alterações na legislação autorizando o Departamento do Tesouro a fixar tarifas de utilização do serviço.[638] Desde então, tais pedidos deixaram de ser um serviço fornecido

[634] US INTERNAL REVENUE SERVICE. **Internal Revenue Bulletin: 2020-01. Part III. Administrative, Procedural, and Miscellaneous. Rev. Proc. 2020–1, section 3.** Disponível em: <https://www.irs.gov/irb/2020-01_IRB#HI1>. Acesso em: 02 jan. 2020.

[635] US INTERNAL REVENUE SERVICE. **Internal Revenue Manual. Part 32. Published Guidance and Other Guidance to Taxpayers. Chapter3, Letter Rulings, Information Letters, and Closing Agreements. Section1, Forms of Advice (32.3.1.13.2).** Disponível em: <https://www.irs.gov/irm/part32/irm_32-003-001> Acesso em: 26 dez. 2019.

[636] US INTERNAL REVENUE SERVICE. **Internal Revenue Manual. Part 32. Published Guidance and Other Guidance to Taxpayers. Chapter3 Letter Rulings, Information Letters, and Closing Agreements. Section 2. Letter Rulings (32.3.2.3).** Disponível em: <https://www.irs.gov/irm/part32/irm_32-003-001> Acesso em: 26 dez. 2019.

[637] GIVATI, Yehonatan. **Resolving Legal Uncertainty: The Unfulfilled Promise of Advance Tax Rulings**. Virginia Tax Review, 2009, p. 14. Disponível em: <http://nrs.harvard.edu/urn-3:HUL.InstRepos:3333571>. Acesso em: 23 dez. 2019.

[638] MORGAN, Patrícia T. **Tax Procedure and Tax Fraud**. 2nd Ed. St. Paul: West Group., 1999, p. 28.

de forma gratuita pelo IRS, tendo sido fixada a exigência de os requerimentos estejam acompanhados do comprovante de pagamento da taxa aplicável, na forma prevista na Seção 15 do Procedimento de Receita 2020-1 (ou procedimento de receita subsequente) do Boletim Interno da Receita, salvo nas exceções nele expressamente delineadas.[639]

Caso o valor da taxa pago pelo contribuinte for inferior ao devido, o órgão responsável pela emissão possui discricionariedade para decidir se intimará o solicitante para complementação ou se devolverá o requerimento ao contribuinte. Nessa circunstância, se o contribuinte for intimado para complementar o pagamento do valor da taxa e ainda assim o valor adimplido for inferior ao exigido, o IRS prorrogará o exame do pedido até que o pagamento do valor integral seja recebido. Por outro lado, se as autoridades fiscais identificarem a existência de pagamento superior ao devido, o valor excedente será devolvido ao contribuinte.[640]

O recolhimento da taxa de serviço é exigido antecipadamente nas situações em que o contribuinte formaliza um pedido de *letter ruling* complementar ou de reconsideração de uma *letter ruling* anteriormente emitida.[641] Entretanto, se, por algum motivo, a *letter ruling* não for emitida, o IRS examinará caso a caso a possibilidade de devolução da taxa, considerando-se o tempo e os recursos gastos no processamento do pedido.[642] A Seção 15.10 do IRB descreve as demais circunstâncias em que o contribuinte poderá obter a restituição do valor da taxa.

Além do pagamento da taxa, o IRS elenca inúmeros requisitos para a submissão de um pedido de *letter ruling*, entre os quis vale destacar os seguintes: (a) descrição completa dos fatos e informações relacionadas; (b) apresentação de documentos e leis estrangeiras; (c) análise das circunstâncias relevantes; (d) declaração sobre a existência de questão idêntica ou similar previamente

[639] US INTERNAL REVENUE SERVICE. **Internal Revenue Bulletin: 2020-01. Part III. Administrative, Procedural, and Miscellaneous. Rev. Proc. 2020-1, section 15.09.** Disponível em: <https://www.irs.gov/irb/2020-01_IRB#HI1>. Acesso em: 02 jan. 2020.

[640] US INTERNAL REVENUE SERVICE. **Internal Revenue Bulletin: 2020-01. Part III. Administrative, Procedural, and Miscellaneous. Rev. Proc. 2020-1, section 15.09.** Disponível em: <https://www.irs.gov/irb/2020-01_IRB#HI1>. Acesso em: 02 jan. 2020.

[641] US INTERNAL REVENUE SERVICE. **Internal Revenue Bulletin: 2020-01. Part III. Administrative, Procedural, and Miscellaneous. Rev. Proc. 2020-1, section 15.01 e 15.02.** Disponível em: <https://www.irs.gov/irb/2020-01_IRB#HI1>. Acesso em: 02 jan. 2020.

[642] US INTERNAL REVENUE SERVICE. **Internal Revenue Bulletin: 2020-01. Part III. Administrative, Procedural, and Miscellaneous. Rev. Proc. 2020-1, section 15.10.** Disponível em: <https://www.irs.gov/irb/2020-01_IRB#HI1>. Acesso em: 02 jan. 2020.

examinada ou pendente de exame pelo IRS; (e) declaração relativa à interpretação de cláusula aplicável de um tratado sobre a incidência de Imposto de Renda ou sobre a propriedade; (f) declaração com informações específicas sobre a existência de rendimentos transnacionais obtidos a partir de empresa situada no exterior; (g) citação completa dos fundamentos que chancelam as impressões do contribuinte, bem como dos que a refutam; (h) exposição dos fundamentos contrários ao do contribuinte; (i) declaração sobre a existência de projeto de lei em tramitação sobre o tema; (j) manifestação contendo informações a serem excluídas da resposta publicada [descritas o Subtópico 2.4.7.4 deste capítulo]; (l) assinatura do contribuinte ou seu representante legal.[643]

Para o atendimento do requisito de exposição completa dos fatos, bem como de todas as informações relacionados à transação, é imperativo que o pedido do contribuinte contemple especificamente o seguinte: (i) identificação do período contábil e do regime de apuração adotado; (ii) descrição das operações comerciais; (iii) declaração completa das razões comerciais para a transação; (iv) descrição detalhada da negociação/operação consultada; (v) exposição precisa de todos os outros fatos relativos ao tratamento tributário solicitado pelo contribuinte; e (vi) nome, endereço, números de telefone e números de identificação de contribuinte de todas as partes interessadas.[644],[645]

Segundo o descritivo extraído do IRB, o requerimento deverá ser acompanhado de cópias autenticadas de todos os contratos, testamentos, escrituras, acordos, instrumentos, documentos fiduciários, bem como todos os outros documentos relacionados à operação compreendida pela *letter ruling*, inclusive cópias de leis ou atos normativos de outros países que sejam relevantes para a análise da situação do contribuinte. Os documentos e a legislação em

[643] US INTERNAL REVENUE SERVICE. **Internal Revenue Bulletin: 2020-01. Part III. Administrative, Procedural, and Miscellaneous. Rev. Proc. 2020–1, section 7.01.** Disponível em: <https://www.irs.gov/irb/2020-01_IRB#HI1>. Acesso em: 02 jan. 2020.

[644] Nota explicativa: Consta no IRB a explicação de que a expressão "todas as partes interessadas" (*all interested parties*) não significa todos os acionistas de uma companhia de capital aberto que solicite uma decisão de carta relacionada a uma reorganização ou todos os funcionários onde um grande número pode estar envolvido; Fonte: US INTERNAL REVENUE SERVICE. **Internal Revenue Bulletin: 2020-01. Part III. Administrative, Procedural, and Miscellaneous. Rev. Proc. 2020–1, section 7.01.** Disponível em: <https://www.irs.gov/irb/2020-01_IRB#HI1>. Acesso em: 02 jan. 2020.

[645] US INTERNAL REVENUE SERVICE. **Internal Revenue Bulletin: 2020-01. Part III. Administrative, Procedural, and Miscellaneous. Rev. Proc. 2020–1, section 7.01.** Disponível em: <https://www.irs.gov/irb/2020-01_IRB#HI1>. Acesso em: 02 jan. 2020.

idioma estrangeiro deverão estar acompanhados da respectiva tradução juramentada.[646]

Além disso, exige-se que o requerimento esteja assistido por uma análise das circunstâncias, fatos, dados e informações relevantes sobre a questão apresentada, bem como a correlação ou influência sobre ela.[647]

O contribuinte também deverá apresentar uma declaração especificando se: (i) alguma questão semelhante já foi anteriormente examinada pelo IRS em uma solicitação sua ou de algum contribuinte relacionado (com o significado da Seção 267 do IRC), ou ainda por integrante de empresa de um mesmo grupo econômico (*affiliated group*, conforme definido pela Seção 1504 do IRC), do qual o contribuinte faz parte; (ii) a mesma questão foi submetida anteriormente, mas não foi emitida uma *letter ruling* nem *determination letter*; (iii) existe algum pedido sobre o mesmo tema pendente de exame pelo IRS; ou, (iv) em relação ao mesmo assunto, teve ou agendou uma conferência de pré-submissão. Na hipótese do contribuinte se enquadrar em qualquer das situações acima transcritas, deverá especificar a data e os detalhes da solicitação anterior para o exame do novo pedido.[648]

Essas mesmas declarações são exigidas para as *letter rulings* envolvendo esclarecimentos sobre pedidos de prorrogação do prazo (*request for an extension of time*) para fazer uma opção na declaração (*election*[649]) ou outras questões relacionadas com a retificação de declarações (*application for relief*) previstas na Seção 301.9100-3 do Título 26 do Código de Regulamentações Federais

[646] US INTERNAL REVENUE SERVICE. **Internal Revenue Bulletin: 2020-01. Part III. Administrative, Procedural, and Miscellaneous. Rev. Proc. 2020–1, section 7.01.** Disponível em: <https://www.irs.gov/irb/2020-01_IRB#HI1>. Acesso em: 02 jan. 2020.

[647] US INTERNAL REVENUE SERVICE. **Internal Revenue Bulletin: 2020-01. Part III. Administrative, Procedural, and Miscellaneous. Rev. Proc. 2020–1, section 7.01.** Disponível em: <https://www.irs.gov/irb/2020-01_IRB#HI1>. Acesso em: 02 jan. 2020.

[648] US INTERNAL REVENUE SERVICE. **Internal Revenue Bulletin: 2020-01. Part III. Administrative, Procedural, and Miscellaneous. Rev. Proc. 2020–1, section 7.01.** Disponível em: <https://www.irs.gov/irb/2020-01_IRB#HI1>. Acesso em: 02 jan. 2020.

[649] Nota explicativa: No conceito de "*Election*" estão abarcados os pedidos de retificação em matéria tributária; uma solicitação para adotar, alterar ou reter um método contábil ou período contábil; mas não inclui um pedido de extensão, prorrogação de prazo para registrar as declarações reguladas pela da Seção 6081 do IRC.
Fonte: CODE OF FEDERAL REGULATIONS. **Title 26. Internal Revenue, Chapter I. Internal Revenue Service, Departmante of the Threasury, Subchapter F. Procedure and Administration, Part 301. Procedure and Administration. Subpart. Information and Returns Subpart. 69. Application of Internal Revenue Laws Section 301.9100-1. Extensions of time to make elections.** Disponível em: <https://www.law.cornell.edu/cfr/text/26/301.9100-1> Acesso em: 27 dez.2019.

(CFR). Via de regra, não será emitida a *letter ruling* se, no momento da solicitação, a mesma questão já tiver sido levada à esfera judicial, exceto para o pedido de esclarecimentos envolvendo o requerimento previsto na Seção 301.9100 (prorrogação de prazo para envio de declarações), desde que essa circunstância seja informada ao IRS.[650]

Nas hipóteses em que a questão exposta na *letter ruling* envolve a aplicação de uma cláusula de tratado sobre a incidência de imposto de renda ou imposto sobre a propriedade, o contribuinte deverá especificar se a autoridade fiscal da jurisdição do tratado já se manifestou de alguma forma ou está examinando a mesma operação ou outra semelhante para o contribuinte ou para algum contribuinte relacionado.[651]

Quando a questão exposta na *letter ruling* disser respeito a uma operação com envolvidos situados em outros países, a solicitação deverá declarar se o pronunciamento buscado está potencialmente relacionado com regimes preferenciais,[652] preços de transferência, redução dos rendimentos tributáveis, definição sobre a existência, ou não, de um estabelecimento permanente à luz de um tratado ou se busca determinar o montante do lucro atribuído a um estabelecimento permanente, bem como se a *letter ruling* abarcará o tratamento tributário de fundos com fluxos transnacionais ou rendimentos aferidos por meio de uma pessoa jurídica norte-americana que é o veículo para a aplicação dos princípios do *common law* ou *Treas.* Reg. § 1.881-3.[653]

[650] US INTERNAL REVENUE SERVICE. **Internal Revenue Bulletin: 2020-01. Part III. Administrative, Procedural, and Miscellaneous. Rev. Proc. 2020–1, section 7.01.** Disponível em: <https://www.irs.gov/irb/2020-01_IRB#HI1>. Acesso em: 02 jan. 2020.

[651] US INTERNAL REVENUE SERVICE. **Internal Revenue Bulletin: 2020-01. Part III. Administrative, Procedural, and Miscellaneous. Rev. Proc. 2020–1, section 7.0.** Disponível em: <https://www.irs.gov/irb/2020-01_IRB#HI1>. Acesso em: 02 jan. 2020.

[652] Nota explicativa: O IRS considera Regime Preferencial quando atendidas as seguintes condições: (1) o regime refere-se à tributação da renda de empresas que desempenham atividades com mobilidade geográfica (tais como atividades financeiras e outras atividades de serviços, incluindo fornecimento de intangíveis); (2) o regime oferece uma forma de redução da carga tributária, tal como uma redução na alíquota do imposto ou base tributária em comparação à tributação dos EUA; e (3) o regime estabelece um carga tributária efetiva baixa ou inexistente sobre os rendimentos das atividades com mobilidade geográfica. Fonte: US INTERNAL REVENUE SERVICE. **Internal Revenue Bulletin: 2020-01. Part III. Administrative, Procedural, and Miscellaneous. Rev. Proc. 2020–1, section 7.01.** Disponível em: <https://www.irs.gov/irb/2020-01_IRB#HI1>. Acesso em: 02 jan. 2020.

[653] US INTERNAL REVENUE SERVICE. **Internal Revenue Bulletin: 2020-01. Part III. Administrative, Procedural, and Miscellaneous. Rev. Proc. 2020–1, section 7.01.** Disponível em: <https://www.irs.gov/irb/2020-01_IRB#HI1>. Acesso em: 02 jan. 2020.

Entre os requisitos para a formalização do *letter ruling* está, ainda, a exigência de que o contribuinte demonstre em que medida a legislação aplicável não é conclusiva em relação à operação descrita e se a questão é adequadamente enfrentada na legislação, doutrina e jurisprudência. Nas situações em que o contribuinte defender a aplicação de uma determinada orientação, deverá apresentar a citação completa das leis, atos normativos e precedentes que autorizam tais conclusões. Ainda que não defenda um tratamento tributário específico para a operação pretendida, será necessária a exposição das opções entre as várias interpretações tributárias possíveis.[654]

É curioso notar que a mesma exigência foi estabelecida em relação à necessidade de citação completa das leis, atos normativos e precedentes contrários ao entendimento do contribuinte (*contrary authorities*). As normas regulamentares do IRS preceituam que os fundamentos contrários deverão ser expostos pelo contribuinte na primeira oportunidade e buscam evitar eventuais atrasos no exame da questão, tendo em vista que, segundo o IRS, facilitam a compreensão da questão pelos servidores que examinarão o pedido. O IRS também aponta que a exposição de tais fundamentos contrários poderá ser vantajosa ao contribuinte, porquanto possibilita a discussão dessas questões em uma conferência de pré-apresentação, antes do envio da solicitação de *ruling*.[655] A ausência de apresentação dessa declaração ou do registro de que não existem disposições em sentido contrário pode resultar na recusa na emissão da *letter ruling*.[656]

As conferências/reuniões de pré-submissão são realizadas antes do protocolo da *letter ruling*, presencialmente ou por telefone, e visam ao exame de questões substantivas ou processuais relacionadas à operação para a qual o contribuinte pretende fazer um pedido de *letter ruling*. A solicitação da reunião poderá ser formalizada por telefone ou por escrito e deverá conter a identificação completa do contribuinte e um resumo da questão em

[654] US INTERNAL REVENUE SERVICE. **Internal Revenue Bulletin: 2020-01. Part III. Administrative, Procedural, and Miscellaneous. Rev. Proc. 2020-1, section 7.01.** Disponível em: <https://www.irs.gov/irb/2020-01_IRB#HI1>. Acesso em: 02 jan. 2020.

[655] US INTERNAL REVENUE SERVICE. **Internal Revenue Bulletin: 2020-01. Part III. Administrative, Procedural, and Miscellaneous. Rev. Proc. 2020-1, section 7.01.** Disponível em: <https://www.irs.gov/irb/2020-01_IRB#HI1>. Acesso em: 02 jan. 2020.

[656] US INTERNAL REVENUE SERVICE. **Internal Revenue Bulletin: 2020-01. Part III. Administrative, Procedural, and Miscellaneous. Rev. Proc. 2020-1, section 7.01.** Disponível em: <https://www.irs.gov/irb/2020-01_IRB#HI1>. Acesso em: 02 jan. 2020.

discussão para fins de definição da repartição competente para o seu processamento.[657]

Ao mesmo tempo em que o IRS estabelece que as orientações fornecidas em tais reuniões são meramente informativas e não vinculam os seus servidores e a Superintendência de Consultoria Geral da Receita (*Office of Chief Counsel*), ele aponta que, se o contribuinte não formalizar o pedido de *letter ruling* após a realização da conferência, a repartição que o atendeu poderá enviar um memorando para a autoridade fiscal responsável pela sua fiscalização, com a sua opinião sobre as questões suscitadas durante a conferência, cujo conteúdo deverá ser publicado nos termos do disposto na Seção 6110 (i), do IRC[658] (para mais informações sobre a publicações desses atos administrativos veja o tópico 3.4.7.4 desse capítulo).

É igualmente uma obrigação do contribuinte identificar, no momento da formalização de seu pedido de *letter ruling*, a existência de qualquer projeto de lei em tramitação que possa afetar a operação pretendida. Caso eventual alteração legislativa ocorra após a apresentação do pedido de *letter ruling*, mas antes de sua emissão, o contribuinte deverá informar ao IRS sobre essa mudança.[659]

Por fim, destaca-se que os pedidos também serão acompanhados de uma declaração em que o contribuinte ou seu representante legal atestam a veracidade das informações prestadas e da documentação pertinente anexada ao requerimento.[660]

Os requerimentos deverão ser protocolados em meio físico com uma via original e uma cópia. Nas situações em que o contribuinte apresentar várias questões em um mesmo pedido, deverá apresentar cópias da documentação.

657 US INTERNAL REVENUE SERVICE. **Internal Revenue Manual. Part 32. Published Guidance and Other Guidance to Taxpayers. Chapter3 Letter Rulings, Information Letters, and Closing Agreements. Section 2. Letter Rulings (32.3.2.2.4.2).** Disponível em: <https://www.irs.gov/irm/part32/irm_32-003-001> Acesso em: 26 dez. 2019.

658 US INTERNAL REVENUE SERVICE. **Internal Revenue Manual. Part 32. Published Guidance and Other Guidance to Taxpayers. Chapter3 Letter Rulings, Information Letters, and Closing Agreements. Section 2. Letter Rulings (32.3.2.2.4.2).** Disponível em: <https://www.irs.gov/irm/part32/irm_32-003-001> Acesso em: 26 dez. 2019.

659 US INTERNAL REVENUE SERVICE. **Internal Revenue Bulletin: 2020-01. Part III. Administrative, Procedural, and Miscellaneous. Rev. Proc. 2020–1, section 7.01.** Disponível em: <https://www.irs.gov/irb/2020-01_IRB#HI1>. Acesso em: 02 jan. 2020.

660 US INTERNAL REVENUE SERVICE. **Internal Revenue Bulletin: 2020-01. Part III. Administrative, Procedural, and Miscellaneous. Rev. Proc. 2020–1, section 7.01.** Disponível em: <https://www.irs.gov/irb/2020-01_IRB#HI1>. Acesso em: 02 jan. 2020.

Para auxiliar o contribuinte, o IRS fornece um modelo de requerimento e um *checklist* com orientações minuciosas sobre cada um dos requisitos.[661]

As respostas aos pedidos de *letter ruling* devem ser emitidas pelo Escritório Central da Superintendência de Consultoria Geral da Receita (*Office of Chief Counsel*) no prazo de 180 dias contados da data de seu recebimento. Nas situações em que os servidores do IRS identificarem a impossibilidade de fornecimento da resposta dentro do aludido prazo, deverão notificar a repartição competente sobre essa circunstância, sendo recomendado que o façam no mais tardar em até 165 dias após o recebimento do pedido.[662]

As normas regulamentares do IRS prescrevem, ainda, que o contribuinte poderá solicitar por escrito uma aceleração da emissão da resposta (*expedited handling*) ao seu pedido, passível de deferimento discricionário pelas autoridades fiscais.[663]

Tais requerimentos são usualmente deferidos para situações extremas mediante a apresentação de justificativa plausível para o tratamento diferenciado, bem como após o pagamento da taxa. O pedido poderá ser formulado em operações em relação as quais foi fixado judicialmente um prazo para a sua conclusão ou por algum órgão governamental, por exemplo, ou ainda no caso de uma situação urgente, desde que seja demonstrado que tal situação decorreu de circunstâncias que não poderiam ter sido razoavelmente antecipadas e que o contribuinte submeteu a solicitação o mais rapidamente possível após tomar conhecimento da urgência. Contudo, segundo a disciplina contida no IRB, o deferimento do pedido não assegura que a *letter ruling* será emitida até a data solicitada.[664]

Vale registrar, ainda, que o contribuinte poderá, a qualquer momento, desistir do pedido de *letter ruling* formalizado antes da assinatura do respectivo

661 US INTERNAL REVENUE SERVICE. **Internal Revenue Bulletin: 2020-01. Part III. Administrative, Procedural, and Miscellaneous. Rev. Proc. 2020-1, section 7.01.** Disponível em: <https://www.irs.gov/irb/2020-01_IRB#HI1>. Acesso em: 02 jan. 2020.

662 US INTERNAL REVENUE SERVICE. **Internal Revenue Manual. Part 32. Published Guidance and Other Guidance to Taxpayers. Chapter3 Letter Rulings, Information Letters, and Closing Agreements. Section 2. Letter Rulings (32.3.2.3).** Disponível em: <https://www.irs.gov/irm/part32/irm_32-003-001> Acesso em: 26 dez. 2019

663 US INTERNAL REVENUE SERVICE. **Internal Revenue Bulletin: 2020-01. Part III. Administrative, Procedural, and Miscellaneous. Rev. Proc. 2020-1, section 7.02 (4).** Disponível em: <https://www.irs.gov/irb/2020-01_IRB#HI1>. Acesso em: 02 jan. 2020.

664 US INTERNAL REVENUE SERVICE. **Internal Revenue Bulletin: 2020-01. Part III. Administrative, Procedural, and Miscellaneous. Rev. Proc. 2020-1, section 7.02 (4).** Disponível em: <https://www.irs.gov/irb/2020-01_IRB#HI1>. Acesso em: 02 jan. 2020.

documento pelo IRS. Da mesma forma, as autoridades fiscais também poderão se recusar a emitir uma *letter ruling*.[665]

Nessas duas situações, as comunicações e manifestações a ela relacionadas não serão devolvidos ao contribuinte e, dependendo das circunstâncias envolvidas, o IRS poderá disponibilizar suas conclusões ao público no âmbito de Instruções Normativas[666] da (*revenue rulings*) ou Normas de Procedimento (*revenue procedures*). E mais, a repartição competente notificará o funcionário da divisão operacional da jurisdição responsável pela fiscalização do contribuinte sobre a não emissão da *letter ruling* e poderá, inclusive, incluir nessa comunicação quais foram as suas conclusões sobre a interpretação das questões expostas. Essas conclusões poderão amparar a análise da autoridade fiscal no futuro exame das declarações relacionadas com o pedido de esclarecimentos.[667]

Após o protocolo, os pedidos de *letter rulings* serão conduzidos pelo setor responsável no departamento jurídico de processamento legal de requerimentos vinculado à Consultoria Geral da Receita (*Docket, Records, and User Fee Branch of the Legal Processing Division of the Associate Chief Counsel*), que receberá os documentos e examinará o recolhimento da taxa antes de remeter o requerimento para a repartição com jurisdição sobre o problema específico envolvido na solicitação.[668]

No prazo de 21 dias corridos, após o recebimento do pedido no setor (*branch*) da repartição (*Associate office*) competente, um representante do IRS entrará em contato com o contribuinte ou seu representante legal para discutir as questões processuais do pedido, tais como: (i) a solicitação de informações

665 US INTERNAL REVENUE SERVICE. **Internal Revenue Manual. Part 32. Published Guidance and Other Guidance to Taxpayers. Chapter3, Letter Rulings, Information Letters, and Closing Agreements. Section1, Forms of Advice (32.3.1.11).** Disponível em: <https://www.irs.gov/irm/part32/irm_32-003-001> Acesso em: 26 dez. 2019.

666 VALADÃO, Marcos Aurélio Pereira; GASSEN, Valcir. **Tributação nos Estados Unidos e no Brasil**: um estudo comparativo da matriz tributária. São Paulo: Almedina, 2020, p. 75.

667 US INTERNAL REVENUE SERVICE. **Internal Revenue Manual. Part 32. Published Guidance and Other Guidance to Taxpayers. Chapter3, Letter Rulings, Information Letters, and Closing Agreements. Section1, Forms of Advice (32.3.1.11).** Disponível em: <https://www.irs.gov/irm/part32/irm_32-003-001> Acesso em: 26 dez. 2019.

668 US INTERNAL REVENUE SERVICE. **Internal Revenue Bulletin: 2020-01. Part III. Administrative, Procedural, and Miscellaneous. Rev. Proc. 2020-1, section 8.01.** Disponível em: <https://www.irs.gov/irb/2020-01_IRB#HI1>. Acesso em: 02 jan. 2020.

adicionais; (ii) bem como apontar se o pedido observou todos os requisitos e se algum deles não foi atendido.[669]

Se uma solicitação não atender a qualquer dos requisitos acima especificados, o solicitante será intimado para regularização. Se a irregularidade estiver relacionada à alguma informação adicional ou um documento que deixou de ser apresentado, o representante do setor (*branch*) notificará o contribuinte para sanar a irregularidade no prazo de 21 dias, sob pena de extinção. Caso necessário, o contribuinte poderá requerer por escrito a prorrogação desse prazo, desde que antes do seu encerramento e acompanhado das razões que justificam a prorrogação. Quando o pedido de *letter ruling* for encerrado por não terem sido apresentadas as informações no prazo acima especificado, eventual informação recebida fora do prazo será processada com uma nova solicitação, condicionada ao pagamento de uma nova taxa.[670]

Adicionalmente a esse contato inicial realizado dentro do prazo de 21 dias do protocolo do pedido de *letter ruling*, o setor da repartição competente também poderá informar ao contribuinte (i) em que sentido será a orientação a ser emitida, inclusive antecipando as conclusões preliminares que serão encaminhadas internamente, se contrária ou favorável ao pedido, ou ainda no sentido da impossibilidade de emissão da *letter ruling*; (ii) se, em virtude da natureza da transação ou da questão apresentada, ainda não existe uma conclusão preliminar.[671]

Essa sistemática de fornecimento de considerações preliminares possibilita que, ainda que uma decisão formal seja emitida após um longo período, em alguns casos, o contribuinte já tenha indicativos da decisão esperada dentro desse período de 21 (vinte e um dias) dias, possibilitando até mesmo algum tipo de ajuste em suas práticas fiscais.[672]

[669] US INTERNAL REVENUE SERVICE. **Internal Revenue Bulletin: 2020-01. Part III. Administrative, Procedural, and Miscellaneous. Rev. Proc. 2020-1, section 8.02.** Disponível em: <https://www.irs.gov/irb/2020-01_IRB#HI1>. Acesso em: 02 jan. 2020.

[670] US INTERNAL REVENUE SERVICE. **Internal Revenue Bulletin: 2020-01. Part III. Administrative, Procedural, and Miscellaneous. Rev. Proc. 2020-1, section 8.05.** Disponível em: <https://www.irs.gov/irb/2020-01_IRB#HI1>. Acesso em: 02 jan. 2020.

[671] US INTERNAL REVENUE SERVICE. **Internal Revenue Bulletin: 2020-01. Part III. Administrative, Procedural, and Miscellaneous. Rev. Proc. 2020-1, section 8.02** Disponível em: <https://www.irs.gov/irb/2020-01_IRB#HI1>. Acesso em: 02 jan. 2020.

[672] GIVATI, Yehonatan. **Resolving Legal Uncertainty: The Unfulfilled Promise of Advance Tax Rulings.** Virginia Tax Review, 2009, p. 14-15. Disponível em: <http://nrs.harvard.edu/urn-3:HUL.InstRepos:3333571>. Acesso em: 23 dez. 2019.

No âmbito de tais informações preliminares, a autoridade fiscal poderá apontar ao contribuinte que a realização de ligeiras alterações na operação ou o cumprimento de determinadas condições contribuirão para a obtenção de um pronunciamento favorável, orientando-o, ainda, a apresentar eventuais ajustes em complementação ao pedido original por escrito. Contudo, as sugestões não poderão abarcar mudanças que acarretem alterações substanciais na transação ou exercício fiscal indicado.[673]

Outra opção prevista nas normas do IRS, para uma melhor interação entre o contribuinte e a autoridade fiscal, está relacionada com a previsão de agendamento de uma reunião após o protocolo do requerimento para obtenção das informações. Quer dizer, além da audiência de pré-submissão acima mencionada, é assegurado ao contribuinte o direito de realização de ao menos uma reunião com a repartição competente após o protocolo de pedido. As reuniões costumam ser realizadas no âmbito do setor responsável e acompanhadas pela autoridade fiscal competente para assinar a *letter ruling*. A reunião geralmente é agendada quando a repartição identifica a sua necessidade, ou pelo menos já foi realizado o estudo do caso, bem como quando existe a possibilidade de que o pronunciamento seja contrário ao pleito do contribuinte.[674]

Na reunião, são explicitadas as razões que amparam as conclusões provisórias das autoridades fiscais, assegurando que o contribuinte tenha a oportunidade de apresentar suas considerações sobre todos os assuntos em questão. Apesar da exposição das conclusões preliminares sobre as operações examinadas, a repartição competente não se compromete com uma posição final,[675] o que significa que a posição exposta antecipadamente ao contribuinte poderá ser posteriormente alterada.

Quando a reunião for solicitada pela autoridade fiscal, o contribuinte ou o seu representante serão notificados por telefone, se possível, acerca da hora e do local, sendo que a realização dessa reunião também deverá ocorrer em

[673] US INTERNAL REVENUE SERVICE. **Internal Revenue Bulletin: 2020-01. Part III. Administrative, Procedural, and Miscellaneous. Rev. Proc. 2020-1, section 8.03.** Disponível em: <https://www.irs.gov/irb/2020-01_IRB#HI1>. Acesso em: 02 jan. 2020.

[674] US INTERNAL REVENUE SERVICE. **Internal Revenue Bulletin: 2020-01. Part III. Administrative, Procedural, and Miscellaneous. Rev. Proc. 2020-1, section 10.01 e 10.02.** Disponível em: <https://www.irs.gov/irb/2020-01_IRB#HI1>. Acesso em: 02 jan. 2020.

[675] US INTERNAL REVENUE SERVICE. **Internal Revenue Bulletin: 2020-01. Part III. Administrative, Procedural, and Miscellaneous. Rev. Proc. 2020-1, section 10.02 e 10.04.** Disponível em: <https://www.irs.gov/irb/2020-01_IRB#HI1>. Acesso em: 02 jan. 2020.

até 21 dias após a notificação.[676] A regulamentação atualizada desse direito e suas especificidades em relação a situações particulares está minuciosamente detalhada na Seção 10 do IRB 2020-01.

Apesar de o contribuinte possuir o direito de solicitar uma única reunião, não existem limites de quantas poderão ser solicitadas por parte das autoridades fiscais, que poderão postular a marcação de tantas reuniões adicionais quantas sejam necessárias para a solução da questão diante das circunstâncias particulares de cada caso.[677]

Não obstante a aparente cordialidade na disponibilização de tais orientações preliminares pelas autoridades fiscais, tais informações fornecidas por telefone ou no âmbito das audiências são consideradas informais (Seção 15.03, IRB), motivo pelo qual não vinculam o IRS (Seção 8.04, IRB) e não poderão ser suscitadas para fins de obtenção de eventual limitação de feitos retroativos da Seção 7805 (b) do IRC[678] (sobre os efeitos retroativos da alteração da orientação das autoridades vide subitem 2.4.7.3 deste Capítulo).

Outra curiosidade acerca da tramitação dos pedidos é a possibilidade de ser solicitada ao contribuinte ou seu representante legal a apresentação de uma minuta de resposta ao seu pedido de *letter ruling*, cujo formato será previamente discutido com a autoridade fiscal competente pela emissão da resposta. Segundo IRS, a providência visa acelerar o trâmite *das letter rulings*, mas a solicitação não é compulsória.[679]

Após a realização dos trâmites acima, o contribuinte ou seu representante serão notificados oralmente das conclusões da repartição competente. Antes disso, no entanto, se a resposta da autoridade fiscal for contrária ao entendimento manifestado pelo contribuinte em seu pedido, será facultado ao requerente desistir dele no prazo de 10 dias contados da notificação. Na ausência

[676] US INTERNAL REVENUE SERVICE. **Internal Revenue Bulletin: 2020-01. Part III. Administrative, Procedural, and Miscellaneous. Rev. Proc. 2020-1, section 10.01** Disponível em: <https://www.irs.gov/irb/2020-01_IRB#HI1>. Acesso em: 02 jan. 2020.

[677] US INTERNAL REVENUE SERVICE. **Internal Revenue Manual. Part 32. Published Guidance and Other Guidance to Taxpayers. Chapter3 Letter Rulings, Information Letters, and Closing Agreements. Section 2. Letter Rulings (32.3.2.4).** Disponível em: <https://www.irs.gov/irm/part32/irm_32-003-001> Acesso em: 26 dez. 2019.

[678] US INTERNAL REVENUE SERVICE. **Internal Revenue Bulletin: 2020-01. Part III. Administrative, Procedural, and Miscellaneous. Rev. Proc. 2020-1** Disponível em: <https://www.irs.gov/irb/2020-01_IRB#HI1>. Acesso em: 02 jan. 2020.

[679] US INTERNAL REVENUE SERVICE. **Internal Revenue Bulletin: 2020-01. Part III. Administrative, Procedural, and Miscellaneous. Rev. Proc. 2020-1, section 8.07.** Disponível em: <https://www.irs.gov/irb/2020-01_IRB#HI1>. Acesso em: 02 jan. 2020.

de desistência ou pedido de prorrogação do prazo, a *letter ruling* será emitida nos termos das conclusões informadas oralmente.[680]

Por fim, vale mencionar que, em face da orientação contida em uma *letter ruling*, é cabível a interposição de recurso administrativo para o Gabinete Independente de Recursos (*Independent Office Of Appeals*) do IRS. Embora tal previsão não conste de forma expressa no Manual Interno do IRS e no Boletim 2020-01, essa conclusão é decorrente da intepretação conjunta da Declaração dos Direitos do Contribuinte, que contempla o direito de recorrer de uma decisão da Receita Federal em um fórum independente (*The Right to Appeal an IRS Decision in an Independent Forum*), dos dispositivos da Seção 7803 do IRS.

Isto é, a Seção 7803 (a) (3) (E) do IRC estabelece, entre os deveres do Secretário da Receita Federal (*Comissioner of Internal Revenue*), o cumprimento dos direitos dos contribuintes, fixando o dever de ser viabilizado pelo Secretário e pelos funcionários do IRS "(E) o direito de recorrer de uma decisão da Receita Federal em um fórum independente".[681]

A efetivação desse direito está explicitamente prevista igualmente na Seção 7803 (e) (4), segundo a qual o direito à interposição de recursos no âmbito do IRS deve estar disponível a todos os contribuintes. Ainda no âmbito da Seção 7803 (e) (1) constam as regras de instituição e funcionamento do Gabinete Independente de Recursos do IRS, que será administrado pelo Superintendente de Apelações (*Chief of Appeals*) – Seção 7803 (e) (2) – e está subordinado ao Secretário da Receita Federal. A função precípua é: (i) resolver controvérsias ficais federais de forma justa e imparcial tanto ao governo quanto ao Contribuinte; (ii) promover interpretação e aplicação das leis tributárias de forma consistente; e (iii) aumentar a confiança do público na integridade e eficiência do IRS – Seção 7803 (e) (3) (A) ao (C).[682]

680 US INTERNAL REVENUE SERVICE. **Internal Revenue Bulletin: 2020-01. Part III. Administrative, Procedural, and Miscellaneous. Rev. Proc. 2020-1, section 8.06.** Disponível em: <https://www.irs.gov/irb/2020-01_IRB#HI1>. Acesso em: 02 jan. 2020.

681 Do original: "(E) the right to appeal a decision of the Internal Revenue Service in an independent fórum."
UNITED STATES CODE. **Title 26. Internal Revenue Code. Subtitle F. Procedure and Administration Chapter 80. General Rules. Subchapter A. Application of Internal Revenue Laws Section 7803. Commissioner of Internal Revenue; other officials.** Disponível em: https://www.law.cornell.edu/uscode/text/26/7803>. Acesso em: 01 maio.2020.

682 UNITED STATES CODE. **Title 26. Internal Revenue Code. Subtitle F. Procedure and Administration Chapter 80. General Rules. Subchapter A. Application of Internal Revenue Laws Section 7803. Commissioner of Internal Revenue; other officials.** Disponível em: https://www.law.cornell.edu/uscode/text/26/7803>. Acesso em 01 maio.2020.

O recurso deverá ser formalizado por escrito e dirigido ao Gabinete de Recursos do IRS, exceto para os "*Small Cases*" especificados no *site* do IRS. O recurso poderá ser apresentado pelo próprio contribuinte, não sendo exigida a presença de advogado ou contador certificado, de modo que a utilização de representante legal se dará a critério do próprio contribuinte. Antes de remeter o recurso para julgamento, a repartição do IRS que emitiu a decisão contestada poderá revisar a sua posição anterior e tentar solucionar o impasse sem que seja necessário o julgamento do recurso. Caso não seja possível solucionar a questão, o recurso será remetido para julgamento.[683]

2.4.4 Legitimados para a formalização do pedido

Embora a legislação tributária norte-americana não contemple dispositivo com a delimitação específica dos sujeitos legitimados para formalizar o pedido de *letter ruling*, a partir da disciplina das demais condições é possível constatar que o requerimento poderá ser formulado sempre pelo próprio sujeito passivo da obrigação tributária, seja ele uma pessoa física ou jurídica, um ente ou organismo internacional, órgãos da administração pública ou associações representativas de categorias econômicas ou profissionais.

O requerente apenas não poderá incluir em seu pedido a análise das consequências tributárias para terceiros que não estejam diretamente envolvidos na operação descrita ou eventual solicitação que não contemple questão sobre suas obrigações fiscais.[684] Nessa linha, o IRS fixa, por exemplo, que as associações não estão autorizadas a formalizar pedidos de *letter ruling* para obtenção de orientação sobre a tributação de seus membros. A emissão de *letter ruling* para associações está restrita às questões tributárias em que a própria associação é a contribuinte.[685] Os governos estrangeiros e suas delegações, por sua vez, estão autorizados, desde que a questão abarcada pela *letter*

[683] US INTERNAL REVENUE SERVICE. **Requesting an Appeal.** Disponível em: <https://www.irs.gov/appeals/preparing-a-request-for-appeals> Acesso em: 01 maio.2020.

[684] US INTERNAL REVENUE SERVICE. **Internal Revenue Bulletin: 2020-01. Part III. Administrative, Procedural, and Miscellaneous. Rev. Proc. 2020-1, section 6.06.** Disponível em: <https://www.irs.gov/irb/2020-01_IRB#HI1>. Acesso em: 02 jan. 2020.

[685] US INTERNAL REVENUE SERVICE. **Internal Revenue Manual. Part 32. Published Guidance and Other Guidance to Taxpayers. Chapter3 Letter Rulings, Information Letters, and Closing Agreements. Section1 Forms of Advice (32.3.1.4.5).** Disponível em: <https://www.irs.gov/irm/part32/irm_32-003-001> Acesso em: 26 dez. 2019.

ruling esteja relacionada com o cumprimento das obrigações fiscais previstas na legislação americana.[686]

Para a formalização do pedido de *letter ruling* na qualidade de representante do contribuinte, é necessário estar entre os profissionais descritos na Seção 7.01(14) do IRB, que especifica detalhadamente os requisitos a serem atendidos por advogados, contadores, intermediários cadastrados no IRS entre outros.[687]

2.4.5 Especificidades envolvendo as questões que poderão ser examinadas nas *letter rulings*

O Manual Interno do IRS e o Boletim 2020-01 trazem informações perfeitamente detalhadas sobre as circunstâncias e questões a respeito das quais as autoridades fiscais do IRS podem emitir *letter rulings*, sobre as quais será feito um apanhado adiante. A elucidação contemplada nos referidos diplomas não significa a exposição de um rol taxativo dos temas que poderão ser contemplados nos pedidos, mas situações meramente ilustrativas.

De uma forma geral, as *letter rulings* são compreendidas com um instrumento cuja função primordial é o fornecimento de orientações para o contribuinte antes da realização do fato que ensejará a cobrança tributária sobre a qual incidiu seu pedido de esclarecimentos. Tanto é assim que, ao comentar o instituto, a literatura costuma afirmar de forma categórica que "o IRS apenas decidirá sobre transações futuras ou concluídas para as quais as declarações não foram transmitidas".[688] Entretanto, essa não é uma regra absoluta.

No que diz respeito aos pedidos que envolvem questões a respeito do Imposto de Renda (*Income Tax*) e Imposto sobre Doações (*Gift Tax*), por exemplo, o IRS explica que é possível a emissão de *letter rulings* sobre transações/operações ainda não realizadas pelo contribuinte como também transações

686 US INTERNAL REVENUE SERVICE. **Internal Revenue Bulletin: 2020-01. Part III. Administrative, Procedural, and Miscellaneous. Rev. Proc. 2020-1, section 6.07.** Disponível em: <https://www.irs.gov/irb/2020-01_IRB#HI1>. Acesso em: 02 jan. 2020.

687 US INTERNAL REVENUE SERVICE. **Internal Revenue Bulletin: 2020-01. Part III. Administrative, Procedural, and Miscellaneous. Rev. Proc. 2020-1, section 7.01.** Disponível em: <https://www.irs.gov/irb/2020-01_IRB#HI1>. Acesso em: 02 jan. 2020.

688 Tradução nossa do original: "[...] the IRS will rule only on prospective or completed transactions for which returns have not been filed." Fonte: WATSON, Camilla. **Tax Procedure and Tax Fraud.** 5nd Ed. Kindle edition, 2016, p. 20.

já concluídas, desde que a solicitação seja submetida antes da entrega da declaração referente ao período de competência de recolhimento do tributo relacionado com a operação consultada.[689]

Apesar disso, a exigência de que a declaração ainda não tenha sido apresentada poderá ser excepcionada nas situações em que o contribuinte expuser argumentos irrefutáveis para justificar a emissão de uma *letter rulings* protocolada após o envio da declaração. Nessas situações, o contribuinte deverá obter junto à repartição local competente para o exame da declaração já transmitida o consentimento sobre a emissão da *letter rulings*.[690]

Interessante notar que, em relação ao Imposto sobre Transmissão Causa *Mortis* e doação *(Estate and Gift Tax)*, o Boletim Interno do IRS estabelece a possibilidade de que seja formulado um pedido de orientações envolvendo questões sobre a sua incidência até mesmo em relação ao acervo hereditário de uma pessoa viva. Caso a dúvida esteja relacionada com a incidência fiscal sobre os bens do espólio do falecido, exige-se, assim como os pedidos relacionados a questões envolvendo o Imposto de Renda e o Imposto Sobre Doações, que o requerimento seja formalizado antes do envio da declaração.[691]

Nessa circunstância, a regra também comporta exceções. Se o solicitante identificar que prazo para apresentação da declaração do Imposto sobre Transmissão Causa *Mortis* irá se encerrar antes da data prevista para a emissão da resposta ao seu pedido de *letter ruling*, deverá requerer para a autoridade fiscal competente pela fiscalização do imposto um pedido de prorrogação do prazo para a apresentação da declaração e notificar a repartição encarregada da emissão *letter ruling* sobre a extensão do prazo para o envio da declaração.[692]

Se a declaração do Imposto sobre Transmissão Causa *Mortis* for transmitida antes do recebimento da resposta ao pedido de *letter ruling*, o contribuinte

[689] US INTERNAL REVENUE SERVICE. **Internal Revenue Manual. Part 32. Published Guidance and Other Guidance to Taxpayers. Chapter3 Letter Rulings, Information Letters, and Closing Agreements. Section1 Forms of Advice (32.3.1.1).** Disponível em: <https://www.irs.gov/irm/part32/irm_32-003-001> Acesso em: 26 dez. 2019.

[690] US INTERNAL REVENUE SERVICE. **Internal Revenue Bulletin: 2020-01. Part III. Administrative, Procedural, and Miscellaneous. Rev. Proc. 2020-1, section 5.01 to 5.17.** Disponível em: <https://www.irs.gov/irb/2020-01_IRB#HI1>. Acesso em: 02 jan. 2020.

[691] US INTERNAL REVENUE SERVICE. **Internal Revenue Bulletin: 2020-01. Part III. Administrative, Procedural, and Miscellaneous. Rev. Proc. 2020-1, section 5.06.** Disponível em: <https://www.irs.gov/irb/2020-01_IRB#HI1>. Acesso em: 02 jan. 2020.

[692] US INTERNAL REVENUE SERVICE. **Internal Revenue Bulletin: 2020-01. Part III. Administrative, Procedural, and Miscellaneous. Rev. Proc. 2020-1, section 5.06.** Disponível em: <https://www.irs.gov/irb/2020-01_IRB#HI1>. Acesso em: 02 jan. 2020.

deverá registrar nela que uma *letter ruling* foi solicitada, anexando uma cópia da solicitação pendente, além de ser necessário notificar também a repartição que está examinando o seu pedido de que a declaração foi apresentada. Nessas situações, o Manual Interno do IRS e o Boletim 2020-01 consignam que o IRS envidará todos os esforços para emitir a carta no prazo de três meses a contar da data em que a declaração foi apresentada.[693]

Percebe-se, com isso, que, de uma forma geral e mesmo que o contribuinte tenha submetido o pedido de *letter ruling* após o registro da declaração envolvendo a tributação questionada, mas antes que a declaração tenha sido examinada, o seu requerimento será processado normalmente, sendo exigido apenas que o requerente notifique a autoridade fiscal com jurisdição sobre a declaração para informar sobre a formalização da *letter ruling*, anexando uma cópia da solicitação pendente. Nessas situações, o IRS também aponta que as autoridades fiscais se empenharão para emitir a *letter ruling* no prazo de três meses da data do envio da declaração.[694]

Se a *letter ruling* não puder ser emitida dentro desse período de três meses, a repartição competente para sua emissão notificará o escritório com jurisdição sobre a declaração, para que lhe seja conferido um período adicional para a emissão da *letter ruling*.[695]

Nas questões envolvendo os Impostos sobre o Consumo (*Excise Tax*) e sobre as Relações de Emprego (*Employment Tax*, que possuem natureza de Contribuições para a Seguridade Social[696]), poderão ser emitidas *letter rulings* tanto sobre transações futuras quanto sobre operações já concluídas, sendo também recomendável que o pedido seja formalizado antes do envio da declaração

693 US INTERNAL REVENUE SERVICE. **Internal Revenue Bulletin: 2020-01. Part III. Administrative, Procedural, and Miscellaneous. Rev. Proc. 2020-1, section 5.06.** Disponível em: <https://www.irs.gov/irb/2020-01_IRB#HI1>. Acesso em: 02 jan. 2020.

694 US INTERNAL REVENUE SERVICE. **Internal Revenue Bulletin: 2020-01. Part III. Administrative, Procedural, and Miscellaneous. Rev. Proc. 2020-1, section 5.06.** Disponível em: <https://www.irs.gov/irb/2020-01_IRB#HI1>. Acesso em: 02 jan. 2020.

695 US INTERNAL REVENUE SERVICE. **Internal Revenue Bulletin: 2020-01. Part III. Administrative, Procedural, and Miscellaneous. Rev. Proc. 2020-1, section 5.06.** Disponível em: <https://www.irs.gov/irb/2020-01_IRB#HI1>. Acesso em: 02 jan. 2020.

696 Nota explicativa: Para mais informações sobre as Contribuições Sobre a Seguridade Social e Tributação nos Estados Unidos vide: VALADÃO, Marcos Aurélio Pereira; GASSEN, Valcir. **Tributação nos Estados Unidos e no Brasil**: um estudo comparativo da matriz tributária. São Paulo: Almedina, 2020. 254 p.

relacionada com a situação consultada. Geralmente, o empregador é o contribuinte e solicita a *letter ruling*.[697]

Cumpre ressaltar que as *letter rulings* envolvendo questões sobre prestação de serviços, relações de emprego, vínculo empregatício e demais questões a esse respeito poderão ser aplicadas a qualquer pessoa contratada pela mesma empresa em circunstâncias substancialmente semelhantes.[698]

Admite-se, da mesma forma, a submissão de *letter ruling* para a obtenção de orientações sobre questões fiscais concernentes a prestadores de serviços para agências e organismos governamentais federais ou de seus trabalhadores, que devem ser enviadas ao IRS por meio de formulário específico. Para tais situações, os dois envolvidos da relação jurídica objeto da dúvida submetida ao IRS receberão uma cópia da *letter ruling*, independentemente de quem tenha formalizado o pedido.[699]

Ainda sobre as matérias que poderão ser objeto das *letter rulings* está a possibilidade de que seja emitida para oferecer esclarecimentos sobre as disposições do Código Tributário Federal (IRC), bem como acerca de estatutos e regulamentos que disciplinam (i) prazos e local para cumprimento de obrigações fiscais; (ii) procedimentos para a emissão de declarações e (iv) normas sobre pagamento de tributos; (v) análise sobre requisitos envolvendo a redução da caga tributária de organizações isentas e planos de aposentadoria, utilização de crédito ou reembolso de impostos.[700]

E mais, a despeito da indicação de impossibilidade de emissão de *letter rulings* sobre assuntos que ainda não tenham sido objeto de algum tipo de regulamentação ou orientação prévia por parte das autoridades fiscais, o próprio IRS excepciona essa regra em 2 hipóteses bastante amplas, quais sejam: (i) A resposta é evidente e razoavelmente inequívoca (*answer is clear or*

[697] US INTERNAL REVENUE SERVICE. **Internal Revenue Manual. Part. 32. Published Guidance to Taxpayers. Chapter3 Letter Rulings, Information Letters, and Closing Agreements. Section1 Forms of Advice (32.3.1.2.6).** Disponível em: <https://www.irs.gov/irm/part32/irm_32-003-001> Acesso em: 26 dez. 2019.

[698] US INTERNAL REVENUE SERVICE. **Internal Revenue Bulletin: 2020-01. Part III. Administrative, Procedural, and Miscellaneous. Rev. Proc. 2020-1, section 5.10.** Disponível em: <https://www.irs.gov/irb/2020-01_IRB#HI1>. Acesso em: 02 jan. 2020.

[699] US INTERNAL REVENUE SERVICE. **Internal Revenue Bulletin: 2020-01. Part III. Administrative, Procedural, and Miscellaneous. Rev. Proc. 2020-1, section 5.10.** Disponível em: <https://www.irs.gov/irb/2020-01_IRB#HI1>. Acesso em: 02 jan. 2020.

[700] US INTERNAL REVENUE SERVICE. **Internal Revenue Bulletin: 2020-01. Part III. Administrative, Procedural, and Miscellaneous. Rev. Proc. 2020-1, section 5, items 01 to 17.** Disponível em: <https://www.irs.gov/irb/2020-01_IRB#HI1>. Acesso em: 02 jan. 2020.

is reasonably certain). Isto é, a dúvida exposta pelo contribuinte na *letter rulings* disser respeito a um assunto cuja resposta é explicitada a partir da aplicação das normas, dos regulamentos e da jurisprudência aos fatos descritos no pedido, mesmo que não totalmente livre de dúvidas; e (ii) A resposta não é razoavelmente certa (*Answer is not reasonably certain*). Ou seja, mesmo que a resposta ao questionamento apresentado na *letter ruling* não seja seguramente identificável da análise das normas aplicáveis ao caso, as autoridades fiscais poderão envidar seus melhores esforços para chegar a uma determinação, se for do melhor interesse da administração tributária.[701],[702]

Nessa última situação, aliás, a previsão de emissão da resposta ao pedido do contribuinte não é apenas justificável, mas necessária, já que, se o contribuinte está diante de uma questão cuja resposta não é apresentada de forma segura pela legislação, é evidente o dever de as autoridades fiscais oferecerem a ele os esclarecimentos pertinentes.

Se, após a ponderação das situações acima, ainda assim não for possível a emissão da *letter ruling* em face da ausência de regulamentação sobre tema, o IRS indica que o contribuinte deverá ser avisado de que poderá reenviar a solicitação de *letter ruling* após a edição de regulamento, ou após a emissão de outra orientação ter sido emitida publicamente.[703]

Estão igualmente no âmbito das matérias que podem ser esclarecidas por meio de *letter ruling* as indagações sobre prorrogação do prazo (*request for an extension of time*) para fazer uma opção na declaração (*election*[704]) ou sobre

[701] US INTERNAL REVENUE SERVICE. **Internal Revenue Bulletin: 2020-01. Part III. Administrative, Procedural, and Miscellaneous. Rev. Proc. 2020–1, section 5.17.** Disponível em: <https://www.irs.gov/irb/2020-01_IRB#HI1>. Acesso em: 02 jan. 2020.

[702] Do original: "**(2) Answer is not reasonably certain**. If the letter ruling request presents na issue for which the answer does not seem reasonably certain, the Associate office may issue the letter ruling, using its best efforts to arrive at a determination, if it is in the best interest of tax administration". (grifos no original)

[703] US INTERNAL REVENUE SERVICE. **Internal Revenue Manual. Part 32. Published Guidance and Other Guidance to Taxpayers. Chapter3 Letter Rulings, Information Letters, and Closing Agreements. Section1 Forms of Advice (32.3.1.2.8).** Disponível em: <https://www.irs.gov/irm/part32/irm_32-003-001> Acesso em: 26 dez. 2019.

[704] Segundo o IRS, no conceito de "Election", estão abarcados os pedidos de retificação em matéria tributária; uma solicitação para adotar, alterar ou reter um método contábil ou período contábil; mas não inclui um pedido de extensão de prorrogação de prazo para registrar as declarações reguladas pela da Seção 6081 IRC.
Fonte: CODE OF FEDERAL REGULATIONS. **Title 26. Internal Revenue, Chapter I. Internal Revenue Service, Departmante of the Threasury, Subchapter F. Procedure and Administration, Part 301. Procedure and Administration. Subpart. Information and Returns Subpart.**

pedido de retificação da declaração, regulados na Seção 301.9100 do CFR. Na mesma toada, é o cabimento dos pedidos de revogação/cancelamento de uma opção na declaração (*election*), que receberão o mesmo tratamento da Seção 301.9100.[705]

É classificado como *letter rulings*, e por isso submetido às mesmas exigências formais e ao pagamento de taxa de serviços, o instituto cuja tradução literal significa "Pedido de Relevação" (*Application for relief*)[706] disciplinado na Seção 301.9100-3, que é um instituto semelhante à denúncia espontânea brasileira, com algumas particularidades.[707] O referido requerimento será assim considerado mesmo quando tenha sido submetido após o período abarcado pela declaração que se pretende retificar ou mesmo se apresentado após o início da análise da declaração pela autoridade fiscal competente.[708]

O IRS também especifica várias outras circunstâncias particulares que podem ser examinadas por meio de uma *letter ruling*, tais como: (i) a opção pela aplicação de regime especial para *S corporations*; (ii) assuntos envolvendo

69. Application of Internal Revenue Laws Section 301.9100-1. Extensions of time to make elections. Disponível em: <https://www.law.cornell.edu/cfr/text/26/301.9100-1> Acesso em 27 dez.2019.

[705] US INTERNAL REVENUE SERVICE. **Internal Revenue Bulletin: 2020-01. Part III. Administrative, Procedural, and Miscellaneous. Rev. Proc. 2020–1, section 5.03.** Disponível em: <https://www.irs.gov/irb/2020-01_IRB#HI1>. Acesso em: 02 jan. 2020.

[706] Nota explicativa: Exemplo da situação acima explicitada no IRC - O contribuinte "A" prepara a sua declaração de imposto de renda de 1997. "A" não sabe sobre a necessidade de informar uma transação de uma maneira específica. "A" então registra a declaração de 1997 sem registar a transação. Em 1999 "A" contrata um profissional tributário qualificado para preparar a declaração de "A" em 1999. O profissional descobre que "A" não informou a transação que deveria ter sido registrada em sua declaração. "A" prontamente solicita o pedido de retificação nos termos da Seção § 301.9100-3. Suponha que os parágrafos (b) (3) (i) a (iii) da Seção § 301.9100-3 não se apliquem. De acordo com o parágrafo (b) (1) (i) desta Seção, "A" é considerado como tendo agido razoavelmente e de boa-fé porque "A" solicitou a antes que a falha na realização informação que deveria ter sido prestada fosse descoberta pelo IRS.
Fonte: CODE OF FEDERAL REGULATIONS. **Title 26. Internal Revenue, Chapter I. Internal Revenue Service, Departmante of the Threasury, Subchapter F. Procedure and Administration, Part 301. Procedure and Administration. Subpart. Information and Returns Subpart. 69. Application of Internal Revenue Laws Section 301.9100-1. Extensions of time to make elections.** Disponível em: <https://www.law.cornell.edu/cfr/text/26/301.9100-1> Acesso em 27 dez.2019.

[707] US INTERNAL REVENUE SERVICE. **Internal Revenue Bulletin: 2020-01. Part III. Administrative, Procedural, and Miscellaneous. Rev. Proc. 2020–1, section 5.03.** Disponível em: <https://www.irs.gov/irb/2020-01_IRB#HI1>. Acesso em: 02 jan. 2020.

[708] US INTERNAL REVENUE SERVICE. **Internal Revenue Bulletin: 2020-01. Part III. Administrative, Procedural, and Miscellaneous. Rev. Proc. 2020–1, section 5.03.** Disponível em: <https://www.irs.gov/irb/2020-01_IRB#HI1>. Acesso em: 02 jan. 2020.

a Seção 367 do IRC, que contém disposições aplicáveis a empresas estrangeiras; (iii) assuntos envolvendo comunidades indígenas; (iv) as questões tratadas nas Seções 4216 (b) ou 4218 (c) envolvendo a presunção do preço de venda para fins de aplicação do imposto sobre produtos industrializados (*Manufacturers Tax*); (v) assuntos envolvendo organizações sem fins lucrativos (*Exempt Organizations*); (vi) questões envolvendo planos de aposentadoria qualificados e conta de aposentadoria individual - IRAS (*Individual Retirement Account*).[709]

Em linhas gerais, a descrição das matérias acima revela que o IRS costuma indicar que o conteúdo das *letter rulings* seja relacionado a situações cuja incidência tributária não tenha sido consumada, em especial pelo envio da respectiva declaração. Por outro lado, mesmo que o requerente não tenha atendido essa exigência, as autoridades fiscais são orientadas a não desprezarem automaticamente o requerimento formalizado. Isto é, a análise dos procedimentos descritos nesse subtópico mostra que são previstos mecanismos de comunicação entre a autoridade responsável pela fiscalização e a que é competente para a emissão da *letter ruling* e outras formas de compatibilizar os interesses envolvidos.

Em adição, vale mencionar que essa exposição detalhada para alguns assuntos particulares e categorias de impostos no Manual Interno do IRS e no Boletim 2020-01 não significa que o rol de assuntos que poderá ser objeto de pedidos de *letter ruling* é taxativo. Os temas acima delineados são meramente elucidativos e visam trazer explicações sobre assuntos mais corriqueiros.

2.4.6 Matérias e Circunstâncias sobre as quais não serão emitidas *Letter Rulings*

O IRS disciplina, com a mesma riqueza de detalhes, as situações que não poderão ser submetidas às autoridades fiscais por meio de *letter rulings*. Em contraponto, o órgão competente para o exame do pedido tem poder discricionário para definir a seu critério as matérias em relação as quais irá prestar informações ou mesmo celebrar um *closing agreements*. Essa discricionariedade poderá ser exercida à luz de todas as circunstâncias da situação

[709] US INTERNAL REVENUE SERVICE. **Internal Revenue Bulletin: 2020-01. Part III. Administrative, Procedural, and Miscellaneous. Rev. Proc. 2020-1, section 5.** Disponível em: <https://www.irs.gov/irb/2020-01_IRB#HI1>. Acesso em: 02 jan. 2020.

concreta que lhe foi submetida, bem como considerando se a emissão de uma *letter ruling*, naquele cenário específico examinado, é compatível com a boa administração tributária.[710]

Se a solicitação envolver um problema no qual o Serviço não emitirá *letter ruling*, seja porque está abarcado por um dos assuntos classificados pelo IRS, como *no-rule áreas* (áreas não reguláveis), seja porque, no exercício de seu poder discricionário, a autoridade fiscal decide não emitir uma *letter ruling*, o requerimento não será remetido a nenhuma das repartições competentes e o contribuinte será notificado sobre a impossibilidade de exame do assunto.[711] Dessa forma, as normas regulamentares estabelecem que os funcionários da Receita devem examinar as solicitações de *letter rulings* o mais cedo possível para identificar as solicitações que contenham questões técnicas nas quais o Serviço não emitirá uma *letter ruling*.[712]

São denominados *"no-rule areas"* os assuntos específicos sobre as quais normalmente não serão emitidas *letter rulings*. São questões sobre as quais, em virtude da natureza da questão fática envolvida no problema ou por outras objeções, normalmente o IRS não emitirá *letter rulings*. Uma relação desses assuntos é disponibilizada em uma regulamentação específica do IRS disponibilizada anualmente. Eventuais adições ou exclusões dessas *no-rule areas* também são incluídas em informativos publicados durante o ano.[713]

As repartições subordinadas à Superintendência de Consultoria Geral da Receita estão autorizadas a enviar propostas para sugerir a inclusão de

[710] US INTERNAL REVENUE SERVICE. **Internal Revenue Manual. Part 32. Published Guidance and Other Guidance to Taxpayers. Chapter3 Letter Rulings, Information Letters, and Closing Agreements. Section1 Forms of Advice (32.3.1.3).** Disponível em: <https://www.irs.gov/irm/part32/irm_32-003-001> Acesso em: 26 dez. 2019.

[711] US INTERNAL REVENUE SERVICE. **Internal Revenue Manual. Part 32. Published Guidance and Other Guidance to Taxpayers. Chapter3 Letter Rulings, Information Letters, and Closing Agreements. Section1 Forms of Advice (32.3.1.5.** Disponível em: <https://www.irs.gov/irm/part32/irm_32-003-001> Acesso em: 26 dez. 2019.

[712] US INTERNAL REVENUE SERVICE. **Internal Revenue Manual. Part 32. Published Guidance and Other Guidance to Taxpayers. Chapter3 Letter Rulings, Information Letters, and Closing Agreements. Section 2. Letter Rulings (32.3.2.2).** Disponível em: <https://www.irs.gov/irm/part32/irm_32-003-001> Acesso em: 26 dez. 2019.

[713] US INTERNAL REVENUE SERVICE. **Internal Revenue Manual. Part 32. Published Guidance and Other Guidance to Taxpayers. Chapter3 Letter Rulings, Information Letters, and Closing Agreements. Section1 Forms of Advice (32.3.1.4).** Disponível em: <https://www.irs.gov/irm/part32/irm_32-003-001> Acesso em: 26 dez. 2019.

questões na relação de *no-rule areas* ou mesmo para viabilizar a possibilidade de exame de algum assunto pontual que esteja nele elencado[714]

O Boletim Interno da Receita 2020-01 contempla uma relação de assuntos sobre os quais não serão emitidas *letter ruling* elencadas no Rev. Proc. 2020-3 e no Rev. Proc. 2020–7. A listagem, contudo, não é exaustiva. Quer dizer, a autoridade fiscal poderá se recusar a emitir a *letter ruling* mesmo sobre questões que não estejam elencadas nos chamados *no-rule areas* quando entender que a recusa é compatível com os interesses da Administração e por questões de restrição orçamentária. Em tais casos, é recomendada a adoção de posição coerente em relação a contribuintes que formalizaram pedidos sobre os mesmos assuntos.[715]

Nessas situações, caso seja considerado apropriado e de acordo com uma boa administração tributária, em vez da *letter ruling* poderá ser emitida uma *information letter* (comunicação), destacando os princípios consolidados do direito tributário aplicáveis à situação consultada.[716]

No tocante aos temas e situações em relação aos quais o IRS já se posicionou sobre a impossibilidade de emissão de *letter rulings*, vale citar alguns exemplos, quais sejam:

Identical Issue under Examination. Via de regra, também não serão emitidas *letter rulings* quando o contribuinte já submeteu uma questão idêntica referente a uma declaração de um ano anterior, se no momento da submissão o pedido anterior: (i) está sendo examinado por uma autoridade fiscal; (ii) está sendo examinado em sede recursal; (iii) aguarda decisão judicial em processo que envolva o próprio contribuinte ou um contribuinte relacionado; (iv) foi examinado por uma autoridade fiscal e o prazo estabelecido para o lançamento ou para a apresentação de um pedido de restituição ou creditamento não expirou; ou (v) foi condicionado a celebração de um acordo fiscal

[714] US INTERNAL REVENUE SERVICE. **Internal Revenue Manual. Part 32. Published Guidance and Other Guidance to Taxpayers. Chapter3 Letter Rulings, Information Letters, and Closing Agreements. Section1 Forms of Advice(32.3.1.4).** Disponível em: <https://www.irs.gov/irm/part32/irm_32-003-001> Acesso em: 26 dez. 2019.

[715] US INTERNAL REVENUE SERVICE. **Internal Revenue Bulletin: 2020-01. Part III. Administrative, Procedural, and Miscellaneous. Rev. Proc. 2020–1, section 6.** Disponível em: <https://www.irs.gov/irb/2020-01_IRB#HI1>. Acesso em: 02 jan. 2020.

[716] US INTERNAL REVENUE SERVICE. **Internal Revenue Bulletin: 2020-01. Part III. Administrative, Procedural, and Miscellaneous. Rev. Proc. 2020–1, section 6.02.** Disponível em: <https://www.irs.gov/irb/2020-01_IRB#HI1>. Acesso em: 02 jan. 2020.

(*closing agreement*) que abarque a questão ou a obrigação não foi firmado pelos referidos órgãos.[717]

Not on Part of an Integrated Transaction. Não será emitida uma *letter ruling* em resposta a um pedido que contemple a descrição e solicitação de análise de apenas parte de uma operação. Eventual emissão de opinião parcial sobre uma operação apenas será admitida quando algum aspecto da questão se enquadrar em uma *no-rule area*, oportunidade em que a *letter ruling* disciplinará a fração remanescente.[718]

Antes de preparar o pedido, o IRS recomenda que o contribuinte consulte a divisão da repartição com jurisdição para análise dos temas sobre os quais pertence formular o pedido para a obtenção de orientação para verificar se a autoridade fiscal poderá emitir a *letter ruling* parcial. É admitida a inclusão de uma ou mais questões em uma única *letter ruling*.[719]

Not on Which Entity is Employer. Não serão emitidas *letter rulings* sobre a definição sobre qual das empresas é o empregador em uma relação específica, segundo a legislação trabalhista vigente.[720]

Not to Business, Trade, or Industrial Associations. Não poderão ser respondidos questionamentos formalizados por associações para obtenção de orientação sobre a tributação de seus membros. Aliás, conforme mencionado no tópico 2.4.4 deste Capítulo, a emissão *letter ruling* para associações está restrita às questões tributárias em que a própria associação é o contribuinte. As associações e entidades representativas de setores podem, por outro lado, enviar sugestões de questões gerais para que sejam objeto de avaliação no âmbito de normas gerais emitidas pelo IRS.[721]

[717] US INTERNAL REVENUE SERVICE. **Internal Revenue Bulletin: 2020-01. Part III. Administrative, Procedural, and Miscellaneous. Rev. Proc. 2020-1, section 6.01.** Disponível em: <https://www.irs.gov/irb/2020-01_IRB#HI1>. Acesso em: 02 jan. 2020.

[718] US INTERNAL REVENUE SERVICE. **Internal Revenue Manual. Part 32. Published Guidance and Other Guidance to Taxpayers. Chapter3 Letter Rulings, Information Letters, and Closing Agreements. Section1 Forms of Advice (32.3.1.4.3).** Disponível em: <https://www.irs.gov/irm/part32/irm_32-003-001> Acesso em: 26 dez. 2019.

[719] US INTERNAL REVENUE SERVICE. **Internal Revenue Bulletin: 2020-01. Part III. Administrative, Procedural, and Miscellaneous. Rev. Proc. 2020-1, section 6.03.** Disponível em: <https://www.irs.gov/irb/2020-01_IRB#HI1>. Acesso em: 02 jan. 2020.

[720] US INTERNAL REVENUE SERVICE. **Internal Revenue Manual. Part 32. Published Guidance and Other Guidance to Taxpayers. Chapter3 Letter Rulings, Information Letters, and Closing Agreements. Section1 Forms of Advice (32.3.1.4.4).** Disponível em: <https://www.irs.gov/irm/part32/irm_32-003-001> Acesso em: 26 dez. 2019

[721] US INTERNAL REVENUE SERVICE. **Internal Revenue Manual. Part 32. Published Guidance and Other Guidance to Taxpayers. Chapter3 Letter Rulings, Information Letters, and Closing Agreements. Section1 Forms of Advice (32.3.1.4.5).** Disponível em: <https://www.irs.gov/irm/part32/irm_32-003-001> Acesso em: 26 dez. 2019.

Ordinarily not where the request does not address the tax status, liability, or reporting obligations of the request. A autoridade fiscal não responderá *letter rulings* com relação às consequências tributárias para terceiros que não estejam diretamente envolvidos na operação descrita ou eventual solicitação que não contemple questão sobre as obrigações fiscais do solicitante. Por exemplo, um contribuinte não pode solicitar orientações vinculadas às consequências fiscais de uma transação para um cliente, se a responsabilidade ou as obrigações do próprio contribuinte não forem tratadas no pedido. Por outro lado, tendo em vista que a responsabilidade tributária de cada acionista está diretamente relacionada com eventual orientação sobre uma reestruturação societária, admite-se a submissão de *letter ruling* por parte de acionistas sobre a reorganização pretendida.[722]

Not to Foreign Governments and Political Subdivisions. As submissões de *letter rulings* por governos estrangeiros e suas delegações poderá abarcar exclusivamente questões envolvendo as obrigações fiscais decorrentes da legislação americana. O IRS não emite *letter ruling* a governos estrangeiros ou a suas subdivisões políticas sobre os efeitos fiscais nos Estados Unidos de suas leis internas. As autoridades fiscais americanas também não se pronunciarão sobre os efeitos de tratados[723],[724] quando a indagação envolva a interpretação de leis tributárias e delimitação da tributação de outro país signatário.[725]

722 US INTERNAL REVENUE SERVICE. **Internal Revenue Bulletin: 2020-01. Part III. Administrative, Procedural, and Miscellaneous. Rev. Proc. 2020-1, section 6.06.** Disponível em: <https://www.irs.gov/irb/2020-01_IRB#HI1>. Acesso em: 02 jan. 2020.

723 Cabe ressalvar que a resolução de questões envolvendo a aplicação de tratados e convenções internacionais são processadas por intermédio de um instrumento particular, denominado *Mutual Agreement Procedure* – MAP. A previsão sobre a utilização do MAP pelos países signatários geralmente está no próprio texto do tratado, na cláusula 25 dos modelos da ONU e da OCDE. Nesse sentido: ROCHA, Sergio André. **Política fiscal internacional brasileira**. Rio de Janeiro: Lumen Juris, 2017, p.83.

724 Nos Estados Unidos, as orientações sobre a formalização de um MAP podem ser encontradas no Manual Interno do IRS, acessível no seguinte endereço: https://www.irs.gov/irm/part4/irm_04-060-002. No Brasil, o MAP é chamado de "procedimento amigável" e regulamentado na Instrução Normativa n. 1.846/2018. Em dezembro de 2018, a Receita Federal do Brasil divilgou também versões em inglês e português de um Manual com instruções sobre a formalização e tramitação o procedimento amigável no Brasil. A versão em português do Manual do Procedimento Amigável está disponível em: http://receita.economia.gov.br/noticias/ascom/2019/janeiro/receita-federal-disponibiliza-manual-de-procedimento-amigavel/manual_de_procedimento_amigavel.pdf
A versão em inglês do Manual do Mutual Agreement Procedure pode ser encontrada em: https://receita.economia.gov.br/acesso-rapido/legislacao/acordos-internacionais/map/manual-map_en.pdf

725 US INTERNAL REVENUE SERVICE. **Internal Revenue Bulletin: 2020-01. Part III. Administrative, Procedural, and Miscellaneous. Rev. Proc. 2020-1, section 6.07.** Disponível em: <https://www.irs.gov/irb/2020-01_IRB#HI1>. Acesso em: 02 jan. 2020.

Not on Proposed Legislation. O contribuinte também não poderá submeter pedidos sobre as consequências fiscais de um projeto de lei em discussão nas esferas federal, estadual, local, municipal ou internacional. A única exceção a essa regra diz respeito a eventual consulta sobre o plano de remuneração diferida elegível (*eligible deferred compensation plan*) disciplinado na Seção 457 (b) do IRC. Nessas situações, a autoridade fiscal também poderá fornecer resposta, a seu critério.[726]

Not on Frivolous Issues. O IRS especifica que serão consideradas *frivolous issues* os pedidos formalizados sem o adequado embasamento em fatos e na legislação, ou quando o contribuinte defende uma posição que já foi assim definida pelos tribunais, ou, ainda, que é flagrantemente infundada.[727]

Para facilitar a compreensão dessa limitação, o IRS apresenta alguns exemplos curiosos, tais como: (i) o contribuinte não poderá alegar que a exigência de preencher declarações e pagar impostos constitui uma busca irracional proibida pela Quarta Emenda; viola as proteções da Quinta e Décima Quarta Emenda, o devido processo legal; viola as proteções da Décima Terceira Emenda contra servidão involuntária; ou é inexequível porque a Décima Sexta Emenda não autoriza impostos diretos; (ii) alegar que o imposto de renda é voluntário, que o termo "renda" não está definido no IRC ou que a preparação e a apresentação de declarações de Imposto de Renda violam a *Paperwork Reduction Act*; (iii) que os impostos se aplicam apenas a funcionários federais; somente para residentes de Porto Rico, Guam, Ilhas Virgens Americanas, Distrito de Columbia ou "enclaves federais"; ou que as Seções 861 a 865 ou qualquer outra disposição do IRC impõem impostos a cidadãos e residentes dos EUA apenas sobre os rendimentos provenientes de atividades no exterior.[728]

[726] US INTERNAL REVENUE SERVICE. **Internal Revenue Manual. Part 32. Published Guidance and Other Guidance to Taxpayers. Chapter3 Letter Rulings, Information Letters, and Closing Agreements. Section1 Forms of Advice (32.3.1.4.7).** Disponível em: <https://www.irs.gov/irm/part32/irm_32-003-001> Acesso em: 26 dez. 2019.

[727] US INTERNAL REVENUE SERVICE. **Internal Revenue Manual. Part 32. Published Guidance and Other Guidance to Taxpayers. Chapter3 Letter Rulings, Information Letters, and Closing Agreements. Section1 Forms of Advice (32.3.1.4.9).** Disponível em: <https://www.irs.gov/irm/part32/irm_32-003-001> Acesso em: 26 dez. 2019

[728] US INTERNAL REVENUE SERVICE. **Internal Revenue Manual. Part 32. Published Guidance and Other Guidance to Taxpayers. Chapter3 Letter Rulings, Information Letters, and Closing Agreements. Section1 Forms of Advice (32.3.1.4.9).** Disponível em: <https://www.irs.gov/irm/part32/irm_32-003-001> Acesso em: 26 dez. 2019.

No "Comfort" Letter Rulings. Em geral, também não poderão ser objeto de *letter ruling* questões que estejam inteiramente disciplinadas na legislação, na jurisprudência ou em qualquer outra orientação publicada. Contudo, essa regra deve ser excepcionada em relação às *covered transactions* (transação coberta) na acepção do Rev. Proc. 2017–52, 2017–41 IRB 283. Sobre os assuntos disciplinadas nas Seções 332, 351, 368, ou 1036 do IRC e respectivas consequências tributárias, a autoridade fiscal poderá, a seu critério, decidir emitir uma *confort ruling*, caso esteja examinando outro assunto relacionado com a mesma transação em outra *letter ruling* submetida pelo mesmo contribuinte.[729]

Not on Alternative Plans or Hypothetical Situations. Se os fatos descritos no pedido de *letter ruling* contemplarem situações meramente hipotéticas ou operações descrevendo várias possibilidades, o IRS também não emitirá *letter ruling*.[730]

Not on Matters in Litigation or Subject to Appeal. Para os assuntos sobre os quais já tenham sido proferidas decisões contrárias do Governo, em relação as quais não está definido se o IRS seguirá a decisão ou continuará litigando, também não serão emitidas *letter rulings*.[731]

Geralmente o Serviço não emite *letter rulings* que tratam de uma área ou assunto específico que está sendo objeto de aprofundamento ou estudos complementares, exceto para as situações em que o IRS já tiver uma posição estabelecida. Nesse caso, os esclarecimentos sobre os pedidos submetidos continuarão sendo emitidos normalmente de acordo com a posição já existente, até que a posição seja alterada ou confirmada.[732]

[729] US INTERNAL REVENUE SERVICE. **Internal Revenue Bulletin: 2020-01. Part III. Administrative, Procedural, and Miscellaneous. Rev. Proc. 2020–1, section 6.11.** Disponível em: <https://www.irs.gov/irb/2020-01_IRB#HI1>. Acesso em: 02 jan. 2020.

[730] US INTERNAL REVENUE SERVICE. **Internal Revenue Bulletin: 2020-01. Part III. Administrative, Procedural, and Miscellaneous. Rev. Proc. 2020–1, section 6.13.** Disponível em: <https://www.irs.gov/irb/2020-01_IRB#HI1>. Acesso em: 02 jan. 2020.

[731] US INTERNAL REVENUE SERVICE. **Internal Revenue Manual. Part 32. Published Guidance and Other Guidance to Taxpayers. Chapter3 Letter Rulings, Information Letters, and Closing Agreements. Section1 Forms of Advice (32.3.1.4.13).** Disponível em: <https://www.irs.gov/irm/part32/irm_32-003-001> Acesso em: 26 dez. 2019.

[732] US INTERNAL REVENUE SERVICE. **Internal Revenue Manual. Part 32. Published Guidance and Other Guidance to Taxpayers. Chapter3 Letter Rulings, Information Letters, and Closing Agreements. Section1 Forms of Advice (32.3.1.3).** Disponível em: <https://www.irs.gov/irm/part32/irm_32-003-001> Acesso em: 26 dez. 2019.

2.4.7 Efeitos das *letter rulings*

2.4.7.1 Considerações acerca dos efeitos sobre medidas de constituição e cobrança do crédito tributário

As normas examinadas no curso desta pesquisa (entre as quais IRM, IRB, IRC e CFR) não contemplam previsão expressa sobre a suspensão da exigibilidade ou impedimento para a formalização do lançamento dos tributos abarcados por um pedido de *letter ruling*. Contudo, consequências similares ou pelo menos com os mesmos efeitos práticos são aferíveis com base na interpretação conjunta de tais regramentos.

Entre os mecanismos que propiciam o óbice ou mesmo a suspensão das fiscalizações sobre o cumprimento de obrigações tributárias abarcadas por um pedido de esclarecimentos, está a existência de um avançado grau de interlocução entre as autoridades responsáveis pela emissão das *letter rulings* e as que são competentes para a fiscalização do contribuinte.

Nesse sentido, foi estabelecida a necessidade de notificação da repartição responsável pela emissão da *letter ruling*, quando a divisão com atribuição para fiscalização da tributação incidente sobre a operação consultada tiver iniciado (i) a fiscalização das declarações do contribuinte relacionadas à questão submetida na *letter ruling* pendente de exame ou mesmo de questão idêntica informada na declaração de período anterior; (ii) o exame da declaração do exercício em que uma opção deveria ter sido informada, ou de qualquer outro período que teria sido afetado pela opção, caso tivesse sido feito em tempo oportuno, para os pedidos de *letter ruling* regidos pela Seção 301.9100 do CFR.[733]

Com isso, não obstante a submissão da *letter ruling* deva ser realizada antes da apresentação da declaração referente à operação consultada pelo contribuinte, a entrega da declaração antes da emissão da *letter ruling* não impedirá automaticamente o seu fornecimento, mas deverá ser informada pelo requerente para a autoridade para a qual foi apresentada a dúvida e cuja notificação deverá ser acompanhada da cópia da declaração.[734]

[733] US INTERNAL REVENUE SERVICE. **Internal Revenue Bulletin: 2020-01. Part III. Administrative, Procedural, and Miscellaneous. Rev. Proc. 2020-1, section 5.05 (01).** Disponível em: <https://www.irs.gov/irb/2020-01_IRB#HI1>. Acesso em: 02 jan. 2020.

[734] US INTERNAL REVENUE SERVICE. **Internal Revenue Bulletin: 2020-01. Part III. Administrative, Procedural, and Miscellaneous. Rev. Proc. 2020-1, section 5.05 (02).** Disponível em: <https://www.irs.gov/irb/2020-01_IRB#HI1>. Acesso em: 02 jan. 2020.

Outra medida cujos efeitos práticos visam compatibilizar o cumprimento de obrigações fiscais e a emissão de *letter ruling* é a que está relacionada aos questionamentos envolvendo o Imposto sobre Transmissão *Causa Mortis* (*Estate Tax*), na linha do que foi detalhado no subtópico 2.4.5 deste Capítulo, para os quais o IRB estabelece textualmente que, se o requerente identificar que o prazo para apresentação da declaração findará antes da data prevista para a emissão da resposta ao seu pedido de *letter ruling*, poderá pleitear uma prorrogação para essa apresentação.[735]

Seguindo essa mesma lógica, o contribuinte é igualmente autorizado a solicitar a *letter ruling* após o envio da declaração, mas antes que esta seja examinada pela divisão de fiscalização, desde que: (i) a repartição responsável pelo exame da *letter ruling* seja informado que a declaração já foi apresentada; e (ii) a divisão com jurisdição para fiscalização da declaração do contribuinte seja informada de que um pedido de *letter ruling* foi formalizado.[736]

Ainda na Seção 6081 do IRC[737] está prevista a possibilidade de prorrogação do prazo para apresentação da declaração (*extension of time for filing returns*) para outros tributos além do Imposto sobre Transmissão *Causa Mortis* (*Estate and Gifts Tax*) e, nas Seções 6161 a 6177[738] do mesmo Código, é viabilizado ao contribuinte, caso queira, a formalização de um pedido de prorrogação do prazo para pagamento do tributo (*extensions of time for payment*).

Nesse contexto, não obstante a inexistência de uma previsão normativa específica envolvendo a suspensão do prazo para constituição e pagamento das obrigações tributárias abarcadas pelo pedido de *letter ruling*, as autoridades fiscais responsáveis pela sua emissão e as com jurisdição para fiscalização do contribuinte estarão sempre dialogando para evitar que ele seja penalizado

735 US INTERNAL REVENUE SERVICE. **Internal Revenue Bulletin: 2020-01. Part III. Administrative, Procedural, and Miscellaneous. Rev. Proc. 2020-1, section 5.06.** Disponível em: <https://www.irs.gov/irb/2020-01_IRB#HI1>. Acesso em: 02 jan. 2020.

736 US INTERNAL REVENUE SERVICE. **Internal Revenue Bulletin: 2020-01. Part III. Administrative, Procedural, and Miscellaneous. Rev. Proc. 2020-1, section 5.05 (02).** Disponível em: <https://www.irs.gov/irb/2020-01_IRB#HI1>. Acesso em: 02 jan. 2020.

737 UNITED STATES CODE. **Title 26. Internal Revenue Code. Subtitle F. Procedure and Administration Chapter 61. Information and Returns. Subchapter A. Returns and Records Part VI. Extension of time for Filing Returns. Section 6081. Extension of time for filing returns.** Disponível em: https://www.law.cornell.edu/uscode/text/26/6081>. Acesso em: 28 dez.2019.

738 UNITED STATES CODE. **Title 26. Internal Revenue Code. Subtitle F. Procedure and Administration Chapter 62. Time and Place for Paying tax. Subchapter B. Extensions of Time for Payment.** Disponível em: https://www.law.cornell.edu/uscode/text/26/subtitle-F/chapter-62/subchapter-B>. Acesso em 28 dez.2019.

enquanto aguarda o exame de sua solicitação. Além disso, o próprio Código Tributário Federal fornece ao requerente as opções de formalização de pedidos de prorrogação de prazo para a apresentação de declarações e pagamento dos tributos relacionados com a situação consultada.

No que diz respeito aos impactos da submissão de questionamentos envolvendo o cumprimento de uma obrigação tributária em uma *letter ruling* em relação ao prazo de prescrição, o Manual Interno da Receita (32.3.1.2.8) e o Boletim Interno na Receita (Seção 5.03) especificam que, em relação aos requerimentos de prorrogação do prazo (*request for an extension of time*) para fazer uma opção na declaração (*election*) ou outro "Pedido de Relevação" (*application for relief* previsto na Seção 301.9100 do CRF), não haverá suspensão de quaisquer dos prazos para lançamento ou cobrança do crédito tributário regidos pela Seção 6501 do IRC. Essa regra também está expressamente prevista na Seção 301.9100-3(d)(2) do CRF.

Nesse sentido, a autoridade fiscal normalmente não emitirá uma *letter ruling* autorizando as prorrogações previstas na Seção 301.9100 se identificar que o prazo para o lançamento do tributo envolvido será expirado antes do recebimento da *letter ruling*, em face do disposto na Seção 301.9100- 3 (c) (1) (ii) do CFR.[739]

A Seção 301.9100-3(d) (2) do CFR estabelece, por outro lado, que, nessas circunstâncias, o deferimento do pedido de prorrogação seja condicionado pelo IRS à celebração de um acordo para estender também os prazos para eventual lançamento ou cobrança do crédito tributário relacionado com o período em que a opção deveria ter sido informada na declaração, bem como em relação ao período tributável afetado pela ausência de realização da opção no momento correto[740]. Esse acordo envolvendo a prorrogação do lançamento ou cobrança da exação está previsto na Seção 6501 (c) (4) do IRC.[741]

[739] US INTERNAL REVENUE SERVICE. **Internal Revenue Bulletin: 2020-01. Part III. Administrative, Procedural, and Miscellaneous. Rev. Proc. 2020–1, section 5.03 (02).** Disponível em: <https://www.irs.gov/irb/2020-01_IRB#HI1>. Acesso em: 02 jan. 2020.

[740] CODE OF FEDERAL REGULATIONS. **Title 26. Internal Revenue, Chapter I. Internal Revenue Service, Departmante of the Threasury, Subchapter F. Procedure and Administration, Part 301. Procedure and Administration. Subpart. Information and Returns Subpart. 69. Application of Internal Revenue Laws Section 301.9100-1. Extensions of time to make elections.** Disponível em: <https://www.law.cornell.edu/cfr/text/26/301.9100-1> Acesso em 27 dez.2019.

[741] UNITED STATES CODE. **Title 26. Internal Revenue Code. Subtitle F. Procedure and Administration Chapter 66. LIMITATIONS Subchapter A. Limitations on Assessment and Collection Section 6501. Limitations on assessment and collection.** Disponível em: https://www.law.cornell.edu/uscode/text/26/6501>. Acesso em 28 dez.2019.

A mesma lógica recai sobre o pedido de restituição regido pela Seção 6511 do IRC,[742] que também estende o prazo para o lançamento. Se o pedido da Seção 301.9100 for concedido, o IRS poderá igualmente solicitar a anuência do contribuinte para a prorrogação do prazo para o lançamento.

Além disso, é possível a redução de juros, multas ou acréscimo de imposto atribuível a eventual orientação incorreta fornecida por escrito pelo IRS, conforme disposto na Seção 6404 (f) do IRC.[743] Vale mencionar também que a Seção 6404 (g) do IRC estabelece, como regra geral (e que comporta algumas exceções), que, após a transmissão da declaração correspondente a uma determinada obrigação tributária, o IRS possui um prazo de 36 meses, contados da data em que a declaração foi formalizada, ou, nos casos de prorrogação do prazo, a data do final para a sua apresentação, para notificar o contribuinte acerca de eventuais irregularidade nas informações prestada ou mesmo a existência de passivo. Após o decurso desse prazo, se não tiver sido expedida essa notificação, não poderá mais incidir juros, multas ou acréscimo de imposto atribuível sobre os valores que eventualmente deixaram de ser recolhidos.[744]

2.4.7.2 Efeito vinculante ao IRS e para terceiros

A posição contida na *letter ruling* emitida em resposta a um pedido formalizado por escrito pelo contribuinte vinculará o IRS em relação ao tratamento tributário dos fatos nela descritos, desde que tenha contemplado a descrição precisa da transação e a implementação da operação seja realizada nos exatos moldes do que foi descrito no pedido.[745],[746]

742 UNITED STATES CODE. **Title 26. Internal Revenue Code. Subtitle F. Procedure and Administration Chapter 66. Limitations Subchapter B. Limitations on Credit or Refund Section 6511. Limitations on credit or refund.** Disponível em: https://www.law.cornell.edu/uscode/text/26/6511>. Acesso em 28 dez.2019.

743 UNITED STATES CODE. **Title 26. Internal Revenue Code. Subtitle F. Procedure and Administration Chapter 65. Abatements, Credits, and refunds, Subchapter A. Procedure in General Section 6404. Abatements**. Disponível em: <https://www.law.cornell.edu/uscode/text/26/6404> Acesso em 31 dez.2019.

744 UNITED STATES CODE. **Title 26. Internal Revenue Code. Subtitle F. Procedure and Administration Chapter 65. Abatements, Credits, and refunds, Subchapter A. Procedure in General Section 6404. Abatements**. Disponível em: <https://www.law.cornell.edu/uscode/text/26/6404> Acesso em 31 dez.2019.

745 WATSON, Camilla. **Tax Procedure and Tax Fraud**. 5nd Ed. Kindle edition, 2016, p. 25.

746 US INTERNAL REVENUE SERVICE. **Understanding IRS Guidance - A Brief Primer**. Disponível em: <https://www.irs.gov/newsroom/understanding-irs-guidance-a-brief-primer>. Acesso em 23 dez. 2019.

Tanto é assim que, ao realizar o exame da declaração apresentada pelo contribuinte, a autoridade fiscal verificará: (i) se as conclusões expressas na *letter ruling* estão corretamente refletidas na declaração transmitida; (ii) se o contribuinte concretizou a operação de acordo com os fatos examinados na *letter ruling*; e (iii) se ocorreu alguma mudança na lei que se aplica ao período durante o qual a transação ou eventuais relações de trato continuado foram consumadas.[747]

Dessa forma, para que uma orientação favorável no âmbito de uma *letter ruling* produza os efeitos vinculantes em relação ao IRS, a operação subjacente deve ser realizada nos exatos termos do que constou em sua solicitação por escrito. Qualquer mudança substantiva que impacte materialmente os fatos examinados pela autoridade fiscal poderá resultar na revogação da *letter ruling*.[748]

Em regra, ao examinar as obrigações fiscais do contribuinte, a autoridade fiscal deverá observar o que foi definido no âmbito da *letter ruling*. Se o Fisco identificar uma situação em que a *letter ruling* deve ser revogada ou modificada, antes de adotar qualquer providência a respeito, terá que remeter suas constatações ao diretor da repartição fiscal competente para uma nova avaliação do cenário.[749] As regras envolvendo a possibilidade de alteração das conclusões de uma *letter ruling* serão expostas no subtópico 2.4.7.3 deste Capítulo.

Por outro lado, conforme estabelecido na Seção 6110 (k) (3) do IRC, as *written determinations* (determinações escritas) emitidas pelo IRS, gênero no qual estão abarcadas as *letter rulings*, não poderão ser invocadas como precedente por outros contribuintes, salvo determinação expressa em sentido contrário.[750] Assim, como nos explica Gail Richmond, as *letter rulings* são espé-

[747] US INTERNAL REVENUE SERVICE. **Internal Revenue Bulletin: 2020-01. Part III. Administrative, Procedural, and Miscellaneous. Rev. Proc. 2020-1, section 11.03** Disponível em: <https://www.irs.gov/irb/2020-01_IRB#HI1>. Acesso em: 02 jan. 2020.

[748] DEVOS, Erik; LI, He; RAHMAN, Shofiqur. **Private Letter Rulings, Tax Avoidance, and Earnings Management.** FMA Annual Meeting, Orlando, jan.2015, p. 6. Disponível em: <http://www.fmaconferences.org/Orlando/Papers/PrivateLetterRuling_FMA.pdf> Acesso em: 03 jan.2019.

[749] US INTERNAL REVENUE SERVICE. **Internal Revenue Bulletin: 2020-01. Part III. Administrative, Procedural, and Miscellaneous. Rev. Proc. 2020-1, section 11.03.** Disponível em: <https://www.irs.gov/irb/2020-01_IRB#HI1>. Acesso em: 02 jan. 2020.

[750] UNITED STATES CODE. **Title 26. Internal Revenue Code. Subtitle F. Procedure and Administration Chapter 61. Information adn Retuns. Subchapter B. Miscellaneous Provisions Section 6110. Public inspection of written determinations.** Disponível em: <https://www.law.cornell.edu/uscode/text/26/6110> Acesso em 31 dez.2019.

cies de determinações escritas do IRS categorizadas como *"non-precedential"*,[751] o que significa que o efeito vinculante vigora, via de regra, apenas entre o IRS e o requerente. Nesse sentido também são as lições de Camila Watson, segunda a qual apenas os destinatários das *letter rulings* podem opor o seu conteúdo em face do IRS, os demais contribuintes não podem invocar de forma automática a aplicação de uma intepretação emitida para outro contribuinte, ainda que em situação semelhante.[752]

Não se trata, contudo, de uma premissa absoluta. Nas instruções do Boletim Interno da Receita 2020-01, estão textualmente excepcionados dessa regra os acionistas e detentores de valores mobiliários (*security holders*), para os quais foi conferida autorização para adotarem as mesmas diretrizes expostas na *letter ruling* emitida para a corporação da qual fazem parte ou são vinculados, em relação à tributação das atividades em comum.[753]

Por exemplo, a tributação de um acionista está diretamente relacionada a uma *letter ruling* emitida sobre os aspectos fiscais da reestruturação societária da empresa do qual é integrante, motivo pelo qual as conclusões a respeito da apuração de alguns impostos atrelados ao seu vínculo com a empresa poderão ser aproveitadas por ele. Em contrapartida, a emissão de uma *letter ruling* para uma empresa de um determinado setor do mercado não poderá necessariamente ser aproveitada por outra empresa do mesmo setor.[754]

Além de tais hipóteses expressamente excepcionadas na Seção 11 do IRB, uma leitura sistematizada do regramento das *letter rulings* nos regulamentos examinados no decorrer desta pesquisa nos mostra que, apesar de formalmente produzirem efeitos vinculantes em relação aos demais contribuintes, existem outras situações em que é fixada a necessidade de que as autoridades fiscais mantenham a coerência nas respostas para assuntos semelhantes.

Nesse sentido, ao explicitar as linhas gerais dos chamados *no-rule areas* e a discricionariedade das autoridades fiscais envolvendo a recusa na emissão de *letter rulings* consideradas adversas aos interesses da administração, o IRB

751 RICHMOND, Gail Levin. **Federal Tax Research**. Guide to materials and Techiques. 9th Ed. New York: Fundation Presse, 2014, p. 189 e 193-194.

752 Do original: *"Letter rulings are issued to specific taxpayers and may not be relied upon by other taxpayers."* Fonte: WATSON, Camilla. **Tax Procedure and Tax Fraud.** 5nd Ed. Kindle edition, 2016, p. 22.

753 US INTERNAL REVENUE SERVICE. **Internal Revenue Bulletin: 2020-01. Part III. Administrative, Procedural, and Miscellaneous. Rev. Proc. 2020–1, section 11.02.** Disponível em: <https://www.irs.gov/irb/2020-01_IRB#HI1>. Acesso em: 02 jan. 2020.

754 US INTERNAL REVENUE SERVICE. **Internal Revenue Bulletin: 2020-01. Part III. Administrative, Procedural, and Miscellaneous. Rev. Proc. 2020–1, section 11.02.** Disponível em: <https://www.irs.gov/irb/2020-01_IRB#HI1>. Acesso em: 02 jan. 2020.

determina a adoção de posição coerente em relação a contribuintes que formalizaram pedidos sobre os mesmos assuntos.[755]

Da mesma forma, as *letter rulings* envolvendo questões sobre prestação de serviços, relações de emprego, vínculo empregatício e demais situações a esse respeito poderão ser aplicadas por qualquer pessoa contratada pela mesma empresa em circunstâncias substancialmente semelhantes.[756]

Por essas razões, embora a Seção 6110 (k) (3) do IRC estabeleça a impossibilidade de utilização de tais pronunciamentos como precedentes, Yehonatan Givati aponta que a questão é controvertida na medida em que, na prática, o próprio IRS deve aplicar o mesmo entendimento para situações semelhantes, principalmente pelo fato de que as *letter rulings* são disponibilizadas ao público.[757] O autor relata, ainda, que os tribunais costumam citar *private letter rulings* em suas decisões, na linha do que já foi consignado pela própria Suprema Corte, em um trecho por ele transcrito, que, ao abordar o tema, consignou o seguinte: "apesar dos peticionários não terem o direito de confiar em decisões privadas que não foram emitidas para a situação específica deles, tais decisões revelam interpretação imposta pelo estatuto da agência encarregada da responsabilidade de administração das leis da receita".[758]

A mesma ressalva é feita por Camila Watson, ao comentar o disposto na Seção 6110 (i) (3) do IRC, por entender que, a despeito de tais pronunciamentos serem referenciados como *"non-precedential"*, é perceptível, na prática, que as *letter rulings* anteriormente emitidas são valiosas fontes de pesquisa, na medida em que fornecem "*insights*" sobre a posição adotada pelo IRS a respeito de diversos assuntos, de modo que acabam servindo como fundamento

[755] US INTERNAL REVENUE SERVICE. **Internal Revenue Bulletin: 2020-01. Part III. Administrative, Procedural, and Miscellaneous. Rev. Proc. 2020-1, section 6.** Disponível em: <https://www.irs.gov/irb/2020-01_IRB#HI1>. Acesso em: 02 jan. 2020.

[756] US INTERNAL REVENUE SERVICE. **Internal Revenue Bulletin: 2020-01. Part III. Administrative, Procedural, and Miscellaneous. Rev. Proc. 2020-1, section 5.10.** Disponível em: <https://www.irs.gov/irb/2020-01_IRB#HI1>. Acesso em: 02 jan. 2020.

[757] GIVATI, Yehonatan. **Resolving Legal Uncertainty: The Unfulfilled Promise of Advance Tax Rulings**. Virginia Tax Review, 2009, p. 19-20. Disponível em: <http://nrs.harvard.edu/urn-3:HUL.InstRepos:3333571>. Acesso em: 23 dez. 2019.

[758] Tradução nossa do original: "[...] although the petitioners are not entitled to rely upon unpublished private rulings which were not issued specifically to them, such rulings do reveal the interpretation put upon the statute by the agency charged with the responsibility of administering the revenue laws. GIVATI, Yehonatan. **Resolving Legal Uncertainty: The Unfulfilled Promise of Advance Tax Rulings**. Virginia Tax Review, 2009, p. 20. Disponível em: <http://nrs.harvard.edu/urn-3:HUL.InstRepos:3333571>. Acesso em: 23 dez. 2019.

para planejamentos tributários,[759] sendo certo que, na prática, é comum que empresas citem em seus relatórios *private letter rulings* emitidos para outras empresas.[760]

2.4.7.3 Possibilidade de alteração das *letter rulings*

O IRB acentua também que nenhuma declaração de qualquer autoridade fiscal é final e conclusiva em face do IRS, exceto o *closing agreement* (acordo fiscal). Dessa forma, uma *letter ruling*, salvo quando incorporada em um *closing agreement*, pode ser revogada ou modificada a qualquer momento[761]

As situações que autorizam a revogação ou alteração do conteúdo de uma *letter ruling* e a descrição dos efeitos decorrente de tais atos estão descritos da Seção 11.04 à 11.10 do IRB, com informações detalhadas sobre a aplicação das regras fixadas na Seção 601.201 (I) (1) ao (9) do CFR[762], elencadas em 7 categorias apresentadas na seguinte ordem: (i) em virtude de erro ou alteração legislativa; (ii) mudança substâncial nos fatos, com modificação/alteração retroativa; (iii) via de regra, sem efeito retroativo; (iv) revogação ou modificação aplicada a uma transação específica de forma retroativa; (v) revogação ou modificação envolvendo ação ou série de ações contínuas com efeito retroativo; (vi) em regra, se relacionada com venda ou arrendamento sujeito a impostos especiais de consumo, não é revogada ou modificada retroativamente; e (vii) quando a transação for realizada antes da emissão da resposta, retroativamente. Em cada uma dessas categorias, são apresentadas as especificidades envolvendo a possibilidade de revogação e os respectivos efeitos.

Antes de expor tais situações, vale mencionar que até 1996 constava na Seção 7805 (b) do IRC a previsão de que as regras ou regulamentos editados no âmbito do Departamento do Tesouro *(Treasury Regulations)* teriam, em regra, efeitos retroativos. Sob influência da Declaração dos Direitos do

[759] WATSON, Camilla. **Tax Procedure and Tax Fraud.** 5nd Ed. Kindle edition, 2016, p. 21.

[760] DEVOS, Erik; LI, He; RAHMAN, Shofiqur. **Private Letter Rulings, Tax Avoidance, and Earnings Management.** FMA Annual Meeting, Orlando, jan.2015, p. 6.Disponível em: <http://www.fmaconferences.org/Orlando/Papers/PrivateLetterRuling_FMA.pdf> Acesso em: 03 jan.2019.

[761] US INTERNAL REVENUE SERVICE. **Internal Revenue Manual. Part 32. Published Guidance and Other Guidance to Taxpayers. Chapter3, Letter Rulings, Information Letters, and Closing Agreements. Section1, Forms of Advice (32.3.1.6).** Disponível em: <https://www.irs.gov/irm/part32/irm_32-003-001> Acesso em: 26 dez. 2019.

[762] CODE OF FEDERAL REGULATIONS. **Title 26. Internal Revenue. Chapter I. Internal Revenue Service, Departmante of the Threasury, Subchapter H. Internal Revenue Pactice. Part 601. Statement of Procedural Rules. Subpart B.** Rulings and Other Specific Matters Section 601.201. Disponível em: <https://www.law.cornell.edu/cfr/text/26/601.201> Acesso em 01 maio.2020.

Contribuinte (*Taxpayer Bill of Rights*), Seção 7805 (b) do IRC, foi alterada para estabelecer como regra geral efeitos prospectivos, salvo se configurada alguma das exceções nele previstas. Apesar disso, a Seção 7805 (b) do IRC autoriza, por outro lado, que o IRS, a seu critério, modifique ou revogue com efeitos retroativos as *letter rulins* emitidas.[763]

Nesse contexto, situações descritas entre as Seções 11.04 a 11.10 do IRB indicam como e em quais situações a revogação ou alteração de uma *letter ruling* poderá ser implementada de forma retroativa pelo IRS.

A Seção 11.04 do IRB prevê que uma *letter ruling* poderá ser revogada ou modificada em duas circunstâncias, quais sejam: (i) se houver erro; (ii) ou se ocorrer alteração da lei. A hipótese retrata, portanto, a revogação decorrente de alteração de critérios jurídicos. Na sequência, explica que a formalização do ato de revogação ou modificação se dará por meio de:

(i) notificação ao contribuinte a quem a *letter ruling* foi emitida;
(ii) promulgação de legislação ou ratificação de um tratado;
(iii) decisão da Suprema Corte dos Estados Unidos;
(iv) emissão de normas regulamentares; ou
(v) com a emissão de regulamentos internos do IRS, ou pronunciamentos publicados no IRB.[764]

Nessas situações, a Seção 11.04 do IRB[765] e a Seção 601.201 (I) do CFR[766] estabelecem que a aplicação retroativa da nova orientação ficará integralmente a critério do IRS e, caso seja implementada, poderá produzir efeitos sobre todas as exigências fiscais dentro do prazo de prescrição (*period of limitations*), com fundamento na Seção 7805 (b) do IRC, que autoriza o balizamento de

[763] WATSON, Camilla. **Tax Procedure and Tax Fraud.** 5nd Ed. Kindle edition, 2016, p. 30.

[764] US INTERNAL REVENUE SERVICE. **Internal Revenue Manual. Part 32. Published Guidance and Other Guidance to Taxpayers. Chapter3, Letter Rulings, Information Letters, and Closing Agreements. Section1, Forms of Advice (32.3.1.6.1).** Disponível em: <https://www.irs.gov/irm/part32/irm_32-003-001> Acesso em: 26 dez. 2019.

[765] Disponível em: <https://www.irs.gov/irm/part32/irm_32-003-001> Acesso em: 26 dez. 2019. US INTERNAL REVENUE SERVICE. **Internal Revenue Bulletin: 2020-01. Part III. Administrative, Procedural, and Miscellaneous. Rev. Proc. 2020-1, section 11.04.** Disponível em: <https://www.irs.gov/irb/2020-01_IRB#HI1>. Acesso em: 02 jan. 2020.

[766] CODE OF FEDERAL REGULATIONS. **Title 26. Internal Revenue. Chapter I. Internal Revenue Service, Departmante of the Threasury, Subchapter H. Internal Revenue Pactice. Part 601. Statement of Procedural Rules. Subpart B.** Rulings and Other Specific Matters Section 601.201. Disponível em: <https://www.law.cornell.edu/cfr/text/26/601.201> Acesso em 01 maio.2020.

efeitos retroativos. A norma também estabelece que, se a *letter ruling* envolver a disciplina de uma obrigação de trato continuativo, a orientação conferida pelo IRS continuará operando efeitos até que qualquer um dos eventos descritos acima ocorra ou até que seja formalmente revogada pelo IRS.

Se a *letter ruling* for modificada ou revogada por meio do envio da notificação descrita no item (i) acima, no texto da referida comunicação deverá constar expressamente a existência, ou não, de efeitos retroativos e, exceto em casos de fraude, indicará os motivos pelos quais a *letter ruling* está sendo revogada ou modificada, bem como as razões que suportam, se for o caso, a sua supressão retroativa. Se a alteração for decorrente de alguma das situações previstas no item (v), o novo pronunciamento do IRS poderá contemplar, no âmbito de sua disciplina, eventual demarcação do efeito retroativo em relação às *letter rulings* já emitidas.[767]

Na sequência, a Seção 11.05 do IRB indica que uma *letter ruling* poderá ser alterada ou modificada quando for identificada uma alteração material dos fatos, e será implementada com efeitos retroativos tanto em relação ao contribuinte para o qual a orientação foi emitida, como também para terceiro diretamente envolvido na situação consultada, se for constatado que: (a) houve falsidade ou omissão dos fatos descritos no pedido; (b) se a transação/operação ocorre de forma substancialmente diferente dos fatos descritos no pedido; (c) a operação envolver uma ação contínua ou uma série de ações, e durante o curso da operação a concretização de tais ações tiver sido implementada de forma diversa da que foi narrada para as autoridades fiscais.[768]

Nessa hipótese, aliás, no lugar de revogação ou modificação, parece-nos que também seria adequado considerar que a *letter ruling* sequer produziu efeitos em relação ao contribuinte que formulou o pedido, na medida em que não realizou a operação nos exatos termos do que descreveu em seu pedido.

A Seção 11.06 do IRB, por sua vez, prevê que, se a alteração ou a revogação da *letter ruling* decorrer de quaisquer outras circunstâncias que não sejam as descritas na Seção 11.05, a mudança de orientação não será aplicada retroativamente se: (i) não ocorreu alteração na lei aplicável; (ii) a *letter ruling* tenha originalmente sido emitida para uma operação concretamente pretendida;

767 US INTERNAL REVENUE SERVICE. **Internal Revenue Bulletin: 2020-01. Part III. Administrative, Procedural, and Miscellaneous. Rev. Proc. 2020–1, section 11.04.** Disponível em: <https://www.irs.gov/irb/2020-01_IRB#HI1>. Acesso em: 02 jan. 2020.

768 US INTERNAL REVENUE SERVICE. **Internal Revenue Bulletin: 2020-01. Part III. Administrative, Procedural, and Miscellaneous. Rev. Proc. 2020–1, section 11.05.** Disponível em: <https://www.irs.gov/irb/2020-01_IRB#HI1>. Acesso em: 02 jan. 2020.

e (iii) o contribuinte cuja obrigação foi afetada pela *letter ruling* agiu de boa-fé apoiando-se nela; (iv) e a aplicação ocorrer em detrimento do contribuinte envolvido.[769]

Nessa hipótese, poderão ser atingidos pela revogação terceiros que não formularam o pedido de *letter ruling,* mas que foram por ela indiretamente beneficiados. Nesse sentido, o IRB cita, como exemplo, que a responsabilidade fiscal de cada acionista será diretamente afetada por uma *letter ruling* que rege uma reorganização societária.[770]

A Seção 11.07 do IRB relembra que, ao emitir uma *letter ruling,* o IRS vincula-se, via de regra, apenas em relação à tributação daquela situação específica e nos moldes delimitados no pedido, motivo pelo qual tais orientações não se aplicam para operações semelhantes eventualmente realizadas pelo mesmo contribuinte em períodos subsequentes. Dessa forma, caso o IRS posteriormente identifique que uma determinada orientação foi emitida com erro ou não é mais compatível com a posição atual do IRS, revogando-a para o futuro, a proteção quanto a não incidência de efeitos retroativos atingirá apenas a tributação da operação que foi objeto do pedido e não eventuais operações posteriores realizadas pelo contribuinte nela amparadas. Na mesma seção, está previsto que a *letter ruling* emitida para uma operação específica não será, em regra, modificada ou revogada pela emissão de regulamentos em sentido diverso pelo IRS, se: (i) não houver alteração legislativa; (ii) o requerente agiu de boa-fé.

Estão excepcionadas da regra da Seção 11.07 do IRB, por outro lado, as obrigações de trato continuado que já estejam expressamente abarcadas pela *letter ruling,* na forma descrita na Seção 11.08 do IRB. Quer dizer, se uma *letter ruling* tiver sido emitida considerando incidências fiscais contínuas e posteriormente for identificada a existência de erro ou incompatibilidade com a posição do IRS, geralmente, a revogação se dará apenas para períodos posteriores. Sobre essa circunstância, o IRB exemplifica que, se um contribuinte foi autorizado por uma *letter ruling* a excluir determinados rendimentos da base de cálculo do imposto de renda, a orientação poderá atingir os

[769] US INTERNAL REVENUE SERVICE. **Internal Revenue Bulletin: 2020-01. Part III. Administrative, Procedural, and Miscellaneous. Rev. Proc. 2020-1, section 11.06.** Disponível em: <https://www.irs.gov/irb/2020-01_IRB#HI1>. Acesso em: 02 jan. 2020.

[770] US INTERNAL REVENUE SERVICE. **Internal Revenue Bulletin: 2020-01. Part III. Administrative, Procedural, and Miscellaneous. Rev. Proc. 2020-1, section 11.06.** Disponível em: <https://www.irs.gov/irb/2020-01_IRB#HI1>. Acesso em: 02 jan. 2020.

valores recebidos entre a data da emissão da *letter ruling* e a data de sua revogação/modificação.[771]

A Seção 11.09 do IRB, por sua vez, explicita que, se uma *letter ruling* tiver reconhecido que a venda ou locação de um produto específico está sujeita ao imposto sobre o consumo (*Excise Tax*) por parte do fabricante (produtor) ou do revendedor (varejista), essa orientação não poderá revogar retroativamente eventual orientação anterior no sentido de que a venda ou locação não era tributável se o contribuinte, baseando-se na primeira *letter ruling*, repassou a propriedade ou a posse do produto sem transferir o encargo ao cliente.[772]

Por fim, a Seção 11.10 do IRB estabelece que o contribuinte não está protegido de uma revogação retroativa da orientação exposta em uma *letter ruling* sempre que a operação sobre a qual a tributação for objeto do pedido for realizada antes da emissão da resposta pelo Escritório Central do IRS, uma vez que, ao concretizar a operação, o contribuinte não estava amparado por qualquer orientação do IRS.[773]

Interessante notar que o contribuinte poderá solicitar limitação dos efeitos retroativos de uma *letter ruling* emitida em seu favor que tenha sido posteriormente revogada ou modificada. Esse pedido poderá ser formalizado quando o contribuinte identificar, por exemplo, a edição de uma nova regulamentação interna do IRS que possa atingir a *letter ruling* a ele previamente emitia, revogando-a ou modificando-a. O requerimento deverá observar os mesmos requisitos para a submissão de *letter rulings* descritos no subtópico 2.4.3 deste Capítulo, bem como: (i) indicar que está sendo feito com fundamento na Seção 7805 (b) do IRC; (ii) apontar a limitação pretendida; (iii) demonstrar as razões e fundamentos em apoio ao pedido, como também demais fatores relacionados à situação particular do contribuinte; e (iv) incluir todos os documentos relacionados com o pedido.[774]

[771] US INTERNAL REVENUE SERVICE. **Internal Revenue Bulletin: 2020-01. Part III. Administrative, Procedural, and Miscellaneous. Rev. Proc. 2020-1, section 11.08.** Disponível em: <https://www.irs.gov/irb/2020-01_IRB#HI1>. Acesso em: 02 jan. 2020.

[772] US INTERNAL REVENUE SERVICE. **Internal Revenue Bulletin: 2020-01. Part III. Administrative, Procedural, and Miscellaneous. Rev. Proc. 2020-1, section 11.09.** Disponível em: <https://www.irs.gov/irb/2020-01_IRB#HI1>. Acesso em: 02 jan. 2020.

[773] US INTERNAL REVENUE SERVICE. **Internal Revenue Bulletin: 2020-01. Part III. Administrative, Procedural, and Miscellaneous. Rev. Proc. 2020-1, section 11.09.** Disponível em: <https://www.irs.gov/irb/2020-01_IRB#HI1>. Acesso em: 02 jan. 2020.

[774] US INTERNAL REVENUE SERVICE. **Internal Revenue Bulletin: 2020-01. Part III. Administrative, Procedural, and Miscellaneous. Rev. Proc. 2020-1, section 11.11.** Disponível em: <https://www.irs.gov/irb/2020-01_IRB#HI1>. Acesso em: 02 jan. 2020.

Inclusive, antes do exame de pedido envolvendo a limitação dos efeitos retroativos, será assegurado ao contribuinte o direito a uma reunião na repartição fiscal competente, oportunidade em que poderá explicitar pessoalmente as razões que justificam o acolhimento de seu requerimento. Essa reunião se dará nos mesmos termos já explicitados no subtópico 2.4.3 deste Capítulo.[775]

Por fim, a alteração de uma *letter ruling* poderá ocorrer quando for constatada a existência de um erro manifesto (meramente formal), tais como erros de digitação, inexatidão em citações e/ou omissão involuntária de um pedido formalizado. Dependendo da natureza do erro, as correções podem ser realizadas substituindo as páginas corrigidas ou reemitindo uma nova *letter ruling*. Um contribuinte poderá solicitar a correção de um erro manifesto, oralmente ou por escrito, mas os pedidos orais ficarão sujeitos a posterior confirmação por escrito.[776]

2.4.7.4 Publicidade da resposta

Até meados da década de 1970, as *letter rulings* não eram publicadas ou disponibilizadas de qualquer outra forma ao público. Nessa época, entretanto, o IRS perdeu dois processos judiciais evolvendo a divulgação de informações fornecidas em *private letter rulings*, nos quais se entendeu que tais pronunciamentos estão sujeitos à Lei de Liberdade de Informação. Em resposta, foi promulgada a Seção 6110 do Código Tributário Federal (IRC), com o objetivo de estabelecer critérios para a divulgação e inspeção de tais pronunciamentos[777]. Assim, desde 1977, o IRS divulga semanalmente o conteúdo das *letter rulings*, que são disponibilizadas três meses após a sua emissão, sem nenhuma informação que possa identificar o contribuinte solicitante.[778]

A Seção 6110 do Código Tributário Federal (IRC) estabelece como regra geral que todas as orientações fornecidas por escrito pelo IRS, nas quais se incluem também as *letter rulings*, deverão ser disponibilizadas para consulta

[775] US INTERNAL REVENUE SERVICE. **Internal Revenue Bulletin: 2020-01. Part III. Administrative, Procedural, and Miscellaneous. Rev. Proc. 2020-1, section 11.11.** Disponível em: <https://www.irs.gov/irb/2020-01_IRB#HI1>. Acesso em: 02 jan. 2020.

[776] US INTERNAL REVENUE SERVICE. **Internal Revenue Bulletin: 2020-01. Part III. Administrative, Procedural, and Miscellaneous. Rev. Proc. 2020-1, section 11.11.** Disponível em: <https://www.irs.gov/irb/2020-01_IRB#HI1>. Acesso em: 02 jan. 2020.

[777] WATSON, Camilla. **Tax Procedure and Tax Fraud**. 5nd Ed. Kindle edition, 2016, p. 21.

[778] GIVATI, Yehonatan. **Resolving Legal Uncertainty: The Unfulfilled Promise of Advance Tax Rulings**. Virginia Tax Review, 2009, p. 14-15. Disponível em: <http://nrs.harvard.edu/urn-3:HUL.InstRepos:3333571>. Acesso em: 23 dez. 2019.

pública.[779]Antes da publicação da orientação jurídica contida na consulta, o IRS deverá, no entanto, realizar a exclusão das informações detalhadamente especificadas na Seção 6110 (c) do IRC, tais como nomes, endereços e outras particularidades que possibilitem a identificação do contribuinte que formalizou o pedido, além de segredos comerciais e informações financeiras.[780] Esses procedimentos garantem que a identidade do contribuinte que formulou o pedido não será revelada ao público em geral.[781]

Para facilitar a identificação dos elementos que serão excluídos da versão pública, o pedido de *letter ruling* deve ser acompanhado de uma declaração de exclusões, por meio da qual o contribuinte indica as informações particulares que deverão ser excluídas da publicação. Caso a declaração não seja anexada ao pedido, o contribuinte será intimado para apresentá-la no prazo de 21 dias corridos de sua intimação, sob pena de encerramento do pedido.[782]

Além disso, nos termos do Código Tributário Federal (IRC), cabe à autoridade fiscal examinar e delimitar em que medida será realizada a exclusão das informações particulares, estando autorizada a não realizar as exclusões no caso de desrespeito ou negligência ao disposto na Seção 6110, salvo por eventual determinação judicial, nos termos da subseção (f) (3) Seção 6110.[783]

Se antes da emissão de uma orientação por escrito, o IRS receber qualquer comunicação (escrita ou não) relativa a tal orientação, qualquer solicitação de terceiro sobre essa determinação ou qualquer informação relativa a outro assunto que envolva esse pronunciamento, tais informações deverão

[779] UNITED STATES CODE. **Title 26. Internal Revenue Code. Subtitle F. Procedure and Administration Chapter 61. Information and Returns. Subchapter B. Miscellaneous Provisions Section 6110. Public inspection of written determinations.** Disponível em: <https://www.law.cornell.edu/uscode/text/26/6110> Acesso em 31 dez.2019.

[780] UNITED STATES CODE. **Title 26. Internal Revenue Code. Subtitle F. Procedure and Administration Chapter 61. Information and Returns. Subchapter B. Miscellaneous Provisions Section 6110. Public inspection of written determinations.** Disponível em: <https://www.law.cornell.edu/uscode/text/26/6110> Acesso em: 31 dez.2019.

[781] WATSON, Camilla. **Tax Procedure and Tax Fraud.** 5nd Ed. Kindle edition, 2016, p. 21.

[782] US INTERNAL REVENUE SERVICE. **Internal Revenue Manual. Part 32. Published Guidance and Other Guidance to Taxpayers. Chapter3, Letter Rulings, Information Letters, and Closing Agreements. Section1, Forms of Advice (32.3.1.13.3).** Disponível em: <https://www.irs.gov/irm/part32/irm_32-003-001> Acesso em: 26 dez. 2019.

[783] UNITED STATES CODE. **Title 26. Internal Revenue Code. Subtitle F. Procedure and Administration Chapter 61. Information and Returns. Subchapter B. Miscellaneous Provisions Section 6110. Public inspection of written determinations.** Disponível em: <https://www.law.cornell.edu/uscode/text/26/6110> Acesso em: 31 dez.2019.

ser registradas no documento final de resposta ao pedido de *letter ruling* (ou de qualquer outra orientação escrita).[784]

A Seção 6110 (f) (1) do IRC também prevê que, antes da disponibilização da orientação jurídica contida na *letter ruling* (ou qualquer determinação escrita do IRS), a autoridade fiscal competente deve notificar a intenção de divulgação ao contribuinte que formalizou o pedido. O contribuinte poderá contestar a divulgação de certas informações em uma *letter ruling*, anexando em sua impugnação uma cópia da versão proposta para ser aberta à consulta pública.

A publicação do conteúdo de uma *letter ruling* deverá ser viabilizado entre 75 e 90 dias da intimação prevista na § 6110 (f) (1), ou dentro do prazo de 30 dias da data em que uma decisão judicial que questione os termos da sua disponibilização torne-se definitiva. No entanto, os prazos acima poderão ser prorrogados a pedido do contribuinte para quem foi emitida, desde que formalizado por escrito, dentro do prazo de 15 dias da conclusão da operação/transação descrita na referida *letter ruling.* A publicação poderá ser suspensa por 90 (noventa) dias, conforme previsto na Seção 6110 (g) (3) do IRC, ou por 180 dias se a transação tratada na *letter ruling* não tiver sido concluída ou se o contribuinte apresentar elementos que justifiquem a concessão desse prazo adicional.[785]

Caso a orientação jurídica contida em uma *letter ruling* modifique, revogue, substitua ou afete alguma anterior envolvendo o mesmo contribuinte, a nova orientação deve fazer referência à data e número da *letter ruling* anterior, especificando se esta última será afetada pela nova.[786]

784 US INTERNAL REVENUE SERVICE. **Internal Revenue Manual. Part 32. Published Guidance and Other Guidance to Taxpayers. Chapter3, Letter Rulings, Information Letters, and Closing Agreements. Section1, Forms of Advice (32.3.1.13.3).** Disponível em: <https://www.irs.gov/irm/part32/irm_32-003-001> Acesso em: 26 dez. 2019.

785 US INTERNAL REVENUE SERVICE. **Internal Revenue Manual. Part 32. Published Guidance and Other Guidance to Taxpayers. Chapter3, Letter Rulings, Information Letters, and Closing Agreements. Section1, Forms of Advice (32.3.1.13.3).** Disponível em: <https://www.irs.gov/irm/part32/irm_32-003-001> Acesso em: 26 dez. 2019.

786 US INTERNAL REVENUE SERVICE. **Internal Revenue Manual. Part 32. Published Guidance and Other Guidance to Taxpayers. Chapter3, Letter Rulings, Information Letters, and Closing Agreements. Section1, Forms of Advice (32.3.1.13.3.1).** Disponível em: <https://www.irs.gov/irm/part32/irm_32-003-001> Acesso em: 26 dez. 2019.

3
ANÁLISE COMPARATIVA DAS PRINCIPAIS CARACTERÍSTICAS DOS SISTEMAS EXAMINADOS (BRASIL, ALEMANHA E ESTADOS UNIDOS)

3.1 Efeito vinculante

Como vem sendo dito ao longo desta pesquisa (vide subtópicos 1.5.3, 2.3.7.2 e 2.4.7.2), o efeito vinculante da resposta à consulta fiscal é, indubitavelmente, a sua mais valorosa característica (ou qualidade), sendo vital para a segurança jurídica daquele que recebeu a orientação da autoridade fiscal. É possível afirmar, inclusive, que, se a Administração Pública não estivesse minimamente compelida a observar as instruções que ela própria ofereceu ao contribuinte ou interessado sobre o cumprimento de uma determinada obrigação fiscal, provavelmente esses institutos (consulta fiscal, *verbindliche Auskunft*, *verbindliche Zusage* e *letter ruling*) seriam inócuos, como também defendem Paula Ferreira Santos[787] e Valdir Oliveira Rocha[788] ao comentarem o modelo brasileiro.

O efeito vinculante está presente em todos os sistemas examinados (Brasil, Alemanha e Estados Unidos), mas em diferentes dimensões em relação à administração fiscal. Isto é, tal efeito poderá vincular a autoridade fiscal em relação ao contribuinte que formulou o pedido de esclarecimentos ou ainda em relação a terceiros, sujeitando-a a observar a orientação prestada nas futuras fiscalizações e decisões do regramento fixado na orientação por ela própria fornecida.

Antes de expor as diferenças a respeito da extensão do efeito vinculante nos três países estudados, é válido esclarecer que, em todos eles, o efeito é compulsório somente em face da administração tributária, mas não em relação ao

[787] SANTOS, Paula Gonçalves Ferreira. **Uma argumentação consequencialista na solução de consulta tributária**. São Paulo: Almedina, 2017, p. 70.

[788] ROCHA, Valdir de Oliveira. **A Consulta Fiscal**. São Paulo: Dialética, 1996, p. 24.

contribuinte ou interessado. Quer dizer, o requerente não está obrigado, na prática, a seguir a instrução recebida. Fica autorizado, por exemplo, a apurar e recolher os tributos que tenham sido objeto da resposta recebida de forma diversa da que foi indicada pela autoridade fiscal. Nessa hipótese, todavia, ficará sujeito às medidas administrativas e judiciais decorrentes do descumprimento de tais obrigações tributárias, sejam elas principais ou acessórias.

Dessa forma, nos três países também vigora a máxima no sentido de que somente a "adesão do consulente ao conteúdo da resposta é que criará para ele o direito subjetivo de não lhe ser exigido comportamento diverso".[789] Qualquer mudança substantiva que impacte materialmente os fatos examinados pela autoridade fiscal, poderá resultar na revogação da resposta emitida.

No Brasil, o efeito vinculante da resposta fornecida pela autoridade fiscal beneficiava diretamente apenas o contribuinte que formulou o pedido, repercutindo de forma indireta em relação aos demais contribuintes que estivessem em situação equivalente.[790]

Atualmente, nos termos do exposto no art. 9º da IN RFB n. 1.396/2013 (interpretação da norma tributária e aduaneira) e do art. 15 da IN RFB n. 1.464/2014 (específica para classificação fiscal), a orientação exposta pelas autoridades fiscais na consulta fiscal poderá respaldar as condutas de todos os contribuintes que se enquadrem na mesma situação consultada. A redação dos dois dispositivos é idêntica e, quanto aos efeitos em relação a terceiros, especificam que o conteúdo da solução de consulta respaldará

> o sujeito passivo que as aplicar, independentemente de ser o consulente, desde que se enquadre na hipótese por elas abrangida, sem prejuízo de que a autoridade fiscal, em procedimento de fiscalização, verifique seu efetivo enquadramento.[791],[792]

[789] FALEIRO, Kelly Magalhães. **Procedimento de Consulta Fiscal**. São Paulo: Noeses, 2005, p. 113.

[790] Nesse sentido: FALEIRO, Kelly Magalhães. **Procedimento de Consulta Fiscal**. São Paulo: Noeses, 2005, p. 113-117; ROCHA, Valdir de Oliveira. **A Consulta Fiscal**. São Paulo: Dialética, 1996, p. 24-25.

[791] BRASIL. **Instrução Normativa RFB nº 1396, de 16 de setembro de 2013**. Dispõe sobre o processo de consulta relativo à interpretação da legislação tributária e aduaneira e à classificação de serviços, intangíveis e outras operações que produzam variações no patrimônio, no âmbito da Secretaria da Receita Federal do Brasil. [*S. l.*], 17 set. 2013. Disponível em: http://normas.receita.fazenda.gov.br/sijut2consulta/link.action?visao=anotado&idAto=46030. Acesso em: 1 maio 2020.

[792] BRASIL. **Instrução Normativa RFB nº 1464, de 08 de maio de 2014**. Dispõe sobre o processo de consulta sobre classificação fiscal de mercadorias, no âmbito da Secretaria da Receita Federal do Brasil. [*S. l.*], 09 maio. 2014. Disponível em: http://normas.receita.fazenda.gov.br/sijut2consulta/link.action?idAto=52329&visao=anotado. Acesso em: 1 maio 2020.

O efeito vinculante das Soluções de consulta está limitado à Receita Federal do Brasil, nos termos do art. 9º da IN RFB 1.396/2013, e à toda estrutura da administração fiscal federal, incluindo-se todos os órgãos de fiscalização e arrecadação, bem como as Delegacias da Receita Federal de Julgamento do Brasil (DRJ), que realizam os julgamentos em primeira instância administrativa. Por outro lado, não vinculam o Conselho Administrativo de Recursos Fiscais e o Poder Judiciário.[793]

No âmbito *verbindliche Auskunft* (informação vinculante) e da *verbindliche Zusage* (confirmação vinculante), que são os institutos do Direito alemão equiparáveis à consulta fiscal brasileira, a referência ao efeito vinculante é feita na sua própria denominação. A Seção 2, parágrafos (1) ao (4), da Portaria *StAuskV* em conjunto com itens 3.6.1 a 3.64 do Decreto (AEAO para a Seção 89 do AO) estabelecem as principais características e, sobretudo, a extensão dos efeitos vinculantes das *verbindliche Auskünft* (informações vinculantes). Em relação à *Zusage* (confirmação), os aspectos essenciais de sua eficácia vinculante estão no próprio Código Tributário (AO), Seções 204 e seguintes, com alguns esclarecimentos pontuais no Decreto (AEAO para as Seções 204 a 207).

Vale mencionar que a *verbindliche Auskunft* (informação vinculante) não constava na versão original do Código Tributário Alemão que entrou em vigor em 1977, que contemplava apenas o parágrafo primeiro da Seção 89, relativo ao fornecimento de esclarecimentos sobre dúvidas triviais envolvendo direitos e deveres relacionados ao cumprimento de obrigações fiscais e que não possuíam caráter vinculante.[794] O parágrafo segundo da Seção 89 do Código Tributário (AO) foi incluído pela Lei de Reforma do Federalismo (*Föderalismusreform-Begleitgesetz*), com efeitos a partir de setembro de 2006.[795]

Até então, o Código Tributário alemão (AO) contemplava apenas a *verbindliche Zusage* (confirmação vinculante), por meio do qual a autoridade fiscal é autorizada a fornecer ao contribuinte, após a realização de uma fiscalização, uma orientação acerca do tratamento tributário dos fatos geradores

[793] GOMES, Marcus Lívio. A consulta tributária vinculante. In: QUEIROZ, Luís Cesar Souza de. GOMES, Marcus Livio (Orgs.). **Tributação, Direitos Fundamentais e Desenvolvimento. Rio de Janeiro:** GZ Editora, 2014. p. 81.

[794] BUNDESZENTRALAMT FÜR STEUERN. **Steuerliches Info-Center**. Disponível em: <https://www.bzst.de/DE/Service/SteuerlichesInfocenter/steuerlichesinfocenter_node.html?fromDocument=90762> Acesso em: 25 fev.2020.

[795] WÖHLECKE, Friedrich. **Die verbindliche Auskunft im deutsch-französischen Vergleich.** 2019. 184 f. Tese (Doutorado) - Faculty of Law, Öffentliches Recht. Professur Für Steuerrecht, Universität Zu Köln, Köln, 2019, p. 08-09. Disponível em: <http://kups.ub.uni-koeln.de/id/eprint/10438>. Acesso em: 09 jan. 2020.

posteriores, confirmando a direção já adotada em um compromisso vinculante para o futuro, desde que as circunstâncias com base na qual o relatório foi emitido não sofram alterações significativas em relação às que foram consideradas no momento da fiscalização.[796]

Assim, consoante a legislação atualmente em vigor na Alemanha, o contribuinte ou interessado beneficiado com uma orientação vinculante detém a garantia de que, em uma futura fiscalização, serão respeitadas as diretrizes estabelecidas em relação aos fatos examinados na *verbindliche Auskunft* (informação vinculante) em resposta a seu pedido.[797] O mesmo raciocínio é integralmente aplicável à *verbindliche Zusage* (confirmação vinculante) nos termos da Seção 206 (1) do Código Tributário alemão (AO).

O futuro tratamento tributário examinado nas *verbindliche Auskunft* (informação vinculante) e na *verbindliche Zusage* (confirmação vinculante) geralmente envolve a análise de situações muito específicas[798] e poderá atingir pedidos relacionados a períodos de apuração delimitados ou para uma situação particular, recaindo apenas sobre as consequências tributárias daquele período.[799]

No que diz respeito à extensão do efeito vinculante em relação a terceiros, nos termos da Seção 2 (1) da Portaria *StAuskV*, serão atingidos, como regra, apenas os requerentes ou aqueles que, de alguma forma, sejam diretamente relacionados aos fatos descritos no pedido, tais como as hipóteses de

[796] SEER, Roman et al (Org.). **Recht auf Information und Auskunft im Besteuerungsverfahren.:** unter besonderer Berücksichtigung des Gesetzes zur Modernisierung des Besteuerungsverfahrens vom 18. Juli 2016 und der EU-Datenschutz-GrundVO vom 27. April 2016 mit nachfolgenden Änderungen der AO. Berlin: Deutsches Wissenschaftliches Institut Der Steuerberater E.v., 2017, p. 22. Disponível em: <https://www.dws-institut.de/sites/default/files/ue_document/file_id/DWS_Institut_Brosch%C3%BCre_Recht_online.pdf>. Acesso em: 10 jan. 2020.

[797] WÖHLECKE, Friedrich. **Die verbindliche Auskunft im deutsch-französischen Vergleich.** 2019. Tese (Doutorado) - Faculty of Law, Öffentliches Recht. Professur Für Steuerrecht, Universität Zu Köln, Köln, 2019, p. 51. Disponível em: <http://kups.ub.uni-koeln.de/id/eprint/10438>. Acesso em: 09 jan. 2020.

[798] SEER, Roman. **Verbindliche Auskunft.** Finanz-Rundschau Ertragsteuerrecht, v.99, pp. 161-169, feb.2017, p. 165. Disponível em: <https://www.kompetenzzentrum-steuerrecht.de/MEDIEN/contenido_import/Publikationen/2017/Seer_FR_2017_161.pdf>. Acesso em: 19 jan.2020.

[799] WÖHLECKE, Friedrich. **Die verbindliche Auskunft im deutsch-französischen Vergleich.** 2019. Tese (Doutorado) - Faculty of Law, Öffentliches Recht. Professur Für Steuerrecht, Universität Zu Köln, Köln, 2019, p. 53. Disponível em: <http://kups.ub.uni-koeln.de/id/eprint/10438>. Acesso em: 09 jan. 2020.

representação previstas na Seção 89 (2) do Código Tributário (AO) e na Seção 1, 4, da *StAuskV*),[800],[801] ou de sucessão (item n. 3.6.2 do AEAO).[802]

Portanto, os efeitos vinculantes da *verbindliche Zusage* (confirmação vinculante) ficam restritos ao contribuinte que tenha sido fiscalizado na situação específica descrita no relatório de fiscalização[803] e não possuem eficácia em relação a terceiros, de modo que as regras e condições fixadas na *verbindliche Zusage* atingem apenas as pessoas diretamente envolvidas.

Nos Estados Unidos, a posição contida na *letter ruling* emitida em resposta a um pedido formalizado por escrito pelo contribuinte vinculará o IRS, em regra, apenas em relação ao tratamento tributário do requerente quanto aos fatos nela descritos, desde que a operação tenha sido implementada nos exatos moldes do que foi descrito no pedido.[804],[805]

Por outro lado, tais orientações não possuem formalmente quaisquer efeitos em relação a terceiros e são até mesmo expressamente classificadas pelo Código Tributário Federal, na Seção 6110 (k) (3), como pronunciamentos que não podem ser invocados como precedentes por outros contribuintes, salvo determinação expressa em sentido contrário.[806] Isto é, as *letter rulings* são espécies de determinações escritas do IRS categorizadas

[800] WÖHLECKE, Friedrich. **Die verbindliche Auskunft im deutsch-französischen Vergleich.** 2019.Tese (Doutorado) - Faculty of Law, Öffentliches Recht. Professur Für Steuerrecht, Universität Zu Köln, Köln, 2019, p. 53. Disponível em: <http://kups.ub.uni-koeln.de/id/eprint/10438>. Acesso em: 09 jan. 2020.

[801] DEUTSCHLAND. **Steuer-auskunftsverordnung - Stauskv**, 30 november 2007. **Bgbl. I S. 2783**. Deutschland, 2007. Disponível em: <http://www.gesetze-im-internet.de/stauskv/>. Acesso em: 05 jan. 2020.

[802] DEUTSCHLAND. Anwendungserlass Zur Abgabenordnung (AEAO), 31. Januar 2014, zuletzt geändert durch BMF-Schreiben v. 27. 9. 2019 – IV A 3 - S 0062/19/10009 :001 (2019/0833449). **Nwb**. Deutschland, Disponível em: <https://datenbank.nwb.de/Dokument/Anzeigen/500001/?shigh=Anwendungserlass&listPos=1&listId=1464843>. Acesso em: 09 jan. 2020.

[803] DEUTSCHLAND. **Abgabenordnung - AO.** 16. März 1976. Deutschland, 1976. Disponível em: <http://www.gesetze-im-internet.de/ao_1977/index.html>. Acesso em: 05 jan. 2020.

[804] WATSON, Camilla. **Tax Procedure and Tax Fraud.** 5nd Ed. Kindle edition, 2016, p. 25.

[805] US INTERNAL REVENUE SERVICE. **Understanding IRS Guidance - A Brief Primer**. Disponível em: <https://www.irs.gov/newsroom/understanding-irs-guidance-a-brief-primer>. Acesso em 23 dez. 2019.

[806] CODE OF FEDERAL REGULATIONS (e-CFR). Title 26. Internal Revenue, Chapter I. Internal Revenue Service, Departmante of the Threasury, Subchapter F. Procedure and Administration. Chapter 61. INFORMATION AND RETURNS Subchapter B. Miscellaneous Provisions Section 6110. Public inspection of written determinations. Disponível em: <https://www.law.cornell.edu/uscode/text/26/6110> Acesso em 31 dez.2019.

como"*non-precedential*",[807],[808] o que significa que o efeito vinculante vigora, via de regra, apenas entre o IRS e o requerente. A regra, entretanto, comporta algumas exceções, conforme exposto em detalhes do subtópico 2.4.7.2 do Capítulo 2.

Ademais, na prática, além de tais exceções, a partir de uma leitura sistematizada do regramento das *letter rulings*, foi possível constatar que as próprias normas regulamentares prescrevem a necessidade de que as autoridades fiscais mantenham a coerência nas respostas para assuntos semelhantes. Essa coerência deverá ser observada, por exemplo: (i) quando exerce seu poder discricionário para definir temas para os quais não serão emitidas *letter rulings* (os chamados *no-rule áreas*)[809]; (ii) nos casos em que são submetidas questões envolvendo vínculo empregatício; (iii) ou outro assunto que possa ser aproveitado por outros empregados de uma mesma empresa.[810]

A doutrina de Yehonatan Givati também reforça essa impressão. Na prática, o próprio IRS deve aplicar o mesmo entendimento para situações semelhantes, principalmente pelo fato de que as *letter rulings* são disponibilizadas ao público.[811] O autor relata, ainda, que os tribunais costumam citar *private letter rulings* em suas decisões, na linha do que já foi consignado pela própria Suprema Corte, em um trecho por ele transcrito, que ao abordar o tema consignou o seguinte: "apesar dos peticionários não terem o direito de confiar em decisões privadas que não foram emitidas para a situação específica deles, tais decisões revelam interpretação imposta pelo estatuto pela agência encarregada da responsabilidade de administração das leis da receita".[812]

[807] RICHMOND, Gail Levin. **Federal Tax Research**. Guide to materials and Techiques. 9th Ed. New York: Fundation Presse, 2014, p. 189 e 193-194.

[808] WATSON, Camilla. **Tax Procedure and Tax Fraud.** 5nd Ed. Kindle edition, 2016, p. 22.

[809] US INTERNAL REVENUE SERVICE. **Internal Revenue Bulletin: 2020-01. Part III. Administrative, Procedural, and Miscellaneous. Rev. Proc. 2020-1, section 6.** Disponível em: <https://www.irs.gov/irb/2020-01_IRB#HI1>. Acesso em: 02 jan. 2020.

[810] US INTERNAL REVENUE SERVICE. **Internal Revenue Bulletin: 2020-01. Part III. Administrative, Procedural, and Miscellaneous. Rev. Proc. 2020-1, section 5.10.** Disponível em: <https://www.irs.gov/irb/2020-01_IRB#HI1>. Acesso em: 02 jan. 2020.

[811] GIVATI, Yehonatan. **Resolving Legal Uncertainty: The Unfulfilled Promise of Advance Tax Rulings**. Virginia Tax Review, 2009, p. 19-20. Disponível em: <http://nrs.harvard.edu/urn-3:HUL.InstRepos:3333571>. Acesso em: 23 dez. 2019.

[812] Tradução nossa do original: "[...] although the petitioners are not entitled to rely upon unpublished private rulings which were not issued specifically to them, such rulings do reveal the interpretation put upon the statute by the agency charged with the responsibility of administering the revenue laws. GIVATI, Yehonatan. **Resolving Legal Uncertainty: The Unfulfilled Promise of Advance Tax Rulings**. Virginia Tax Review, 2009, p. 20. Disponível em: <http://nrs.harvard.edu/urn-3:HUL.InstRepos:3333571>. Acesso em: 23 dez. 2019.

A mesma ressalva é feita por Camila Watson, ao comentar o disposto na Seção 6110 (i) (3) do IRC, por entender que, a despeito de tais pronunciamentos serem referenciados como *"non-precedential"*, é perceptível, na prática, que as *letter rulings* anteriormente emitidas são valiosas fontes de pesquisa, na medida em que fornecem *insights* sobre a posição adotada pelo IRS a respeito de diversos assuntos, de modo que acabam servindo como fundamento para planejamentos tributários,[813] sendo certo que, na prática, é comum que empresas citem em seus relatórios *private letter rulings* emitidos para outras empresas.[814]

Entre os três países examinados, portanto, o Brasil é o único que estabelece efeitos vinculantes quanto à orientação fornecida sobre a matéria objeto do esclarecimento fornecido pela autoridade fiscal também em relação a terceiros. Na Alemanha e nos Estados Unidos esses efeitos são limitados, como regra, aos próprios requerentes e, em situações muito particulares, a terceiros que tenham alguma relação direta com a situação consultada.

Essa diferença é extremamente relevante por ser uma característica do instituto que permite um tratamento mais equânime de contribuintes em uma mesma situação. Por outro lado, parece justificável a impossibilidade de aproveitamento automático por terceiros dos pronunciamentos emitidos na Alemanha e nos Estados Unidos na medida em que em tais países o conteúdo das respostas emitidas pelas Autoridades Fiscais é muito próximo de um verdadeiro serviço de consultoria, como se verá adiante.

3.2 Custos e tempo para emissão da resposta

A cobrança de uma taxa de serviço desproporcional e o tempo excessivo que as autoridades fiscais levam para emitir as respostas às indagações formalizadas pelos contribuintes são fatores que influenciam diretamente na adesão aos institutos.

No que diz respeito à cobrança da uma espécie de taxa como condição para o processamento dos pedidos, a literatura aponta que a obtenção de uma *private tax ruling*, na maioria dos países membros da União Europeia, é remunerada, na medida em que sua emissão é compreendida pelas respectivas

[813] WATSON, Camilla. **Tax Procedure and Tax Fraud**. 5nd Ed. Kindle edition, 2016, p. 21.

[814] DEVOS, Erik; LI, He; RAHMAN, Shofiqur. **Private Letter Rulings, Tax Avoidance, and Earnings Management.** FMA Annual Meeting, Orlando, jan.2015, p. 6.Disponível em: <http://www.fmaconferences.org/Orlando/Papers/PrivateLetterRuling_FMA.pdf> Acesso em: 03 jan.2019.

administrações tributárias como um serviço à disposição dos contribuintes.[815] Apesar de não existir um consenso quanto à possibilidade de cobrança pelo fornecimento da orientação para o contribuinte, Elly Van De Velde considera apropriada a sua exigência, desde que o valor esteja diretamente relacionado aos custos incorridos pela administração tributária, e que esses valores não sejam elevados ao ponto de desestimular o contribuinte.[816]

Nessa perspectiva, a legislação brasileira também se distancia das previsões existentes na Alemanha e nos Estados Unidos. Essa diferença parece-nos revelante por ser um dos aspectos que revela com mais clareza a diferença ontológica dos institutos.

Isso porque, no Brasil não existe previsão de recolhimento de taxa ou valores equivalentes às "custas judiciais" para viabilizar o processamento da consulta fiscal. Essa opção legislativa está atrelada, muito provavelmente, à compreensão de boa parte da doutrina (Valdir de Oliveira Rocha[817] e Hugo de Brito Machado Segundo[818]), no sentido de que a Contulta Fiscal decorre do direito de petição, previsto no artigo 5º, inciso XXXIV, da Constituição Federal de 1988, cujo exercício não pode ser condicionado ao pagamento de taxas.

Para Kelly Magalhães Faleiro, que adota a orientação de que tal direito estaria amparado no direito à informação (art. 5º, inciso XXXII, CF/88), não haveria nenhum impedimento para a cobrança de taxa para a emissão de consulta pelas autoridades fiscais brasileiras.[819]

De qualquer forma, parece-nos que a escolha do legislador decorre não apenas da natureza de direito de petição da consulta fiscal, mas, principalmente, da forma como o instituto foi desenhado no Brasil, que parece ter sido concebido com a finalidade de cumprimento de um dever de prestação de informações do Estado, e não propriamente com o propósito de prestar um serviço para o contribuinte.

Na Alemanha, exige-se o pagamento de taxa (*Gebühr*) de serviço, cujo dispêndio deve ser realizado antecipadamente, como requisito para o deferimento

[815] "VAN DE VELDE, Elly. **'Tax rulings' in the EU Member States.** European Parliament. Directorate-General for Internal Policies. Policy department A., 2015, p. 45.

[816] "VAN DE VELDE, Elly. **'Tax rulings' in the EU Member States.** European Parliament. Directorate-General for Internal Policies. Policy department A., 2015, p. 45.

[817] ROCHA, Valdir de Oliveira. **A Consulta Fiscal**. São Paulo: Dialética, 1996, p. 14.

[818] MACHADO SEGUNDO, Hugo de Brito. **Processo tributário**. 9. ed. São Paulo: Atlas, 2017, p. 201 e 213.

[819] FALEIRO, Kelly Magalhães. **Procedimento de Consulta Fiscal**. São Paulo: Noeses, 2005, p. 74-75.

de um pedido de *verbindliche Auskunft* (informação vinculante). A imposição, aliás, é contemplada no próprio Código Tributário alemão, nos termos disposto no parágrafo (3) da Seção 89. Os parágrafos seguintes (quarto ao sétimo da própria Seção 89) definem as condições gerais para a cobrança.

Esse requisito foi instituído no âmbito da Lei de Reforma do Federalismo, com o argumento de que, a partir da instituição das *verbindliche Auskünft* (informações vinculantes) da forma como prevista na Seção 89 (2) do Código, era esperado um aumento na quantidade de requerimentos protocolados e, consequentemente, representariam um aumento significativo no trabalho das autoridades fiscais.[820]

A exigência já foi objeto de discussão no Tribunal Fiscal alemão (*Bundesfinanzhof* – BFH), que reconheceu a sua constitucionalidade formal e material. Segundo o BFH, a cobrança visa compensar o encargo administrativo excepcional da autoridade fiscal competente para a sua emissão, equilibrando-a de acordo com a vantagem obtida pelo contribuinte como consequência do efeito vinculante da informação.[821]

O pagamento da taxa não é exigido na emissão da *verbindliche Zusage* (confirmação vinculante) da Seção 204 a 207 do Código Tributário (AO) (item n. 4.1.3 do AEAO).[822] Roman Seer explica que a gratuidade decorre do fato de que a *Zusage* (confirmação) diz respeito a fatos fiscalizados no passado que, se mantidos no futuro, deverão observar a mesma repercussão tributária descrita no relatório de auditoria da empresa, motivo pelo qual não imputa trabalho ou gastos adicionais para as autoridades fiscais que justifiquem uma cobrança.[823]

[820] DEUTSCHLAND. **Bundesfinanzhof (BFH).** Urteil vom 30.3.2011, I R 61/10. Disponível em: <https://juris.bundesfinanzhof.de/cgi-bin/rechtsprechung/druckvorschau.py?Gericht=bfh&Art=en&nr=23692> Acesso em: 12 jan. 2020.

[821] DEUTSCHLAND. **Bundesfinanzhof (BFH).** Urteil vom 30.3.2011, I R 61/10. Disponível em: <https://juris.bundesfinanzhof.de/cgi-bin/rechtsprechung/druckvorschau.py?Gericht=bfh&Art=en&nr=23692> Acesso em: 12 jan. 2020.

[822] DEUTSCHLAND. Anwendungserlass Zur Abgabenordnung (AEAO), 31. Januar 2014, zuletzt geändert durch BMF-Schreiben v. 27. 9. 2019 – IV A 3 - S 0062/19/10009 :001. **Nwb.** Deutschland, Disponível em: <https://datenbank.nwb.de/Dokument/Anzeigen/500001/?shigh=Anwendungserlass&listPos=1&listId=1464843>. Acesso em: 09 jan. 2020.

[823] SEER, Roman et al (Org.). **Recht auf Information und Auskunft im Besteuerungsverfahren.:** unter besonderer Berücksichtigung des Gesetzes zur Modernisierung des Besteuerungsverfahrens vom 18. Juli 2016 und der EU-Datenschutz-GrundVO vom 27. April 2016 mit nachfolgenden Änderungen der AO. Berlin: Deutsches Wissenschaftliches Institut Der Steuerberater E.v., 2017. p 22. Disponível em: <https://www.dws-institut.de/sites/default/files/ue_document/file_id/DWS_Institut_Brosch%C3%BCre_Recht_online.pdf>. Acesso em: 10 jan. 2020.

A respeito da emissão de *verbindliche Auskünfte* (informações vinculantes), a legislação alemã prevê uma série de gradações para o cálculo dessa taxa de serviço (vide subtópico 2.3.3 do Capítulo 2), mas, em regra, será calculada de acordo com a utilidade que as informações representam para o solicitante.[824] Ou seja, é apurada a partir do cálculo da diferença entre o valor do imposto que seria devido pelo contribuinte, se a orientação por ele pretendida fosse aplicada, e o valor do imposto que seria devido se a instrução da autoridade fiscal indicasse conclusão diversa.[825]

Também como regra geral para casos em que não é possível aferir o valor do benefício econômico do requerente, nem mesmo por estimativa por parte da administração, a cobrança da taxa será realizada de acordo com o tempo transcorrido para o processamento do pedido, nos termos da Seção 89 (6) do AO e dos itens n. 4.3.1 e 4.3.2 do Decreto (AEAO para a Seção 89 do AO).[826] O prazo para pagamento poderá ser prorrogado pela autoridade fiscal, que também adiará o exame do pedido de informações.[827]

Ao comentar a exigência no Direito alemão, Friedrich Wöhlecke manifesta discordância a respeito da cobrança da taxa exigida para a emissão de *verbindliche Auskünfte* (informações vinculantes), na medida em que visou efetivamente reduzir a abrangência do instituto e proteger as autoridades fiscais, evitando o risco de uma enxurrada de pedidos. Para ele, no entanto, o caminho deveria ser exatamente o contrário, com a ampliação da estrutura da administração fiscal para viabilizar uma maior utilização

[824] DEUTSCHLAND. **Abgabenordnung - AO.** Section § 89. Beratung, Auskunft, 16. März 1976. Deutschland, 1976. Disponível em: <http://www.gesetze-im-internet.de/ao_1977/index.html>. Acesso em: 05 jan. 2020.

[825] DEUTSCHLAND. **Bundesfinanzhof (BFH).** Urteil vom 22.4.2015, IV R 13/12. Disponível em: <https://juris.bundesfinanzhof.de/cgi-bin/rechtsprechung/druckvorschau.py?Gericht=bfh&Art=en&nr=32219> Acesso em: 06 jan. 2020.

[826] DEUTSCHLAND. **Abgabenordnung - AO.** 16. März 1976. Deutschland, 1976. Disponível em: <http://www.gesetze-im-internet.de/ao_1977/index.html>. Acesso em: 05 jan. 2020; e DEUTSCHLAND. Anwendungserlass Zur Abgabenordnung (AEAO), 31. Januar 2014, zuletzt geändert durch BMF-Schreiben v. 27. 9. 2019 – IV A 3 - S 0062/19/10009 :001. **Nwb.** Deutschland, Disponível em: <https://datenbank.nwb.de/Dokument/Anzeigen/500001/?shigh=Anwendungserlass&listPos=1&listId=1464843>. Acesso em: 09 jan. 2020.

[827] DEUTSCHLAND. Anwendungserlass Zur Abgabenordnung (AEAO), 31. Januar 2014, zuletzt geändert durch BMF-Schreiben v. 27. 9. 2019 – IV A 3 - S 0062/19/10009 :001. **Nwb.** Deutschland, Disponível em: <https://datenbank.nwb.de/Dokument/Anzeigen/500001/?shigh=Anwendungserlass&listPos=1&listId=1464843>. Acesso em: 09 jan. 2020.

da ferramenta em virtude de seu potencial de redução de disputas judiciais.[828]

O pagamento da taxa é exigido mesmo nas hipóteses em que a orientação da autoridade fiscal não chancelar os fundamentos legais suscitados pelo requerente, bem como se, no exercício de seu poder discricionário, recusar-se a fornecer a *verbindliche Auskunft* (informação vinculante) (n. 4.1.1 do AEAO para a Seção 89 do AO). Por outro lado, se o pedido contiver inconsistências formais, a autoridade fiscal competente deverá notificar o requerente, especificando o motivo da deficiência para que avalie se prefere sanar a irregularidade, complementando-o, ou desistir sem a cobrança da taxa de serviço (n. 4.5.1 do AEAO para a Seção 89 do AO).[829]

Nos Estados Unidos, se, por algum motivo, a *letter ruling* não for emitida, o IRS examinará, caso a caso, a possibilidade de devolução da taxa, considerando-se o tempo e os recursos gastos no processamento do pedido.[830] A Seção 15.10 do IRB descreve as demais circunstâncias em que o contribuinte poderá obter a restituição do valor da taxa.

De maneira similar ao que se extrai do Direito alemão, a exigência de pagamento da taxa de serviço nos Estados Unidos é concebida como decorrência da enorme demanda pela emissão de tais pronunciamentos,[831] tendo sido estabelecido na Seção 7528 do IRC a competência do Secretário do Tesouro para a regulamentação e cobrança do referido encargo no âmbito do IRS.[832]

O valor da taxa é cobrado antecipadamente e varia de acordo com as categorias ou subcategorias de *letter rulings* definidas pelo IRS. Norlmalmente são fixadas levando em consideração o tempo e a complexidade dos pedidos em cada categoria e são divulgadas no primeiro Boletim Interno da

[828] WÖHLECKE, Friedrich. **Die verbindliche Auskunft im deutsch-französischen Vergleich.** 2019. Tese (Doutorado) - Faculty of Law, Öffentliches Recht. Professur Für Steuerrecht, Universität Zu Köln, Köln, 2019, p. 50-51. Disponível em: <http://kups.ub.uni-koeln.de/id/eprint/10438>. Acesso em: 09 jan. 2020.

[829] DEUTSCHLAND. Anwendungserlass Zur Abgabenordnung (AEAO), 31. Januar 2014, zuletzt geändert durch BMF-Schreiben v. 27. 9. 2019 – IV A 3 - S 0062/19/10009 :001. **Nwb.** Deutschland, Disponível em: <https://datenbank.nwb.de/Dokument/Anzeigen/500001/?shigh=Anwendungserlass&listPos=1&listId=1464843>. Acesso em: 09 jan. 2020.

[830] US INTERNAL REVENUE SERVICE. **Internal Revenue Bulletin: 2020-01. Part III. Administrative, Procedural, and Miscellaneous. Rev. Proc. 2020–1, section 15.10.** Disponível em: <https://www.irs.gov/irb/2020-01_IRB#HI1>. Acesso em: 02 jan. 2020.

[831] MORGAN, Patrícia T. **Tax Procedure and Tax Fraud.** 2nd Ed. St. Paul: West Group., 1999, p. 28.

[832] US INTERNAL REVENUE SERVICE. **Internal Revenue Bulletin: 2020-01. Part III. Administrative, Procedural, and Miscellaneous. Rev. Proc. 2020–1, section 15.01.** Disponível em: <https://www.irs.gov/irb/2020-01_IRB#HI1>. Acesso em: 02 jan. 2020.

Receita anual.[833] Dessa forma, o pedido de *private letter ruling* deverá estar acompanhado do respectivo comprovante, na forma exigida na Seção 15 do Procedimento de Receita 2020-1 (ou procedimento de receita subsequente) do Boletim Interno da Receita, salvo nas exceções nele expressamente delineadas.[834]

O recolhimento de valor inferior ao devido não conduzirá, necessariamente, à extinção do pedido. A repartição do Escritório Nacional competente possui discricionariedade para decidir se intimará o contribuinte para complementação ou se devolverá o requerimento ao contribuinte. Se o contribuinte for intimado para complementar o pagamento do valor da taxa, o exame do pedido será prorrogado até pagamento do valor integral. Da mesma forma, no caso de pagamento a maior, o valor excedente será devolvido ao contribuinte.[835]

Ao examinar dados sobre a quantidade de *letter rulings* emitidas pelo IRS entre 1980 e 2007, Yehonatan Givati considera que o número é relativamente pequeno se comparado ao de processos judiciais e a importância que a obtenção de informações antecipadas sobre a forma de cumprimento das obrigações fiscais para os contribuintes. Diante dessas constatações o autor pondera que o valor da taxa e o tempo para a obtenção da resposta são aspectos que, em seu sentir, estão relacionados com esses dados.[836]

Camila Watson, por outro lado, menciona que, no passado recente, o valor das taxas aumentou drasticamente nos Estados Unidos, mas sem fazer essa relação entre a cobrança da taxa e adesão dos contribuintes. Em um outro contexto envolvendo a publicidade, menciona que houve e continua a existir uma enorme demanda por *letter rulings*.[837]

[833] US INTERNAL REVENUE SERVICE. **Internal Revenue Bulletin: 2020-01. Part III. Administrative, Procedural, and Miscellaneous. Rev. Proc. 2020–1, section 15.01 – 15.02.** Disponível em: <https://www.irs.gov/irb/2020-01_IRB#HI1>. Acesso em: 02 jan. 2020.

[834] US INTERNAL REVENUE SERVICE. **Internal Revenue Bulletin: 2020-01. Part III. Administrative, Procedural, and Miscellaneous. Rev. Proc. 2020–1, section 15.09.** Disponível em: <https://www.irs.gov/irb/2020-01_IRB#HI1>. Acesso em: 02 jan. 2020.

[835] US INTERNAL REVENUE SERVICE. **Internal Revenue Bulletin: 2020-01. Part III. Administrative, Procedural, and Miscellaneous. Rev. Proc. 2020–1, section 15.09.** Disponível em: <https://www.irs.gov/irb/2020-01_IRB#HI1>. Acesso em: 02 jan. 2020.

[836] GIVATI, Yehonatan. **Resolving Legal Uncertainty: The Unfulfilled Promise of Advance Tax Rulings.** Virginia Tax Review, 2009. Disponível em: <http://nrs.harvard.edu/urn-3:HUL.InstRepos:3333571>. Acesso em: 23 dez.2019, p. 13.

[837] WATSON, Camilla. **Tax Procedure and Tax Fraud.** 5nd Ed. Kindle edition, 2016, p. 21-22.

No que diz espeito ao fator tempo, no Brasil e na Alemanha, a definição de um prazo para que as autoridades fiscais respondam aos pedidos dos contribuintes é relativamente recente. No Brasil, até 2016 inexistia na legislação, ou mesmo nas normas regulamentares que disciplinam a consulta fiscal, qualquer prazo. Somente a partir da edição do Decreto n. 8.853/2016, os contribuintes passaram a ter alguma previsão sobre o prazo para a resposta da consulta fiscal. O referido decreto alterou o artigo 95 do Decreto n. 7.574/2011 para incluir o § 2º, segundo o qual: "A consulta será solucionada no prazo máximo de trezentos e sessenta dias, contado da data de protocolo". Ou seja, o contribuinte brasileiro poderá ter que esperar por um ano para a obtenção de uma consulta fiscal no Brasil.

Na Alemanha, o prazo é de 6 (seis) meses, contado da data em que o pedido for recebido no órgão competente, e está definido no próprio Código Tributário (AO), na Seção 89, parágrafo 2, enunciado 4. Embora seja inferior ao prazo definido no Brasil, também não se pode dizer que é um prazo razoável, a depender da circunstância, ainda mais no âmbito de um serviço remunerado.

Tal prazo apenas foi inserido no Código Tributário (AO) em julho de 2016, com as alterações promovidas pela Lei de Modernização do Processo Tributário (*Gesetz zur Modernisierung des Besteuerungsverfahrens*),[838] e nos termos do que foi estabelecido pela Lei de Introdução ao Código Tributário (*Einführungsgesetz zur Abgabenordnung* - EGAO),[839] art. 97, Seção 25 (2), a alteração só passou a ser aplicável aos pedidos protocolados a partir de 31.12.2016.

O Código Tributário estabelece, ainda, que, se o cumprimento desse prazo não for possível, a autoridade fiscal responsável não apenas deverá informar ao contribuinte sobre a impossibilidade de fornecimento das *verbindliche Auskünfte* (informações vinculantes) no termo legal, como também expor as razões que justificam a intempestividade.[840] O item n. 3.5.9 do Decreto (AEAO para a Seção 89 do AO) informa que o decurso do prazo para

[838] DEUTSCHLAND. **Gesetz zur Modernisierung des Besteuerungsverfahrens**, 18. Juli 2016. BGBl. I S. 1679. Deutschland, 2016. Disponível em: <https://www.bundesfinanzministerium.de/Content/DE/Gesetzestexte/Gesetze_Gesetzesvorhaben/Abteilungen/Abteilung_IV/18_Legislaturperiode/Gesetze_Verordnungen/2016-07-22-Steuermodernisierungsgesetz/3-Verkuendetes-Gesetz.pdf?__blob=publicationFile&v=3>. Acesso em: 25 fev. 2020.

[839] DEUTSCHLAND. **Einführungsgesetz zur Abgabenordnung - EGAO,**14. Dezember 1976, das zuletzt durch Artikel 2 des Gesetzes vom 21. Dezember 2019, geändert worden ist. Disponível em: <http://www.gesetze-im-internet.de/aoeg_1977/BJNR033419976.html#BJNR033419976BJNG000600319>. Acesso em: 12 jan. 2020.

[840] DEUTSCHLAND. **Abgabenordnung - AO.** 16. März 1976. Deutschland, 1976. Disponível em: <http://www.gesetze-im-internet.de/ao_1977/index.html>. Acesso em: 05 jan. 2020.

a apresentação da resposta ao pedido de *verbindliche Auskunft* (informação vinculante) não significa a concordância tácita com a posição jurídica defendida pelo contribuinte,[841] lém de não definir nenhuma consequência para o descumprimento do aludido prazo.[842]

A despeito da preocupação do legislador alemão em delimitar no próprio Código Tributário (AO) um prazo para o fornecimento das respostas, Friedrich Wöhlecke comenta que, em virtude de não ter sido estabelecida nenhuma consequência para o descumprimento do aludido prazo, na prática, é corriqueiro o seu descumprimento pelas autoridades fiscais. Além disso, como o tempo de processamento geralmente é longo (6 meses), dependendo da operação ou negócio, o solicitante acaba tendo que implementar a situação consultada, sem esperar a emissão da *verbindliche Auskunft* (informação vinculante), acarretando a inutilidade do pedido, tendo em vista que, quando a resposta é apresentada, o fato gerador já ocorreu. Segundo ele, em virtude desse prazo extenso, as autoridades fiscais alemãs não conseguem fornecer segurança jurídica aos projetos que precisam ser implementados em curto prazo (tais como compra e venda de empresas).[843]

Nos Estados Unidos, por sua vez, as respostas aos pedidos de *private letter ruling* devem ser emitidas pelo Escritório Central da Superintendência de Consultoria Geral da Receita (*Office of Chief Counsel*) em até 180 dias contados da data de seu recebimento, prazo equivalente ao previsto no Direito alemão. Nas situações em que os servidores do IRS identificarem que a resposta não será fornecida dentro do aludido prazo, deverão notificar a repartição competente sobre essa circunstância, sendo recomendado que façam essa sinalização no mais tardar em até 165 dias após o recebimento do pedido.[844]

841 DEUTSCHLAND. Anwendungserlass Zur Abgabenordnung (AEAO), 31. Januar 2014, zuletzt geändert durch BMF-Schreiben v. 27. 9. 2019 – IV A 3 - S 0062/19/10009 :001. **Nwb.** Deutschland, Disponível em: <https://datenbank.nwb.de/Dokument/Anzeigen/500001/?shigh=Anwendungserlass&listPos=1&listId=1464843>. Acesso em: 09 jan. 2020.

842 WÖHLECKE, Friedrich. **Die verbindliche Auskunft im deutsch-französischen Vergleich.** 2019.Tese (Doutorado) - Faculty of Law, Öffentliches Recht. Professur Für Steuerrecht, Universität Zu Köln, Köln, 2019, p. 42. Disponível em: <http://kups.ub.uni-koeln.de/id/eprint/10438>. Acesso em: 09 jan. 2020.

843 WÖHLECKE, Friedrich. **Die verbindliche Auskunft im deutsch-französischen Vergleich.** 2019. Tese (Doutorado) - Faculty of Law, Öffentliches Recht. Professur Für Steuerrecht, Universität Zu Köln, Köln, 2019, p. 42. Disponível em: <http://kups.ub.uni-koeln.de/id/eprint/10438>. Acesso em: 09 jan. 2020.

844 US INTERNAL REVENUE SERVICE. **Internal Revenue Manual. Part 32. Published Guidance and Other Guidance to Taxpayers. Chapter3 Letter Rulings, Information Letters, and Closing Agreements. Section 2. Letter Rulings (32.3.2.2).**Disponível em: <https://www.irs.gov/irm/part32/irm_32-003-001> Acesso em: 26 dez. 2019.

As normas regulamentares do IRS prescrevem, ainda, que o contribuinte poderá solicitar por escrito uma aceleração da emissão da resposta (*expedited handling*) ao seu pedido, passível de deferimento discricionário pelas autoridades fiscais.[845]

Tais requerimentos são usualmente deferidos para situações extremas, mediante a apresentação de justificativa plausível para o tratamento diferenciado, bem como após o pagamento da taxa. Contudo, segundo a disciplina contida no IRB, o deferimento do pedido não assegura que a *letter ruling* será emitida até a data solicitada.[846]

De qualquer forma, a legislação americana estabelece que, dentro do prazo de 21 dias corridos após o recebimento do pedido um representante do IRS, entrará em contato com o contribuinte ou seu representante legal para discutir as questões formais do requerimento para eventual regularização, se for o caso.[847] O mais interessante desse contato inicial é também a possibilidade de que a autoridade fiscal antecipe suas conclusões preliminares (se contrária ou favorável à posição do requerente).[848]

Essa sistemática de fornecimento de considerações preliminares possibilita que, mesmo que uma decisão formal seja emitida após um longo período, em alguns casos, o contribuinte já tenha indicativos da decisão esperada dentro desse período de 21 (vinte e um dias) dias, possibilitando até mesmo algum tipo de ajuste em suas práticas fiscais.[849]

A respeito do fator tempo, como se vê, o prazo de 360 dias fixado na legislação brasileira (art. 95, § 2º, do Decreto n. 7.574/2011) de 360 dias é o dobro dos prazos de 6 meses do Direito alemão (Seção 89, parágrafo 2, enunciado 4, AO) e dos 180 dias fixados nos Estados Unidos (Section 2, 32.3.2.3 do IRM), que acaba sendo abreviado com a possibilidade desse contato no prazo de 21 dias.

[845] US INTERNAL REVENUE SERVICE. **Internal Revenue Bulletin: 2020-01. Part III. Administrative, Procedural, and Miscellaneous. Rev. Proc. 2020–1, section 7.02 (4).** Disponível em: <https://www.irs.gov/irb/2020-01_IRB#HI1>. Acesso em: 02 jan. 2020.

[846] US INTERNAL REVENUE SERVICE. **Internal Revenue Bulletin: 2020-01. Part III. Administrative, Procedural, and Miscellaneous. Rev. Proc. 2020–1, section 7.02 (4).** Disponível em: <https://www.irs.gov/irb/2020-01_IRB#HI1>. Acesso em: 02 jan. 2020.

[847] US INTERNAL REVENUE SERVICE. **Internal Revenue Bulletin: 2020-01. Part III. Administrative, Procedural, and Miscellaneous. Rev. Proc. 2020–1, section 8.02 e 8.05.** Disponível em: <https://www.irs.gov/irb/2020-01_IRB#HI1>. Acesso em: 02 jan. 2020.

[848] US INTERNAL REVENUE SERVICE. **Internal Revenue Bulletin: 2020-01. Part III. Administrative, Procedural, and Miscellaneous. Rev. Proc. 2020–1, section 8.02** Disponível em: <https://www.irs.gov/irb/2020-01_IRB#HI1>. Acesso em: 02 jan. 2020.

[849] GIVATI, Yehonatan. **Resolving Legal Uncertainty: The Unfulfilled Promise of Advance Tax Rulings**. Virginia Tax Review, 2009, p. 14-15. Disponível em: <http://nrs.harvard.edu/urn-3:HUL.InstRepos:3333571>. Acesso em: 23 dez. 2019.

3.3 Competência dentre os órgãos da administração tributária e sua imparcialidade

Uma das diferenças fundamentais entre os três sistemas examinados está relacionada com a existência, ou não, de um órgão central da Administração Pública Federal com competência para a emissão da resposta ao pedido formalizado pelo contribuinte ou interessado. Ainda que as ferramentas digitais desenvolvidas nos últimos anos tenham neutralizado algumas limitações físicas que existiam no passado, boa parte da doutrina[850],[851],[852] considera que, se as respostas aos pedidos de esclarecimento são centralizadas em um único órgão, o risco de adoção de posições divergentes sobre uma questão idêntica apresentada por contribuintes em diferentes localidades é seguramente maior do que quando as respostas são emitidas no âmbito de forma centralizada.

A falta de coerência nos pronunciamentos emitidos é um fator que desestimula sua utilização e impacta a percepção dos contribuintes sobre a imparcialidade das autoridades fiscais, apesar de não ser o único fator para essa desconfiança, como se verá.

No Brasil, a atribuição de competência exclusiva da Coordenação-Geral de Tributação (Cosit) para a interpretação das normas tributárias federais, bem como para solucionar as dúvidas apresentadas por todas as regiões fiscais do país, foi implementada a partir da Instrução Normativa RFB n. 1.396/2013, que manteve também a previsão de solução em instância única e sem a possibilidade de interposição de recursos. Antes disso, as consultas fiscais eram respondidas de forma descentralizada por superintendências regionais, o que acarretava, com frequência, a apresentação de soluções díspares para os mesmos temas.

Ainda que as divergências pudessem ser sanadas pela Cosit por meio de uma solução de divergência[853] no período compreendido entre a publicação

[850] NUNES, Cleucio Santos. **Curso completo de direito processual tributário.** 3. ed. São Paulo: SaraivaJur, 2019, p. 246.

[851] SANTOS, Paula Gonçalves Ferreira. **Uma argumentação consequencialista na solução de consulta tributária.** São Paulo: Almedina, 2017, p. 85.

[852] WÖHLECKE, Friedrich. **Die verbindliche Auskunft im deutsch-französischen Vergleich.** 2019. Tese (Doutorado) - Faculty of Law, Öffentliches Recht. Professur Für Steuerrecht, Universität Zu Köln, Köln, 2019, p. 32. Disponível em: <http://kups.ub.uni-koeln.de/id/eprint/10438>. Acesso em: 09 jan. 2020.

[853] GOMES, Marcus Lívio. A consulta tributária vinculante. In: QUEIROZ, Luís Cesar Souza de. GOMES, Marcus Livio (Orgs.). **Tributação, Direitos Fundamentais e Desenvolvimento.** Rio de Janeiro: GZ Editora, 2014. p. 78.

das soluções emitidas pelas Superintendências Regionais e a solução de divergência da Cosit, as orientações previamente emitidas terminavam influenciando de alguma forma não apenas o requerente, mas também outros contribuintes. Caso a intepretação da Cosit apresentasse novos critérios que significassem a imposição de carga tributária maior do que a devida com base na consulta anterior, todos os outros contribuintes, que não o próprio requente, estariam, em tese, sujeitos a penalidades por terem seguido uma orientação emitida pela própria autoridade fiscal, mas que foi posteriormente alterada.[854]

Pela sistemática atual, os órgãos regionais apenas possuem competência para realizar o atendimento aos requisitos formais das consultas protocoladas, bem como para examinar situações de ineficácia ou a possibilidade de aplicação de uma solução de consulta vinculante.[855] Dessa forma, a ineficácia da consulta fiscal poderá ser declarada tanto pela Coordenação-Geral de Tributação – Cosit, quanto pela Divisão de Tributação das Superintendências Regionais da Receita Federal do Brasil - Disit (art. 7º, § 1, IN RFB n. 1.396/2013).

Na Alemanha, a emissão das *verbindliche Auskünfte* (informações vinculantes) não se dá de forma centralizada.[856] A Seção 89 do Código Tributário alemão estabelece que: (i) em regra, os pedidos deverão ser dirigidos para a mesma autoridade fiscal (*Finanzbehörde*) que seria dotada de competência para a consecução dos atos de fiscalização e arrecadação referentes à operação ou situação descrita no pedido; (ii) se ainda não existir uma Autoridade definida para a situação específica tratada no pedido, sobretudo nas hipóteses das Seções 18 a 21 que dizem respeito a tributos federais administrados por autoridades fiscais regionais (*Landesfinanzbehörden*) em nome da União, o BZSt será o órgão competente para o processamento do pedido e fornecimento das *verbindliche Auskünfte* (informações vinculantes).[857]

Se a indagação exposta no pedido de emissão de *verbindliche Auskünft* (informações vinculantes) envolver vários tributos de competência de várias

[854] GOMES, Marcus Lívio. A consulta tributária vinculante. In: QUEIROZ, Luís Cesar Souza de. GOMES, Marcus Livio (Orgs.). **Tributação, Direitos Fundamentais e Desenvolvimento.** Rio de Janeiro: GZ Editora, 2014. p. 78-79.

[855] SANTOS, Paula Gonçalves Ferreira. **Uma argumentação consequencialista na solução de consulta tributária.** São Paulo: Almedina, 2017, p. 85.

[856] REIMER, Ekkehart. Proteção do contribuinte na Alemanha. **Revista de Direito Tributário Atual**: Instituto Brasileiro de Direito Tributário, São Paulo, v. 22, p.54-77, jan. 2008. Traduzido por Paulo Victor Vieira da Rocha, p. 72.

[857] DEUTSCHLAND. **Abgabenordnung - AO.** 16. März 1976. Deutschland, 1976. Disponível em: <http://www.gesetze-im-internet.de/ao_1977/index.html>. Acesso em: 05 jan. 2020.

administrações tributárias (*Finanzamt*), abarcando exações de atribuição das autoridades fiscais federais (*Bundesfinanzbehörden*) e regionais (*Landesfinanzbehörden*), o contribuinte deverá formalizar um pedido específico para cada uma delas (n. 3.3.1.3, do AEAO para a Seção 89). Nesses casos, para evitar informações contraditórias, poderá ser celebrado um acordo de jurisdição entre tais autoridades, nos termos da Seção 27 do Código Tributário,[858] ou as administrações fiscais envolvidas deverão atuar de forma coordenada (n. 3.3.1.7, do AEAO para a Seção 89).

Para Friedrich Wöhlecke, essa sistemática reduz a eficiência, especialização e coerência das informações fornecidas pela administração fiscal alemã, se comparada com sistemas europeus, como o da França, em que esse tipo de questionamento é respondido por uma autoridade fiscal hierarquicamente superior e de forma concentrada.[859]

Não é outra a opinião de Roman Seer. O jurista comenta que, em situações complexas, a necessidade de coordenação entre autoridades fiscais federal e regional impacta consideravelmente o tempo gasto para a resposta, gerando uma demora que é incompatível com o valor das taxas de serviço cobradas, além de impor o adiamento de projetos e operações evolvendo valores significativos, ou a sua realização pelos envolvidos mediante assunção dos riscos tributários que se buscou evitar com a formalização do pedido. Ademais, além de acarretar a demora no fornecimento das informações, para Roman Seer, a ausência de uma autoridade fiscal central também impacta a própria incidência do princípio da isonomia (*Rechtsanwendungsgleichheit*) permitindo a aplicação de soluções distintas para as mesmas questões.[860]

858 WÖHLECKE, Friedrich. **Die verbindliche Auskunft im deutsch-französischen Vergleich.** 2019. Tese (Doutorado) - Faculty of Law, Öffentliches Recht. Professur Für Steuerrecht, Universität Zu Köln, Köln, 2019, p. 28. Disponível em: <http://kups.ub.uni-koeln.de/id/eprint/10438>. Acesso em: 09 jan. 2020.

859 WÖHLECKE, Friedrich. **Die verbindliche Auskunft im deutsch-französischen Vergleich.** 2019. Tese (Doutorado) - Faculty of Law, Öffentliches Recht. Professur Für Steuerrecht, Universität Zu Köln, Köln, 2019, p. 32. Disponível em: <http://kups.ub.uni-koeln.de/id/eprint/10438>. Acesso em: 09 jan. 2020.

860 SEER, Roman et al (Org.). **Recht auf Information und Auskunft im Besteuerungsverfahren:** unter besonderer Berücksichtigung des Gesetzes zur Modernisierung des Besteuerungsverfahrens vom 18. Juli 2016 und der EU-Datenschutz-GrundVO vom 27. April 2016 mit nachfolgenden Änderungen der AO. Berlin: Deutsches Wissenschaftliches Institut Der Steuerberater E.v., 2017, p. 09. Disponível em: <https://www.dws-institut.de/sites/default/files/ue_document/file_id/DWS_Institut_Brosch%C3%BCre_Recht_online.pdf>. Acesso em: 10 jan. 2020.

Ao comentar o sistema alemão, Friedrich Wöhlecke lembra, ainda, que, embora a legislação estabeleça que os pedidos devam ser apresentados à administração fiscal competente localmente, na prática, as respostas normalmente não são preparadas por eles, visto que costumam solicitar apoio de órgãos de consultoria tributária do Ministério das Finanças, em especial em questões de importância supra regional, bem como em virtude da sobrecarga de trabalho.[861]

Relativamente à *verbindliche Zusage* (confirmação vinculante), a competência para a sua emissão será, em regra, do mesmo órgão da administração tributária responsável para decidir sobre a tributação do contribuinte ou interessado, tal como a que seria competente para a emissão de uma notificação fiscal de lançamento,[862],[863], motivo pelo qual em relação a esse aspecto não existem controvérsias.

Nos Estados Unidos, por sua vez, conforme expresso na Seção 601.201 (a) (2) do CFR,[864] a emissão formal e por escrito das *letter rulings* é realizada apenas pelo Escritório Nacional (*Office of Chief Counsel*), que pode ser entendido como a Superintendência de Consultoria Geral da Receita, cujo exercício se dá por meio de diretorias temáticas sob a jurisdição da Superintendência de Consultoria Geral da Receita (*Office of Chief Counsel*).[865]

[861] WÖHLECKE, Friedrich. **Die verbindliche Auskunft im deutsch-französischen Vergleich.** 2019. Tese (Doutorado) - Faculty of Law, Öffentliches Recht. Professur Für Steuerrecht, Universität Zu Köln, Köln, 2019, p. 29. Disponível em: <http://kups.ub.uni-koeln.de/id/eprint/10438>. Acesso em: 09 jan. 2020.

[862] SEER, Roman et al (Org.). **Recht auf Information und Auskunft im Besteuerungsverfahren:** unter besonderer Berücksichtigung des Gesetzes zur Modernisierung des Besteuerungsverfahrens vom 18. Juli 2016 und der EU-Datenschutz-GrundVO vom 27. April 2016 mit nachfolgenden Änderungen der AO. Berlin: Deutsches Wissenschaftliches Institut Der Steuerberater E.v., 2017, p. 09. Disponível em: <https://www.dws-institut.de/sites/default/files/ue_document/file_id/DWS_Institut_Brosch%C3%BCre_Recht_online.pdf>. Acesso em: 10 jan. 2020.

[863] REIMER, Ekkehart. Proteção do contribuinte na Alemanha. **Revista de Direito Tributário Atual**: Instituto Brasileiro de Direito Tributário, São Paulo, v. 22, p.54-77, jan. 2008. Traduzido por Paulo Victor Vieira da Rocha, p. 71.

[864] CODE OF FEDERAL REGULATIONS. **Title 26. Internal Revenue. Chapter I. Internal Revenue Service, Departmante of the Threasury, Subchapter H. Internal Revenue Pactice. Part 601. Statement of Procedural Rules. Subpart B.** Rulings and Other Specific Matters Section 601.201. Disponível em: <https://www.law.cornell.edu/cfr/text/26/601.201> Acesso em 01 maio.2020.

[865] US INTERNAL REVENUE SERVICE. **Internal Revenue Bulletin: 2020-01. Part III. Administrative, Procedural, and Miscellaneous. Rev. Proc. 2020–1, section 3.** Disponível em: <https://www.irs.gov/irb/2020-01_IRB#HI1>. Acesso em: 02 jan. 2020.

O Boletim Interno da Receita – IRB 2020-01 apresenta uma vasta listagem de assuntos sob a jurisdição de cada uma das divisões e escritórios associados (repartições) subordinadas ao consultor geral da Receita Federal (Escritório Nacional), que poderão ser objeto de *letter ruling*, e que foram descritos no subtópico 2.4.2 do Capítulo 2.

Assim como no Brasil, dessa maneira, nos Estados Unidos, a competência para apresentar esclarecimentos aos questionamentos submetidos pelos contribuintes é de uma autoridade central e o tema não enseja maiores discussões no âmbito da doutrina americana, diferente do que é observado na Alemanha em que a ausência de centralização acarreta, segundo os autores consultados, não apenas uma demora no fornecimento de informações como também aumenta a possibilidade de opiniões contraditórias.

Em relação a esse quesito, percebe-se, portanto, que a legislação brasileira já adota o formato considerado mais efetivo para o melhor aproveitamento do instituto.

Embora esse seja um fator que certamente atrai confiabilidade nas informações prestadas pelas autoridades fiscais, observa-se, na literatura dos três países, idêntica desconfiança em relação à imparcialidade deles, seja em relação ao conteúdo das respostas, seja pelo receio de que, ao expor suas atividades, isso possa atrair uma fiscalização mais acurada sobre a sua tributação.

No Brasil, considera-se que a consulta fiscal é pouco utilizada,[866] sobretudo pela ausência de confiança por parte dos contribuintes na parcialidade das autoridades fiscais que examinarão as dúvidas apresentadas.[867] Com a ressalva sobre a ausência de um estudo empírico que comprove esse aspecto psicológico da relação entre contribuinte e autoridades fiscais Sérgio André Rocha aponta que de uma forma geral (e não apenas no âmbito da Consulta Fiscal), que essa desconfiança existe também por parte da Autoridade Fiscal em relação ao contribuinte, o que redunda em um ambiente de "isolamento e beligerência".[868]

[866] BARBOSA, Henrique Cunha. A Consulta Fiscal e a Segurança Jurídica: Uma Nova Perspectiva Diante dos Conceitos Indeterminados. **In: PROCESSO administrativo tributário: estudos em homenagem ao professor Aurélio Pitanga Seixas Filho**. São Paulo/SP: QuartierLatin, 2007. p. 301.

[867] ROCHA, Sergio André. Meios alternativos de solução de conflitos no direito tributário brasileiro. **Revista Dialética de Direito Tributário,** São Paulo, n. 122, nov. 2005, p. 105.

[868] ROCHA, Sérgio André. Reconstruindo a confiança na relação fisco-contribuinte. **Revista Direito Tributário Atual**, São Paulo, n.39, 2018, p. 508.

Ao avaliar as vantagens e desvantagens de se buscar uma *private letter ruling*, e considerando a sua visão particular sobre o IRS, Yehonatan Givati considera que, quando o referido órgão define como irá interpretar uma norma ambígua, certamente leva em consideração os efeitos dessa intepretação em relação à futura arrecadação. Apesar de fazer a ressalva de que esse não é o único aspecto avaliado pelo IRS, tende a ser um fator relevante, já que, em seu sentir, a principal preocupação do órgão é demonstrar eficiência na realização de suas atividades com base em dados que demonstrem aumento na arrecadação.[869]

Na Alemanha, essa também parece ser a percepção dos contribuintes, conforme narra Joachim Englisch, que, no estudo dedicado à modalidades de solução de conflitos entre Fisco e contribuintes, comenta o seguinte: "Mas as empresas de porte médio também enfrentam duras auditorias fiscais, já que os inspetores fiscais são rotineiramente esperados para gerar receita extra"[870]. Em seguida, aponta também que em eventuais decisões no âmbito de acordos sobre preços de transferência, as autoridades fiscais "tendem a corrigir os preços de transferência a fim de aumentar a respectiva quota de receitas"[871].

Além dessa percepção sobre possível parcialidade das autoridades fiscais quanto à resposta, também é apontada a existência de receio dos contribuintes com relação ao aumento de exposição e de fiscalização. Sobre esse aspecto, Yehonatan Givati explica que, normalmente, quando se tem dúvida sobre a interpretação e aplicação de uma norma tributária, as interpretações possíveis poderão acarretar tanto aumento quanto a redução da carga tributária. A depender do cenário, o contribuinte costuma ponderar se o melhor caminho é a formalização de um pedido de orientação para as autoridades fiscais

[869] GIVATI, Yehonatan. **Resolving Legal Uncertainty: The Unfulfilled Promise of Advance Tax Rulings**. Virginia Tax Review, 2009, p. 15. Disponível em: <http://nrs.harvard.edu/urn-3:HUL.InstRepos:3333571>. Acesso em: 23 dez.2019.

[870] Do original: "*But medium-sized enterprises, too, face tough taxaudits, since tax inspectors are routinely expected to generate extra revenue.*" (Fonte: ENGLISCH, Joachim. German experience on alternative modalities of tax conflicts solution and the application of mutual tax agreements. In: TÔRRES, Heleno Taveira (Coord.); TAVOLARO, Agostinho Toffoli; XAVIER, Alberto. **Direito tributário internacional aplicado v. 5**. São Paulo: Quartier Latin, 2008, p. 563,

[871] Do original: "[...] *but rather tend to correct transfer prices so as to increasc their respective share of revenue, and will thus take conflicting views with an imminent danger of double taxation.* Fonte: ENGLISCH, Joachim. German experience on alternative modalities of tax conflicts solution and the application of mutual tax agreements. In: TÔRRES, Heleno Taveira (Coord.); TAVOLARO, Agostinho Toffoli; XAVIER, Alberto. **Direito tributário internacional aplicado v. 5**. São Paulo: Quartier Latin, 2008, p. 564.

ou a aplicação imediata da interpretação que considera mais favorável. Caso opte por consultar previamente as autoridades fiscais e a resposta lhe seja contrária, como se sabe, o contribuinte não é obrigado a seguir a orientação fornecida, mas se não o fizer, certamente terá um risco de fiscalização maior do que o que teria se não tivesse submetido a questão ao Fisco.[872]

Essa também é a opinião de Camila Watson ao ponderar que:

> O potencial efeito positivo de um *ruling* favorável deve ser equilibrado contra o potencial efeito negativo de receber uma decisão adversa. [...]. Embora os pedidos de decisão possam ser retirados, e geralmente são retirados quando uma posição adversa parece iminente, o Escritório Nacional normalmente notifica a equipe responsável pela fiscalização do contribuinte sobre a desistência do pedido, o que pode aumentar o risco de uma auditoria do contribuinte.[873]

Inclusive, nos Estados Unidos, não é mesmo necessário formalizar o pedido de *letter ruling* para atrair a atenção dos órgãos de fiscalização. A legislação americana oferece, como visto, uma conferência de pré-apresentação, antes do envio da solicitação de *ruling*.[874] Se, após a realização dessa reunião, o contribuinte não formalizar o pedido de *letter ruling*, a repartição que o atendeu poderá enviar um memorando para a autoridade fiscal responsável pela fiscalização daquele contribuinte, com a sua opinião sobre as questões suscitadas durante a conferência, cujo conteúdo deverá ser publicado nos termos do disposto na Seção 6110 (i), do IRC.[875]

Ao nos deparamos com esse sentimento de desconfiança mútua entre o contribuinte e a autoridade fiscal designada para prestar informações vinculantes, que impacta consideravelmente na sua utilização no Brasil e em relação aos institutos implementados na Alemanha e nos Estados Unidos, nos quais são

[872] GIVATI, Yehonatan. **Resolving Legal Uncertainty: The Unfulfilled Promise of Advance Tax Rulings**. Virginia Tax Review, 2009, p. 15. Disponível em: <http://nrs.harvard.edu/urn-3:HUL.InstRepos:3333571>. Acesso em: 23 dez.2019.

[873] WATSON, Camilla. **Tax Procedure and Tax Fraud.** 5nd Ed. Kindle edition, 2016, p. 22.

[874] US INTERNAL REVENUE SERVICE. **Internal Revenue Bulletin: 2020-01. Part III. Administrative, Procedural, and Miscellaneous. Rev. Proc. 2020–1, section 7.01.** Disponível em: <https://www.irs.gov/irb/2020-01_IRB#HI1>. Acesso em: 02 jan. 2020.

[875] US INTERNAL REVENUE SERVICE. **Internal Revenue Manual. Part 32. Published Guidance and Other Guidance to Taxpayers. Chapter3 Letter Rulings, Information Letters, and Closing Agreements. Section 2. Letter Rulings (32.3.2.2.4.2).** Disponível em: <https://www.irs.gov/irm/part32/irm_32-003-001> Acesso em: 26 dez. 2019.

adotados modelos que oferecem, mediante o pagamento de uma taxa de serviço, uma análise mais abrangente das questões em relação ao Brasil, parece-nos que a solução para o impasse pode ser extraída não apenas de alteração de características ou requisitos dos institutos, mas também pela designação de uma autoridade que não seja vinculada ao órgão de arrecadação. Nos três países existe essa vinculação, conforme o seguinte[876]:

- **Brasil:** Coordenação-Geral de Tributação, subordinada à Subsecretaria de Contencioso, que, por sua vez, é vinculada ao Secretário Especial da Receita Federal do Brasil.
- **Alemanha:** autoridades fiscais federais (*Bundesfinanzbehörden*) e regionais (*Landesfinanzbehörden*), vinculadas à Repartição Federal de Finanças na Alemanha (*Bundeszentralamt für Steuern* - BZSt).
- **Estados Unidos**: consultor chefe (*chief counsel*), autoridade fiscal encarregada de fornecer consultoria jurídica ao Secretário da Receita Federal dos Estados Unidos (*Commissioner of Internal Revenue*).

Nesse contexto, não obstante a compreensão de que as autoridades fiscais dos três países examinados estejam genuinamente empenhadas em conciliar as atividades de arrecadação e de consultoria, é razoável cogitar que, se essa consultoria fosse oferecida no âmbito da Administração Pública Federal, mas por um órgão que não fosse vinculado à Receita Federal, com função neutra ou pelo menos mais distante da arrecadatória, como, por exemplo, o Tribunal de Contas da União, ou mesmo o CARF, sem que deixasse de produzir efeitos vinculantes em relação às autoridades fiscais, poderia existir maior grau de credibilidade nas informações prestadas.

O exame e a comparação dos sistemas objeto desta pesquisa evidenciam que o exercício, por um mesmo órgão, das obrigações de arrecadar e fornecer orientações sobre os parâmetros para o cumprimento dessas mesmas obrigações da forma menos onerosa possível, pode comprometer, ainda que de forma inconsciente, a neutralidade das respostas fornecidas. Apesar dessa constatação, essa não é uma hipótese ventilada na doutrina e os elementos explorados nessa pesquisa não permitem definir como se daria essa estruturação no Brasil e se seria compatível com nosso ordenamento. A definição sobre essa hipótese ultrapassa o objeto proposto originalmente nessa pesquisa e pode ser explorada em um estudo autônomo.

876

3.4 Limitações sobre o que pode ser respondido e a discricionariedade das autoridades fiscais

A comparação entre os temas que podem ser abarcados pelo conteúdo das informações vinculantes prestadas pelas autoridades fiscais, em face de questionamentos formulados pelos contribuintes no Brasil, Alemanha e Estados Unidos, pode ser elucidada a partir de uma exposição resumida dos aspectos particulares envolvendo as questões para as quais as respectivas legislações autorizam ou vedam textualmente a possibilidade de submissão, bem como pela exposição das principais semelhanças e diferenças entre os sistemas.

A respeito do conteúdo da consulta fiscal brasileira, o artigo 46 do Decreto n. 70.235/1972, o artigo 3º da IN RFB n. 1.396/2013 e o artigo 5º da IN RFB n. 1.464/2014 estabelecem, em apertada síntese, que apenas poderão ser abarcadas pelo pedido questões sobre a interpretação de dispositivos da legislação tributária, sendo indispensável a indicação do dispositivo sobre o qual recai dúvida e como essa norma incide sobre uma situação fática concretamente determinada. Diante disso, apenas serão processados pedidos que apresentem:

(i) A descrição de uma situação fática determinada, com exposição detalhada de seu objeto e indicação das informações necessárias à elucidação da matéria (art. 3º, inciso III, IN RFB n. 1.396/2013);
(ii) Indicação dos dispositivos da legislação que ensejaram a dúvida, bem como dos fatos em relação aos quais incidirá a interpretação solicitada (art. 3º, inciso IV, IN RFB 1.396/2013), sob pena de ineficácia (art. 18, II, IN RFB n. 1.396/2013).

A não observância dos requisitos acima, acarretará, em regra, a ineficácia da consulta, "salvo se a inexatidão ou omissão for escusável, a critério da autoridade julgadora" (art. 52, VIII, Dec. n. 70.235/72, c/c art. 18, XI, IN RFB n. 1.396/2013). Também será considerado ineficaz o pedido que contemplar uma mera exposição da dúvida "em tese, com referência a fato genérico" (art. 18, II, IN RFB n. 1.396/2013).

Na Alemanha, os aspectos basilares sobre o que poderá ser examinado no âmbito da *verbindliche Auskunft* (informação vinculante) e da *verbindliche Zusage* (confirmação vinculante) constam, respectivamente, na Seção 89 (2) do Código Tributário e nas Seções 204 e 205 do mesmo diploma. As regras gerais a respeito do conteúdo dos referidos pedidos podem ser assim sintetizadas:[877],[878]

(i) apresentar questões relacionadas com a definição das exigências fiscais;
(ii) matéria e a dúvida devem ser precisamente delimitadas;
(iii) a indagação deverá corresponder, preferencialmente, ao tratamento tributário de operações não realizadas ou fatos não ocorridos,
(iv) demonstração que a questão jurídica apresentada no pedido é alusiva ao cumprimento das obrigações fiscais concretas do requerente.

A única particularidade em relação à *verbindliche Zusage* (confirmação vinculante) é de que o instituto é voltado ao cumprimento de obrigações permanentes (*Dauersachverhalte*).[879]

À semelhança do que estabelecido no Direito alemão, o conteúdo de um pedido de *letter rulings* está atrelado, principalmente, ao fornecimento de orientações envolvendo situações futuras cuja incidência tributária não tenha sido consumada, em especial pelo envio da respectiva declaração.

Ao discorrer de forma ilustrativa (e não taxativa) sobre as circunstâncias e questões a respeito das quais as autoridades fiscais do IRS podem emitir *letter rulings*, o Manual Interno do IRS e o Boletim 2020-01 especificam que as autoridades fiscais geralmente emitem *letter rulings* em operações pretendidas ou concluídas, mas antes que a declaração referente ao tributo questionado seja transmitida. Por outro lado, não sendo atendida essa exigência, para diversas situações, as normas prescrevem a possibilidade de que sejam adotados mecanismos para compatibilizar os interesses envolvidos e viabilizar o fornecimento da orientação buscada pelo requerente.

Assim, mesmo que o contribuinte tenha submetido o pedido de *letter ruling* após o registro da declaração envolvendo a tributação questionada, mas antes

[877] DEUTSCHLAND. **Abgabenordnung - AO.** 16. März 1976. Deutschland, 1976. Disponível em: <http://www.gesetze-im-internet.de/ao_1977/index.html>. Acesso em: 05 jan. 2020.

[878] Nota explicativa: Para mais detalhes sobre cada um desses aspectos vide subtópico 3.3.5 do Capítulo 3.

[879] SEER, Roman et al (Org.). **Recht auf Information und Auskunft im Besteuerungsverfahren.:** unter besonderer Berücksichtigung des Gesetzes zur Modernisierung des Besteuerungsverfahrens vom 18. Juli 2016 und der EU-Datenschutz-GrundVO vom 27. April 2016 mit nachfolgenden Änderungen der AO. Berlin: Deutsches Wissenschaftliches Institut Der Steuerberater E.v., 2017. p. 23. Disponível em: <https://www.dws-institut.de/sites/default/files/ue_document/file_id/DWS_Institut_Brosch%C3%BCre_Recht_online.pdf>. Acesso em: 10 jan. 2020.

que a declaração tenha sido examinada, o seu requerimento será processado normalmente, sendo exigido apenas que o requerente notifique a autoridade fiscal com jurisdição sobre a declaração para informar sobre a formalização da *letter ruling*, anexando uma cópia da solicitação pendente.[880] Nessas situações, o IRS também aponta que as autoridades fiscais se empenharão para emitir a *letter ruling* no prazo de três meses da data do envio da declaração. Se a *letter ruling* não puder ser emitida dentro desse período, a repartição competente para sua emissão notificará o escritório com jurisdição sobre a declaração, para que lhe seja conferido um período adicional para conclusão da análise da *letter ruling*.[881]

Além disso, vale destacar que, entre os três sistemas examinados, o vigente nos Estados Unidos é o que traz informações mais detalhadas sobre as circunstâncias e questões a respeito das quais as autoridades fiscais do IRS podem emitir *letter rulings*. Mas não é apenas a regulamentação do tema que é mais generosa, o conteúdo em si do que o IRS se coloca à disposição para esclarecer também é mais abrangente. Entre as matérias arroladas de forma ilustrativa, identificam-se as seguintes: (i) prorrogação do prazo (*request for an extension of time*) para fazer uma opção na declaração (*election*); (ii) retificação da declaração (*application for relief*) regulada na Seção 301.9100 do CFR; (iii) revogação/cancelamento de uma opção na declaração (*election*); (iv) esclarecimentos quanto a prazos e local para cumprimento de obrigações fiscais; (v) procedimentos para a emissão de declarações e (vi) normas sobre pagamento de tributos; (vii) análise sobre requisitos envolvendo a redução da caga tributária de organizações isentas e planos de aposentadoria, utilização de crédito ou reembolso de impostos.[882]

Em relação aos impostos, constata-se a existência de explicações detalhadas sobre questões a respeito da incidência de: (i) Imposto de Renda (*Income tax*) e Imposto sobre Doações (*Gift tax*); (ii) Imposto sobre Transmissão Causa *Mortis* (*Estate tax*); impostos sobre o consumo (*Excise tax*); Imposto

[880] US INTERNAL REVENUE SERVICE. **Internal Revenue Bulletin: 2020-01. Part III. Administrative, Procedural, and Miscellaneous. Rev. Proc. 2020–1, section 5.06.** Disponível em: <https://www.irs.gov/irb/2020-01_IRB#HI1>. Acesso em: 02 jan. 2020.

[881] US INTERNAL REVENUE SERVICE. **Internal Revenue Bulletin: 2020-01. Part III. Administrative, Procedural, and Miscellaneous. Rev. Proc. 2020–1, section 5.06.** Disponível em: <https://www.irs.gov/irb/2020-01_IRB#HI1>. Acesso em: 02 jan. 2020.

[882] US INTERNAL REVENUE SERVICE. **Internal Revenue Bulletin: 2020-01. Part III. Administrative, Procedural, and Miscellaneous. Rev. Proc. 2020–1, section 5, items 01 to 17.** Disponível em: <https://www.irs.gov/irb/2020-01_IRB#HI1>. Acesso em: 02 jan. 2020.

sobre Relações de Emprego (*Employment tax*, que possuem natureza de Contribuições para a Seguridade Social).[883]

No tocante à delimitação do conteúdo submetido às autoridades fiscais, os três países guardam a seguintes semelhanças:

a) Exigência de que o requerente descreva de forma suficiente os fatos em relação aos quais pairam dúvidas;
b) Necessidade de exposição precisa da vinculação do requerente com a situação apontada no pedido, além de demonstrar a possibilidade de sua consumação;
c) Impossibilidade de formulação de questão em tese e inteiramente hipotética.

Por outro lado, existem algumas diferenças relevantes quanto à dimensão do que poderá ser examinado em cada ordenamento. A principal delas está relacionada à exigência prevista na legislação alemã de que as indagações apresentadas se refiram a fatos ainda não concretizados,[884] que não é feita nas legislações do Brasil e dos Estados Unidos. Dessa forma, no que diz respeito ao aspecto temporal da situação fática sobre a qual recai a dúvida do objeto do pedido, é possível definir o seguinte:

- Brasil: Sobre situações pretéritas e futuras indistintamente.
- Estados Unidos: Preferencialmente sobre situações ainda não ocorridas.
- Alemanha: Necessariamente para circustâncias futuras.

Vale mencionar que, na Alemanha, a *verbindliche Auskunft* (informação vinculante) e a *verbindliche Zusage* (confirmação vinculante) não serão emitidas para situações ou negócios já encerrados ou que tenham sido integralmente implementados, conforme estabelece o item n. 3.5.2 do Decreto (AEAO para a Seção 89 do AO). Para as situações já concretizadas, a análise dos aspectos

[883] Para mais informações sobre as Contribuições Sobre a Seguridade Social e Tributação nos Estados Unidos vide: VALADÃO, Marcos Aurélio Pereira; GASSEN, Valcir. **Tributação nos Estados Unidos e no Brasil**: um estudo comparativo da matriz tributária. São Paulo: Almedina, 2020. 254 p.

[884] DEUTSCHLAND. **Steuer-auskunftsverordnung - Stauskv**, 30 november 2007. **Bgbl. I S. 2783.** Deutschland, 2007. Disponível em: <http://www.gesetze-im-internet.de/stauskv/>. Acesso em: 05 jan. 2020.

tributários deverá ocorrer no momento da fiscalização e eventual lançamento complementar[885] ou, ainda, possivelmente, no âmbito de um *tatsächlichen Verständigung* (acordo real).[886]

Segundo o disposto no item n. 3.5.2 do AEAO, o óbice à emissão da resposta também é aplicável para as circunstâncias que não haviam sido realizadas no momento da submissão do pedido de *verbindliche Auskunft* (informações vinculantes), mas que acabaram sendo consumadas antes do pronunciamento da autoridade fiscal.[887]

Este último aspecto é controvertido na literatura alemã, conforme explica Friedrich Wöhlecke, para quem a interpretação da redação da Seção 1 (1) item n. 2 da Portaria *StAuskV* permite a conclusão de que é irelevante, para fins de emissão da resposta ao pedido, a ocorrência da situação consultada no período compreendido entre o protocolo do requerimento e a emissão das *verbindliche Auskünfte* (informações vinculantes). Para ele, a norma prescreve expessamente que tal requisito é aplicável aos fatos que não tenham ocorrido até a data do protocolo do pedido.

Em relação aos temas e questões sobre os quais as autoridades fiscais não emitirão respostas aos pedidos formulados pelos contribuintes, o Brasil e os Estados Unidos apresentam um rol mais demarcado do que o da Alemanha. Não serão respondidas questões que correspondam aos seguintes temas, ou acarretarão a sua ineficácia:

885 DEUTSCHLAND. Anwendungserlass Zur Abgabenordnung (AEAO), 31. Januar 2014, zuletzt geändert durch BMF-Schreiben v. 27. 9. 2019 – IV A 3 - S 0062/19/10009 :001. **Nwb**. Deutschland, Disponível em: <https://datenbank.nwb.de/Dokument/Anzeigen/500001/?shigh=Anwendungserlass&listPos=1&listId=1464843>. Acesso em: 09 jan. 2020.

886 WÖHLECKE, Friedrich. **Verbindliche Auskunft im deutsch-französischen Vergleich.** 2019. 184 f. Tese (Doutorado) - FacultyOf Law, Öffentliches Recht. Professur Für Steuerrecht, Universität Zu Köln, Köln, 2019, p. 34. Disponível em: <http://kups.ub.uni-koeln.de/id/eprint/10438>. Acesso em: 09 jan. 2020.

887 DEUTSCHLAND. Anwendungserlass Zur Abgabenordnung (AEAO), 31. Januar 2014, zuletzt geändert durch BMF-Schreiben v. 27. 9. 2019 – IV A 3 - S 0062/19/10009 :001. **Nwb**. Deutschland, Disponível em: <https://datenbank.nwb.de/Dokument/Anzeigen/500001/?shigh=Anwendungserlass&listPos=1&listId=1464843>. Acesso em: 09 jan. 2020.

Figura 3.4.2 – Quadro comparativo das matérias que não podem ser objeto de informações vinculantes ou que resultarão na sua ineficácia

Brasil	Alemanha	Estados Unidos
(i) Exposição da dúvida "em tese, com referência a fato genérico", sob pena de ineficácia (art. 18, II, IN RFB n. 1.396/2013); (ii) Prestação de assessoria jurídica ou contábil-fiscal pela RFB. (art. 18, XIV, IN RFB n. 1.396/2013); (iii) Não observar os requisitos formais e materiais previstos na legislação (art. 52, I, Dec. n. 70.235/72 e art. 18, I, IN RFB n. 1.396/2013); (iv) Envolver obrigação para a qual o requerente já tenha sido intimado para cumprimento (art. 52, II, Dec. n. 70.235/72 c/c art. 3º, II, "b" e art. 18, III, da IN RFB n. 1.396/2013) ou tiver sido resolvida por decisão anteriormente proferida em consulta ou litígio em que tenha sido parte o requerente (art. 18, VI, da IN RFB n. 1.396/2013); (v) Pedido formalizado por requerente sobre procedimento fiscal iniciado para apurar fatos que se relacionem com a matéria consultada (art. 52, III, Dec. n. 70.235/72 c/c art. 3º, II, "a" e art. 18, V, da IN RFB n. 1.396/2013); (vi) apresentar questões já resolvidas em respostas anteriormente conferidas pela RFB, ainda não modificada, proferida em consulta ou litígio em que tenha sido parte o consulente (art. 52, IV, Dec. n. 70.235/72 c/c art. 3º, inciso II,	(i) Questão prestes a ser definida pelos tribunais superiores ou por meio de regulamentação administrativa (item n. 3.5.4 do AEAO para a Seção 89 do AO e no item n. 5 do AEAO para a Seção 204 do AO; (ii) Operações cuja implementação for considerada abuso de direito *(Rechtsmissbrauch)*, nos termos Seção 42 do Código Tributário (AO); (iii) Planejamentos alternativos (*Gestaltungsvarianten*) (item n. 3.5.1 do AEAO para a Seção 89 do AO) no sentido de que o problema ou problemas fiscais comtemplados no pedido deverão estar vinculados a uma situação concreta (nos itens n. 4 e 5 da Seção 1 (1) da Portaria *StAuskV*); (iv) Obtenção de uma vantagem fiscal (*Steuervorteils) e não propriamente o esclarecimento de uma dúvida ou incerteza quanto à aplicação da lei* (item n. 3.5.4 do AEAO para a seção § 89 do AO); (v) Situações consumadas antes do pronunciamento da autoridade fiscal (item n. 3.5.2 do AEAO).	(i) Questão idêntica pendente de apreciação pelo IRS referente um período anterior; (ii) Indagação envolvendo solicitação de análise de apenas parte fração ou aspecto isolado de uma operação; (iii) Postulação sobre definição sobre qual das empresas é o empregador em uma relação específica, segundo a legislação trabalhista vigente; (iv) Dúvidas formalizadas por associações para obtenção de orientação sobre a tributação de seus membros; (v) Com relação às consequências tributárias para terceiros que não estejam diretamente envolvidos na operação descrita ou eventual solicitação que não contemple questão sobre as obrigações fiscais do solicitante; (vi) As submissões de *letter rulings* por governos estrangeiros e suas delegações poderá abarcar questões envolvendo as obrigações fiscais decorrentes da legislação americana; (vii) Sobre as consequências fiscais de um projeto de lei em discussão nas esferas federal, estadual, local, municipal ou internacional; (viii) São consideradas *frivolous issues* os pedidos formalizados

"c", e art. 18, IV, da IN RFB n. 1.396/2013); (vii) Abarcar questão disciplinada em ato normativo ou definido na legislação (art. 52, V e VI, do Dec. n. 70.235/72, c/c art. 18, VII e IX, da IN RFB n. 1.396/2013) (viii) Envolver fato definido como crime ou contravenção penal (art. 52, VII, Dec. n. 70.235/72, c/c art. 18, X, da IN RFB n. 1.396/2013); (ix) Versar sobre constitucionalidade ou legalidade da legislação (art. 18, VIII, da IN RFB n. 1.396/2013); (x) Tratar de questões envolvendo parcelamento de débitos administrados pela RFB, salvo se a questão estiver relacionada com a interpretação das normas acerca do parcelamento (art. 18, XII, e §3º, da IN RFB n. 1.396/2013); (xi) Se a dúvida do requerente incidir sobre matéria estranha à legislação tributária e aduaneira; (art. 18, XIII, da IN RFB n. 1.396/2013).		sem o adequado embasamento em fatos e na legislação ou quando o contribuinte defende uma posição que já foi assim definida pelos tribunais, ou que é flagrantemente infundada; (ix) Assuntos disciplinadas na legislação, na jurisprudência, ou em qualquer outra orientação publicada; (x) Situações meramente hipotéticas ou operações descrevendo várias possibilidades; (xi) Para os assuntos sobre os quais já tenham sido proferidas decisões contrárias ou ainda esteja pendente de definição, bem como para assuntos que estão sendo objeto de aprofundamento.

Fonte: Elaborado pela autora

Independentemente disso, nos três países, as hipóteses de recusa estão sujeitas à discricionariedade das autoridades fiscais, o que é criticado pela doutrina, na medida em que reduz o grau de confiabilidade e de segurança jurídica dos institutos, uma vez que os contribuintes terminarão por ponderar que, independentemente do grau de transparência que adotem na formalização de um pedido, jamais terão certeza sobre o recebimento da resposta.

A literatura nacional aquiesce em parte com os óbices acima descritos - tais como os itens (iv) e (vii) por Hugo de Brito Machado[888], Kelly Magalhães Faleiro[889] e Valdir de Oliveira Rocha.[890] Entretanto, outras situações proporcionam

[888] MACHADO, Hugo de Brito. **Consulta Fiscal**. São Paulo: Malheiros, 2018, p. 93.

[889] FALEIRO, Kelly Magalhães. **Procedimento de Consulta Fiscal**. São Paulo: Noeses, 2005, p. 51.

[890] ROCHA, Valdir de Oliveira. **A Consulta Fiscal**. São Paulo: Dialética, 1996, p. 57.

alto grau de subjetividade da autoridade fiscal, o que atrai questionamentos, como, por exemplo, a circunstância de que a legislação deixa a critério da autoridade fiscal a opção de intimar, ou não, o contribuinte para complementar o requerimento apresentado.

Quer dizer, a autoridade competente poderá declarar a ineficácia do pedido por um mero descumprimento de um requisito formal, ficando, a seu critério, a definição sobre a possibilidade de intimação do contribuinte para eventual complementação, mesmo após o decurso de um longo prazo de espera do requerente, já que o prazo para a emissão da consulta fiscal no Brasil é de 360 dias (art. 97 do Decreto 7.574/2011, após alterações promovidas pelo Decreto n. 8.853/2016).

Na Alemanha, essa discricionariedade é extraída do próprio parágrafo segundo (2) da Seção 89 do Código Tributário, ao prescrever que a Repartição Federal de Finanças na Alemanha (BZSt) ou a autoridade fiscal (*Finanzbehörde*) "poderá" responder questionamentos dos contribuintes sobre temas devidamente especificados.[891] A expressão "poderá" significa, na prática, que mesmo cumpridos todos os requisitos, a efetiva emissão da resposta está no campo da atuação discricionária das autoridades fiscais.[892]

Roman Seer e Friedrich Wöhlecke apontam, contudo, que a discricionariedade da autoridade fiscal está atrelada apenas ao exame do interese do solicitante, mas que não poderia ser exercida no que diz respeito ao conteúdo da orientação fornecida, que deverá observar as previsões legalmente estabelecidas.[893],[894] Ou seja, não é admissível, por exemplo, que as autoridades fiscais condicionem o fornecimento de informações à aceitação de determinadas consequências ou condições, ou mesmo a renúncia ao direito de recorrer.[895]

[891] DEUTSCHLAND. **Abgabenordnung - AO.** 16. März 1976. Deutschland, 1976. Disponível em: <http://www.gesetze-im-internet.de/ao_1977/index.html>. Acesso em: 05 jan. 2020.

[892] SEER, Roman. **Verbindliche Auskunft.** Finanz-Rundschau Ertragsteuerrecht, v.99, pp. 161-169, feb.2017, p. 163. Disponível em: <https://www.kompetenzzentrum-steuerrecht.de/MEDIEN/contenido_import/Publikationen/2017/Seer_FR_2017_161.pdf>. Acesso em: 19 jan.2020.

[893] SEER, Roman. **Verbindliche Auskunft.** Finanz-Rundschau Ertragsteuerrecht, v.99, pp. 161-169, feb.2017, p. 163. Disponível em: <https://www.kompetenzzentrum-steuerrecht.de/MEDIEN/contenido_import/Publikationen/2017/Seer_FR_2017_161.pdf>. Acesso em: 19 jan.2020.

[894] WÖHLECKE, Friedrich. **Die verbindliche Auskunft im deutsch-französischen Vergleich.** 2019. 184 f. Tese (Doutorado) - FacultyOf Law, Öffentliches Recht. Professur Für Steuerrecht, Universität Zu Köln, Köln, 2019, p. 40. Disponível em: <http://kups.ub.uni-koeln.de/id/eprint/10438>. Acesso em: 09 jan. 2020.

[895] SEER, Roman. **Verbindliche Auskunft.** Finanz-Rundschau Ertragsteuerrecht, v.99, pp. 161-169, feb.2017, p. 164. Disponível em: <https://www.kompetenzzentrum-steuerrecht.de/MEDIEN/contenido_import/Publikationen/2017/Seer_FR_2017_161.pdf>. Acesso em: 19 jan.2020.

Os aludidos autores consideram, ainda, que a partir da introdução da obrigação de recolhimento da taxa de serviço pela emissão da *verbindliche Auskunft* (informação vinculante), a discricionariedade das autoridades fiscais relativamente ao direito à emissão é praticamente inexistente e, no caso de recusa, o pedido deverá ser gratuito.[896],[897]

Romam Seer também defende que não há espaço para a recusa de emissão de uma *verbindliche Auskunft* (informação vinculante) se o requerimento apresentado atendeu a todos os requisitos fixados no item n. 3.4 do Decreto (AEAO para a Seção 89 do AO).[898] O referido autor também discorda da vedação contida no item n. 3.5.4 do Decreto (AEAO para a Seção 89 do AO), já que os pedidos envolvendo a estruturação de operações comerciais/econômicas (*wirtschaftlichen Gestaltungen*) buscam com maior frequência medir vantagens fiscais (desvantagens) das alternativas de organização existentes, de modo que a utilização do benefício com esse objetivo não deve ser tido como abusivo.[899]

No caso das *verbindliche Zusage* (confirmação vinculante), a discricionariedade das autoridades fiscais encontra-se consideravelmente moderada pelo disposto no item n. 5 do Decreto (AEAO para a Seção 204 do AO), segundo o qual o pedido só poderá ser rejeitado em casos excepcionais.[900]

Nos Estados Unidos, da mesma forma, embora o IRS divulgue anualmente uma relação de *no-rule areas*, a listagem, não é exaustiva.[901] Dessa forma, a autoridade

[896] SEER, Roman. **Verbindliche Auskunft.** Finanz-Rundschau Ertragsteuerrecht, v.99, pp. 161-169, feb.2017, p. 163-164. Disponível em: <https://www.kompetenzzentrum-steuerrecht.de/MEDIEN/contenido_import/Publikationen/2017/Seer_FR_2017_161.pdf>. Acesso em: 19 jan.2020.

[897] WÖHLECKE, Friedrich. **Die verbindliche Auskunft im deutsch-französischen Vergleich.** 2019. Tese (Doutorado), Faculty of Law, Öffentliches Recht. Professur Für Steuerrecht, Universität Zu Köln, Köln, 2019, p. 41. Disponível em: <http://kups.ub.uni-koeln.de/id/eprint/10438>. Acesso em: 09 jan. 2020.

[898] SEER, Roman. **Verbindliche Auskunft.** Finanz-Rundschau Ertragsteuerrecht, v.99, pp. 161-169, feb.2017, p. 163. Disponível em: <https://www.kompetenzzentrum-steuerrecht.de/MEDIEN/contenido_import/Publikationen/2017/Seer_FR_2017_161.pdf>. Acesso em: 19 jan.2020.

[899] SEER, Roman. **Verbindliche Auskunft.** Finanz-Rundschau Ertragsteuerrecht, v.99, pp. 161-169, feb.2017, p. 164. Disponível em: <https://www.kompetenzzentrum-steuerrecht.de/MEDIEN/contenido_import/Publikationen/2017/Seer_FR_2017_161.pdf>. Acesso em: 19.01.2020.

[900] DEUTSCHLAND. Anwendungserlass Zur Abgabenordnung (AEAO), 31. Januar 2014, zuletzt geändert durch BMF-Schreiben v. 27. 9. 2019 – IV A 3 - S 0062/19/10009 :001. **Nwb.** Deutschland, Disponível em: <https://datenbank.nwb.de/Dokument/Anzeigen/500001/?shigh=Anwendungserlass&listPos=1&listId=1464843>. Acesso em: 09 jan. 2020.

[901] US INTERNAL REVENUE SERVICE. **Internal Revenue Manual. Part 32. Published Guidance and Other Guidance to Taxpayers. Chapter3 Letter Rulings, Information Letters, and Closing Agreements. Section1 Forms of Advice (32.3.1.4).** Disponível em: <https://www.irs.gov/irm/part32/irm_32-003-001> Acesso em: 26 dez. 2019.

fiscal poderá se recusar a emitir a *letter ruling* mesmo sobre questões que não estejam elencadas nos chamados *no-rule areas* quando entender que a recusa é compatível com os interesses da Administração e por questões de restrição orçamentária. Em tais casos, é recomendada a adoção de posição coerente em relação a contribuintes que formalizaram pedidos sobre os mesmos assuntos.[902]

Nessas situações, em vez da *letter ruling*, poderá ser emitida uma *information letter* (Comunicação), destacando os princípios consolidados do direito tributário aplicáveis à situação consultada.[903] As normas regulamentares estabelecem, ainda, que os funcionários da Receita devem examinar as solicitações de *letter rulings* o mais cedo possível para identificar as solicitações que contenham questões técnicas nas quais o serviço não emitirá *letter rulings*.[904]

A comparação entre as hipóteses que autorizam a formalização de pedidos de orientações vinculantes entre os países revela que, nos três sistemas, as autoridades fiscais possuem elevado grau de discricionariedade para definir o que será, ou não, respondido. Embora nesse quesito a legislação brasileira não se distancie das previsões dos demais ordenamentos, em relação à extensão do que pode ser objeto do pedido, o regramento da consulta fiscal parece-nos o mais restritivo dentre os examinados.

Isso porque não foram identificadas, nas normas em vigor na Alemanha e nos Estados Unidos, dispositivos com conteúdo semelhante aos do nosso ordenamento, como a exigência de que: (i) a dúvida seja limitada à interpretação de um dispositivo (art. 3º, inciso IV, IN RFB 1.396/2013); (ii) vede expressamente que o pedido tenha a prestação de assessoria jurídica ou contábil-fiscal pela RFB (art. 18, XIV, IN RFB n. 1.396/2013); (iii) ou mesmo fixe que o pedido deva ser limitado, preferencialmente a um único tributo.

Em relação ao item (i), percebe-se que, nos demais sistemas, há a exigência de que o pedido seja fundamentado, mas não que se refira apenas à interpretação de dispositivos da legislação. Parece-nos que da forma como o assunto

902 US INTERNAL REVENUE SERVICE. **Internal Revenue Bulletin: 2020-01. Part III. Administrative, Procedural, and Miscellaneous. Rev. Proc. 2020-1, section 6.** Disponível em: <https://www.irs.gov/irb/2020-01_IRB#HI1>. Acesso em: 02 jan. 2020.

903 US INTERNAL REVENUE SERVICE. **Internal Revenue Bulletin: 2020-01. Part III. Administrative, Procedural, and Miscellaneous. Rev. Proc. 2020-1, section 6.02.** Disponível em: <https://www.irs.gov/irb/2020-01_IRB#HI1>. Acesso em: 02 jan. 2020.

904 US INTERNAL REVENUE SERVICE. **Internal Revenue Manual. Part 32. Published Guidance and Other Guidance to Taxpayers. Chapter3 Letter Rulings, Information Letters, and Closing Agreements. Section 2. Letter Rulings (32.3.2.2).** Disponível em: <https://www.irs.gov/irm/part32/irm_32-003-001> Acesso em: 26 dez. 2019.

é tratado na legislação da Alemanha e dos Estados Unidos o objetivo dos institutos lá implementados está mais voltado ao exame dos impactos fiscais de uma situação ou operação que está em vias de ser realizada pelo requerente ou interessado.

3.5 Possibilidade de alteração da orientação fornecida pela autoridade fiscal e segurança jurídica

Os preceitos que possivelmente causam impactos mais visíveis no grau de confiabilidade e segurança jurídica proporcionados pela consulta fiscal e pelos institutos a ela assemelhados nos Estados Unidos e na Alemanha são os que tratam das hipóteses em relação às quais as autoridades fiscais poderão revogar ou modificar as orientações vinculantes já fornecidas e, sobretudo, quais efeitos produzidos como decorrência de tais mudanças. Os três sistemas examinados admitem que a administração tributária altere ou até mesmo revogue as orientações vinculantes já fornecidas e em alguns casos, inclusive, até mesmo de forma retroativa.

No Brasil, como visto, os atos administrativos não fazem coisa julgada, sendo conferida à Administração a faculdade de revogar a qualquer momento seus próprios atos para que possa resguardar o interesse e utilidade públicos.[905] Essa orientação também está consolidada na jurisprudência, nos termos da Súmula n. 473 do Supremo Tribunal Federal.

No que diz espeito à consulta fiscal, a legislação brasileira não descreve quais circunstâncias autorizam as autoridades fiscais a alterarem sua interpretação sobre determinado tema, estabelecendo apenas que os efeitos eventual revogação e/ou alteração irão produzir em relação ao requerente:

- Se a mudança de orientação se der em prejuízo do consulente, apenas poderá atingir fatos geradores futuros, ocorridos após a sua intimação e, em relação a terceiros, após a publicação da nova interpretação (art. 21 da IN RFB n. 1.464/2014 e no art. 48, § 12, da Lei n. 9.430/1996).
- Caso a alteração da interpretação beneficiar o contribuinte, poderá ser implementada com efeito retroativo (art. 17 da IN RFB n.1.396/2013).

[905] FALEIRO, Kelly Magalhães. **Procedimento de Consulta Fiscal**. São Paulo: Noeses, 2005, p. 127.

Dessa forma, qualquer mudança em relação ao conteúdo da orientação fornecida pela Receita Federal apenas retroagirá para beneficiar o contribuinte.

Nesse aspecto, ao compararmos o regramento brasileiro com os da Alemanha e dos Estados Unidos, percebemos que as situações que autorizam a mudança/revogação das informações vinculantes fornecidas pelas autoridades fiscais podem ser divididas, para fins didáticos, em 3 grupos: (i) alterações decorrentes do quadro fático; (ii) ilegalidade da resposta e alteração jurisprudencial; e (iii) mudança de orientação da autoridade fiscal.

3.5.1 Alteração do quadro fático e mudança legislativa

Em algumas hipóteses, a revogação/alteração da posição exposta na consulta não é apenas compreensível, mas também decorrência lógica da sistemática, em especial quando:

(i) ocorrer alteração substancial na conjuntura fática que amparou as conclusões apresentadas pela autoridade fiscal;

(ii) forem promovidas alterações legislativas, desde que, quando importar em agravamento da situação do contribuinte, a revisão seja restrita aos fatos geradores ocorridos após o início da vigência da nova norma.

Na Alemanha, as duas situações acima estão previstas na legislação. Em face do disposto nas Seções 89 (2), 206 (1) e 207 (1) do Código Tributário (AO) e na Seção 2 (1) e (3) da Portaria *StAuskV*, é possível afirmar que, via de regra, os efeitos vinculantes serão conservados enquanto forem atendidos os seguintes pressupostos: (i) a situação ou negócio examinado no pedido de *verbindliche Auskünfte* (informações vinculantes) e na *verbindliche Zusage* (confirmação vinculante) estiver sendo realizado nos termos propostos; e (ii) enquanto permanecerem vigentes as disposições legais que fundamentaram a orientação fornecida pela autoridade fiscal.[906]

No caso de alteração legislativa, nos termos da Seção 2 (3) da Portaria *StAuskV* (*verbindliche Auskunft*) e da Seção207 (1) do Código Tributário alemão

[906] DEUTSCHLAND. **Steuer-auskunftsverordnung - Stauskv**, 30 november 2007. **Bgbl. I S. 2783**. Deutschland, 2007. Disponível em: <http://www.gesetze-im-internet.de/stauskv/>. Acesso em: 05 jan. 2020.

(*Zusage*), eventual revogação/modificação independe até mesmo de notificação formal do beneficiário (item n. 3.6.4 do AEAO para a Seção 89 do AO)[907],[908] e poderá ser dotada de efeitos retroativos,[909] se a nova lei assim determinar.[910] O item n. 1 do AEAO para a Seção 207 do AO prescreve que, para fins de interpretação da expressão "legislação" contida no referido dispositivo, não estão abarcadas alterações em instruções administrativas (*Verwaltungsanweisungen*) e na jurisprudência (*Rechtsprechung*), mas apenas de normas legais (*Rechtsnormen*) *stricto sensu*.[911]

Da mesma forma, nos Estados Unidos, a Seção 11.05 do IRB indica que uma *letter ruling* poderá ser alterada ou modificada quando for identificada uma alteração material dos fatos, e será implementada com efeitos retroativos tanto em relação ao contribuinte para o qual a orientação foi emitida, como também para terceiro diretamente envolvido na situação consultada, se for constatado que: (a) houve falsidade ou omissão dos fatos descritos no pedido; (b) a transação/operação ocorre de forma substancialmente diferente dos fatos descritos no pedido; (c) a operação envolver uma ação contínua ou uma série de ações e, durante o curso da operação, a concretização de tais ações tiver sido implementada de forma diversa da que foi narrada para as autoridades fiscais.[912]

[907] WÖHLECKE, Friedrich. **Die verbindliche Auskunft im deutsch-französischen Vergleich.** 2019.. Tese (Doutorado) - Faculty of Law, Öffentliches Recht. Professur Für Steuerrecht, Universität Zu Köln, Köln, 2019, p. 53-54. Disponível em: <http://kups.ub.uni-koeln.de/id/eprint/10438>. Acesso em: 09 jan. 2020.

[908] DEUTSCHLAND. Anwendungserlass Zur Abgabenordnung (AEAO), 31. Januar 2014, zuletzt geändert durch BMF-Schreiben v. 27. 9. 2019 – IV A 3 - S 0062/19/10009 :001. **Nwb.** Deutschland, Disponível em: <https://datenbank.nwb.de/Dokument/Anzeigen/500001/?shigh=Anwendungserlass&listPos=1&listId=1464843>. Acesso em: 09 jan. 2020.

[909] Nota explicativa: A Constituição Alemã (*Grundgesetz* – GG) não proíbe explicitamente que a legislação contemple disposições tributárias retroativas. Esse controle é exercido pelo Tribunal Constitucional Federal Alemão (*Bundesverfassungsgericht* - BVerfG), que poderá afastar a retroatividade caso a caso, se concluir que tal previsão colide com direitos e garantias expressos na Constituição.

[910] WÖHLECKE, Friedrich. **Die verbindliche Auskunft im deutsch-französischen Vergleich.** 2019. Tese (Doutorado) - Faculty of Law, Öffentliches Recht. Professur Für Steuerrecht, Universität Zu Köln, Köln, 2019, p. 54. Disponível em: <http://kups.ub.uni-koeln.de/id/eprint/10438>. Acesso em: 09 jan. 2020.

[911] DEUTSCHLAND. Anwendungserlass Zur Abgabenordnung (AEAO), 31. Januar 2014, zuletzt geändert durch BMF-Schreiben v. 27. 9. 2019 – IV A 3 - S 0062/19/10009 :001 (2019/0833449). **Nwb**. Deutschland, Disponível em: <https://datenbank.nwb.de/Dokument/Anzeigen/500001/?shigh=Anwendungserlass&listPos=1&listId=1464843>. Acesso em: 09 jan. 2020.

[912] US INTERNAL REVENUE SERVICE. **Internal Revenue Bulletin: 2020-01. Part III. Administrative, Procedural, and Miscellaneous. Rev. Proc. 2020–1, section 11.05.** Disponível em: <https://www.irs.gov/irb/2020-01_IRB#HI1>. Acesso em: 02 jan. 2020.

Se a modificação decorrer de alteração legislativa, a Seção 11.04 do IRB[913] e a Seção 601.201 (I) do CFR[914] estabelecem que a aplicação retroativa da nova orientação ficará integralmente a critério o IRS e, caso seja implementada, poderá produzir efeitos sobre todas as exigências fiscais dentro do prazo de prescrição (*satatute of limitations*), com fundamento na Seção 7805 (b) do IRC.

Vale salientar que em nenhum dos três países o contribuinte é compelido a implementar os fatos nos exatos termos do que constou em seu pedido, mas se assim o fizer, isto é, se optar por um formato distinto do que foi narrado para as autoridades fiscais, tais fatos não estarão contemplados pela proteção obtida.

3.5.2 Ilegalidade da resposta e alteração jurisprudencial

A legislação alemã prescreve, ainda, que os efeitos vinculantes da *verbindliche Auskunft* (informação vinculante) e da *verbindliche Zusage* (confirmação vinculante) são encerrados automaticamente e independentemente de qualquer atuação das autoridades fiscais, quando a ilegalidade operar efeitos em prejuízo do contribuinte[915]. À *contrario sensu*, a interpretação dos mesmos dispositivos significa que os efeitos vinculantes serão conservados em favor do requerente mesmo nas situações em que o seu conteúdo contrarie a legislação em vigor.[916] Isto é, obrigações fiscais poderão continuar sendo apuradas nos moldes do que fixado na resposta fornecida pela autoridade fiscal, mesmo que incompatível com lei. A *verbindliche Auskunft* (informação vinculante) e a *verbindliche*

[913] US INTERNAL REVENUE SERVICE. **Internal Revenue Bulletin: 2020-01. Part III. Administrative, Procedural, and Miscellaneous. Rev. Proc. 2020–1, section 11.04.** Disponível em: <https://www.irs.gov/irb/2020-01_IRB#HI1>. Acesso em: 02 jan. 2020.

[914] CODE OF FEDERAL REGULATIONS. **Title 26. Internal Revenue. Chapter I. Internal Revenue Service, Departmante of the Threasury, Subchapter H. Internal Revenue Pactice. Part 601. Statement of Procedural Rules. Subpart B.** Rulings and Other Specific Matters Section 601.201. Disponível em: <https://www.law.cornell.edu/cfr/text/26/601.201> Acesso em 01 maio.2020.

[915] Conforme o disposto na Seção § 2 (1) enunciado 2 da Portaria *StAuskV*, o item n. 3.6.3 do Decreto (AEAO para a § Seção 89 do AO) e a Seção § 206 (2) do Código Tributário alemão.

[916] SEER, Roman. **Verbindliche Auskunft.** Finanz-Rundschau Ertragsteuerrecht, v.99, pp. 161-169, feb.2017, p. 165. Disponível em: <https://www.kompetenzzentrum-steuerrecht.de/MEDIEN/contenido_import/Publikationen/2017/Seer_FR_2017_161.pdf>. Acesso em: 19 jan.2020.

Zusage (confirmação vinculante) permanecem eficazes e vinculantes em relação ao requerente.[917,918,919]

É o que se extrai da Seção 2 (4) da Portaria *StAuskV* e da Seção 207 (2) do Código Tributário, que autorizam a autoridade fiscal, a seu critério, anular (*aufgehoben*) ou modificar (*geändert*), com efeitos para o futuro, os atos emitidos se for constatado que a orientação já estava incorreta no momento da sua divulgação.[920] Além de operar efeitos exclusivamente para o futuro,[921],[922] é assegurado ao contribuinte o direito de ser ouvido antes da modificação da informação vinculante.[923]

Tais atos não serão anulados (*aufgehoben*) se o requerente já tiver implementado os fatos por ele disciplinados no momento em que a alteração ou o cancelamento foi anunciado, conforme também previsto no item n. 3.6.6 do Decreto (AEAO para a Seção 89 do AO).[924] Assim, uma altera-

[917] WÖHLECKE, Friedrich. **Die verbindliche Auskunft im deutsch-französischen Vergleich.** 2019. Tese (Doutorado) - Faculty of Law, Öffentliches Recht. Professur Für Steuerrecht, Universität Zu Köln, Köln, 2019, p. 52. Disponível em: <http://kups.ub.uni-koeln.de/id/eprint/10438>. Acesso em: 09 jan. 2020.

[918] LANG, Joaquim. **Direito Tributário:** *(Steuerrecht)*. Porto Alegre: Sergio Antonio Fabris, 2014. 3 v. Tradução da 18ª edição alemã, a cargo de Elisete Antoniuk, p. 235.

[919] TIPKE, Klaus SEER, Roman et al (Org.). **Recht auf Information und Auskunft im Besteuerungsverfahren.:** unter besonderer Berücksichtigung des Gesetzes zur Modernisierung des Besteuerungsverfahrens vom 18. Juli 2016 und der EU-Datenschutz-GrundVO vom 27. April 2016 mit nachfolgenden Änderungen der AO. Berlin: Deutsches Wissenschaftliches Institut Der Steuerberater E.v., 2017, p. 21. Disponível em: <https://www.dws-institut.de/sites/default/files/ue_document/file_id/DWS_Institut_Brosch%C3%BCre_Recht_online.pdf>. Acesso em: 10 jan. 2020.

[920] WÖHLECKE, Friedrich. **Die verbindliche Auskunft im deutsch-französischen Vergleich.** 2019.Tese (Doutorado) - Faculty of Law, Öffentliches Recht. Professur Für Steuerrecht, Universität Zu Köln, Köln, 2019, p. 55. Disponível em: <http://kups.ub.uni-koeln.de/id/eprint/10438>. Acesso em: 09 jan. 2020.

[921] SEER, Roman et al (Org.). **Recht auf Information und Auskunft im Besteuerungsverfahren.:** unter besonderer Berücksichtigung des Gesetzes zur Modernisierung des Besteuerungsverfahrens vom 18. Juli 2016 und der EU-Datenschutz-GrundVO vom 27. April 2016 mit nachfolgenden Änderungen der AO. Berlin: Deutsches Wissenschaftliches Institut Der Steuerberater E.v., 2017, p.21. Disponível em: <https://www.dws-institut.de/sites/default/files/ue_document/file_id/DWS_Institut_Brosch%C3%BCre_Recht_online.pdf>. Acesso em: 10 jan. 2020.

[922] DEUTSCHLAND. **Steuer-auskunftsverordnung - Stauskv**, 30 november 2007. **Bgbl. I S. 2783.** Deutschland, 2007. Disponível em: <http://www.gesetze-im-internet.de/stauskv/>. Acesso em: 05 jan. 2020.

[923] Vide Seção § 91 (1) do Código Tributário alemão, do item n. 3.6.7 do Decreto (AEAO para a Seção § 89 do AO) e do item n. 2 do Decreto (AEAO para a Seção § 207 do AO).

[924] DEUTSCHLAND. Anwendungserlass Zur Abgabenordnung (AEAO), 31. Januar 2014, zuletzt geändert durch BMF-Schreiben v. 27. 9. 2019 – IV A 3 - S 0062/19/10009 :001. **Nwb.** Deutschland,

ção ou anulação de acordo com a Seção 2 (4) da Portaria *StAuskV* apenas poderá ser implementada no período compreendido entre a intimação da emissão da informação vinculante e a realização da operação objeto do pedido.[925]

Trata-se de previsão semelhante à da Seção 130 do Código Tributário (AO), norma que regulamenta as hipóteses em que as autoridades fiscais estão autorizadas a promoverem a retratação (*rücknahme*) de autos administrativos ilegais, sejam eles contrários ou favoráveis ao contribuinte.[926] A situção é semelhante a da Seção 2 (4) da Portaria *StAuskV*, mas com limitações adicionais, no sentido de que o ato administrativo posteriormente considerado ilegal que tenha conferido um direito, proveito ou benefício para o contribuinte (isto é, se for favorável) só poderá ser retratado quando: (i) for emitido por autoridade materialmente incompetente; (ii) a sua emissão tiver ocorrido mediante falsidade, fraude, ameaça ou suborno; (iii) as informações relevantes (essenciais) relacionadas com as circunstâncias examinadas forem fornecidas de forma errônea ou incompleta pelo beneficiário do ato administrativo (iv) ou o beneficiário tiver ciente da sua ilegalidade ou não era conhecido devido a negligência grave de sua parte (Seção 130, 2, do AO).[927]

A aplicação da Seção 130 (2) do AO para fins de cancelamento retroativo da *verbindliche Zusage* (confirmação vinculante) está condicionada à anuência do contribuinte ou ao atendimento dos itens (i) e (ii) do mesmo dispositivo, conforme delimitado na Seção 207 (3) do Código Tributário (AO).[928]

Nos Estados Unidos, essa situação é mencionada como erro de aplicação da lei e disciplinada, assim como a hipótese de alteração legislativa acima,

Disponível em: <https://datenbank.nwb.de/Dokument/Anzeigen/500001/?shigh=Anwendungserlass&listPos=1&listId=1464843>. Acesso em: 09 jan. 2020.

[925] WÖHLECKE, Friedrich. **Die verbindliche Auskunft im deutsch-französischen Vergleich.** 2019. Tese (Doutorado) - Faculty of Law, Öffentliches Recht. Professur Für Steuerrecht, Universität Zu Köln, Köln, 2019, p. 55. Disponível em: <http://kups.ub.uni-koeln.de/id/eprint/10438>. Acesso em: 09 jan. 2020.

[926] DEUTSCHLAND. **Abgabenordnung - AO.** 16. März 1976. Deutschland, 1976. Disponível em: <http://www.gesetze-im-internet.de/ao_1977/index.html>. Acesso em: 05 jan. 2020.

[927] DEUTSCHLAND. **Abgabenordnung - AO.** 16. März 1976. Deutschland, 1976. Disponível em: <http://www.gesetze-im-internet.de/ao_1977/index.html>. Acesso em: 05 jan. 2020.

[928] DEUTSCHLAND. **Abgabenordnung - AO.** 16. März 1976. Deutschland, 1976. Disponível em: <http://www.gesetze-im-internet.de/ao_1977/index.html>. Acesso em: 05 jan. 2020.

na Seção 11.04 do IRB[929] e na Seção 601.201 (I) do CFR.[930] A aplicação retroativa da nova orientação ficará integralmente a critério o IRS. Aliás, tratamento idêntico é conferido para as situações em que a alteração do quadro jurídico for decorrente de mudança provocada pela jurisprudência da Suprema Corte.

A modificação da jurisprudência sobre o tema consultado também poderá impactar a produção de feitos da consulta fiscal no Brasil, em virtude do disposto no art. 1º do Decreto n. 2.346/1997, que impõe à Administração Pública Federal o dever de observância às decisões do Supremo Tribunal Federal sobre a interpretação do texto constitucional, de forma inequívoca e definitiva. De qualquer forma, sempre que essa alteração puder acarretar o agravamento do encargo para o contribuinte, deverá seguir a mesma regra prevista no art. 21 da IN RFB n. 1.464/2014 e no art. 48, § 12, da Lei n. 9.430/1996, atingindo apenas fatos geradores ocorridos após a intimação do interessado e, em relação a terceiros, após a publicação da nova interpretação por parte da Receita Federal.

Na Alemanha uma *verbindliche Auskunft* (informação vinculante) ou uma *verbindliche Zusage* (confirmação vinculante) contrárias à jurisprudência do Tribunal Fiscal Federal (BFH) ou de um dos demais tribunais fiscais (FG), firmadas posteriormente à sua emissão,[931] poderão ser consideradas materialmente ilegais nos termos do item n. 3.6.6 do Decreto (AEAO para a Seção 89 do AO) e do item n. 2 do Decreto (AEAO para a Seção 207 do AO), tendo em vista que as alterações jurisprudenciais não são equiparadas às alterações legislativas e não terão repercussão imediata, de modo que a revisão do ato dependerá de uma atuação das autoridades fiscais competentes.[932]

[929] US INTERNAL REVENUE SERVICE. **Internal Revenue Bulletin: 2020-01. Part III. Administrative, Procedural, and Miscellaneous. Rev. Proc. 2020-1, section 11.04.** Disponível em: <https://www.irs.gov/irb/2020-01_IRB#HI1>. Acesso em: 02 jan. 2020.

[930] CODE OF FEDERAL REGULATIONS. **Title 26. Internal Revenue. Chapter I. Internal Revenue Service, Departmante of the Threasury, Subchapter H. Internal Revenue Pactice. Part 601. Statement of Procedural Rules. Subpart B**. Rulings and Other Specific Matters Section 601.201. Disponível em: <https://www.law.cornell.edu/cfr/text/26/601.201> Acesso em 01 maio.2020.

[931] DEUTSCHLAND. Anwendungserlass Zur Abgabenordnung (AEAO), 31. Januar 2014, zuletzt geändert durch BMF-Schreiben v. 27. 9. 2019 – IV A 3 - S 0062/19/10009 :001. **Nwb**. Deutschland, Disponível em: <https://datenbank.nwb.de/Dokument/Anzeigen/500001/?shigh=Anwendungserlass&listPos=1&listId=1464843>. Acesso em: 09 jan. 2020.

[932] DEUTSCHLAND. Anwendungserlass Zur Abgabenordnung (AEAO), 31. Januar 2014, zuletzt geändert durch BMF-Schreiben v. 27. 9. 2019 – IV A 3 - S 0062/19/10009 :001. **Nwb**. Deutschland, Disponível em: <https://datenbank.nwb.de/Dokument/Anzeigen/500001/?shigh=Anwendungserlass&listPos=1&listId=1464843>. Acesso em: 09 jan. 2020.

3.5.3 Mudança de orientação da autoridade fiscal

A situação mais polêmica nesse tópico está relacionada à autorização para mudança de interpretação por parte das autoridades fiscais. Ao mesmo tempo em que essa faculdade pode ser benéfica aos contribuintes e ao próprio sistema, uma vez que evita o engessamento das interpretações administrativas, submete os contribuintes ao risco de alterações arbitrárias[933] e a sua utilização indiscriminada afeta, em nosso sentir, a segurança jurídica do contribuinte.

No Brasil, a despeito da falta de clareza da legislação nesse ponto, admite-se que uma orientação anteriormente formalizada seja revogada, sem que tenha ocorrido uma mudança em relação à situação fática ou jurídica, com base nas razões acima expostas no sentido de que as decisões administrativas não fazem coisa julgada, bem como em face do disposto na Súmula n. 473 do Supremo Tribunal Federal.

Cabe salientar que revogação/modificação decorrente de uma revisão na compreensão da autoridade fiscal sobre um determinado assunto pode ser enquadrada na situação descrita na Seção 131 do Código Tributário alemão, que dispõe sobre a anulação de atos administrativos lícitos, cuja implementação se dá por meio da revogação (*Widerruf*) e estabelece, da mesma forma, distinções em relação ao tratamento que será aplicado para os atos favoráveis ou contrários aos interesses dos contribuintes.

A correção dos atos administrativos lícitos favoráveis ao contribuinte é autorizada na Seção 131 (2) do Código Tributário (AO) nas três situações nele taxativamente especificadas, quais sejam: (i) quando a revogação seja prevista em lei ou no próprio ato administrativo; (ii) caso exista uma condição nele prevista que não tenha sido observada pelo destinatário no prazo estipulado; e (iii) se eventos ocorridos posteriormente autorizem que as autoridades ficais possam abster-se de adotar o referido ato ou se a manutenção do ato poderá representar risco ao interesse público (*öffentliche Interesse*).[934]

[933] GOMES, Marcus Lívio. A consulta tributária vinculante. In: QUEIROZ, Luís Cesar Souza de. GOMES, Marcus Livio (Orgs.). **Tributação, Direitos Fundamentais e Desenvolvimento. Rio de Janeiro:** GZ Editora, 2014. p. 91.

[934] TIPKE, Klaus; LANG, Joaquim. **Direito Tributário:** *(Steuerrecht)*. Porto Alegre: Sergio Antonio Fabris, 2014. 3 v. Tradução da 18ª edição alemã, a cargo de Elisete Antoniuk, p. 449; DEUTSCHLAND. **Abgabenordnung - AO.** 16. März 1976. Deutschland, 1976. Disponível em: <http://www.gesetze-im-internet.de/ao_1977/index.html>. Acesso em: 05 jan. 2020.

Trata-se de situação distinta da prevista na Seção 2 (4) da Portaria *StAuskV* e na Seção 207 (2) do AO, cuja condição para a alteração (*änderung*) ou anulação (*aufhebung*) da reposta emitida é a ilegalidade.

Nos Estados Unidos, é possível considerar que são situações decorrentes da alteração da posição do IRS as previstas nas Seções 11.06 a 11.08 do IRB, em relação à quais a nova orientação será aplicada com efeitos prospectivos.

3.5.4 Reflexões sobre os impactos da motivação/revogação das orientações, em especial em face da mudança de entendimento da autoridade fiscal

Vale registrar novamente que, apesar de os contribuintes brasileiros ainda estarem em uma situação melhor do que a dos contribuintes nos Estados Unidos, já que, em regra, não temos efeitos retroativos para orientações que acarretem a imposição de algum ônus adicional, ainda assim a revogação ou modificação da consulta fiscal por simples mudança de orientação, sem que tenha havido alteração legislativa ou mesmo jurisprudencial, poderia ser aperfeiçoada, para a fixação de critérios mais precisos para a sua ocorrência, a exemplo do que se vê na Alemanha.

A manutenção de uma autorização de revogação/alteração de um pronunciamento vinculante por mera liberalidade das autoridades fiscais sem qualquer restrição, mesmo que apenas em relação aos fatos geradores futuros, fere de morte a segurança jurídica do instituto, já que acarretará uma verdadeira frustração das justas expectativas daqueles contribuintes que, com base na resposta à consulta fiscal, por exemplo, projetaram a carga tributária de um determinado empreendimento por um determinado período.

É o que ensina Maurício Darli Timm do Valle, que, ao discorrer sobre as noções de segurança jurídica, expõe, *in verbis*:

> Não está seguro quem não tem certeza de que a eficácia jurídica dos fatos que já sucederam é ou será somente aquela prevista pela norma vigente à época em que ocorreram. Como também não se sentirá seguro aquele que sequer tem ideia do que está por vir.[935]

[935] VALLE, Maurício Darli Timm do. Segurança Jurídica em Matéria Tributária: breves noções acerca dos Princípios da Tripartição das funções, da Legalidade, da Anterioridade e da Irretroatividade. In: Fernando Vernalha Guimarães; Luiz Fernando Pereira. (Org.). **Direito empresarial**: temas atuais. 1ed.Curitiba: Edição do Autor, 2010, v. 1, p. 16.

Nesse quesito, cabe mencionar que a legislação vigente nos Estados Unidos nos parece ser a que propicia o menor grau de segurança jurídica entre os três países, já que, em praticamente todas as situações, as autoridades fiscais estão autorizadas, com fundamento na Seção 7805 (b) do IRC, a revogar a orientação fornecida, com efeitos retroativos, totalmente a seu critério. Além disso, a doutrina consultada[936],[937] apresenta diversos exemplos de abuso desse poder discricionário, em especial em virtude da possibilidade de atribuição de efeitos retroativos com base unicamente na discricionariedade.

O quadro abaixo contempla uma síntese das situações que autorizam a revogação/alteração dos pronunciamentos por parte das autoridades fiscais. Confira-se:

[936] MORGAN, Patrícia T. **Tax Procedure and Tax Fraud.** 2nd Ed. St. Paul: West Group., 1999, p. 27-22.

[937] Como conta Camila Watson ao descrever um caso envolvendo dois concorrentes do setor de fabricação e comercialização de sistemas de computador, IBM e Remington Rand.
"Em 13 de abril de 1955, Remington solicitou uma decisão que lhe permitiria evitar certas obrigações fiscais decorrentes das vendas e aluguel de computadores. Em 15 de abril, apenas dois dias depois, o IRS emitiu uma decisão favorável a Remington. Em 13 de julho de 1955, depois de tomar conhecimento da decisão de Remington, a IBM procurou uma decisão semelhante em uma carta intitulada 'Urgente! Por favor Expedite. [...] Depois de passar mais de dois anos processando a solicitação, o IRS decidiu contra a IBM.
Nesse mesmo ano, a IBM e a Remington formularam pedido de restituição de impostos já pagos em vendas e aluguéis de computadores. O pedido de Remington foi deferido, mas o da IBM foi rejeitado. Em 1958, a Receita Federal revogou orientação favorável emitida para Remington, mas o fez apenas prospectivamente. O efeito líquido dessas ações foi uma perda comparativa de US$ 13 milhões para a IBM." (tradução nossa).
Tradução nossa do original: "On April 13, 1955, Remington requested a ruling that would permit it to avoid certain tax liabilities arising out of its computer sales and rentals. On April 15, just two days later, the IRS issued a favorable ruling to Remington. On July 13, 1955, having learned of Remington's ruling, IBM sought a similar ruling in a letter marked "Urgent! [...] After spending more than two years processing the request, the IRS ruled against IBM.That same year, both IBM and Remington filed for refunds of taxes already paid on past sales and rentals of computers. Remington's refund claim was allowed, butIBM's was rejected. In 1958, the IRS revoked Remington's favorable ruling, but did so prospectively only. The net effect of these actions was a comparative $13 million loss to IBM." Fonte: WATSON, Camilla. **Tax Procedure and Tax Fraud.** 5nd Ed. Kindle edition, 2016, p. 41

Figura 3.5.4.1 – Quadro ilustrativo: Situações que autorizam a revogação/alteração da resposta vinculante emitida e seus efeitos.

Hipóteses que autorizam a revogação/alteração	Efeitos
Alteração do quadro fático – Implementação diversa da que descrita no pedido (Automática).	Para todas as situações: • em prejuízo do contribuinte, sempre prospectivos, salvo fraude. (art. 21 da IN RFB n. 1.464/2014 e no art. 48, § 12, da Lei n. 9.430/1996). • em favor do contribuinte, possivelmente retroativo. (art. 17 da IN RFB n.1.396/2013)
Alteração do quadro jurídico por alteração legislativa (Automática).	
Alteração do quadro jurídico como decorrência da jurisprudência (Sem previsão sobre implementação. Idealmente mediante intimação).	
Mudança de orientação da autoridade fiscal (Implementação mediante intimação).	
Ilegalidade da resposta (Sem previsão sobre implementação).	

Hipóteses que autorizam a revogação/alteração	Efeitos
Alteração do quadro fático – Implementação diversa da que descrita no pedido (Implementada automaticamente) [Seções 89 (2), 206 (1) e 207 (1) do AO e Seção 2 (1) e (3) da *StAuskV*].	Retroativo (por ausência de produção de efeitos).
Alteração do quadro jurídico por alteração legislativa (Automática) [Seção 2 (3) da *StAuskV* e Seção207 (1) do AO].	Em regra, prospectivos. Poderá ser retroativo se a lei assim determinar.
Mudança de orientação da autoridade fiscal [Seção 2 (4) da *StAuskV* e Seções 129, 130, 131 e §207 (1) do AO].	Prospectivos, em regra.
Ilegalidade da resposta (Implementação automática se favorável ao contribuinte) [Seção 2 (1) 2 da *StAuskV*, o item n. 3.6.3 do AEAO para a § Seção 89 o AO e a Seção 206 (2) do AO.	Retroativo se a ilegalidade existia em prejuízo do contribuinte. Prospectivos se a ilegalidade era favorável ao contribuinte.
Alteração do quadro jurídico como decorrência da jurisprudência (Mediante intimação) [item n. 3.6.6. do AEAO para a Seção 89 do AO e o item n. 2 do AEAO para a Seção 207 do AO].	Os mesmos dos atos ilegais.

	Hipóteses que autorizam a revogação/alteração	**Efeitos**
	Alteração do quadro jurídico. Erro, mudança legislativa ou na jurisprudência da Suprema Corte (Seção 11.04, IRB).	Podem ser retroativos, atingindo obrigações fiscais dentro do prazo de prescrição. Serão fixados pelo IRS a seu critério.
	Alteração do quadro fático, seja por implementação diversa da descrita no pedido, seja por omissão ou falsidade (Seção 11.05, IRB).	Retroativos para o requerente e terceiros atingidos.
	Outras hipóteses de alteração (que não decorram das situações acima) (Seção 11.06, IRB).	Em regra, prospectivos para o requerente e terceiros.
	Erro ou incompatibilidade da *letter ruling* com a posição atual do IRS, para uma situação específica (Seção 11.07, IRB).	Em regra, prospectivos apenas para a operação examinada na *letter ruling*.
	Erro ou incompatibilidade da *letter ruling* com a posição atual do IRS, em relação a obrigações fiscais de trato continuado (Seção 11.08, IRB).	Em regra, prospectivos. Vigência da orientação entre emissão da *letter ruling* e a data de sua revogação/modificação.
	Operações envolvendo a venda ou locação de um produto específico estão sujeitas ao imposto sobre o consumo (Seção 11.09, IRB).	Prospectivo
	Operação concretizada antes da resposta do IRS.	Retroativo

Fonte: Elaborado pela autora

Aliás, a comparação desse aspecto evidenciou as raízes de cada um dos sistemas jurídicos examinados, que podem ser ilustrados pela figura abaixo.

Figura 3.5.4.2 – Quadro ilustrativo dos sistemas jurídicos e reflexo nas normas examinadas.

Fonte: Elaborado pela autora

Isto é, no sistema jurídico alemão estão perfeitamente delimitadas as situações que autorizam a revisão/revogação da orientação previamente emitida pelas autoridades fiscais, bem como os efeitos delas decorrentes, inclusive prestigiando-se o respeito aos atos consumados. Nos Estados Unidos, por outro lado, estão definidas apenas algumas diretrizes superficiais, mas em relação às quais existe um elevado grau de discricionariedade por parte das autoridades fiscais, em especial quanto aos efeitos. No Brasil, apesar de uma definição precisa sobre os efeitos, não estão claras as situações que autorizam eventual revisão/revogação por parte das autoridades fiscais.

Embora a legislação americana seja a que ofereça maior discricionariedade para as autoridades fiscais no que diz respeito à definição sobre a incidência de efeitos retroativos, entre os sistemas examinados, é a única que autoriza o contribuinte a formular requerimento para solicitar limitação de tais efeitos, quando, por exemplo, a edição de uma nova regulamentação interna do IRS possa atingir a *letter ruling* a ele previamente emitida. Esse requerimento deverá observar os mesmos requisitos para a submissão de *letter rulings*, bem como: (i) indicar que está sendo feito com fundamento na Seção 7805 (b) do IRC; (ii) apontar a limitação pretendida; (iii) demonstrar as razões e fundamentos em apoio ao pedido, bem como demais fatores relacionados à situação particular do contribuinte; e (iv) incluir todos os documentos relacionados com o pedido.[938]

No âmbito desse pedido será assegurado ao contribuinte, ainda, o direito a uma reunião na repartição fiscal competente, oportunidade em que poderá explicitar pessoalmente as razões que justificam o acolhimento de seu pedido de limitação dos efeitos retroativos.[939]

Uma outra alterativa que nos parece razoável para o sistema nacional seria a aplicação dos mesmos princípios constitucionais que protegem os contribuintes em relação à instituição ou majoração de tributos. Assim, em relação aos efeitos para o futuro da alteração na orientação anteriormente exposta na resposta à consulta fiscal, havendo aumento em relação à carga tributária anteriormente estimada, devem ser observados os princípios da anterioridade

[938] US INTERNAL REVENUE SERVICE. **Internal Revenue Bulletin: 2020-01. Part III. Administrative, Procedural, and Miscellaneous. Rev. Proc. 2020-1, section 11.11.** Disponível em: <https://www.irs.gov/irb/2020-01_IRB#HI1>. Acesso em: 02 jan. 2020.

[939] US INTERNAL REVENUE SERVICE. **Internal Revenue Bulletin: 2020-01. Part III. Administrative, Procedural, and Miscellaneous. Rev. Proc. 2020-1, section 11.11.** Disponível em: <https://www.irs.gov/irb/2020-01_IRB#HI1>. Acesso em: 02 jan. 2020.

e da noventena, previstos no artigo 150, inciso III, alíneas "b" e "c", da Constituição Federal de 1998.

Apesar de não termos identificado na doutrina uma orientação sobre o tema, acreditamos que a inclinação jurisprudencial do Supremo Tribunal Federal[940] caminha para a consolidação do entendimento no sentido de que qualquer aumento ou agravamento da carga tributária do contribuinte, inclusive quando ocorrer de forma indireta, deve respeitar o princípio constitucional da anterioridade.[941]

3.6 Legitimados e mecanismos de aproximação/diálogo com as autoridades fiscais

No Brasil são legitimados para formalizar a consulta fiscal o próprio sujeito passivo da obrigação tributária principal ou acessória, os órgãos da administração pública e as entidades representativas de categorias econômicas ou profissionais, conforme previsto no art. 46 e parágrafo único do Decreto n. 70.235/1972, art. 2º, da IN RFB 1.396/2013 e do art. 3º da IN RFB n. 1.464/2014. A literatura nacional, da qual se pode destacar, entre outros, Hugo de Brito Machado,[942] Kelly Magalhães Faleiro,[943] Marcos Vinicius Neder

[940] Nota explicativa: Conforme exposto em detalhes no subitem 1.5.4 do Capítulo 1, ao julgar o RE 564.225 AgR, a 1ª Turma do STF decidiu que o aumento indireto de ICMS, promovido em razão de revogação de benefício fiscal, deve observar a aplicação do princípio da anterioridade. Na ocasião, restou consignado que "toda alteração do critério quantitativo do consequente da regra matriz de incidênciadeveria ser entendida como majoração do tributo" e, dessa forma, deve se sujeitar ao princípio da anterioridade. O mesmo entendimento foi manifestado pela 2ª Turma ao julgar o Recurso Extraordinário n. 1.081.041 AgR.
A orientação acima consolidou-se no âmbito das duas turmas, em especial no tocante aos efeitos da majoração indireta provocada pera revogação de benefícios fiscais. Outro não deve ser o raciocínio em relação aos efeitos futuros da alteração da orientação das autoridades fiscais quando resulte em agravamento da carga tributária anteriormente estimada.

[941] Nesse sentido: BRASIL. Supremo Tribunal Federal. **Agravo Regimental no Recuso Extraordinário n. 1091378.** Relator: Ministro Edson Fachin, Segunda Turma. Brasília, 11 de setembro de 2018; BRASIL. Supremo Tribunal Federal. **Agravo Regimental no Recuso Extraordinário n. 1193854.** Relator: Ministro Luiz Fux, Primeira Turma. Brasília, 16 de maio de 2019; BRASIL. Supremo Tribunal Federal. **Agravo Regimental no Recuso Extraordinário n. 1081068.** Relator: Ministro Dias Toffoli, Segunda Turma. Brasília, 19 de maio de 2018.

[942] MACHADO, Hugo de Brito. **Consulta Fiscal**. São Paulo: Malheiros, 2018, p. 45.

[943] FALEIRO, Kelly Magalhães. **Procedimento de Consulta Fiscal**. São Paulo: Noeses, 2005, p. 65.

e Maria Tereza Lopez,[944] é uníssona ao afirmar que a expressão "sujeito passivo" deve ser entendida como todos aqueles que estejam sujeitos ao cumprimento das obrigações principal e acessória, incluindo-se, assim, no rol de legitimados o substituto tributário, o responsável e o sucessor.

Nesse quesito, parece-nos que a legislação nacional está à frente da Alemanha e dos Estados Unidos ao admitir que os pedidos sejam formalizados por entidades representativas de categorias econômicas ou profissionais, por meio de associações e sindicatos, por exemplo. Para Marcos Lívio, essa legitimação de "natureza coletiva é de importância transcendental para os fins da unificação da atuação administrativa", já que produzirá efeitos sobre todos os membros daquela categoria, esclarecendo de uma só vez a questão para todo o grupo interessado.[945]

A legislação americana fixa que as associações não estão autorizadas a formalizar pedidos de *letter ruling* para obtenção de orientação sobre a tributação de seus membros. A emissão de *letter ruling* para associações está restrita às questões tributárias em que a própria associação é a contribuinte.

A principal vantagem dessa alternativa está atrelada à viabilidade de aproveitamento da resposta para todos os membros da categoria representada que se encontrem em situação idêntica, maximizando os efeitos da consulta e reduzindo desigualdades. Além disso, esse formato coletivo poderá eliminar a insegurança daqueles contribuintes que possuem receio de expor individualmente a sua situação perante as autoridades tributárias. Em assuntos sensíveis, a apresentação de tal situação no âmbito de um pleito coletivo faz com que o interessado tenha um grau de exposição menor se formular o pleito individualmente. Ainda que assim não o fosse, os efeitos vinculantes em relação a terceiros minimizariam a ausência dessa faculdade. Mas, para isso, será necessário que um primeiro contribuinte submeta a questão às autoridades fiscais.

A legislação alemã não trata de situação envolvendo as associações, mas a Seção 1 (2) da Portaria *StAuskV*, que autoriza a submissão de um único pedido em conjunto por todos os contribuintes que serão impactados pelos efeitos tributários de um mesmo negócio ou acontecimento, claramente indica que

[944] NEDER, Marcos Vinícius; LÓPEZ, Maria Teresa Martínez. **Processo Administrativo Fiscal Federal Comentado.** 3ª ed. São Paulo: Dialética, 2010, p. 517.

[945] GOMES, Marcus Lívio. A consulta tributária vinculante. In: QUEIROZ, Luís Cesar Souza de. GOMES, Marcus Livio (Orgs.). **Tributação, Direitos Fundamentais e Desenvolvimento. Rio de Janeiro:** GZ Editora, 2014. p. 71.

o requerente e o contribuinte não precisam ser idênticos, admitindo-se o protocolo por um representante autorizado.[946]

Também vale mencionar, nesse tópico, as alternativas previstas em cada um dos modelos para melhorar a interação entre Fisco e contribuintes. Entre tais alternativas, dois aspectos não previstos na legislação nacional nos chamaram a atenção a partir da análise da experiência da Alemanha e dos Estados Unidos: (i) o agendamento de audiências/reuniões entre o Fisco e o requerente antes e durante o processamento dos pedidos, por meio da qual a autoridade fiscal pode até mesmo sugerir alterações no requerimento que viabilizem a obtenção de uma orientação favorável; e (ii) a imposição de que o requerente apresente uma opinião fundamentada sobre a questão submetida, bem como uma minuta de resposta.

Nos modelos em vigor nos Estados Unidos e na Alemanha, é oferecida ao requerente a possibilidade de se reunir, caso queira, presencialmente com as autoridades fiscais competentes para entendimentos sobre as questões expostas em seu pedido de esclarecimentos.

Na Alemanha, a oportunidade é extraída da Seção 91 do Código Tributário (AO),segundo a qual é assegurada aos interessados, antes da emissão de um ato administrativo contrário aos seus interesses, a oportunidade de se manifestar em uma audiência (*Anhörung*) sobre os fatos ou circunstâncias cruciais para definição da questão.[947] O item n. 3.5.8 do Decreto (AEAO para a Seção 89 do AO) estabelece, inclusive, que, se for realizada audiência com qualquer das partes envolvidas, seja ela o requerente ou a autoridade pública, para tratar das questões expostas no pedido de *verbindliche Auskunft* (informação vinculante), a resposta somente poderá ser fornecida após a idêntica oitiva de todos os outros envolvidos.[948]

O mesmo direito é resguardado pela legislação alemã na esfera recursal, em virtude do disposto na Seção 346a do Código Tributário (AO), que prevê a possibilidade de o recorrente ser atendido em audiência antes da prolação

[946] DEUTSCHLAND. Anwendungserlass Zur Abgabenordnung (AEAO), 31. Januar 2014, zuletzt geändert durch BMF-Schreiben v. 27. 9. 2019 – IV A 3 - S 0062/19/10009 :001. **Nwb.** Deutschland, Disponível em: <https://datenbank.nwb.de/Dokument/Anzeigen/500001/?shigh=Anwendungserlass&listPos=1&listId=1464843>. Acesso em: 09 jan. 2020.

[947] DEUTSCHLAND. **Abgabenordnung - AO.** 16. März 1976. Deutschland, 1976. Disponível em: <http://www.gesetze-im-internet.de/ao_1977/index.html>. Acesso em: 05 jan. 2020.

[948] DEUTSCHLAND. Anwendungserlass Zur Abgabenordnung (AEAO), 31. Januar 2014, zuletzt geändert durch BMF-Schreiben v. 27. 9. 2019 – IV A 3 - S 0062/19/10009 :001. **Nwb.** Deutschland, Disponível em: <https://datenbank.nwb.de/Dokument/Anzeigen/500001/?shigh=Anwendungserlass&listPos=1&listId=1464843>. Acesso em: 09 jan. 2020.

da decisão final sobre o seu recurso,[949] cuja inobservância poderá acarretar até anulação do julgamento do recurso.[950]

A sistemática em vigor nos Estados Unidos, por seu turno, é, ao menos formalmente, a mais evoluída nesse ponto. Isso porque oferece ao interessado, antes mesmo da submissão do pedido, uma conferência de pré-submissão.[951] As conferências/reuniões de pré-submissão podem ser realizadas presencialmente, ou por telefone, e visam o exame de questões substantivas ou processuais relacionadas à operação para a qual o contribuinte pretende formalizar um pedido de *letter ruling*.[952]

Além disso, estabelece que, no prazo de 21 dias corridos após o recebimento do pedido, um representante do IRS entrará em contato com o contribuinte ou seu representante legal para tratar de aspectos processuais, tais como: (i) solicitação de informações adicionais; (ii) ou para apontar o atendimento, ou não, de requisitos formais para solicitar eventual regularização.[953]

Esse contato, entretanto, não está limitado à ponderação sobre cumprimento de requisitos formais. A autoridade fiscal também poderá informar ao contribuinte em que sentido possivelmente será a orientação que virá a ser emitida, inclusive antecipando as conclusões preliminares que serão encaminhadas internamente para validação superior ou, ainda, prognosticar a impossibilidade de emissão da *letter ruling*.[954]

Nesse contato preliminar, a autoridade fiscal poderá sugerir, inclusive, ligeiras alterações na operação ou o cumprimento de determinadas condições

[949] REIMER, Ekkehart. Proteção do contribuinte na Alemanha. **Revista de Direito Tributário Atual**: Instituto Brasileiro de Direito Tributário, São Paulo, v. 22, p.54-77, jan. 2008. Traduzido por Paulo Victor Vieira da Rocha, 61.

[950] TIPKE, Klaus; LANG, Joaquim. **Direito Tributário:** *(Steuerrecht)*. Porto Alegre: Sergio Antonio Fabris, 2014. 768 p. 3 v. Tradução da 18ª edição alemã, a cargo de Elisete Antoniuk, p. 455.

[951] US INTERNAL REVENUE SERVICE. **Internal Revenue Bulletin: 2020-01. Part III. Administrative, Procedural, and Miscellaneous. Rev. Proc. 2020-1, section 7.01.** Disponível em: <https://www.irs.gov/irb/2020-01_IRB#HI1>. Acesso em: 02 jan. 2020.

[952] US INTERNAL REVENUE SERVICE. **Internal Revenue Manual. Part 32. Published Guidance and Other Guidance to Taxpayers. Chapter3 Letter Rulings, Information Letters, and Closing Agreements. Section 2. Letter Rulings (32.3.2.2.4.2).** Disponível em: <https://www.irs.gov/irm/part32/irm_32-003-001> Acesso em: 26 dez. 2019.

[953] US INTERNAL REVENUE SERVICE. **Internal Revenue Bulletin: 2020-01. Part III. Administrative, Procedural, and Miscellaneous. Rev. Proc. 2020-1, section 8.02.** Disponível em: <https://www.irs.gov/irb/2020-01_IRB#HI1>. Acesso em: 02 jan. 2020.

[954] US INTERNAL REVENUE SERVICE. **Internal Revenue Bulletin: 2020-01. Part III. Administrative, Procedural, and Miscellaneous. Rev. Proc. 2020-1, section 8.02** Disponível em: <https://www.irs.gov/irb/2020-01_IRB#HI1>. Acesso em: 02 jan. 2020.

pelo contribuinte que podem contribuir para a obtenção de um pronunciamento favorável.[955]

Além do direito à conferência de pré-submissão e da possibilidade de que que lhe seja antecipada com apenas 21 dias do protocolo a orientação que poderá ser adotada, ainda é assegurado ao contribuinte uma nova reunião presencial após o protocolo do pedido. A reunião geralmente é agendada quando a repartição identifica a sua necessidade, ou pelo menos quando já foi realizado o estudo do caso, bem como quando existe a possibilidade de que o pronunciamento seja contrário ao pleito do contribuinte.[956] Nessa oportunidade, são expostas as razões que amparam as conclusões provisórias do IRS, assegurando que o contribuinte tenha a oportunidade de apresentar suas considerações sobre todos os assuntos em questão.[957]

O contribuinte possui o direito de solicitar uma única reunião, mas não existem limites para a quantidade de reuniões que poderão ser solicitadas por parte das autoridades fiscais.[958]

Cabe salientar, entretanto, que as orientações fornecidas por telefone ou no âmbito das audiências são consideradas informais (Seção 15.03, IRB) e não vinculam o IRS (Seção 8.04, IRB).

Outra particularidade da sistemática estabelecida na Alemanha e nos Estados Unidos em relação a do Brasil é a exigência prevista no âmbito dos requisitos formais dos pedidos, consistente na apresentação, pelo próprio solicitante, da sua visão a respeito da questão proposta. Embora não exista previsão legal que fixe exigência semelhante no Brasil, na prática, os contribuintes costumam apresentar o seu ponto de vista sobre a questão submetida na consulta fiscal e expor os fundamentos que amparam suas conclusões.

[955] US INTERNAL REVENUE SERVICE. **Internal Revenue Bulletin: 2020-01. Part III. Administrative, Procedural, and Miscellaneous. Rev. Proc. 2020–1, section 8.03.** Disponível em: <https://www.irs.gov/irb/2020-01_IRB#HI1>. Acesso em: 02 jan. 2020.

[956] US INTERNAL REVENUE SERVICE. **Internal Revenue Bulletin: 2020-01. Part III. Administrative, Procedural, and Miscellaneous. Rev. Proc. 2020–1, section 10.01 e 10.02.** Disponível em: <https://www.irs.gov/irb/2020-01_IRB#HI1>. Acesso em: 02 jan. 2020.

[957] US INTERNAL REVENUE SERVICE. **Internal Revenue Bulletin: 2020-01. Part III. Administrative, Procedural, and Miscellaneous. Rev. Proc. 2020–1, section 10.02 e 10.04.** Disponível em: <https://www.irs.gov/irb/2020-01_IRB#HI1>. Acesso em: 02 jan. 2020.

[958] US INTERNAL REVENUE SERVICE. **Internal Revenue Manual. Part 32. Published Guidance and Other Guidance to Taxpayers. Chapter3 Letter Rulings, Information Letters, and Closing Agreements. Section 2. Letter Rulings (32.3.2.4).** Disponível em: <https://www.irs.gov/irm/part32/irm_32-003-001> Acesso em: 26 dez. 2019.

Na Alemanha, a exigência está contida no item 4 da Seção 1 (1) da Portaria (*StAuskV*), segundo a qual o requerente deverá expor uma descrição detalhada do problema ou problemas fiscais contemplados em seu pedido, bem como apresentar sua própria posição em detalhes sobre o assunto.[959]

Nos Estados Unidos, também estão contemplados pelos requisitos formais não apenas a apresentação da fundamentação completa a respeito dos argumentos favoráveis ao pleito do requerente, os quais deverão estar amparados pela legislação, doutrina e jurisprudência, mas também a exposição dos argumentos contrários ao seu pedido, sob pena de recusa na emissão da *letter ruling*.[960] Segundo o IRS, a exigência é justificável porque facilita a compreensão da questão pelos servidores que examinarão o pedido. O IRS também aponta que a exposição de tais fundamentos contrários poderá ser vantajosa ao contribuinte, porquanto possibilita a discussão de tais questões em uma conferência de pré-apresentação, antes do envio da solicitação de *ruling*.[961]

Interessante notar que, nos Estados Unidos, poderá até mesmo ser solicitado ao contribuinte ou a seu representante legal a apresentação de uma minuta de resposta ao seu pedido de *letter ruling*, cujo formato será, inclusive, previamente discutido com a autoridade fiscal competente pela emissão da resposta. Segundo IRS, a providência visa acelerar o trâmite *das letter rulings*, mas a solicitação não é compulsória.[962]

A respeito da possibilidade de interposição de recurso em face dos pronunciamentos emitidos pelas autoridades fiscais, os três sistemas estudados apresentam regramentos totalmente diferentes entre si.

No Brasil, como regra geral, a análise dos pedidos deverá ser realizada em única instância, nos termos do art. 49 da Lei n. 9.430/1996. A interposição de recurso em face de uma solução de consulta é admitida exclusivamente quando for constatada a existência de discrepância entre a solução proposta

[959] DEUTSCHLAND. **Steuer-auskunftsverordnung - Stauskv**, 30 november 2007. **Bgbl. I S. 2783**. Deutschland, 2007. Disponível em: <http://www.gesetze-im-internet.de/stauskv/>. Acesso em: 05 jan. 2020.

[960] US INTERNAL REVENUE SERVICE. **Internal Revenue Bulletin: 2020-01. Part III. Administrative, Procedural, and Miscellaneous. Rev. Proc. 2020-1, section 7.01.** Disponível em: <https://www.irs.gov/irb/2020-01_IRB#HI1>. Acesso em: 02 jan. 2020.

[961] US INTERNAL REVENUE SERVICE. **Internal Revenue Bulletin: 2020-01. Part III. Administrative, Procedural, and Miscellaneous. Rev. Proc. 2020-1, section 7.01.** Disponível em: <https://www.irs.gov/irb/2020-01_IRB#HI1>. Acesso em: 02 jan. 2020.

[962] US INTERNAL REVENUE SERVICE. **Internal Revenue Bulletin: 2020-01. Part III. Administrative, Procedural, and Miscellaneous. Rev. Proc. 2020-1, section 8.07.** Disponível em: <https://www.irs.gov/irb/2020-01_IRB#HI1>. Acesso em: 02 jan. 2020.

para uma mesma matéria, a respeito da interpretação do mesmo dispositivo legal, nos termos do § 5º do art. 48 da Lei n. 9.430/1996, e dos artigos 19 a 21 da IN RFB n. 1.396/2013.

Dessa forma, a previsão recursal é voltada inteiramente para a uniformização da orientação e não para o interesse do consulente. A insurgência poderá ser apresentada tanto pelo destinatário da solução conflitante (§ 6º do art. 48 da Lei n. 9.430/1996) como também por qualquer outro sujeito passivo que tenha recebido orientação diferente para a mesma matéria (§ 10º do art. 48 da Lei n. 9.430/1996), no prazo de 30 dias contados da publicação da resposta. Aliás, nos termos do § 9º do art. 48 da Lei n. 9.430/1996 e do art. 20 da IN RFB n. 1.396/2013, a existência de divergência entre soluções de consulta sobre a mesma matéria poderá ser apontada por qualquer servidor da administração tributária, por meio de representação.

O resultado será a emissão de uma solução de divergência (art. 21, § 2º, IN RFB n. 1.396/2013) e acarretará a edição de ato específico de caráter geral para a uniformização do entendimento, caso seja reconhecida a divergência (art. 48, § 11, da Lei n. 9.430/1996 e art. 21, § 3º, da IN RFB n. 1.396/2013).

No Direito alemão, o cabimento de recurso é previsto tanto em face do pronunciamento final da autoridade fiscal, após a resposta ao requerimento formulado pelo contribuinte, ou até mesmo quando não atendido o prazo de 6 meses para a formalização dessa resposta (Seção 347 e seguintes do Código Tributário). Contudo, na Alemanha, a fase recursal do processo administrativo fiscal é compreendida sob uma ótica diversa do modelo brasileiro. No Direito alemão, essa fase é entendida como um pressuposto para a posterior propositura de ação judicial para a discussão dessas mesmas questões. Segundo Klaus Tipke e Joachim Lang, parte-se da premissa de que a interposição de recurso possibilita que eventuais conflitos entre a autoridade fiscal e o contribuinte sejam, em sua maioria, solucionados administrativamente, evitando que essas demandas sejam posteriormente submetidas ao Judiciário.[963]

Mesmo assim, não deixa de ser vista como uma oportunidade de "autocontrole" pela administração tributária.[964] Tanto é assim que a interposição de recurso autoriza o reexame de todos os assuntos abordados na resposta formalizada, inclusive em prejuízo do recorrente, desde que devidamente

[963] TIPKE, Klaus; LANG, Joaquim. **Direito Tributário:** *(Steuerrecht)*. Porto Alegre: Sergio Antonio Fabris, 2014. 768 p. 3 v. Tradução da 18ª edição alemã, a cargo de Elisete Antoniuk, p. 455.

[964] TIPKE, Klaus; LANG, Joaquim. **Direito Tributário:** *(Steuerrecht)*. Porto Alegre: Sergio Antonio Fabris, 2014. 768 p. 3 v. Tradução da 18ª edição alemã, a cargo de Elisete Antoniuk, p. 456.

fundamentada e de sua prévia manifestação, oportunizando a desistência do recurso, nos termos da Seção 367 (2) do Código Tributário.[965],[966]

Nos Estados Unidos, por sua vez, o cabimento de recursos é recorrente na intepretação conjunta da Declaração dos Direitos do Contribuinte, que contempla o direito de recorrer de uma decisão da Receita Federal em um fórum independente (*The Right to Appeal an IRS Decision in an Independent Forum*), e das premissas fixadas pela Seção 7803 do IRC.

Antes de remeter o recurso para julgamento, a repartição do IRS que emitiu a decisão contestada poderá revisar a sua posição e tentar solucionar o impasse diretamente com o contribuinte.[967]

3.7 Publicidade e isonomia

A exigência de publicização da interpretação oficial fornecida pela administração tributária brasileira nas soluções de consulta está prevista no art. 48, § 4º, da Lei n. 9.430/96, que fixa sua veiculação em órgão da imprensa oficial, na forma do regulamento. Em tais publicações, serão suprimidas as informações que permitam a identificação do contribuinte e demais envolvidos.

Com essa previsão, prestigia-se uma série de outros direitos constitucionalmente protegidos, tais como: (i) princípio da publicidade [ou transparência], artigo 5º, inciso LX, e artigo 37, *caput*, da Constituição Federal de 1988; (ii) princípios da isonomia, da moralidade, da eficiência;[968] e (iii) princípio da livre concorrência (art. 170, inciso IV, CF/88), permitindo que os contribuintes do mesmo ramo de atividade sejam beneficiados pela orientação.

965 DEUTSCHLAND. **Abgabenordnung - AO.** 16. März 1976. Deutschland, 1976. Disponível em: <http://www.gesetze-im-internet.de/ao_1977/index.htm l>. Acesso em: 05 jan. 2020.

966 No mesmo sentido:
REIMER, Ekkehart. Proteção do contribuinte na Alemanha. **Revista de Direito Tributário Atual**: Instituto Brasileiro de Direito Tributário, São Paulo, v. 22, p.54-77, jan. 2008. Traduzido por Paulo Victor Vieira da Rocha, p. 61.
TIPKE, Klaus; LANG, Joaquim. **Direito Tributário:** *(Steuerrecht)*. Porto Alegre: Sergio Antonio Fabris, 2014. 768 p. 3 v. Tradução da 18ª edição alemã, a cargo de Elisete Antoniuk, p. 471.

967 US INTERNAL REVENUE SERVICE. **Requesting an Appeal.** Disponível em: <https://www.irs.gov/appeals/preparing-a-request-for-appeals> Acesso em: 01 maio.2020.

968 ROCHA, Valdir de Oliveira. **A Consulta Fiscal**. São Paulo: Dialética, 1996, p. 105.

Não é obrigatória, por outro lado, a publicação do despacho decisório que declarar a inadmissão ou ineficácia da consulta fiscal (art. 27, parágrafo único, IN RFB n. 1.396/2013, art. 28, parágrafo único, da IN RFB n. 1.464/2014).

A Alemanha é o único entre os três países examinados que não admite a divulgação do conteúdo das *Auskunft* (informação) ou da *Zusage* (confirmação) emitidas para um determinado contribuinte ou interessado para o público em geral.

Não há uma vedação expressa à divulgação de tais atos, mas, sim, a ausência de previsão sobre essa possibilidade na Seção 89 do Código Tributário, bem como na Portaria *StAuskV* e no Decreto (AEAO Seção 89 do AO). Dessa forma, consoante o disposto na Seção 122 (3) do Código Tributário (AO), segundo a qual os atos administrativos poderão ser publicados nas hipóteses previstas em lei, a ausência de norma expressamente autorizativa significa a impossibilidade de publicação.

A conclusão é corroborada na edição divulgada em 2017 pela OCDE do Relatório anual da Ação 5 do BEPS, no qual foram examinadas informações sobre *tax rulings* emitidos por 44 jurisdições.[969] Nele constou, em relação aos dados da Alemanha coletados no período de 1º.4.2016 a 2.2.2017, a observação de que esses *rulings* não são publicados.[970] Embora os dados coletados nesse relatório tenham se ocupado, em especial, de informações relacionadas com *tax rulings* emitidos sobre alguns assuntos previamente delimitados,[971]

[969] Nota explicativa: Tais jurisdições são representadas não apenas nos países membros da OCDE, mas também países do G20, bem como países que estavam em processo de adesão à OCDE no período. Fonte: ORGANIZATION FOR ECONOMIC CO-OPERARION ADN DEVELOPMENT - OCDE, **Harmful Tax Practices - Peer Review Reports on the Exchange of Information on Tax Rulings: Inclusive Framework on BEPS: Action 5, OECD/G20 Base Erosion and Profit Shifting Project**, OECD Publishing, Paris, 2017, p. 17. Disponível em: <http://dx.doi.org/10.1787/9789264241190-en>. Acesso em: 06 abr.2019

[970] ORGANIZATION FOR ECONOMIC CO-OPERARION ADN DEVELOPMENT - OCDE, **Harmful Tax Practices - Peer Review Reports on the Exchange of Information on Tax Rulings: Inclusive Framework on BEPS: Action 5, OECD/G20 Base Erosion and Profit Shifting Project**, OECD Publishing, Paris, 2017, p. 113. Disponível em: <http://dx.doi.org/10.1787/9789264241190-en>. Acesso em: 06 abr.2019.

[971] Nota explicativa: Quais sejam: "rulings within the scope of the transparency framework" means the five types of taxpayer-specific rulings described in paragraphs 95-119 of the Action 5 Report (OECD, 2015), which are (1) rulings related to preferential regimes; (2) cross-border unilateral advance pricing agreements (APAs) and any other cross-border unilateral tax ruling (such as an advance tax ruling (ATR)) covering transfer pricing or the application of transfer pricing principles; (3) cross-border rulings giving a unilateral downward adjustment to the taxpayer's taxable profits in the country giving the ruling; (4) permanent establishment rulings; and (5) related party conduit rulings;" (p. 301)

a comparação entre o que foi descrito no mesmo relatório sobre o tratamento dos mesmos pronunciamentos no Brasil e nos Estados Unidos[972] confirma a circunstância de que o conteúdo da *Auskunft* (informação) e a *Zusage* (confirmação) não são publicadas na Alemanha.

O acesso a dados abarcados por sigilo será autorizado apenas para viabilizar a fiscalização de autoridades fiscais[973] (processos administrativos e judiciais) e também por meio de solicitação por terceiros, na forma do item n. 4.6 do Decreto (AEAO para a Seção 30 do AO), para preparação de Ação Concorrencial (*Konkurrentenklag*) relativa a questões tributárias.[974] Essa solicitação é admitida quando, em uma relação concorrencial direta, um contribuinte demonstrar "ter sido gravemente atingido (= ameaça de existência) pelo favorecimento fiscal do concorrente".[975] A divulgação das informações será limitada aos dados sobre a tributação do concorrente estritamente necessários para o processo legal.[976]

Nos Estados Unidos, por sua vez, o conteúdo das *letter rulings* é divulgado pelo IRS semanalmente desde 1977, sem nenhuma informação que possa identificar o contribuinte solicitante,[977] nos termos da Seção 6110 do Código

[972] No descritivo do Brasil, constou o seguinte: "All the rulings issued after 2013 are published on the RFB's website. A summary of rulings issued prior to 2013 was published in the federal gazette." (p. 51) Em relação aos Estados Unidos, foi divulgado o seguinte: "These rulings were not published, although other types of rulings can be published." (p. 293)
ORGANIZATION FOR ECONOMIC CO-OPERARION ADN DEVELOPMENT - OCDE, **Harmful Tax Practices - Peer Review Reports on the Exchange of Information on Tax Rulings: Inclusive Framework on BEPS: Action 5, OECD/G20 Base Erosion and Profit Shifting Project**, OECD Publishing, Paris, 2017, p. 51 e 293. Disponível em: <http://dx.doi.org/10.1787/9789264241190-en>. Acesso em: 06 abr.2019.

[973] DEUTSCHLAND. **Abgabenordnung - AO.** 16. März 1976. Deutschland, 1976. Disponível em: <http://www.gesetze-im-internet.de/ao_1977/index.html>. Acesso em: 05 jan. 2020.

[974] DEUTSCHLAND. Anwendungserlass Zur Abgabenordnung (AEAO), 31. Januar 2014, zuletzt geändert durch BMF-Schreiben v. 27. 9. 2019 – IV A 3 - S 0062/19/10009 :001 (2019/0833449). **Nwb**. Deutschland, Disponível em: <https://datenbank.nwb.de/Dokument/Anzeigen/500001/?shigh=Anwendungserlass&listPos=1&listId=1464843>. Acesso em: 09 jan. 2020.

[975] TIPKE, Klaus; LANG, Joaquim. **Direito Tributário:** *(Steuerrecht)*. Porto Alegre: Sergio Antonio Fabris, 2014. 3 v. Tradução da 18ª edição alemã, a cargo de Elisete Antoniuk, p. 501.

[976] DEUTSCHLAND. Anwendungserlass Zur Abgabenordnung (AEAO), 31. Januar 2014, zuletzt geändert durch BMF-Schreiben v. 27. 9. 2019 – IV A 3 - S 0062/19/10009 :001 (2019/0833449). **Nwb**. Deutschland, Disponível em: <https://datenbank.nwb.de/Dokument/Anzeigen/500001/?shigh=Anwendungserlass&listPos=1&listId=1464843>. Acesso em: 09 jan. 2020.

[977] GIVATI, Yehonatan. **Resolving Legal Uncertainty: The Unfulfilled Promise of Advance Tax Rulings**. Virginia Tax Review, 2009, p. 14-15. Disponível em: <http://nrs.harvard.edu/urn-3:HUL.InstRepos:3333571>. Acesso em: 23 dez. 2019.

Tributário Federal (IRC), que estabelece, como regra geral, que todas as orientações fornecidas por escrito pelo IRS, nas quais se incluem também as *letter rulings*, deverão ser disponibilizadas para consulta pública.[978]

Assim como no Brasil, as publicações excluem dados que possam permitir a identificação do contribuinte que formulou o pedido.[979] Inclusive, para facilitar a identificação dos elementos que serão retirados da versão pública, o pedido de *letter ruling* deve ser acompanhado de uma declaração de exclusões, por meio da qual o contribuinte indica as informações particulares que deverão ser excluídas da publicação.

Outro aspecto interessante, e que não encontra previsão equivalente nos outros sistemas, é o da obrigatoriedade de, no caso em que a emissão de uma *letter ruling* modifique, revogue, substitua ou afete alguma *letter ruling* anterior envolvendo o mesmo contribuinte, a nova orientação deve fazer referência à data e número da *letter ruling* anterior, especificando se esta última será afetada pela nova.[980]

[978] CODE OF FEDERAL REGULATIONS. **Title 26. Internal Revenue, Chapter I. Internal Revenue Service, Departmante of the Threasury, Subchapter F. Procedure and Administration. Chapter 61. INFORMATION AND RETURNS Subchapter B. Miscellaneous Provisions Section 6110. Public inspection of written determinations.** Disponível em: <https://www.law.cornell.edu/uscode/text/26/6110> Acesso em 31 dez.2019.

[979] WATSON, Camilla. **Tax Procedure and Tax Fraud**. 5nd Ed. Kindle edition, 2016, p. 21.

[980] US INTERNAL REVENUE SERVICE. **Internal Revenue Manual. Part 32. Published Guidance and Other Guidance to Taxpayers. Chapter3, Letter Rulings, Information Letters, and Closing Agreements. Section1, Forms of Advice (32.3.1.13.3.1).** Disponível em: <https://www.irs.gov/irm/part32/irm_32-003-001> Acesso em: 26 dez. 2019.

CONCLUSÕES

No Brasil, o principal instrumento à disposição dos contribuintes para esclarecimento de dúvidas sobre a aplicação da norma tributária no âmbito federal é a consulta fiscal. A resposta obtida por intermédio da consulta fiscal é dotada do valoroso efeito vinculante, o que propicia ao contribuinte mais do que uma trivial resposta para a questão apresentada, mas, precipuamente, a segurança de que a disciplina nela estampada deverá ser respeitada pelas autoridades fiscais em relação às suas futuras obrigações tributárias.

Diante da irrefutável importância desse instrumento como medida de operacionalização da segurança jurídica, incentivo à conformidade tributária e, sobretudo, em virtude da necessidade de se aprimorar a interação entre Fisco e contribuinte como forma de minimizar os impactos da complexidade das normas tributárias, o presente trabalho buscou analisar modelos com a mesma funcionalidade da consulta fiscal implementados em outros países para aferir a possibilidade de ser aperfeiçoado, em alguma medida, o instituto no Brasil.

Nesse sentido, após um detido estudo da legislação, doutrina e jurisprudência, foram expostos os contornos da consulta fiscal brasileira e dos institutos assemelhados implementados na Alemanha (*verbindliche Auskünft* e *verbindliche Zusage*) e nos Estados Unidos (*letter ruling*), com o objetivo de comparar as semelhanças e diferenças em suas características e funcionalidades e, com isso, mensurar se esses instrumentos promovem clareza e coerência na aplicação das leis tributárias em seus respetivos ordenamentos e cumprem a desafiadora missão de estabelecer uma relação horizontal entre o interesse público e o particular, para ao final ponderar se as práticas adotadas em tais países poderiam contribuir em alguma proporção com o aperfeiçoamento da legislação brasileira.

Após essa análise, foi possível observar que a consulta fiscal brasileira ostenta alguns traços comuns com os institutos equivalentes em vigor na

Alemanha e nos Estados Unidos, tais como: (i) efeito vinculante entre Fisco e contribuinte; (ii) discricionariedade das autoridades fiscais no que concerne às situações por meio das quais não serão emitidas respostas aos pedidos formulados; e (iii) possibilidade de alteração da orientação fornecida.

Foram identificadas também algumas diferenças, tais como aspectos encontrados apenas na legislação brasileira (em comparação com Estados Unidos e Alemanha), quais sejam: (i) a inexigibilidade do pagamento de taxas; (ii) o efeito vinculante para terceiros; (iii) legitimidade de associações, para formular questões envolvendo o direito dos associados; (iv) e a previsão de recurso exclusivamente para sanar divergências. Os pontos de aproximação e distanciamento entre os institutos correspondem, como visto, a aspectos formais e materiais.

Entretanto, a disparidade central entre os modelos não decorre de contrastes isoladamente identificados como decorrência da comparação entre uma ou outra qualidade. Parece-nos que a diferença fundamental entre os sistemas é, antes disso, ontológica. Ou seja, os institutos são diferentes entre si, em especial a respeito da compreensão do papel que a administração tributária optou por desempenhar em prol do contribuinte em cada um deles.

Em outras palavras, existe uma diferença estrutural entre o sistema implementado no Brasil de um lado e aqueles existentes na Alemanha e nos Estados Unidos do outro. Aliás, na comparação entre os três, é possível afirmar que os sistemas do Brasil e dos Estados Unidos ocupariam os dois extremos e o da Alemanha ficaria mais ao centro, ligeiramente mais próximo do americano. Essa inteligência pode ser desenhada da seguinte maneira:

<table>
<tr><th>Dever de prestar informações</th><th colspan="2">Serviço de Consultoria Estatal</th></tr>
<tr><td>Brasil</td><td>Alemanha</td><td>Estados Unidos.</td></tr>
</table>

É importante esclarecer, antes tudo, que essa conclusão envolvendo a ausência de similitude entre os modelos estudados ao longo desta pesquisa não significa a superioridade ou preponderância de um em relação ao outro. Não é disso que se trata. Na verdade, todos os institutos apresentam aspectos positivos e negativos, conforme exposto no Capítulo 3.

A percepção sobre a existência dessa diferença ontológica, apesar disso, é relevante na medida em que permite identificar as particularidades dos formatos adotados em cada um deles e, sobretudo, depreender com mais clareza o autêntico propósito e significado das escolhas do legislador em cada um dos sistemas.

Essa diferença, como já mencionado, é oriunda da escolha feita pela administração tributária de como se dará a sua relação com o contribuinte. Na Alemanha (sobretudo no que diz respeito à *verbindliche Auskunft)* e nos Estados Unidos, os institutos são tratados com ênfase no conceito de serviço, concepção que pode ser compreendida a partir da acepção comercial da palavra. Tanto é assim que, nos referidos sistemas, é exigido o pagamento de uma taxa como requisito para o processamento dos pedidos, que funciona como uma contraprestação pelo serviço. Na Alemanha, inclusive, a definição do valor da taxa é realizada considerando o montante do benefício econômico que será obtido pelo contribuinte como resultado da resposta apresentada.

Essa apreensão é corroborada, por exemplo, da definição sobre a *verbindliche Auskunft* (informação vinculante) do Tribunal Fiscal Federal Alemão *(Bundesfinanzhof* - BFH) transcrita no subtópico 2.3.1 do Capítulo 2 deste trabalho, que apresentou a ferramenta como um verdadeiro um serviço para o contribuinte.

Nos Estados Unidos, vale citar que, na página do IRS, consta o seguinte: "Nossa estrutura organizacional se assemelha ao modelo do setor privado de organização em torno de clientes com necessidades semelhantes".[981] Mais adiante, ao explicitar as funções do Escritório Central da Superintendência de Consultoria (*Office of Chief Counsel*), constam nas informações sobre sua missão institucional: "Missão: Servir os contribuintes da América de maneira justa e íntegra, fornecendo uma interpretação correta e imparcial das leis de receita interna e a consultoria e representação jurídica da mais alta qualidade para o *Internal Revenue Service.*"[982] Ao explicitar a tramitação e os requisitos para a emissão de *letter rulings* aos funcionários do próprio IRS, o Manual Interno da Receita reforça: "É importante que o público esteja

[981] Tradução nossa to textoo original: "Our organizational structure closely resembles the private sector model of organizing around customers with similar needs". Fonte: US INTERNAL REVENUE SERVICE. **Today's IRS Organization**. Disponível em: <https://www.irs.gov/about-irs/todays-irs-organization>. **Acesso** em: 01 maio.2020

[982] Tradução nossa do original: Mission: Serve America's taxpayers fairly and with integrity by providing correct and impartial interpretation of the internal revenue laws and the highest quality legal advice and representation for the Internal Revenue Service". Fonte: US INTERNAL REVENUE SERVICE. **Office of Chief Counsel At-a-Glance.** Disponível em: <https://www.irs.gov/about-irs/office-of-chief-counsel-at-a-glance, Acesso em: 01 maio.2020.

confiante de que o programa de *letter rulings* é administrado de maneira justa e imparcial".[983]

Disso decorre, igualmente, o fato de que o regramento dos sistemas alienígenas examinados neste estudo apresenta mais detalhes a respeito dos assuntos para os quais é possível a formalização do pedido (em especial o dos Estados Unidos para as *private letter rulings*). Principalmente, o conteúdo do que poderá ser submetido ao exame das autoridades fiscais em tais sistemas é mais abrangente do que o da consulta fiscal brasileira, cuja emissão está limitada à intepretação de uma norma e sua aplicação a uma situação concreta circunscrita, preferencialmente, sobre um único tributo (art. 3, incisos III e IV, § 9º, IN RFB n. 1.396/2013) sendo expressamente vedado que o pedido busque "a prestação de assessoria jurídica ou contábil-fiscal pela RFB" (art. 18, XIV, IN RFB n. 1.396/2013).

Na Alemanha e nos Estados Unidos, a descrição dos requisitos para a apresentação dos pedidos (de *verbindliche Auskünft* e de *private letter rulings*) demonstra que a análise realizada pelas autoridades fiscais a respeito da questão apresentada segue um formato bastante próximo ao de uma verdadeira consultoria tributária. Nos dois sistemas, além da exigência de que o contribuinte apresente a descrição detalhada de seu objeto e a indicação das informações necessárias à elucidação da matéria (o que até aqui não difere das exigências do pedido de consulta fiscal), aponta-se ainda a necessidade de exposição dos fundamentos que amparam a opinião do próprio requerente sobre a solução da questão, não apenas com base na legislação, mas também por meio de exposição exauriente sobre como o assunto é enfrentado na doutrina e na jurisprudência dos respectivos países.

Nos Estados Unidos, em especial, não basta que o contribuinte apresente as razões envolvendo a fundamentação para o tratamento tributário pretendido, exige-se a exposição das opções entre as várias interpretações tributárias possíveis, até mesmo as contrárias ao seu pleito, sob pena de recusa na emissão da *private letter ruling.*

Ademais, embora os três sistemas tenham em comum a exigência de que a dúvida não se refira a uma questão hipotética ou em tese, na Alemanha e nos Estados Unidos não identificamos dispositivos com conteúdo semelhante

983 Do original: "It's important that the public is confident that the letter ruling program is administered fairly and impartially." Fonte: US INTERNAL REVENUE SERVICE. **Internal Revenue Manual. Part 32. Published Guidance and Other Guidance to Taxpayers. Chapter3 Letter Rulings, Information Letters, and Closing Agreements. Section 2. Letter Rulings (32.3.2.3.1).** Disponível em: <https://www.irs.gov/irm/part32/irm_32-003-001> Acesso em: 26 dez. 2019.

ao do nosso ordenamento, com a exigência de que a dúvida seja limitada à interpretação de uma norma específica e que se refira, em regra, a um único tributo, ou mesmo de que seja vedada a prestação de assessoria jurídica ou contábil-fiscal por parte das autoridades fiscais. Na Alemanha e nos Estados Unidos, o objetivo dos modelos lá implementados está voltado ao exame dos impactos fiscais de forma global a respeito de uma situação ou operação que está em vias de ser realizada pelo requerente ou interessado; além disso, várias passagens das normas examinadas nos referidos países indicam a possibilidade de que se refiram a mais de um tributo.[984]

Além disso, tanto na Alemanha quanto nos Estados Unidos, o contribuinte detém a prerrogativa de se reunir presencialmente com a autoridade fiscal responsável pela resposta ao seu pedido para discutir aspectos relacionados com a transação ou operação para a qual busca uma definição, o que não é oferecido no Brasil. Esse maior grau de interação com o contribuinte no decorrer da tramitação do pedido também é corroborado pela previsão contida na legislação americana a respeito da possibilidade de desistência se a orientação for contrária. Ou seja, nessa circunstância, o Fisco entrará em contato com o contribuinte, informando que o resultado do pedido será contrário aos seus interesses e oferecerá a opção de desistir do requerimento.

Outras previsões existentes no modelo americano reforçam a existência de maior aproximação entre Fisco e contribuinte, tais como: (i) a regra de que no prazo de 21 dias corridos após o recebimento um IRS entrará em contato com o contribuinte ou seu representante legal para discutir as questões processuais do pedido; (ii) a possibilidade de que, nesse contato inicial, sejam sanados vícios a respeito do cumprimento dos requisitos formais ou até mesmo antecipada a informação sobre as conclusões preliminares; (iii) bem como a autorização para que a autoridade fiscal oriente o contribuinte com a realização de ligeiras alterações na operação ou o cumprimento de determinadas condições para lhe auxiliar na obtenção de um pronunciamento favorável.

A disciplina sobre a recorribilidade de tais pronunciamentos é coerente com o formato adotado em cada um dos países e pode ser assim sintetizado: (i) no Brasil, previsão sobre a interposição de recurso está atrelada exclusivamente à uniformidade das informações fornecidas; (ii) na Alemanha, a fase recursal é vista como uma etapa adicional para a solução administrativa

[984] Nota explicativa: Na Alemanha, a legislação é expressa sobre a possibilidade de que o pedido comporte avaliação sobre a incidência de vários tributos nos itens n. 3.3.2.3, 3.5.6 do AEAO para a Seção §89 do AO. Nos Estados Unidos, essa conclusão também é aferível a parti da análise das seções 05, itens 01 ao 08, do IRB, e da Seção 11 itens 02 e 03 do mesmo Boletim.

de impasses e como oportunidade de "autocontrole"; (iii) nos Estados Unidos, o direito à interposição de recursos é extraído principalmente da Declaração dos Direitos do Contribuinte (*Taxpayer Bill of Rights*), no âmbito da qual a autoridade que emitiu o pronunciamento contestado buscará sempre equacionar o impasse diretamente com o contribuinte antes do julgamento.

Esses elementos autorizam a constatação de que a administração fiscal, principalmente dos Estados Unidos, mas também da Alemanha, optou por implementar modelos voltados para a prestação de um serviço de consultoria para o contribuinte, enquanto no Brasil a consulta fiscal se limita ao cumprimento de um dever de fornecimento de informações. Por isso é que se diz que não existe um modelo melhor do que o outro, são simplesmente diferentes em sua essência.

Por essas razões, foi possível constatar que a principal vantagem dos modelos implementados na Alemanha e no Estados Unidos em relação ao brasileiro manifesta-se: (i) na abrangência do que pode ser respondido; (ii) pelo formato que contempla maior grau de diálogo com contribuinte; e (iii) no prazo para a emissão das respostas, que na Alemanha (Seção 89, parágrafo 2, enunciado 4, AO) e nos Estados Unidos (Section 2, 32.3.2.3 do IRM) é de 6 meses e 180 dias, respectivamente. Ou seja, a metade do tempo fixado na legislação brasileira, que é de 360 dias (art. 95, § 2º, Decreto n. 7.574/2011).

Por outro lado, o modelo implementado no Brasil parece-nos estar à frente dos dois países no que diz respeito aos problemas atrelados à falta de isonomia, que também provocam abalos na segurança jurídica dos seus contribuintes. Nos dois países, justamente como decorrência desse formato de respostas mais personalizadas para situações particulares, as orientações fornecidas a um contribuinte não serão automaticamente aproveitadas por outro em situação idêntica, como ocorre no Brasil.

Na Alemanha, inclusive, as respostas fornecidas a um pedido de *verbindliche Auskunft* (informação vinculante) não são nem mesmo disponibilizadas ao público. Nos Estados Unidos, embora o conteúdo das *letter rulings* seja amplamente divulgado, são consideradas pelas autoridades fiscais "*non-precedential rulings*" e não poderão ser aplicadas de forma automática para contribuintes em condições similares. Esse aspecto tem consequências relevantes no campo da equidade tributária, que reflete seriamente em aspectos concorrenciais.

No que se refere à preservação da segurança jurídica, também não se pode dizer que as características dos referidos modelos apresentam soluções melhores do que as já implementadas no Brasil. A principal fragilidade nos três sistemas é, em nosso sentir, um excesso de discricionariedade envolvendo a possibilidade de alteração de orientação por parte das autoridades fiscais e a definição das consequências decorrentes de tais mudanças. Ou melhor, faltam critérios mais claros e objetivos a respeito da revogação/modificação de uma orientação já fornecida, em especial quando decorrente de mera alteração da posição/compreensão da autoridade fiscal sobre um assunto.

Importa esclarecer que não se trata de uma crítica à possibilidade de mudança de entendimento/compreensão por parte das autoridades fiscais a respeito de um determinado assunto, mas de imposição de limites para a justa proteção da confiança daquele que agiu acreditando no Estado e realizou planejamentos para o futuro contando com a orientação recebida. Como já dito, ao mesmo tempo em que essa faculdade pode ser benéfica aos contribuintes e ao próprio sistema, uma vez que evita o engessamento das interpretações administrativas, e a sua utilização indiscriminada, afeta, em nosso sentir, de forma preocupante, a segurança jurídica.

Nesse aspecto, o regramento da Alemanha parece-nos o mais avançado a respeito de todas as situações envolvendo a revogação/modificação de uma orientação anteriormente emitida, por ser o que explicita de forma mais detalhada as situações que autorizam a revogação/modificação e as consequências em cada situação. E mais, além de operar, em regra, efeitos para o futuro, assim como no Brasil, assegura ao contribuinte o direito de ser ouvido antes da modificação/alteração tanto da *verbindliche Auskunft* (informação vinculante) quanto da *verbindliche Zusage* (confirmação vinculante).

Assim, para propiciar segurança jurídica ao contribuinte, não basta que a revogação/modificação, quando decorrente de uma mera revisão do entendimento da autoridade fiscal, opere efeitos para o futuro (que é a única limitação prevista no Brasil), já que essa barreira não evita a frustração daqueles contribuintes que, com base na resposta à consulta fiscal, por exemplo, projetaram a carga tributária de um certo empreendimento por um determinado período para o futuro. É crucial para a segurança jurídica que as hipóteses de revogação/modificação de uma orientação emitida pela administração tributária sejam delimitadas de forma objetiva, estabelecendo critérios que demonstrem que a sua aplicação se dará em situações excepcionais. Ou, quanto ao menos, que sejam estabelecidos mecanismos para minimizar em alguma medida os prejuízos para o futuro daqueles contribuintes que confiaram na direção apontada pelo Estado.

Nesse contexto, portanto, considerando o objetivo proposto neste trabalho, de examinar as características e a abrangência do processo de consulta fiscal federal com o desígnio de o comparar com os modelos *private tax rulings* implementados nos Estados Unidos e Alemanha, é possível sintetizar as principais virtudes e deficiências da consulta fiscal, conforme o seguinte:

- **Virtudes**: (i) efeito vinculante para terceiros; (iii) maior amplitude em relação aos legitimados; (iii) respeito à isonomia em face da publicidade e dos efeitos em relação a terceiros; (iv) emissão das respostas por uma autoridade central.
- **Deficiências**: (i) tempo previsto para a elaboração das respostas; (ii) limitação em relação ao conteúdo dos pedidos; (iii) inexistência de mecanismos que permitam o diálogo; (iv) ausência de definição das situações que autorizam a revogação/modificação das respostas.

Alguns desses aspectos podem ser aperfeiçoados com fundamento nos exemplos dos modelos implementados na Alemanha e nos Estados Unidos ou, até mesmo, com suporte em premissas retiradas de uma análise sistemática do próprio ordenamento nacional, como se verá no próximo capítulo, no qual serão expostas algumas sugestões.

Por fim, avançando para além da hipótese de pesquisa originalmente delimitada, uma alternativa que emergiu do estudo dos modelos implementados no Brasil, Alemanha e Estados Unidos, e que poderia ser objeto de pesquisa própria, é o da alteração do órgão estatal competente para a emissão das respostas, como caminho para minimizar a ausência de confiança na imparcialidade das orientações fornecidas pelas autoridades fiscais no âmbito de tais pronunciamentos, que provoca um estado de incerteza ainda não equacionado em nenhum dos sistemas examinados.

Em outras palavras, é possível conceber um estudo específico para ponderar se o órgão da Administração Pública Federal com competência para a emissão das consultas fiscais não fosse vinculado à Receita Federal, por exemplo, mas se apresentasse como uma figura neutra ou pelo menos mais distante da arrecadatória, mas que produzisse efeitos vinculantes em relação às autoridades fiscais, poderia ensejar maior grau de credibilidade das informações prestadas. Para o exercício desse múnus, a título ilustrativo e meramente especulativo, até que se avalie todos os contornos políticos e técnicos inerentes a uma mudança dessa natureza, pode-se imaginar a criação de um órgão que possua níveis de abstração e autonomia parecidos com os tribunais de contas, por exemplo, ou mesmo o aproveitamento das suas estruturas já existentes, como o Carf.

Isso porque, após identificar virtudes e deficiências nos três modelos e até mesmo a percepção de que tais características decorem de razões ontológicas, observou-se que, em nenhum deles, existe uma relação de confiança genuína entre Fisco e contribuinte.

Essa desconfiança mútua perpassa não apenas pelos aspectos práticos examinados, mas, principalmente, pela visão sobre a existência de interesses diametralmente opostos entre autoridades fiscais e contribuintes no que se refere à tributação. A função primordial dos órgãos responsáveis pela emissão da orientação aos contribuintes é a arrecadação. O fornecimento de informações e esclarecimentos aos contribuintes é realizada de forma secundária dentro de estruturas que estão inteiramente voltadas para resguardar os interesses da arrecadação do Estado.

Apesar de o espírito de cooperação da administração tributária ser externalizado por meio de ferramentas de apoio aos contribuintes, tais como a consulta fiscal, a *Verbindliche Auskunft*, a *Verbindliche Zusage* e a *private letter ruling*, está arraigado no subconsciente dos contribuintes que a mesma autoridade designada para lhe ajudar com o cumprimento de suas obrigações fiscais é a que também possui a missão institucional de manter os cofres do Estado abastecidos.

O aperfeiçoamento dos institutos com melhorias pontuais aqui e ali podem reduzir em alguma medida essa desconfiança. Mas permanecerá a inconsciência coletiva sobre a existência de interesses contrapostos entre o contribuinte e a autoridade fiscal, o que tende a ser um fator que seguidamente provocará ressalvas dos contribuintes acerca da imparcialidade da orientação recebida sobre a justa incidência da norma tributária no seu caso concreto.

Nesse contexto, não obstante a compreensão de que as autoridades fiscais dos três países examinados estejam empenhadas em conciliar as atividades de arrecadação e de consultoria, é razoável cogitar que se essa consultoria fosse oferecida por um órgão desvinculado da função de arrecadação, o que demonstraria maior grau de credibilidade das informações prestadas.

O exame e a comparação dos sistemas objeto desta pesquisa evidenciam, dessa forma, que o exercício concomitante das obrigações de arrecadar e fornecer orientações sobre os parâmetros que permitam ao contribuinte o cumprimento dessas mesmas obrigações da forma menos onerosa possível pode comprometer, ainda que de forma inconsciente, a neutralidade das respostas fornecidas. Apesar dessa constatação, essa não é uma hipótese ventilada na doutrina e os elementos explorados nessa pesquisa não permitem definir como se daria essa estruturação no Brasil e se seria compatível com nosso ordenamento. A definição sobre essa hipótese vai além do objeto proposto pela presente pesquisa e pode ser explorada em um estudo autônomo, motivo pelo qual também não será abarcada pelo capítulo das sugestões para o aperfeiçoamento do sistema brasileiro.

SUGESTÕES PARA APERFEIÇOAR O PROCESSO DE CONSULTA FISCAL BRASILEIRO

I. Redução do prazo para resposta à consulta fiscal

Importa salientar que um dos indicadores da ferramenta de Avaliação e Diagnóstico da administração tributária (*Tax administration Diagnostic Assessment Tool* - TADAT), descrito no Guia Prático (*Field Guide*) para adequação de delimitação de padrões de boas práticas internacionais, é o tempo utilizado para responder aos pedidos de informações,[985] por meio do qual é aferido o desempenho do ente competente para o exercício de atividades de administração tributárias, em relação aos seguintes aspectos:

- A administração tributária tem padrões de prestação de serviços em relação ao tempo de espera para responder às solicitações dos contribuintes e dos intermediários tributários recebidas por carta, *e-mail*, telefone e visitas pessoais (onde existirem instalações para consultas)?
- Se a resposta for sim, o desempenho em relação aos padrões de prestação de serviços é monitorado e relatado?
- Os resultados de desempenho são divulgados ao público?
- Qual é a porcentagem de consultas telefônicas (particularmente através de centros de atendimento exclusivo) dos contribuintes e intermediários tributários que foram respondidas dentro do tempo de espera de 6 minutos?[986]

[985] FERRAMENTA DE AVALIAÇÃO DIAGNÓSTICA DA ADMINISTRAÇÃO TRIBUTÁRIA (TADAT). **Guia Prático (Field Guide).** On Line: Secretariado do TADAT, 2019. p. 10. Disponível em: <https://www.tadat.org/assets/files/TADAT%20Field%20Guide%202019%20-%20Portuguese.pdf>. Acesso em: 01 jun. 2020.

[986] FERRAMENTA DE AVALIAÇÃO DIAGNÓSTICA DA ADMINISTRAÇÃO TRIBUTÁRIA (TADAT). **Guia Prático (Field Guide).** On Line: Secretariado do TADAT, 2019. p. 57. Disponível em: <https://www.tadat.org/assets/files/TADAT%20Field%20Guide%202019%20-%20Portuguese.pdf>. Acesso em: 01 jun. 2020.

Embora o Guia Prático de avaliação do TADAT ainda não tenha estabelecido padrões sobre os prazos para respostas fornecidas por escrito no âmbito de procedimentos com a mesma funcionalidade da consulta fiscal, os questionamentos acima transcritos demonstram a importância não apenas da implementação de institutos como a consulta fiscal, mas também que tais informações sejam fornecidas em tempo hábil e, principalmente, que o atendimento a esses prazos sejam monitorados.

Sobre o quesito tempo para o fornecimento de informações no âmbito da consulta fiscal, como se extrai do exposto no tópico 4.2 do Capítulo 4, o Brasil é o país que estabeleceu em sua legislação o prazo mais extenso para a apresentação de uma resposta pelas autoridades fiscais entre os países examinados.

Isto é, enquanto o art. 95, § 2º, do Decreto n. 7.574/2011 (após as alterações promovidas pelo Decreto n. 8.853/2016) estabelece o prazo de 360 (trezentos e sessenta dias) na Alemanha (Seção 89, parágrafo 2, enunciado 4, AO) e nos Estados Unidos (Section 2, 32.3.2.3 do IRM) esse prazo é de 6 meses. Ou seja, a metade do tempo fixado na legislação brasileira.

Abstraindo-se para os fins propostos no presente trabalho, no que tange às questões envolvendo o cumprimento, ou não, do prazo definido na legislação pelas autoridades fiscais, é indiscutível que no Brasil a legislação confere ao Fisco um prazo que é o dobro do que é atribuído para as autoridades fiscais da Alemanha e dos Estados Unidos.

Isso sem contar que nos Estados Unidos a legislação contempla previsão de que a autoridade fiscal deverá realizar um primeiro contato com o contribuinte no prazo de 21 dias corridos após o recebimento de um IRS, por meio do qual terá a possibilidade de: (i) discutir as questões processuais do pedido; (ii) de que, nesse contato inicial, sejam sanados vícios a respeito do cumprimento dos requisitos formais ou até mesmo antecipada a informação sobre as conclusões preliminares; (iii) bem como ter a autorização para que a autoridade fiscal oriente o contribuinte com a realização de ligeiras alterações na operação ou o cumprimento de determinadas condições para auxiliar na obtenção de um pronunciamento favorável.

Dessa forma, parece-nos que o prazo estabelecido na legislação brasileira poderia ser otimizado, equiparando-se ao prazo de 6 meses previsto nos outros dois países examinados nessa pesquisa.

II. Previsão de agendamento de reunião com o contribuinte

Concordamos com a reflexão de Friedrich Wöhlecke no sentido de que "o aumento da popularidade – em alguns países mais do que em outros – é resultado de uma mudança de paradigma das autoridades fiscais. O objetivo é melhorar o relacionamento com os contribuintes com base na confiança mútua, entendimento, transparência, justiça e cooperação", porquanto tais mudanças podem contribuir com a redução da evasão fiscal e da litigiosidade.[987]

Daí porque, para viabilizar essa aproximação no âmbito da consulta fiscal, parece-nos que seria cabível incluir na legislação a previsão a respeito da realização de ao menos uma reunião antes da apresentação da resposta. Essa reunião poderia ser realizada de forma presencial, ou até mesmo virtual, e depois de uma análise preliminar por parte da autoridade fiscal sobre as questões apresentadas. A sua realização poderia ser mantida, mesmo que já tenha sido identificado que o pedido se enquadra em uma das hipóteses de ineficácia, já que uma comunicação verbal entre os envolvidos auxiliaria tanto o Fisco quanto o contribuinte a respeito de uma melhor compreensão sobre as questões materiais ou formais relacionadas ao pedido de informações.

III. Observância dos princípios da anterioridade e novententa no caso de revogação/alteração da consulta fiscal

A possibilidade de revogação ou modificação da consulta fiscal por simples mudança de orientação das autoridades fiscais, sem que tenha havido alteração legislativa ou mesmo jurisprudencial, poderia ser aperfeiçoada, para a fixação de critérios mais precisos para a sua ocorrência, a exemplo do que se vê na Alemanha.

A manutenção de uma autorização de revogação/alteração de um pronunciamento vinculante por mera liberalidade das autoridades fiscais sem nenhuma restrição, mesmo que apenas em relação aos fatos geradores futuros,

[987] Tradução nossa do original: "Zum anderen ist die gestiegene Beliebtheit – in einigen Ländern mehr als in anderen20 – die Folge eines Paradigmenwechsels innerhalb der Finanzbehörden.21 Angestrebt wird ein besseres Verhältnis zu den Steuerpflichtigen, welches auf gegenseitigem Vertrauen, Einvernehmen, Transparenz, Fairness und Kooperation basiert." WÖHLECKE, Friedrich. **Die verbindliche Auskunft im deutsch-französischen Vergleich.** 2019. Tese (Doutorado) - Faculty of Law, Öffentliches Recht. Professur Für Steuerrecht, Universität Zu Köln, Köln, 2019, p.02. Disponível em: <http://kups.ub.uni-koeln.de/id/eprint/10438>. Acesso em: 09 jan. 2020.

contamina a segurança jurídica e provoca a frustração das justas expectativas daqueles contribuintes que, com base na resposta à consulta fiscal, por exemplo, projetaram a carga tributária de um certo empreendimento por um determinado período.

Além da necessidade de fixação desses critérios, sempre que a revogação/alteração possa resultar em um agravamento da situação do contribuinte, além dos efeitos prospectivos, é imprescindível a aplicação dos mesmos princípios constitucionais que protegem os contribuintes em relação à instituição ou majoração de tributos. Assim, em relação aos efeitos para o futuro da alteração na orientação anteriormente exposta na resposta à consulta fiscal, devem ser observados os princípios da anterioridade e da noventena, previstos no artigo 150, inciso III, alíneas "b" e "c" da Constituição Federal de 1998.

Apesar da ausência de discussão na doutrina sobre essa alternativa, a orientação jurisprudencial do Supremo Tribunal Federal[988] consolidou nos últimos anos o entendimento no sentido de que qualquer aumento ou agravamento da carga tributária do contribuinte, inclusive quando ocorrer de forma indireta, deve respeitar o princípio constitucional da anterioridade (vide explicações no subtópico 1.5.4 do Capítulo 1).

IV. Adoção de sistemática semelhante a da *verbindliche zusage*

A *verbindliche Zusage* do Direito alemão é o mecanismo disciplinado nas Seções 204 a 207 do Código Tributário (AO) e pode ser sintetizada como uma verdadeira "confirmação, dada pelo auditor tributário, no término de uma fiscalização, sobre o modo como o contribuinte deve agir dali para diante".[989]

Em outras palavras, após a realização de uma fiscalização (cujo trâmite está disciplinado nas Seções 193 a 203 do AO), as autoridades fiscais emitem um relatório que ilustra todos os aspectos averiguados, expondo eventuais

[988] Nesse sentido: BRASIL. Supremo Tribunal Federal. **Agravo Regimental no Recuso Extraordinário n. 1091378.** Relator: Ministro Edson Fachin, Segunda Turma. Brasília, 11 de setembro de 2018; BRASIL. Supremo Tribunal Federal. **Agravo Regimental no Recuso Extraordinário n. 1193854.** Relator: Ministro Luiz Fux, Primeira Turma. Brasília, 16 de maio de 2019; BRASIL. Supremo Tribunal Federal. **Agravo Regimental no Recuso Extraordinário n. 1081068.** Relator: Ministro Dias Toffoli, Segunda Turma. Brasília, 19 de maio de 2018.

[989] SCHOUERI, Luís Eduardo. Algumas reflexões sobre a consulta em matéria fiscal. **Cadernos de Direito Tributário e Finanças Públicas,** São Paulo, v. 03, n. 10, jan./mar. 1995, p. 03.

irregularidades, sugerindo alterações ou chancelando as práticas tributárias adotadas pelo contribuinte fiscalizado (Seção 202 do AO).[990]

Com base no conteúdo desse relatório final de fiscalização, poderá, ou não, ser lavrado um auto de infração em relação às operações realizadas no passado. No tocante aos fatos geradores futuros, poderá ser fornecido ao contribuinte um documento contendo as conclusões da autoridade fiscal sobre o tratamento tributário da situação fiscalizada, confirmando a direção já adotada em um compromisso com efeito vinculante da data da sua emissão para o futuro, desde que as circunstâncias com base na qual o relatório foi emitido não sofram alterações significativas em relação às que foram consideradas para a emissão da *verbindliche Zusage*.[991] A *verbindliche Zusage* geralmente envolve obrigações fiscais de trato sucessivo.

A semelhança da *verbindliche Zusage* (confirmação vinculante) com a consulta fiscal brasileira reside na circunstância de que, em ambos, há um pronunciamento vinculativo por parte da autoridade fiscal contendo diretrizes sobre o futuro tratamento tributário de uma situação concreta e adequadamente demarcada, com a diferença de que na *Zusage* essa demarcação nasce a partir de uma auditoria realizada no âmbito de uma fiscalização.

Parece-nos que a incorporação em nosso ordenamento de uma previsão que permita, caso o contribuinte assim solicite, a emissão de um documento com caráter vinculante a respeito das conclusões dos Auditores Fiscais da Receita Federal após uma fiscalização pode ser um importante instrumento de promoção à segurança jurídica e de incentivo à conformidade. Assim como no Direito alemão, a concessão do efeito vinculante no Brasil poderá ser formalizada em um documento escrito que contemplará as principais constatações sobre a tributação do contribuinte fiscalizado, indicará a necessidade de eventuais alterações nas práticas fiscais e, sobretudo, validará e valorizará o correto cumprimento das obrigações tributárias.

[990] DEUTSCHLAND. **Abgabenordnung - AO.** 16. März 1976. Deutschland, 1976. Disponível em: <http://www.gesetze-im-internet.de/ao_1977/index.html>. Acesso em: 05 jan. 2020.

[991] SEER, Roman et al (Org.). **Recht auf Information und Auskunft im Besteuerungsverfahren.:** unter besonderer Berücksichtigung des Gesetzes zur Modernisierung des Besteuerungsverfahrens vom 18. Juli 2016 und der EU-Datenschutz-GrundVO vom 27. April 2016 mit nachfolgenden Änderungen der AO. Berlin: Deutsches Wissenschaftliches Institut Der Steuerberater E.v., 2017, p. 22. Disponível em: <https://www.dws-institut.de/sites/default/files/ue_document/file_id/DWS_Institut_Brosch%C3%BCre_Recht_online.pdf>. Acesso em: 10 jan. 2020.

REFERÊNCIAS

ALARIEET, B., Advance Tax rulings in Perspective: A Theoretical and Comparative Analysis, **New Zealand Journal of Taxation Law and Policy**, Nova Zelândia, Vol. 20, nov. 2014.

ALMEIDA, Carlos Ferreira; CARVALHO, Jorge Morais. **Introdução ao Direito Comparado.** 3º ed. Coimbra: Almedina, 2017.

ALMEIDA, Rafael Dias. **Um sistema de Rulings para Portugal. Estado atual e propostas para o futuro.** 2016, 43 f. Dissertação (Mestrado em Direito Fiscal) – Faculdade de Direito da Universidade Católica Portuguesa, Lisboa, 2016.

AMARAL, Gilberto Luiz et al. **Quantidade de Normas Editadas no Brasil: 28 anos da Constituição Federal de 1988**. Disponível em: <https://ibpt.com.br/noticia/2603/Brasil-edita-cerca-de-800-normas-por-dia-somando-5-4-milhoes-desde-a-Constituicao-de-1988> Acesso em: 24 nov. 2019.

BANDEIRA DE MELLO. Celso Antônio. **Curso de Direito Administrativo.** 17ª Ed. São Paulo: Malheiros Editores, 2003.

BARBOSA, Henrique Cunha. A Consulta Fiscal e a Segurança Jurídica: Uma Nova Perspectiva Diante dos Conceitos Indeterminados. **In: PROCESSO administrativo tributário: estudos em homenagem ao professor Aurélio Pitanga Seixas Filho.** São Paulo/SP: QuartierLatin, 2007.

BARRETO, Mariana Carneiro. **Os efeitos da Consulta Fiscal.** In: SISTEMA tributário, legalidade e direito comparado: entre forma e substância. Belo Horizonte: Fórum, 2010.

BRASIL. Superior Tribunal de Justiça. **Agravo Interno no Agravo em Recuso Especial n. 288.611.** Relator: Ministro Sérgio Kukina, Primeira Turma. Brasília, 26 de novembro de 2014.

BRASIL. Superior Tribunal de Justiça. **Agravo Interno no Recurso em Mandado de Segurança n. 34.015.** Relator: Ministro Mauro Campbell Marques, Segunda Turma. Brasília, 02 de abril de 2013.

BRASIL. Superior Tribunal de Justiça. **Agravo Regimental no Recuso Especial n. 1185824.** Relator: Ministro Castro Meira, Segunda Turma, Brasília, 16 de fevereiro de 2012.; BRASIL. Superior Tribunal de Justiça. **Agravo Regimental no Recuso Especial n. 1423791** Relator: Ministro Og Fernandes, Segunda Turma, Brasília, 26 de março de 2015.

BRASIL. Superior Tribunal de Justiça. **Recuso Especial n. 1.490.814**. Relator: Ministro Herman Benjamin, Segunda Turma. Brasília, 05 de agosto de 2016.

BRASIL. Superior Tribunal de Justiça. **Recuso Especial n. 670.601.** Relator: Ministro Teori Albino Zavascki, Primeira Turma. Brasília, 19 de junho de 2008.

BRASIL. Superior Tribunal de Justiça. **Recuso Especial n. 786.473**. Relator: Ministro Castro Meira, Segunda Turma. Brasília, 19 de outubro de 2006.

BRASIL. Supremo Tribunal Federal. **Agravo Regimental no Recuso Extraordinário n. 564225**. Relator: Ministro Marco Aurélio, Primeira Turma. Brasília, 02 de setembro de 2014.

BRASIL. Supremo Tribunal Federal. **Agravo Regimental no Recuso Extraordinário n. 1081041.** Relator: Ministro Dias Toffoli, Segunda Turma. Brasília, 27 de abril de 2018.

BRASIL. Supremo Tribunal Federal. **Agravo Regimental no Recuso Extraordinário n. 1091378.** Relator: Ministro Edson Fachin, Segunda Turma. Brasília, 11 de setembro de 2018.

BRASIL. Supremo Tribunal Federal. **Agravo Regimental no Recuso Extraordinário n. 1193854.** Relator: Ministro Luiz Fux, Primeira Turma. Brasília, 16 de maio de 2019.

BRASIL. Supremo Tribunal Federal. **Agravo Regimental no Recuso Extraordinário n. 1081068.** Relator: Ministro Dias Toffoli, Segunda Turma. Brasília, 19 de maio de 2018.

BRASIL. Supremo Tribunal Federal. **Agravo Regimental no Recuso Extraordinário n. 1091378.** Relator: Ministro Edson Fachin, Segunda Turma. Brasília, 11 de setembro de 2018; BRASIL. Supremo Tribunal Federal. **Agravo Regimental no Recuso Extraordinário n. 1193854.** Relator: Ministro Luiz Fux, Primeira Turma. Brasília, 16 de maio de 2019; BRASIL. Supremo Tribunal Federal. **Agravo Regimental no Recuso Extraordinário n. 1081068.** Relator: Ministro Dias Toffoli, Segunda Turma. Brasília, 19 de maio de 2018.

BRASIL. Supremo Tribunal Federal. **Recuso Extraordinário n. 573.232.** Relator: Ministro Ricardo Lewandowski. Relator para acórdão: Ministro Marco Aurélio.Tribunal Pleno, Brasília, 14 de maio de 2014.

BRASIL. **Instrução Normativa RFB nº 1396, de 16 de setembro de 2013**. Dispõe sobre o processo de consulta relativo à interpretação da legislação tributária e aduaneira e à classificação de serviços, intangíveis e outras operações que produzam variações no patrimônio, no âmbito da Secretaria da Receita Federal do Brasil. [*S. l.*], 17 set. 2013. Disponível em: http://normas.receita.fazenda.gov.br/sijut2consulta/link.action?visao=anotado&idAto=46030. Acesso em: 1 maio 2020.

BRASIL. **Instrução Normativa RFB nº 1464, de 08 de maio de 2014**. Dispõe sobre o processo de consulta sobre classificação fiscal de mercadorias, no âmbito da Secretaria da Receita Federal do Brasil.

BUNDESZENTRALAMT FÜR STEUERN. **Advance Price Agreements**. Disponível em: <https://www.bzst.de/EN/Businesses/Advance_Pricing_Agreements/advance_pricing_agreements_node.html> Acesso em: 06 jan. 2020

BUNDESZENTRALAMT FÜR STEUERN. **Advance Rulings**. Disponível em:<https://www.bzst.de/EN/Businesses/Advance_rulings/advance_rulings_node.html>. Acesso em: 05 jan. 2020.

BUNDESZENTRALAMT FÜR STEUERN. **Steuerliches Info-Center**. Disponível em: <https://www.bzst.de/DE/Service/SteuerlichesInfocenter/steuerlichesinfocenter_node.html?fromDocument=90762> Acesso em: 25.fev. 2020

BUNDESZENTRALAMT FÜR STEUERN. **Tax Rulings**. Disponível em: <https://www.bzst.de/DE/Behoerden/InternationaleAmtshilfe/TaxRulings/tax_rulings.html#js-toc-entry1>. Acesso em: 06 jan. 2020

BUNDESZENTRALAMT FÜR STEUERN. **Verbindliche Auskünfte**. Disponível em: <https://www.bzst.de/DE/Unternehmen/VerbindlicheAuskuenfte/verbindliche_auskuenfte_node.html>. Acesso em: 05 jan. 2020.

CINTRA, Antônio Carlos de Araújo, DINAMARCO, Cândido Rangel, GRINOVER, Ada Pellegrini. **Teoria Geral do Processo**. 22º ed. São Paulo: Malheiros Editores, 2006.

CODE OF FEDERAL REGULATIONS. **Title 26. Internal Revenue.** Disponível em: <https://www.law.cornell.edu/cfr/text/26/chapter-I> Acesso em 27.dez.2019.

DAVID. René. **Os grandes sistemas do direito contemporâneo**. Tradução de Hermínio A. Carvalho. 5ª Ed. São Paulo: Martins Fontes, 2014, p. 06.

DEUTSCHLAND. **Abgabenordnung - AO.** 16. März 1976. Deutschland, 1976. Disponível em: <http://www.gesetze-im-internet.de/ao_1977/index.html>. Acesso em: 05 jan. 2020.

DEUTSCHLAND. Anwendungserlass Zur Abgabenordnung (AEAO), 31. Januar 2014, zuletzt geändert durch BMF-Schreiben v. 27. 9. 2019 – IV A 3 - S 0062/19/10009 :001 (2019/0833449). **Nwb.** Deutschland, Disponível em: <https://datenbank.nwb.de/Dokument/Anzeigen/500001/?shigh=Anwendungserlass&listPos=1&listId=1464843>. Acesso em: 09 jan. 2020.

DEUTSCHLAND. **Bundesfinanzhof (BFH).** Urteil vom 22.4.2015, IV R 13/12. Disponível em: <https://juris.bundesfinanzhof.de/cgi-bin/rechtsprechung/druckvorschau.py?Gericht=bfh&Art=en&nr=32219> Acesso em: 06 jan. 2020.

DEUTSCHLAND. **Bundesfinanzhof (BFH).** Urteil vom 29.2.2012, IX R 11/11. Disponível em: <https://juris.bundesfinanzhof.de/cgi-bin/rechtsprechung/druckvorschau.py?Gericht=bfh&Art=en&nr=26227> Acesso em: 14 jan. 2020.

DEUTSCHLAND. **Bundesfinanzhof (BFH).** Urteil vom 30.3.2011, I R 61/10. Disponível em: <<https://juris.bundesfinanzhof.de/cgi-bin/rechtsprechung/druckvorschau.py?Gericht=bfh&Art=en&nr=23692> Acesso em: 12 jan. 2020.

DEUTSCHLAND. Bundesfinanzhof. **Pressemitteilung nº 50/12**. Deutschland, 27. Juni 2012. Disponível em: <https://juris.bundesfinanzhof.de/cgi-bin/rechtsprechung/document.py?Gericht=bfh&Art=en&Datum=Aktuell&nr=26225&linked=pm>. Acesso em: 09 jan. 2020.

DEUTSCHLAND. Das BMF-Schreiben vom 29 dezember 2003, IV A 4-S 0430 - 7/03 BStBl 2003. Deutschland, Disponível em: <https://www.bav-ludwig.de/Download/BMF-Schreiben/291203.pdf> Acesso em: 29 fev. 2020.

DEUTSCHLAND. **Einführungsgesetz zur Abgabenordnung - EGAO,**14. Dezember 1976, das zuletzt durch Artikel 2 des Gesetzes vom 21. Dezember 2019, geändert worden ist. Disponível em: <http://www.gesetze-im-internet.de/aoeg_1977/BJNR033419976.html#BJNR033419976BJNG000600319>. Acesso em: 12 jan. 2020.

DEUTSCHLAND. **Einkommensteuergesetz – EStG**, 16. Oktober 1943. Deutschland, 1934. Disponível em: <http://www.gesetze-im-internet.de/estg/EStG.pdf>. Acesso em: 25 jan. 2020.

DEUTSCHLAND. **Gesetz zur Modernisierung des Besteuerungsverfahrens**, 18. Juli 2016. BGBl. I S. 1679. Deutschland, 2016. Disponível em: <https://www.bundesfinanzministerium.de/Content/DE/Gesetzestexte/Gesetze_Gesetzesvorhaben/Abteilungen/Abteilung_IV/18_Legislaturperiode/Gesetze_Verordnungen/2016-07-22-Steuermodernisierungsgesetz/3-Verkuendetes-Gesetz.pdf?__blob=publicationFile&v=3>. Acesso em: 25 fev. 2020.

DEUTSCHLAND. **Grundgesetz für die Bundesrepublik Deutschland - GG.** 23. Mai 1949. Deutschland, 1949. Disponível em: <http://www.gesetze-im-internet.de/gg/index.html>. Acesso em: 29 fev. 2020.

DEUTSCHLAND. **Steuer-auskunftsverordnung - Stauskv**, 30 november 2007. **Bgbl. I S. 2783.** Deutschland, 2007. Disponível em: <http://www.gesetze-im-internet.de/stauskv/>. Acesso em: 05 jan. 2020.

DEVOS, Erik; LI, He; RAHMAN, Shofiqur. **Private Letter Rulings, Tax Avoidance, and Earnings Management.** FMA Annual Meeting, Orlando, jan.2015, p. 6. Disponível em: <http://www.fmaconferences.org/Orlando/Papers/PrivateLetterRuling_FMA.pdf> Acesso em: 03.01.2019. Disponível em: <http://dx.doi.org/10.1787/9789264241190-en>. Acesso em: 06.04.2019

EICHBERGER, Michael. Fundamentos do Direito Tributário Alemão e sua Base Constitucional (Tradução por Márcio Flávio Mafra Leal). In: 3º SEMINÁRIO INTERNACIONAL BRASIL– ALEMANHA, 2011, São Paulo. **Série Cadernos do CEJ.** Brasília: Conselho da Justiça Federal, 2013. v. 28.

ENGLISCH, Joachim. German experience on alternative modalities of tax conflicts solution and the application of mutual tax agreements. In: TÔRRES, Heleno Taveira (Coord.); TAVOLARO, Agostinho Toffoli; XAVIER, Alberto. **Direito tributário internacional aplicado v. 5**. São Paulo: Quartier Latin, 2008.

FALEIRO, Kelly Magalhães. **Procedimento de Consulta Fiscal**. São Paulo: Noeses, 2005.

FERRAMENTA DE AVALIAÇÃO DIAGNÓSTICA DA ADMINISTRAÇÃO TRIBUTÁRIA (TADAT). **Guia Prático (Field Guide).** On Line: Secretariado do TADAT, 2019. Disponível em: <https://www.tadat.org/assets/files/TADAT%20Field%20Guide%20 2019%20-%20Portuguese.pdf>. Acesso em: 01 jun. 2020.

EUROPEAN UNION LAW. **Union Customs Code**. Disponível em: <https://eur-lex.europa.eu/legal-content/PT/TXT/?uri=LEGISSUM%3A12_2> Acesso em: 25.fev. 2020.

FURQUIM, Luiz Doria. O Moderno Direito Tributário Alemão: Traduzido e condensado da obra "Steuerrecht" de Klaus Tipke/Joachim Lang, 18ª edição. **Revista de Doutrina da 4ª Região**, Porto Alegre, n. 20, 29 out. 2007, p. 20. Disponível em: <https://core.ac.uk/download/pdf/16048642.pdf.>. Acesso em: 01 fev. 2020.

GARNER, Bryan A. *et al.* **Black Law Dictionary**. 9. ed. United States Of America: West Group, 2009.

GIVATI, Yehonatan. **Resolving Legal Uncertainty: The Unfulfilled Promise of Advance Tax Rulings**. Virginia Tax Review, 2009, p. 19-20. Disponível em: <http://nrs.harvard.edu/urn-3:HUL.InstRepos:3333571>. Acesso em: 23 dez. 2019.

GOMES, Marcus Lívio. **A consulta tributária vinculante**. In: QUEIROZ, Luís Cesar Souza de. GOMES, Marcus Livio (Orgs.). Tributação, Direitos Fundamentais e Desenvolvimento. Rio de Janeiro: GZ Editora, 2014.

INTERNATIONAL MONETARY FUND. **Gross domestic product (GDP)**, Total, US dollars, 2019. Disponível em: <https://www.imf.org/external/datamapper/NGDPD@WEO/OEMDC/ADVEC/WEOWORLD. Acesso em: 18.jun.2019.

LANG, Joaquim. **Direito Tributário:** *(Steuerrecht)*. Porto Alegre: Sergio Antonio Fabris, 2014. 768 p. 3 v. Tradução da 18ª edição alemã, a cargo de Elisete Antoniuk.

LINGUEE. Dicionário online do DeepL GmbH. Disponível em:<https://www.linguee.com.br/portugues-alemao/search?source=auto&query=Zusage>. Acesso em: 06 jan. 2020.

LUJA, Raymond. **EU State Aid Law And National Tax Rulings**. European Union: Directorate-general For Internal Policies of The Union (european Parliament), 2015, p. 06. Disponível em: <https://op.europa.eu/en/publication-detail/-/publication/b6bcd479-8387-11e5-b8b7-01aa75ed71a1>. Acesso em: 01 mar. 2020.

MACHADO SEGUNDO, Hugo de Brito. **Processo tributário**. 9. ed. São Paulo: Atlas, 2017.

MACHADO, Hugo de Brito. **Consulta Fiscal**. São Paulo: Malheiros, 2018.

MACHADO. Hugo de Brito. **Curso de Direito Tributário**, 37ª Ed. São Paulo: Malheiros Editores, 2016.

MEIRA, Liziane Angelotti. **Tributos sobre o Comércio Exterior**. São Paulo: Saraiva, 2012.

MELLO, Maria Chaves de. **Dicionário Jurídico: Law Dictionary**: (inglês-português/ português-inglês). 10. ed. São Paulo: Editora Método, 2012.

MORGAN, Patrícia T. **Tax Procedure and Tax Fraud.** 2nd Ed. St. Paul: West Group., 1999.

NEDER, Marcos Vinícius; LÓPEZ, Maria Teresa Martínez. **Processo Administrativo Fiscal Federal Comentado.** 3º ed. São Paulo: Dialética, 2010.

NUNES, Cleucio Santos. **Curso completo de direito processual tributário**. 3. ed. São Paulo: SaraivaJur, 2019.

ORGANIZATION FOR ECONOMIC CO-OPERARION ADN DEVELOPMENT – OCDE (2103), **Action Plan on Base Erosion and Profit Shifting**, OECD Publishing, 2013. Disponível em: <https://www.oecd.org/ctp/BEPSActionPlan.pdf>. Acesso em: 06.04.2019.

ORGANIZATION FOR ECONOMIC CO-OPERARION ADN DEVELOPMENT - OCDE, **Harmful Tax Practices - Peer Review Reports on the Exchange of Information on Tax Rulings: Inclusive Framework on BEPS: Action 5, OECD/G20 Base Erosion and Profit Shifting Project**, OECD Publishing, Paris, 2017. Disponível em: <http://dx.doi.org/10.1787/9789264241190-en>. Acesso em: 06 abr.2019.

ORGANIZATION FOR ECONOMIC CO-OPERARION AND DEVELOPMENT - OCDE, **Countering Harmful Tax Practices More Effectively, Taking into Account Transparency and Substance, Action 5 - 2015 Final Report**, OECD/G20 Base Erosion and Profit Shifting Project, OECD Publishing, Paris, 2015, p. 46. Disponível em: <http://dx.doi.org/10.1787/9789264241190-en>. Acesso em: 06 abr.2019.

RECEITA FEDERAL. **O que é a Consulta Sobre Classificação Fiscal de Mercadorias.** Disponível em: <https://receita.economia.gov.br/orientacao/aduaneira/classificacao-fiscal-de-mercadorias/o-que-e-classificacao-fiscal-de-mercadorias>. Acesso em: 06 mai.2020.

REIMER, Ekkehart. Proteção do contribuinte na Alemanha. **Revista de Direito Tributário Atual**: Instituto Brasileiro de Direito Tributário, São Paulo, v. 22, p.54-77, jan. 2008. Traduzido por Paulo Victor Vieira da Rocha.

RICHMOND, Gail Levin. **Federal Tax Research**. Guide to materials and Techiques. 9th Ed. New York: Fundation Presse, 2014.

ROBERSON, Andrew R. The Taxpayer Bill of Rights: A Primer and Thoughts on Things to Come. **Aba Tax Times**: Taxation, Digital-only, v. 37, n. 3, p. 22-24, 25 maio 2018. Disponível em:https://www.americanbar.org/groups/taxation/publications/abataxtimes_home/18may/18may-pbm-roberson-the-taxpayer-bill-of-rights/. Acesso em: 01 maio 2020.

ROCHA, Sergio André. Meios alternativos de solução de conflitos no direito tributário brasileiro. **Revista Dialética de Direito Tributário,** São Paulo, n. 122, nov. 2005.

ROCHA, Sergio André. **Política fiscal internacional brasileira.** Rio de Janeiro: Lumen Juris, 2017.

ROCHA, Sergio André. **Processo Administrativo Fiscal.** São Paulo: Almedina, 2018.

ROCHA, Sérgio André. Reconstruindo a confiança na relação fisco-contribuinte. **Revista Direito Tributário Atual,** São Paulo, n.39, p. 507-527, 2018.

ROCHA, Valdir de Oliveira. **A Consulta Fiscal.** São Paulo: Dialética, 1996.ROMANO, C., **Advance Tax rulings and Principles of Law: Towards a European Tax rulings system** IBFD Doctoral Series, 2002.

ROMANO, Carlo, **Advance Tax rulings and Principles of Law: Towards a European Tax rulings system** IBFD Doctoral Series, 2002.

SANDRONI, Paulo *et al* (org.). **Novíssimo Dicionário de Economia.** São Paulo: Best Seller, 1999.

SANTOS, Paula Gonçalves Ferreira. **Uma argumentação consequencialista na solução de consulta tributária.** São Paulo: Almedina, 2017.

SCHOUERI, Luís Eduardo. Algumas reflexões sobre a consulta em matéria fiscal. **Cadernos de Direito Tributário e Finanças Públicas,** São Paulo, v. 03, n. 10, jan./mar. 1995.

SCOLARO, Diana (2006). **Tax Rulings: Opinion or Law? The Need for an Independent 'Rule-Maker',** *Revenue Law Journal*: Vol. 16: Iss. 1, Article 7, p. 113. Disponível em: <https://www.researchgate.net/publication/27829203_Tax_Rulings_Opinion_or_Law_The_Need_for_an_Independent_%27Rule-Maker%27>. Acesso em: 06 abr.2019.

SEER, Roman et al (Org.). **Recht auf Information und Auskunft im Besteuerungsverfahren.:** unter besonderer Berücksichtigung des Gesetzes zur Modernisierung des Besteuerungsverfahrens vom 18. Juli 2016 und der EU-Datenschutz-GrundVO vom 27. April 2016 mit nachfolgenden Änderungen der AO. Berlin: Deutsches Wissenschaftliches Institut Der Steuerberater E.v., 2017. p. 22. Disponível em: <https://www.dws-institut.de/sites/default/files/ue_document/file_id/DWS_Institut_Brosch%C3%BCre_Recht_online.pdf>. Acesso em: 10 jan. 2020.

SEER, Roman. Chancen und Risiken von verbindlichen Auskünften. **Fachinstitut der Steuerberater (Hrsg.), Steuerberater Jahrbuch 2012/2013,** Köln 2013, p. 565. Disponível em: <https://www.kompetenzzentrum-steuerrecht.de/MEDIEN/contenido_import/Publikationen/JB_12_Beitrag_Seer.pdf>. Acesso em: 19.jan.2020.

SEER, Roman. **Verbindliche Auskunft nach § 89 Abs. 2-7 AO: Fortbestehende Mängel auch nach den Änderungen durch das Gesetz zur Modernisierung des Besteuerungsverfahrens.** SteuerStud, NWB Verlag, Herne, n. 10, p. 601-607, september.2016.

SEER, Roman. **Verbindliche Auskunft.** Finanz-Rundschau Ertragsteuerrecht, v.99, pp. 161-169, feb.2017, p. 161. Disponível em: <https://www.kompetenzzentrum-steuerrecht.de/MEDIEN/contenido_import/Publikationen/2017/Seer_FR_2017_161.pdf>. Acesso em: 19.jan.2020.

SEER, Roman. **Verbindliche Auskunft.** In: 61 BERLINER STEUERGESPRÄCH, 2016, Berlin. Tagungsbericht von Dr. Andreas Richter LL.M. und Berthold Welling, p. 2-3. Disponível em: <https://www.berlinersteuergespraeche.de/app/download/7055178/Tagungsbericht+zum+61.+Berliner+Steuergespräch.pdf>. Acesso em: 07 mar. 2020.

SENADO, Agência. **Reforma tributária é prioridade deste ano no Congresso.** 2020. Disponível em: <https://www12.senado.leg.br/noticias/materias/2020/01/27/reforma-tributaria-e-prioridade-deste-ano-no-congresso>. Acesso em: 27 maio 2020.

SEPÚLVEDA, Antônio Guimarães. LAZARI, Igor de. **Consulta Fiscal**. Comentários à IN RFB 1.396/2013. Rio de Janeiro. 2018.

SZABÓ, Ildikó. Advance. **Advance Tax Ruling**. International Multidisciplinary Scientific Conference University of Miskolc, Hungary, 21-22 April 2016.

TAXPAYER ADVOCATE SERVICE. **Taxpayer Bill of Rights.** Disponível em: <https://taxpayeradvocate.irs.gov/taxpayer-rights> Acesso em: 03 maio.2020.

THE FREE DICTIONARY. ***"IRA"***. Collins Spanish Dictionary - Complete and Unabridged 8th Edition, HarperCollins Publishers, 2005. Disponível em: <https://www.thefreedictionary.com/IRA>. Acesso em: 10 maio.2020.

THE FREE DICTIONARY. "***Qualified retirement plan***". Financial Glossary, Campbell R. Harvey, 2011. Disponível em: <https://financial-dictionary.thefreedictionary.com/Qualified+retirement+plan>. Acesso em: 10.05.2020.

THE FREE DICTIONARY. "***S corporations***". Farlex Financial Dictionary, Farlex, 2009. Disponível em: <https://financial dictionary.thefreedictionary.com/S+Corporations>. Acesso em:10 maio.2020.

THE WORLD BANK. **Doing Business 2019: Training for Reform. Comparing Business Regulation for Domestic Firms in 190 Economies.** 16th Edition. Disponível em: <<http://www.worldbank.org/content/dam/doingBusiness/media/Annual-Reports/English/DB2019-report_web-version.pdf>. Acesso em: 10 abr.2019.

TIPKE, Klaus; LANG, Joaquim. **Direito Tributário:** *(Steuerrecht)*. Porto Alegre: Sergio Antonio Fabris, 2008. V 1. Tradução da 18ª edição alemã, totalmente refeita, de Luiz Doria Furquim.

TIPKE, Klaus; LANG, Joaquim. **Direito Tributário:** *(Steuerrecht)*. Porto Alegre: Sergio Antonio Fabris, 2014. 3 v. Tradução da 18ª edição alemã, a cargo de Elisete Antoniuk.

UNITED STATES CODE. **Title 26. Internal Revenue Code.** Disponível em: https://www.law.cornell.edu/uscode/text/26. Acesso em 27 dez. 2019.

US INTERNAL REVENUE SERVICE. **IRS History Timeline**. Disponível em: https://www.irs.gov/irs-history-timeline. Acesso em 05 maio 2020.

US INTERNAL REVENUE SERVICE. **Advance Pricing and Mutual Agreement Program.** Disponível em: <https://www.irs.gov/businesses/corporations/apma> Acesso em: 03.05.2020.

US INTERNAL REVENUE SERVICE. **Free Tax Return Preparation for You by Volunteers.** Disponível em: <https://www.irs.gov/individuals/free-tax-return-preparation-for-you-by-volunteers>. Acesso em 05 maio 2020.

US INTERNAL REVENUE SERVICE. **Free Tax Return Preparation for You by Volunteers.** Disponível em: <https://www.irs.gov/individuals/free-tax-return-preparation-for-you-by-volunteers>. Acesso em 05 maio 2020.

US INTERNAL REVENUE SERVICE. **Internal Revenue Bulletin.** Disponível em: <https://www.irs.gov/irb/2020-01_IRB#HI1>. Acesso em: 02.01.2020.

US INTERNAL REVENUE SERVICE. **Internal Revenue Manuals.** Disponível em: <https://www.irs.gov/irm>. Acesso em: 26.dez.2019.

US INTERNAL REVENUE SERVICE. **IRS Freedom of Information.** Disponível em: <https://www.irs.gov/privacy-disclosure/irs-freedom-of-information>. **Acesso** em: 22.02.2020.

US INTERNAL REVENUE SERVICE. **Let Us Help You.** Disponível em: <https://www.irs.gov/help/telephone-assistance> Acesso em: 01.05.2020.

US INTERNAL REVENUE SERVICE. **Office of Chief Counsel At-a-Glance.** Disponível em: <https://www.irs.gov/about-irs/office-of-chief-counsel-at-a-glance, Acesso em: 01.05.2020.

US INTERNAL REVENUE SERVICE. **Requesting an Appeal.** Disponível em: <https://www.irs.gov/appeals/preparing-a-request-for-appeals> Acesso em: 01.05.2020.

US INTERNAL REVENUE SERVICE. **Taxpayer Bill of Rights.** Disponível em: <https://www.irs.gov/taxpayer-bill-of-rights> Acesso em: 01.05.2020.

US INTERNAL REVENUE SERVICE. **Today's IRS Organization**. Disponível em: <https://www.irs.gov/about-irs/todays-irs-organization>. Acesso em: 01.05.2020

US INTERNAL REVENUE SERVICE. Understanding **IRS** Guidance -Brief **Primer**. Disponível em: <

US INTERNAL REVENUE SERVICE. **Tax Code, Regulations and Official Guidance.** Disponível em: <https://www.irs.gov/privacy-disclosure/tax-code-regulations-and-official-guidance#irc>. Acesso em: 23 dez. 2019.

US INTERNAL REVENUE SERVICE. **The Agency, its Mission and Statutory Authority**. Disponível em: <https://www.irs.gov/about-irs/the-agency-its-mission-and-statutory authority>. Acesso em: 23.12.2019.

VALADÃO, Marcos Aurélio Pereira. O Sistema Tributário Internacional Contemporâneo sob a perspectiva dos países em desenvolvimento: Análise Crítica. **Revista do Programa de Pós-Graduação em Direito da UFC**, Fortaleza, v. 37.1, jan./jun. 2017.

VALADÃO, Marcos Aurélio Pereira; GASSEN, Valcir. **Tributação nos Estados Unidos e no Brasil**: um estudo comparativo da matriz tributária. São Paulo: Almedina, 2020.

VALLE, Maurício Darli Timm do. Segurança Jurídica em Matéria Tributária: breves noções acerca dos Princípios da Tripartição das funções, da Legalidade, da Anterioridade e da Irretroatividade. In: Fernando Vernalha Guimarães; Luiz Fernando Pereira. (Org.). **Direito empresarial**: temas atuais. 1ed.Curitiba: Edição do Autor, 2010, v. 1, p. 16.

VAN DE VELDE, Elly. **'Tax rulings' in the EU Member States**. European Parliament. Directorate-General for Internal Policies. Policy department A., 2015.

WAERZEGGERS, Christophe; Hillier, Cory. **Introducing an Advance Tax Ruling** (ATR) Regime. IMF Tax Law Technical Note 16/2, International Monetary Fund, 2016.

WATSON, Camilla. **Tax Procedure and Tax Fraud**. 5nd Ed. Kindle edition, 2016.

WÖHLECKE, Friedrich. **Die verbindliche Auskunft im deutsch-französischen Vergleich.** 2019. 184 f. Tese (Doutorado) - Curso de Faculty Of Law, Öffentliches Recht. Professur Für Steuerrecht, Universität Zu Köln, Köln, 2019. Disponível em: <http://kups.ub.uni-koeln.de/id/eprint/10438>. Acesso em: 09 jan. 2020.